国家社会科学基金项目
教育部人文社会科学重点研究基地上海外国语大学中东研究所成果丛书

国家社会科学基金项目

# 伊斯兰文明的反思与重构
## ——当代伊斯兰中间主义思潮研究

丁 俊◎著

دراسة نقدية حول تيار الوسطية الإسلامية المعاصرة

**A Study on Contemporary Islamic Moderation Thought**

中国社会科学出版社

# 图书在版编目(CIP)数据

伊斯兰文明的反思与重构：当代伊斯兰中间主义思潮研究／丁俊著． —北京：中国社会科学出版社，2016.8（2017.12重印）
ISBN 978-7-5161-8516-2

Ⅰ.①伊… Ⅱ.①丁… Ⅲ.①伊斯兰教—研究 Ⅳ.①B968

中国版本图书馆CIP数据核字（2016）第154232号

| 出 版 人 | 赵剑英 |
|---|---|
| 选题策划 | 刘 艳 |
| 责任编辑 | 刘 艳 |
| 责任校对 | 陈 晨 |
| 责任印制 | 戴 宽 |

| 出 版 | 中国社会科学出版社 |
|---|---|
| 社 址 | 北京鼓楼西大街甲158号 |
| 邮 编 | 100720 |
| 网 址 | http://www.csspw.cn |
| 发 行 部 | 010-84083685 |
| 门 市 部 | 010-84029450 |
| 经 销 | 新华书店及其他书店 |
| 印 刷 | 北京明恒达印务有限公司 |
| 装 订 | 廊坊市广阳区广增装订厂 |
| 版 次 | 2016年8月第1版 |
| 印 次 | 2017年12月第2次印刷 |
| 开 本 | 710×1000 1/16 |
| 印 张 | 20.25 |
| 插 页 | 2 |
| 字 数 | 328千字 |
| 定 价 | 69.00元 |

凡购买中国社会科学出版社图书，如有质量问题请与本社营销中心联系调换
电话：010-84083683
版权所有 侵权必究

# 目 录

序一 对"中间主义"的研究是伊斯兰教研究领域的
　　　新开拓 ………………………………………… 吴云贵(1)
序二 正本清源　恪守中道 …………………………… 郭承真(1)

**绪论** …………………………………………………………… (1)
　一　本书研究的相关背景及研究现状 ……………………… (1)
　二　本书的重要概念界定 …………………………………… (10)
　三　本书的选题意义及研究内容 …………………………… (13)
　四　本书的研究结论、主要观点、社会效益及对策建议 …… (17)
　五　本书的突出特色及主要建树 …………………………… (19)

**第一章　当代伊斯兰"中间主义"思潮的背景考察** ………… (21)
　第一节　当代伊斯兰"中间主义"思潮的哲学基础 ………… (21)
　　一　《古兰经》和"圣训"中的中正和谐思想 ……………… (21)
　　二　伊斯兰教法中的中正和谐思想 ……………………… (30)
　第二节　当代伊斯兰"中间主义"思潮的历史渊源 ………… (34)
　　一　中正和谐之道是伊斯兰文明的历史传统和成功之道 …… (34)
　　二　近现代伊斯兰复兴运动孕育了当代伊斯兰
　　　　"中间主义"思潮 …………………………………… (42)
　第三节　当代伊斯兰"中间主义"思潮兴起的时代背景 …… (48)
　　一　"全球化"浪潮的冲击 ………………………………… (49)
　　二　霸权主义的横行无阻与"文明冲突论"的甚嚣尘上 …… (53)
　　三　极端主义的流布与恐怖主义之害 …………………… (59)

## 第二章　当代伊斯兰"中间主义"思潮的基本主张 ………………（64）

### 第一节　当代伊斯兰"中间主义"思潮的宗教主张 ……………（64）

一　倡导中正宽容，反对极端狭隘 ………………………（64）

二　主张重启教法创制，构建新型教法体系 ……………（67）

三　主张强化道德建设，强调天道、人道并重 …………（74）

四　致力教内团结，反对宗派主义 ………………………（76）

### 第二节　当代伊斯兰"中间主义"思潮的政治主张 ……………（79）

一　反对恐怖主义，维护世界和平 ………………………（79）

二　反对霸权主义，谋求公正合理的国际秩序 …………（81）

三　广泛参与国际合作，积极应对"全球化" ……………（84）

四　倡导民主协商精神，谋求政治体制改革 ……………（87）

### 第三节　当代伊斯兰"中间主义"思潮的文化主张 ……………（90）

一　倡导文明对话，反对文明冲突 ………………………（90）

二　尊重文化多样性，致力于构建全球伦理 ……………（92）

三　继承文化传统，开展文化创新 ………………………（95）

四　重建当代伊斯兰文明的基本路径 ……………………（98）

### 第四节　当代伊斯兰"中间主义"思潮的社会主张 ……………（116）

一　尊重妇女权益，注重家庭建设 ………………………（116）

二　关注穆斯林少数族群的现状 …………………………（118）

三　尊重非穆斯林少数族群的权益 ………………………（120）

四　追求社会公正，构建互助友爱、和合共生的
公民社会 ………………………………………………（123）

五　强化伊斯兰世界内部经济合作，探索自身发展模式 ……（125）

## 第三章　当代伊斯兰"中间主义"思潮的代表人物
及重要学术活动 …………………………………………（128）

### 第一节　尤苏夫·盖尔达维的伊斯兰"中间主义"思想 ………（128）

一　尤苏夫·盖尔达维的生平与著述 ……………………（129）

二　尤苏夫·盖尔达维的伊斯兰"中间主义"思想 ………（133）

三　尤苏夫·盖尔达维伊斯兰"中间主义"思想
的影响与意义 …………………………………………（141）

## 第二节　倡导伊斯兰"中间主义"思潮的知名学者 …………（145）
  一　伊朗学者阿亚图拉·谢赫·穆罕默德·阿里·
  　　泰斯希里 ………………………………………………（145）
  二　沙特阿拉伯学者阿卜杜拉·图尔基 …………………（150）
  三　埃及学者穆罕默德·赛义德·坦塔维 ………………（151）
  四　其他知名学者 …………………………………………（153）

## 第三节　倡导伊斯兰"中间主义"思潮的重要政治领导人 …（156）
  一　伊朗前总统哈塔米 ……………………………………（157）
  二　马来西亚前总理马哈蒂尔 ……………………………（160）
  三　阿拉伯联合酋长国副总统阿勒马克图姆 ……………（164）
  四　其他重要领导人和政治家 ……………………………（167）

## 第四节　有关伊斯兰"中间主义"的重要学术活动 ………（171）
  一　有关伊斯兰"中间主义"的重要学术机构 …………（171）
  二　有关伊斯兰"中间主义"的重要学术会议 …………（175）
  三　有关伊斯兰"中间主义"的重要著述 ………………（178）
  四　有关伊斯兰"中间主义"的重要刊物及网站 ………（181）

# 第四章　中国文化视野中的当代伊斯兰"中间主义"思潮 ………（186）
## 第一节　伊斯兰文化的中正之道与中华文化的中庸之道 …（186）
  一　伊斯兰文化的中正和谐之道 …………………………（187）
  二　中华文化的中正和谐之道 ……………………………（190）
  三　"真忠正道"与"中庸之道" ………………………（195）

## 第二节　当代伊斯兰"中间主义"思潮与和谐社会、
  　　　　和谐世界理念 ……………………………………（200）
  一　伊斯兰"中间主义"思潮将是当代伊斯兰世界
  　　的主流价值取向 ………………………………………（200）
  二　和谐社会、和谐世界理念是中国和平发展
  　　的战略抉择 ……………………………………………（204）
  三　伊斯兰"中间主义"思潮与和谐世界理念并行不悖 …（207）

## 第三节　当代伊斯兰"中间主义"思潮与中国伊斯兰教 …（208）
  一　当代伊斯兰"中间主义"有助于防范和抵御
  　　宗教极端主义的滋生和流布 …………………………（209）

## 4　伊斯兰文明的反思与重构

　　二　当代伊斯兰"中间主义"有助于中国穆斯林弘扬
　　　　爱国爱教的优良传统 …………………………………（214）

### 第五章　当代伊斯兰"中间主义"思潮的现实意义
　　　　　与发展前景 ……………………………………………（221）
　第一节　当代伊斯兰"中间主义"思潮的现实意义 ………（221）
　　一　当代伊斯兰"中间主义"思潮有助于阿拉伯伊斯兰世界
　　　　的变革与发展 …………………………………………（222）
　　二　当代伊斯兰"中间主义"思潮有利于促进地区
　　　　稳定与世界和平 ………………………………………（225）
　　三　当代伊斯兰"中间主义"思潮是构建全球伦理
　　　　的精神资源 ……………………………………………（229）
　第二节　当代伊斯兰"中间主义"思潮的发展前景 ………（233）
　　一　当代伊斯兰"中间主义"思潮存在的问题 …………（233）
　　二　践行当代伊斯兰"中间主义"倡导的中正
　　　　理念颇具难度 …………………………………………（236）
　　三　当代伊斯兰"中间主义"思潮的发展前景良好 ……（242）
　第三节　研究当代伊斯兰"中间主义"思潮具有重要
　　　　　现实意义和学术价值 …………………………………（247）
　　一　研究当代伊斯兰"中间主义"思潮具有重要
　　　　的现实意义 ……………………………………………（247）
　　二　研究当代伊斯兰"中间主义"思潮具有重要
　　　　的学术价值 ……………………………………………（250）

### 第六章　结语 …………………………………………………（255）
　　一　本书的主要结论和基本观点 …………………………（255）
　　二　相关对策建议 …………………………………………（258）

### 附录 ……………………………………………………………（260）
　　一　伊斯兰"中间主义"的思想特征 ……………………（260）
　　二　盖尔达维将"中间主义"带到中国 …………………（266）

三　伊斯兰"中间主义"与人类安全 …………………… (272)
四　爱资哈尔大学新任长老艾哈迈德·泰伊伯谈
　　当代伊斯兰"中间主义"及热点问题 …………………… (279)

**参考文献** ………………………………………………… (291)

**后记** ……………………………………………………… (304)

# 序一　对"中间主义"的研究是伊斯兰教研究领域的新开拓

## 吴云贵[①]

丁俊博士是近年来我国伊斯兰教与中东研究领域十分活跃的中青年学者之一。他的阿拉伯文和英文基础甚好，宗教专业基础知识坚实，重视理论修养，文字表达能力也很强，这些有利条件对于做学问来说是必不可少的，也是难能可贵的。我读过丁俊的几篇文章，知道他在主持一个关于当代伊斯兰"中间主义"的研究课题，但直到几天前我才得到他的书稿，对其结项成果有了一些感性知识。说句实话，我对伊斯兰"中间主义"所知甚少，所以很难对这方面的成果做出准确的评价。这里只能作为一个读者，谈一点感想或印象，不当之处，在所难免。

初读这部书稿，立即使我联想到这是一部独具特色的开拓之作。开拓创新是学术研究生命力的体现。不断了解新情况、研究新问题，是科研工作对研究主体提出的基本要求，同时也是衡量科研成果水平的一把尺子。以往我国学者在当代伊斯兰教研究中，大都密切关注伊斯兰复兴运动的态势和影响，就力主改革与复兴的原教旨主义（伊斯兰主义或政治伊斯兰）思潮与运动进行了较为全面、系统和深入的研究。人们之所以关注回归传统的原教旨主义倾向，一个重要原因是这种"显性"的宗教社会思潮在世界各地都有一定的社会基础，其鼓吹的宗教思想政

---

[①] 吴云贵，中国社会科学院荣誉学部委员，中国社会科学院世界宗教研究所原所长、党委书记，研究员，博士生导师，第十届全国人民代表大会代表，长期从事宗教学及伊斯兰教研究。

治化、宗教团体政党化代表和体现了对伊斯兰教的一种政治功利主义解读。如果说"显性"的伊斯兰因其不断大造声势而引起社会舆论的关注，那么相对更加"斯文"一些，时隐时现的伊斯兰"中间主义"，长时间没有形成气候，似乎也在情理之中。如今伊斯兰复兴的呐喊声早已远离我们而去，人们静下心来思考，突然发现了"中间主义"的解读似乎更符合伊斯兰教的本真信仰和思想文化传统。在此意义上是否可以说人们从暴烈的原教旨主义转向温和的"中间主义"，不仅是文化价值观的一种"转向"，也是研究兴趣的一种"转移"？这个问题可以不必匆忙下结论，因为它不会影响到人们对本书的总体评价。在我看来，本书作者选择一度被人们忽视的当代伊斯兰"中间主义"问题展开深入系统的研究和论述，体现了一位中青年学者知难而进、大胆进行理论创新的能力和勇气，这种认真做学问的态度值得提倡。当然，"开拓创新"是一种努力方向，一部著作还谈不上"填补空白"，但只要认准方向、努力进取就大有希望。

　　树立良好的学风，遵循严谨的学术规范，是这部书稿给我留下的另一个印象。本书稿从立项选题、框架设计、理论思考到具体撰写成文，都体现了作者认真做学问的科学态度。核心概念的思考、论证和确立，可以说是这种科学态度的重要体现。作者在本书中用"中间主义"一词来指称当代阿拉伯伊斯兰世界涌现的一种宗教文化思潮，但何谓"中间主义"？这个宽泛的词语概念既源自于《古兰经》和《圣训》所倡导的"中正"理念，又不完全等同于该词语在经训中的含义。作者在这里所要表达的一个重要思想——如果我没有误读的话，可能是指宗教神学普遍确认和强调的"神圣"与"世俗"、"绝对"与"相对"的区别与联系。意即经训所倡导的"中正"理念，是指世人不断努力追求向往，然而却永无止境的理想的精神境界，即经中所言的至真、至善、至美的精神境界。与此不同，"中间主义"虽然源出于经训的中正理念，其具体含义则是指倡导和追求伊斯兰中正理念的思潮或学派，它所强调的是特定社会环境下的一种文化价值取向和宗教思想倾向。这种联系和区别，有些类似于伊斯兰法学概念体系中"沙里亚"（Sharia）与"斐格海"（Fiqh）一词的联系和区别。前者是指无限和绝对的"真主之言"、"真主之道"，而后者是指世人对真主启示和戒命的参悟、理解和阐释。作者在绪论中对本书所使用的重要词语概念予以必要的界定和解释，虽然是撰写学术著作的通例，但仍然值得鼓励和提倡，因为如今一些宗教学术出版物中，"各说各话"的现象时有所见，建立严谨的学术规范可以说是"尚需努力"。

本书作者强调指出，伊斯兰"中间主义"之所以愈益引起人们广泛的关注，从根本上说，是因为它秉承伊斯兰文明和平中正、宽容和谐的文化传统，致力于弘扬伊斯兰教的和平理念与仁爱精神，反对各种形式的极端主义和恐怖主义，尊重人类文明的多样性，主张并积极倡导不同文明的对话、交流与互鉴，谋求人类社会的和合共生与世界的持久和平。伊斯兰"中间主义"思潮的兴起，反映了阿拉伯伊斯兰世界从自身的经历中对当今世界和平与发展大潮的理解、认同和积极参与，力图通过文化反思与重建来实现改革与发展、自立与自强的目标。但也正如本书作者所明确指出的，由于阿拉伯伊斯兰世界存在着错综复杂的阶级矛盾和社会矛盾，人们对"中间主义"的确切含义存在着多种不同的理解和解释，加之霸权主义、强权政治不断从外部插手、干预地区事务，企图将自己的"普世价值观"强加于人，因此"中间主义"欲成为主流价值观，将是一个漫长、曲折和复杂的历史过程。

# 序二　正本清源　恪守中道

郭承真[①]

丁俊教授的新书《伊斯兰文明的反思与重构——当代伊斯兰"中间主义"思潮研究》马上要出版了，丁教授见到我时请我写篇序言，自觉才疏学浅，不敢当此重任，但又考虑到在宣传伊斯兰中道思想工作上我们中国伊协的职责，就恭敬不如从命了。

我第一次知道伊斯兰有中道思想（即丁教授书中的"中间主义"）是20世纪80年代初到中国伊协工作，参加刘智《天方至圣实录》出版工作时，那时感到中道与中国传统文化的中庸之道近似，但是对中道没有什么深刻的理解。到了本世纪初，参加中国伊协的解经工作，再次研究了中道，就感觉到了其伟大。为什么？因为我们中国伊斯兰教已经面临来自国际国内伊斯兰教内部的极端主义的强烈的冲击，我们必须正本清源，坚持伊斯兰教的正道，批驳"三股势力"散布的歪曲伊斯兰教的极端主义歪理邪说，必须走伊斯兰的中正的道路。

从本世纪初以来，通过中国伊协和广大伊斯兰教界的努力，通过伊斯兰研究专家学者们的努力，伊斯兰中道思想已经在中国穆斯林中广为传播，影响逐步扩大。但是，大家讲中道时还是理论讲得多，经训原文讲得多，运用中道思想或中间主义来研究解决实际问题少。要深化中道思想的研究与宣传教育，就必须落实到学以致用，解决实际问题。丁俊教授的书好像是及时雨，书中介绍了不少国际伊斯兰教界"中间主义"

---

[①] 郭承真，现任中国伊斯兰教协会副会长兼秘书长、第十二届全国政协委员，原国家宗教事务局三司司长。

思想家对具体问题的研究成果。我相信这本书能开阔大家的视野,推进我们的解经工作,这本书是我们把中道思想与解决具体问题结合起来的一大福音。

丁教授介绍的当代伊斯兰"中间主义"思潮的基本主张中不仅指出:"'中间主义'强调恪守和平中正、反对各种形式的极端主义和恐怖主义、倡导文明对话、尊重文化多样性、坚持与时俱进、开展文化创新等",从大框架上介绍了当代"中间主义"思想的上层建筑;而且介绍了许多"中间主义"的研究课题,如在今世与后世、精神与物质、天道与人道、经典与理性、思维与存在、理想与现实、传统与现代、个人与集体等各方面都要坚持中正均衡原则,做到不偏不倚,恪守中正之道。

丁教授的书又一个十分重要的贡献是介绍了当代"中间主义"的时代背景,强调了"中间主义"的产生和发展与当代国际社会发展变化的关系。书中分析了当代中东阿拉伯—伊斯兰社会的困境,指出"中间主义"是反对全盘西化与顽固保守的"第三条道路",是时代的产物;同时又指出,这第三条道路,即当代的伊斯兰"中间主义",是要在继承伊斯兰文明优良传统的基础上,开拓进取,重建适应时代发展的新的价值体系和现代伊斯兰文明。书中介绍了国际知名伊斯兰学者尤苏夫·盖尔达维先生的当代伊斯兰文明论:"创建科学与信仰兼备的文明,这种文明,是天道人道并举的文明,是崇尚道德的普世文明,这种文明,科学与信仰相结合,精神与物质相融合,身心和谐,天地相连,个人与社会均衡不偏,真理与力量强于力量即真理。"而这种文明是理性文明,即"在尊奉天启经典的同时,更推崇理性,倡导理性,科学的观察与思考,反对死板僵化以及对前辈、领袖和大众的盲从。主张明确的经训与正确的理性不会相互抵触"。

本书还介绍了"中间主义"的一批思想主张,如反对恐怖主义,维护世界和平,反对霸权主义,谋求公正合理的国际秩序,广泛参与国际合作,积极应对"全球化",倡导民主协商精神,谋求政治体制改革;倡导文明对话,反对文明冲突,尊重文化多样性,开展文化创新。从重外表与形式走向重本质与真谛,从冲动与宣泄走向理性与科学,从重枝节到重根本,从严苛走向宽松,从保守与僵化走向创制与维新,从狭隘与封闭走向宽容与开放，从暴力与仇恨走向温和与仁慈，从内讧与敌视走向和睦与团结等等。

总之，丁教授的这本书，让我认识到中道思想十分丰富而有创意，具有时代精神。书中运用的经训丰富，除了大家比较熟悉的，并且也常用的外，我也学到了不少新的，我不熟悉的经训，我想许多阿訇、毛拉也会很有兴趣。

国际伊斯兰教主流自 1789 年拿破仑率兵攻占埃及起，就走上了漫长的应对西方全面挑战的道路，历史上国际伊斯兰教界创立了许多主义来应对挑战，经过两百余年的奋斗，终于在 20 世纪末创立了"中间主义"，一条立足于伊斯兰教根本，既不全盘西化，又不顽固保守的道路，这是国际伊斯兰教界当代最伟大的变革与创新，是一条看到了希望和前途的光辉道路。

我们中国伊斯兰教界，有责任与义务，在学习、宣传和发展中正之道上贡献自己的力量，这也是中国伊斯兰教自身健康发展的需要。我相信，这本书的出版发行将推动中正之道在中国伊斯兰教界的普及与深化，使中国的伊斯兰教界更加熟练地运用中正之道这一强大的伊斯兰思想武器，有力抵制极端主义与保守主义，维护伊斯兰教的真精神。

# 绪 论

## 一 本书研究的相关背景及研究现状

当代伊斯兰世界人口众多，不仅文化传统独特，而且地域辽阔，资源丰富，其原料出口、原油储量等均在世界总量中占有很高比例，因此其战略地位十分突出，对世界政治、经济事务及国际格局的影响力日益提升，是当今世界不容忽视的一支重要力量。成立于 1970 年 5 月的"伊斯兰会议组织"（Organization of the Islamic Conference）至 2006 年共有 57 个成员国，5 个观察员国[①]，遍及亚洲、非洲和欧洲，总人口超过 10 亿。"以伊斯兰教为强大精神武器的伊斯兰世界，尽管它的内部有这样那样的矛盾和冲突，甚至还会出现令人痛心的战争，但在可以预见的将来，它作为国际政治中的作用，是不可低估的。"[②] "从硬实力方面看……伊斯兰世界具备成为国际战略力量的基本条件，即地域、人口、战略资源和战略位置……从软实力方面看，伊斯兰世界蕴藏着强大的生命活力。它在不断探求自身发展和回应外部挑战过程中所出现的各种

---

[①] "伊斯兰会议组织"成员国共 57 个：阿尔巴尼亚、阿尔及利亚、阿富汗、阿拉伯联合酋长国、也门、阿曼、阿塞拜疆、埃及、巴勒斯坦、巴基斯坦、巴林、贝宁、布基纳法索、冈比亚、吉布提、吉尔吉斯斯坦、几内亚、几内亚比绍、加蓬、喀麦隆、卡塔尔、科摩罗、科威特、黎巴嫩、利比亚、马尔代夫、马来西亚、马里、毛里塔尼亚、孟加拉国、摩洛哥、莫桑比克、尼日尔、尼日利亚、塞拉利昂、塞内加尔、沙特阿拉伯、苏丹、索马里、突尼斯、土耳其、文莱、乌干达、叙利亚、伊拉克、伊朗、印度尼西亚、约旦、乍得、土库曼斯坦、哈萨克斯坦、乌兹别克斯坦、苏里南、科特迪瓦、圭亚那、塔吉克斯坦、多哥；观察员国 5 个：泰国、中非共和国、波黑、俄罗斯、塞浦路斯。——补注：2011 年 6 月 28 日在哈萨克斯坦首都阿斯塔纳举行的伊斯兰会议组织第 38 次外交部长会议决定，该组织更名为"伊斯兰合作组织"（Organization of Islamic Cooperation，OIC）。

[②] 金宜久：《伊斯兰教与世界政治》，社会科学文献出版社 1996 年版，第 294 页。

## 2　伊斯兰文明的反思与重构

'主义'、'运动'、'改革',就是生命活力的表现。这种生命力已经并将继续转变为对世界格局的影响力,在不同层面、以不同形式表现出来。"①

毋庸置疑,全面了解和深入研究当代伊斯兰世界,包括了解和研究其各种社会思潮,是摆在我们这个正在快速走向世界的泱泱大国学术界的一项重任。

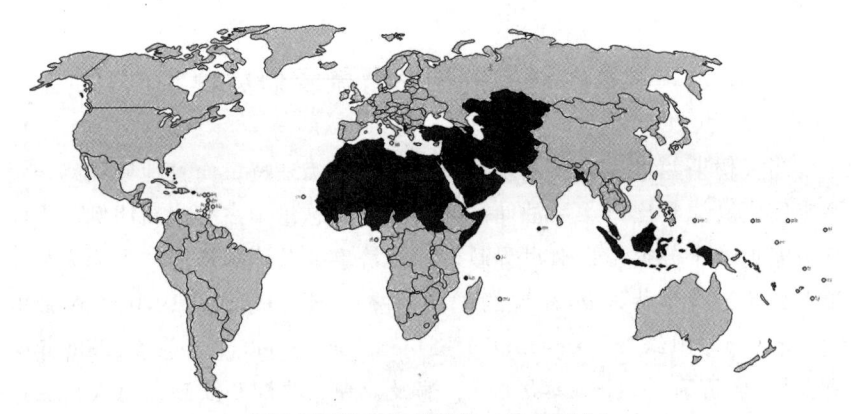

**幅员辽阔的伊斯兰世界(深色部分)**

我国伊斯兰教研究的资深专家吴云贵先生在《近现代伊斯兰教思潮与运动》一书的序言中指出:"伊斯兰原教旨主义思潮兴起后,进而改变了人们对宗教的传统看法,向学术界提出了一系列亟待回答的重大理论问题和实际问题。这些问题涉及理论、现实、历史三大层面,其范围远远超出了宗教研究的领域……在当今的世界格局下,应当怎样全面地认识和评估伊斯兰教与西方的关系:是原教旨主义力量的崛起威胁到西方国家的安全和战略利益因而引起以美国为首的西方的'关注'和'反应',还是西方的霸权主义、强权政治威胁到伊斯兰国家的安全因而引起原教旨主义的抗议?诸如此类的许多重大问题,引起世界各国政界、学术界和新闻媒体普遍的关注,伊斯兰教与国际政治关系由此而成

---

① 高祖贵:《美国与伊斯兰世界》,时事出版社2005年版,第121—122页。

为一个重大的前沿性课题。"① 而了解和研究当代伊斯兰世界诸多思潮的最新变化、把握其发展动向，更是前沿领域中的前沿问题。

当代伊斯兰世界思潮众多，纷繁复杂。要对这些思潮作出全面梳理并从中准确把握其主流思潮，实属不易。总体而言，国内外学术界对当代伊斯兰复兴运动的研究，更多地将注意力集中在伊斯兰"原教旨主义"的研究方面，成果较多，而对正在兴起和发展中的伊斯兰"中间主义"思潮则关注不够，研究不多。伊斯兰"中间主义"是当代阿拉伯伊斯兰世界日益具有广泛影响的重要思潮，它秉承伊斯兰文明和平中正、宽容和谐的文化传统，致力于弘扬伊斯兰教的和平理念与仁爱精神，反对各种形式的极端主义和恐怖主义，尊重人类文明的多样性，主张并积极倡导不同文明间的对话与交流，谋求人类社会的和合共生与世界的持久和平。伊斯兰"中间主义"思潮的兴起体现了当代阿拉伯伊斯兰世界力图通过文化反思与重建来实现改革与发展、自立与自强的目标。

西方对当代伊斯兰思潮的研究以美国的研究最具影响。冷战后，伊斯兰研究几乎成为美国学术界的一个热点，这与美国在世界上特别是在中东地区谋求最大自身利益和一超独霸的政治意图有关。出于这样的政治动机，使美国的伊斯兰研究带有强烈的政治色彩和为其地缘政治和国家安全战略服务的功能，尤其在"9·11"事件之后，将伊斯兰复兴视为一种威胁的所谓伊斯兰"威胁论"和"绿祸论"等更是甚嚣尘上。

为配合美国"大中东民主改造计划"，美国学界有关所谓"原教旨主义"、"政治伊斯兰"的著述和文章层出不穷，许多政界和学界精英将伊斯兰及其有别于西方价值观的伊斯兰文明与价值观视为中东地区陷入经济落后、政治专制乃至滋生极端主义和暴力恐怖活动的深层原因，因而试图向阿拉伯伊斯兰国家强力输出包括西方模式的民主在内的各种西方价值观，改造这些国家的文化与教育体系，他们凭借强大的传媒在世界范围内竭力渲染伊斯兰教和穆斯林对于西方文明和西方世界的"威胁"，大肆炒作所谓"伊斯兰恐惧症"（Islamophobia），而对伊斯

---

① 吴云贵、周燮藩：《近现代伊斯兰教思潮与运动》（序），社会科学文献出版社2007年版，第1页。

世界致力于和平发展的伊斯兰"中间主义"思潮基本上存而不论。

在美国学者中,对伊斯兰文明当代发展动态密切关注的一位最具代表性的学者就是哈佛大学政治学教授塞缪尔·亨廷顿(Samuel P. Huntington,1927—2008),他在20世纪90年代初撰文提出了名噪一时的"文明冲突论",将伊斯兰文明视为西方文明的最大威胁,后又出版专著《文明的冲突与世界秩序的重建》,进一步阐述这一观点。进入21世纪后,亨廷顿又于2001年12月17日在《新闻周报》上发表《穆斯林战争的时代》一文,认为当今世界政治已处于穆斯林战争的时代,并已取代冷战而成为国际冲突的主要形式,穆斯林是当今世界冲突和麻烦的制造者。"冲突论"和"威胁论"不但遭到伊斯兰世界学者的反驳,即使在美国,也有学者表示反对,如 J. L. 埃斯波西托在《伊斯兰威胁——神话还是现实?》一书中就据理作了反驳。

世纪之交的日本学术界也比较关注对伊斯兰思潮的研究,与美国的研究有所不同的是,日本学界的研究相对比较客观和理性。具有代表性的著作如山内昌之的《伊斯兰与国际政治》(1998)、宫田律的《伊斯兰教势力》(2000)等,这些著作虽未直接研究伊斯兰"中间主义",但都不同程度地涉及有关问题,大都强调不能认定伊斯兰教是倡导恐怖主义的宗教,认为伊斯兰教不仅将会在21世纪伊斯兰世界政治和社会改革中发挥重要作用,而且也是21世纪一股重要的国际政治力量,同时指出,美国社会存在的反伊斯兰言论和政策,不但不利于国际合作,而且还会导致国际间矛盾和对立的不断加剧。

在阿拉伯伊斯兰世界,对伊斯兰复兴运动及伊斯兰思潮特别是对伊斯兰"中间主义"思潮的研究呈现出百花齐放的态势,学者众多,著述丰富。"世界穆斯林学者联合会"主席及卡塔尔大学教授尤苏夫·盖尔达维、伊朗"世界伊斯兰各宗派团结促进会"秘书长穆罕默德·泰斯希里、毛里塔尼亚学者本·拜赫、埃及艾资哈尔大学前长老穆罕默德·赛义德·坦塔维及现任长老艾哈迈德·泰伊伯、埃及前总穆夫提阿里·祖玛、土耳其学者法图拉·葛兰、叙利亚学者拉马丹·布推、沙特阿拉伯学者阿布杜勒·图尔基、巴基斯坦学者艾哈迈迪·艾尼斯等,都是很有代表性的学者。

在上述众多学者中,尤以尤苏夫·盖尔达维最具影响力。在英国

《前瞻》(Prospect) 杂志和美国《外交政策》(Foreign Policy) 杂志联合主办的 2008 年度"全球最有影响力的 100 位知识分子"(The Top 100 Public Intellectuals) 评选活动中,盖尔达维名列第三。[①] 近年来,盖尔达维博士连续著书立说,全面研究和阐发伊斯兰"中间主义"思想,他在这方面的代表性著作有《传统与现代之间的阿拉伯—伊斯兰文化》《传统与创新之间的伊斯兰教法》《反叛与极端之间的伊斯兰觉醒》《伊斯兰觉醒:从稚嫩走向成熟》《伊斯兰视域中的宗教自由与多元主义》《世纪之交的伊斯兰民族》《论吉哈德》《论伊斯兰中间主义及文化创新》等。

值得注意的是,除了学术界外,伊斯兰世界的一些政治领导人也在不同层面上不同程度地倡导和推动伊斯兰"中间主义"思潮的发展,如伊朗前总统哈塔米、沙特阿拉伯前国王阿卜杜拉、马来西亚前总理马哈蒂尔、阿拉伯联合酋长国副总统阿勒马克图姆、约旦前王储哈桑等。

进入 21 世纪以来,在一些阿拉伯伊斯兰国家还相继成立了研究和宣传伊斯兰"中间主义"的学术机构,陆续召开了一系列以"中间主义"为内容的研讨会,创办了专门期刊,出版了不少学术专著,如在尤苏夫·盖尔达维博士等众多学者的倡导下于 2004 年成立的"世界穆斯林学者联合会"就以弘扬伊斯兰"中间主义"思想为基本宗旨,并于 2008 年创办了会刊《中正的民族》;在科威特、约旦、卡塔尔、摩洛哥等国,都先后成立了以"中间主义"为中心议题的思想论坛和研究中心。这些学术活动的开展,使"中间主义"思潮在阿拉伯伊斯兰世界日益得到广泛认同,呈现出方兴未艾的发展态势,并日渐成为具有重要影响力的主流价值取向。

世纪之交的 10 多年来,我国学术界对近现代以来乃至当代伊斯兰世界各种思潮的介绍和研究颇有建树,取得了显著的成绩,积累了较多成果。除一些资深学者继续活跃在学术前沿外,更涌现出不少中青年学者。有大量关于伊斯兰复兴运动的论文发表,还有不少很有分量的学术专著问世。具有代表性的著作有:金宜久的《当代伊斯兰教》(1995)

---

[①] The Top 100 Public Intellectuals-the Final Rankings [EB/OL]. [2008-07-27] http://www.foreignpolicy.com/story/cms.php?story_id=4379.

和《伊斯兰教与世界政治》（1996），肖宪的《当代国际伊斯兰潮》（1997），陈嘉厚等的《现代伊斯兰主义》（1998），张铭的《现代化视野中的伊斯兰复兴运动》（1999），东方晓主编的《伊斯兰与冷战后的世界》（1999），吴云贵、周燮藩的《近现代伊斯兰思潮与运动》（2000），金宜久、吴云贵的《伊斯兰与国际热点》（2001），王京烈的《当代中东政治思潮》（2003），刘中民的《当代中东伊斯兰复兴运动研究》（香港：2004），马丽蓉的《西方霸权语境中的阿拉伯—伊斯兰问题研究》（2007），金宜久主编的《当代宗教与极端主义》（2008）等。这些成果大都密切关注现实，为纷繁复杂的伊斯兰运动梳理出比较清晰的发展轨迹，且不乏独到的见解和深入的分析。只是这些研究基本上都将注意力集中在对伊斯兰"原教旨主义"的解析方面，而对伊斯兰"中间主义"思潮有所忽视。

我国伊斯兰教研究的资深专家金宜久先生将当代伊斯兰复兴划分为三种形式，即"新泛伊斯兰主义"、"伊斯兰教的民间复兴"和"伊斯兰主义"，金先生说："就当代的伊斯兰复兴而言，大致可以概括为三种不同的表现形式。即前述的新泛伊斯兰主义、伊斯兰教的民间复兴，以及伊斯兰主义（或原教旨主义）。伊斯兰教的民间复兴可以说是一种群众性的、较为温和的、某种文化意义上的宗教复兴，它既有别于政治—宗教性的和宗教—政治性的新泛伊斯兰主义，也有别于在宗教外衣下从事极端激进活动的、纯政治性的伊斯兰主义。表面上伊斯兰复兴的这三种形式相互交织，似乎混杂为一。仔细辨别起来，人们仍可作出大致的区分。"① 在金先生与吴云贵先生合著的《伊斯兰与国际热点》一书中，也是采用了这种划分。

这样的划分，基本上比较准确地反映了当代伊斯兰复兴的风貌，特别是就 20 世纪六七十年代以来的伊斯兰复兴而言。然而，事物是发展变化的，随着国际格局及中东局势的变化，特别是阿拉伯伊斯兰国家自身现实的变化，伊斯兰复兴运动更是处于不断的发展变化之中。就 20 世纪八九十年代以后，特别是冷战结束至今，即世纪之交的伊斯兰复兴而言，情况则大有不同。其中最引人注目的就是伊斯兰"中间主义"

---

① 金宜久：《伊斯兰教与世界政治》，社会科学文献出版社 1996 年版，第 200 页。

的勃兴，因为伊斯兰"中间主义"似乎打破了上述三种表现形式各走各路的态势，这种新的变化颇值得我们予以关注和研究。

当代伊斯兰"中间主义"思潮反映了当代伊斯兰复兴运动的新变化和伊斯兰文明面向新世纪的发展新动向。尽管伊斯兰"中间主义"基本上仍属于当代伊斯兰复兴的范畴，但与前述三种形式有显著不同。与"新泛伊斯兰主义"明显的官方色彩相比，伊斯兰"中间主义"似乎更加接近民间复兴，但又与单纯的民间复兴有所不同，在伊斯兰"中间主义"的倡导者中不乏政界精英，甚至有不少重要的政治领导人也积极参与；而与伊斯兰主义（或原教旨主义）鲜明的政治性和强烈的政治诉求相比，伊斯兰"中间主义"则更加注重思想更新和理论重建，更多地表现出显著的学理性。因此，伊斯兰"中间主义"既具有民间性，又不排拒与官方的合作，既具有浓厚的学理性，侧重思想建设与文化创新，又不远离政治、回避现实。

显然，当代伊斯兰"中间主义"表现出上述三种形式合流的一种态势，它试图调和各方立场，以更加理性的方式和更加温和的态度应对内外挑战，致力于探索适合于阿拉伯伊斯兰世界自身的发展道路、发展模式及核心价值观的重建。因此，伊斯兰"中间主义"的积极意义是显而易见的，其思想内涵以及进一步的发展态势，是颇值得我们跟踪观察并作深入研究的前沿问题。

上海外国语大学朱威烈教授是较早注意到当代伊斯兰"中间主义"思潮的中国学者，体现了中国学者关注当代伊斯兰文明发展趋势及其前沿动态的学术敏锐力。朱教授在1995年7月26日《解放日报》发表的题为《正确理解伊斯兰，不同文明应对话》的文章中指出："冷战结束后，美国的塞缪尔·亨廷顿教授发表了《文明的冲突》一文，把西亚北非的伊斯兰教和东亚的儒家学说视作苏联解体后西方面临的最大威胁。这种言论经过西方一些政治家和媒体多年来的大肆渲染，伊斯兰教被恶意丑化歪曲，当作了洪水猛兽。伊斯兰国家中出于反对外来干涉、追求社会公正而参加伊斯兰运动的广大穆斯林群众，被说成是原教旨主义者，进而又把他们与少数极端分子、恐怖分子混为一谈。这种情况引起了伊斯兰学术界的高度警觉和极大愤慨。这些年来，学者们一直致力于为伊斯兰正名……不少学者都强调要为伊斯兰教正本清源，正面阐述伊斯兰教主张的宽容、和平、仁慈、中庸和公正等信条，开展文明对话，从各种文化中吸取符合本民族发展所需要的各种营养……这些见解，都是立足本身，力求自强的声音，反映了在世纪交替之际，穆斯林学者中不乏有远见卓识之士，他们不固步自封，不满足于引经据典，正在着手设计和提出一份以正统的伊斯兰复兴思想为基础的当代的文明文化工程。这种努力显然是很可贵的，也符合中东伊斯兰民族的发展实际。"[1] 朱教授还在发表于《阿拉伯世界》1997 年第 4 期的文章《约旦纪行》中指出："近年来不少阿拉伯国家的学术界，都很重视中庸之道的研究，论著不断问世。从政治背景上分析，这既是为了与激进的原教旨主义划清界限，也是旨在区别于传统的保守的伊斯兰势力。"[2]

此后，我国学术界开始有学者密切关注伊斯兰"中间主义"思潮。《阿拉伯世界》2003 年第 2 期刊载的《当代伊斯兰"中间主义"思潮述评》一文，是我国学术界就当代伊斯兰"中间主义"进行专题研究的第一篇论文，该文发表后，引起学术界的重视，中国人民大学复印报刊资料《宗教》2003 年第 3 期全文转载该文。另外，《国际问题研究》2004 年第 1 期发表的《伊斯兰世界的命运与前途》（王京烈）等论文，也注意到伊斯兰世界倡导"中间主义"，顺应时代发展潮流，致力于宗教和社会变革的趋势。

上述各位学者的学术成果，为进一步深入研究当代伊斯兰世界的各种思潮奠定了较为坚实的基础。本书对当代伊斯兰"中间主义"思潮的研究，正是基于这些既有的研究成果而开展的。近些年来，我国学界对伊斯兰"中间主义"思潮及其发展态势日益关注，相关学术研讨亦有开展。例如，2008 年 11 月和 2009 年 11 月由西北大学中东研究所主办的两届"中阿学者论坛"，都对伊斯兰"中间主义"思潮做了专题讨论，特别是 2009 年 11 月的论坛，包括当代伊斯兰"中间主义"思潮重要代表人物之一的卡塔尔大学教授尤苏夫·盖尔达维博士在内的多位阿拉伯学者应邀与会，尤苏夫·盖尔达维博士就伊斯兰"中间主义"

---

[1] 朱威烈：《站在远东看中东》，上海外语教育出版社 2000 年版，第 293—294 页。
[2] 同上书，第 206 页。

做了专题发言。① 中国方面则有前外交部副部长杨福昌、中国首任中东问题特使王世杰等资深外交官及阿拉伯伊斯兰文化和中东研究领域的数十名学者与会。在此次研讨会上，中阿学者就伊斯兰"中间主义"的理论与实践等诸多问题进行了较为深入的探讨与交流，达成许多共识。双方学者一致认为，进一步加强中阿学者间的沟通与交流，推进对伊斯兰"中间主义"的研究，对于促进中阿文明对话、增进双方互信互惠的友好关系，均具有重要意义。尤其是伊斯兰"中间主义"关于在国际社会开展文明对话、促进世界和平与和谐的一些主张，格外引人注目。

事实上，伊斯兰"中间主义"不仅反映了伊斯兰复兴运动的新变化和新发展，而且也反映了在新的历史时期古老的伊斯兰文明面向未来、自强更生的努力。只是由于种种原因，我们这个泱泱文化大国，无论对伊斯兰复兴运动，还是对伊斯兰文明本身，所给予的关注和理解程度，还远远低于应有的水准，有时不免过于简单、轻率甚至肤浅，往往受到西方观念的制约和影响。原文化部部长王蒙先生在2006年访问伊朗时对此深有感触，他说："这里有多位一体的尊崇与珍爱。伊斯兰是至高无上的信仰，在这样一个信仰的光辉照耀之下，形成了自己的文化天地……也是在这样的旗帜下，激发了伊朗独特的伊斯兰革命。伊斯兰文化，伊斯兰百科全书，伊斯兰图书，所有这些努力，体现了在全球化浪潮正在席卷世界的时候，伊朗人乃至整个伊斯兰世界对于卫护自身文化性格、文化体系与生活方式的努力。应该正视，应该理解，应该交流，应该相互学习，而绝对不能视如草芥，更不能视如寇雠，一笔抹杀。你有一百条先进的科学技术，政治运作体制与方式，军事实力，还有通俗文化传播手段，还有完备的法律，还有先进的'无敌'的硬实力，却无法取代一个古老巨大坚强的文化数千年来所营造的一个世界：信仰的世界，诵经也颂诗的世界，精美绝伦，如梦如画的世界，而且是，切莫忘了，这是一个比历史还要古老的世界。"②

不要说一般学人，即便一些长期从事伊斯兰世界研究的专家，也未

---

① 参见附录二。
② 王蒙：《伊朗印象》，山东友谊出版社2007年版，第113页。

必会有如此洞见。人们似乎已经习惯了以"伊斯兰原教旨主义"、"圣战"等大量西方语境中的词汇来解读伊斯兰世界的历史、现实乃至其悠久文化传统的做法,而从中国视角出发、在中国人文理念指导下的具有中国话语方式的伊斯兰研究成果尚不多见,大量研究连篇累牍地重复着西方关于伊斯兰原教旨主义及其威胁的评析。

有美国学者指出,西方学界忽视了伊斯兰世界沉默的大多数,因为"对'激进的伊斯兰原教旨主义'的恐惧——像伊朗的输出革命;暗杀埃及总统安瓦尔·萨达特的埃及伊斯兰圣战者这样的极端主义组织;以及巴勒斯坦伊斯兰圣战组织的兴起——在20世纪80年代成为主导。但是,观察家们忽视了'静悄悄的革命':主流的、非暴力的伊斯兰政治社会运动的存在,它们寻求通过选票而不是枪炮来获得权力,并推进改革"①。需要注意的是,这样的疏忽也存在于我国的学术界中。因此,致力于中国人文理念和文化战略指导下的伊斯兰研究、阿拉伯研究以及中东研究,是时代赋予中国学人的重大使命。本书对伊斯兰"中间主义"的研究正是基于这样的认识而做的初步探索和努力。

## 二 本书的重要概念界定

"中间主义"(الوسطية)是本课题研究中最为重要的一个概念,在这里,需要对这一概念的汉语译称及界定作必要的说明。在阿拉伯语的语境中,"الوسطية"一词实际包含着两层含义:一是"وسطية الإسلام",即伊斯兰教或《古兰经》和"圣训"所倡导的"中正"理念,指的是值得人们不断追求然而却永无止境的一种理想境界,其内涵丰富,意蕴深邃,包含正义、端正、公正、公平、和平、平衡、和谐、中和、温和、智慧乃至真、善、美等诸多含义;一是"تيار الوسطية الإسلامية",即倡导和追求伊斯兰中正理念的思潮或学派,指的是一种价值取向和思想倾向。这两层意思既有联系又有区别,不应等同。因此,在本书的研究

---

① [美]约翰·L.埃斯波西托、[美]达丽亚·莫格海德:《谁为伊斯兰讲话:十几亿穆斯林的真实想法》,晏琼英、王宇洁、李维建译,中国社会科学出版社2010年版,第71页。

中，对"الوسطية"一词的译称可谓颇费心思，斟酌再三，诚如翻译家严复所说："一名之立，旬月踟蹰。"

对"الوسطية"一词的汉译，可选用的词有"中正"、"中和"、"中庸"、"中道"、"中间"等。"中正"是一个褒义词，用来指称《古兰经》或伊斯兰教的基本精神则可，用它来指称倡导和追求伊斯兰教中正和谐境界的一种思潮，或指称某个学者的思想或某个学派，则有失妥帖。因为伊斯兰教的中正和谐理念（وسطية الإسلام）是一种哲学意义上的理想境界，颇具高度和难度，要完全达到这种境界非常困难。这一点，恰如儒家的"中庸之道"。正如《论语》中所讲："子曰：中庸之为德也，其至矣乎！民鲜久矣！"[①]《中庸》中也说："子曰：天下国家可均也，爵禄可辞也，白刃可蹈也，中庸不可能也。"[②] "但正因为难，才值得去做，值得去发扬。"[③]

因此，我们说倡导中正并不等于真的实现了中正，矫枉过正的现象在所难免，故将倡导"中正"的一种思潮直接称为"中正主义"显然不妥。另外，称"中和主义"、"中庸之道"或"中庸主义"都不太恰当，因为"中和"、"中庸"等作为儒家学说的重要理念，具有非常丰富的中华文化意蕴，借来指称一种当代伊斯兰思潮，显然不太合适。

也有人主张将倡导伊斯兰中正精神的思潮译为"中道主义"，其实，"中道主义"的译法也不甚贴切，因为"中道"与"中庸"一样，也是孔孟之道的重要术语，意义近于"中庸"。《论语》中说："子曰：不得中行而与之，必也狂狷乎！狂者进取，狷者有所不为也。"[④] "中行"即中道之行或中庸之道，对此孟子解释说："孔子不得中道而与之，必也狂狷乎！狂者进取，狷者有所不为也。孔子岂不欲中道哉？不可必得，故思其次也。"[⑤] 显然，"中道"是儒家倡导的一种崇高境界和价值标准，正如《孟子·尽心上》中所说："大匠不为拙工改废绳墨，

---

[①] 《论语·雍也》，引自杨伯峻译注《论语译注》，中华书局2006年版，第72页。

[②] 《中庸·第九章》，引自王岳川《大学中庸讲演录》（《中庸章句》），广西师范大学出版社2008年版，第161页。

[③] 王岳川：《大学中庸讲演录》，广西师范大学出版社2008年版，第106页。

[④] 《论语·子路》，引自杨伯峻译注《论语译注》，中华书局2006年版，第158页。

[⑤] 《孟子·尽心下》，引自杨伯峻译注《论语译注》，中华书局2006年版，第158页。

羿不为拙射变其彀率。君子引而不发，跃如也；中道而立，能者从之。"① 后来，"中道"及"中道观"成为佛教的重要术语，是梵语 Madhyamāpratipad 的意译，在佛教经典中广泛使用，如《中阿含经》云："捨此二边有取中道，明成智，成就于定，而得自在……"②

因此，犹如不宜采用"中庸"一样，也不宜采用"中道"来表述当代伊斯兰思潮。尽管借用儒、释、道的一些术语来表述伊斯兰教的一些思想理念并非不可，实际上也早有先例，明清时期的先贤王岱舆、刘智等在他们有关伊斯兰教的著述中，就采纳和吸收了不少儒、释、道各家的术语，但这些先贤试图构建中国文化语境中的伊斯兰思想体系，而我们这里仅仅是对当代伊斯兰世界一种思潮的介绍，因此选用具有浓厚中国文化内涵的术语显然不甚适合。尽管儒家的"中庸"、佛教的"中道"，以及伊斯兰教的"الوسطية"具有共通之处，均包含着"中正和谐"的思想内涵，但各自的具体含义仍有较大差异。

经过反复推敲，最终确定在具体行文中，当"الوسطية"指称伊斯兰教或《古兰经》基本精神或核心理念（وسطية الإسلام）时，一般译称为"中正"，而当"الوسطية"用来指称当代阿拉伯伊斯兰世界倡导伊斯兰中正理念的思潮，或指某一学者阐发伊斯兰中正理念的个人思想时，则译称为"中间主义"。也就是说，伊斯兰"中间主义"思潮是力图正本清源、倡导伊斯兰教中正和谐思想的一种宗教文化思潮，是一种思想倾向或价值取向，既力图秉承并体现伊斯兰教、伊斯兰文化的中正、中和思想，又具有鲜明的时代特征，但这种思潮与伊斯兰的中正理念还不完全是一回事，不能将二者完全等同起来。伊斯兰的中正思想是一种理想境界，这种理念早已有之，对于穆斯林来说，这种中正思想不是某个学派的主张或某个学者的个人思想，而是来自"天启"的真理，因此是不容置疑和批评的，而"中间主义"则是伊斯兰思想家们对这种境界的探索和阐释，是他们对经典教义的一种理解，是穆斯林对这种理想境界的追求与实践过程，因此既是对文化传统的继承和弘扬，同时也是时代的产物，具有时代的烙印。

---

① 《孟子·尽心下》，引自杨伯峻译注《孟子译注》，中华书局 2008 年版，第 251 页。
② 任继愈主编：《宗教词典》，上海辞书出版社 1981 年版，第 188 页。

因此，指称一种思潮、一种思想倾向，选用"中间"一词较为贴切，因为"中间"一词是中性词，不褒不贬，留有余地，亦符合中正精神。一种思潮也好，某个学者的思想和见解也好，尽管它倡导"中正"，阐释"中正"，但它本身并不完全等同于"中正"，其中难免存在"意欲中正却失于中正"之处，完全可以对其提出质疑和批评，而且这也是完全可以理解的，因为一个人的理解和思想乃至一个学派的主张，都会有不同程度的局限性。就是说，中正理念，是伊斯兰教所固有的，而"中间主义"思潮只是倡导这种中正，但它不等同于中正。因此，我们不宜说"尤苏夫·盖尔达维的中正思想"倡导中正，而可以说"尤苏夫·盖尔达维的中间主义思想"倡导中正。

在这里，还应对本书研究所涉及的时空范围有所界定。在时间范围方面，本书所说的"当代"，指的是第二次世界大战结束至今半个多世纪这一时段。而在这段历史时期内，本书研究又以冷战结束前后至今，即世纪之交的20年（1990—2009）为重点范围；在空间方面，以伊斯兰世界（即伊斯兰会议组织57国）为基本范围，侧重点则在中东地区伊斯兰文明的腹地。鉴于今日世界已成为一个地球村，伊斯兰世界并不能自外于其余世界而独立存在，故对伊斯兰世界之外的国家或地区的有关问题亦有所关注。这并不意味着这些国家或地区属于伊斯兰世界。中国与伊斯兰世界同为发展中国家，历史命运与遭遇等有诸多可比照处，伊斯兰教在中国有1000多年的历史，中国有10个穆斯林少数民族，在当代，中国与阿拉伯伊斯兰国家之间的友好交往日益密切广泛，故在本书研究中，还注意从跨文化的角度对相关问题做一些比照性研究，力求体现出中国学者应有的学术立场和利益关切。

## 三　本书的选题意义及研究内容

伊斯兰"中间主义"是当代阿拉伯伊斯兰世界日益具有广泛影响的重要思潮，它秉承伊斯兰文明和平中正、宽容和谐的文化传统，立足现实、着眼未来，致力于弘扬伊斯兰教的和平理念与仁爱精神，反对各种形式的极端主义和恐怖主义，强调尊重文化多样性，主张不同文明的对话与交流，谋求人类社会的和合共生与世界的持久和平，并试图以更加温和的态度和更为理性的方式应对内外挑战,弥合分歧,谋求发展。阿拉伯学者指出:"'中间主义'是文化,也是行为;是发展,也是巩固;是穆斯林民族更生的机制和攀越巅峰的步伐;是冲破禁锢、走向世界的出路;是应对和化解时代挑战的良药;是责任,也是荣耀。"①"'中间主义'的道路,是今天的阿拉伯伊斯兰民族从威胁其现实与未来的迷途和彷徨,甚至死亡和毁灭中获救的绳索和方舟。"② 显然,伊斯兰"中间主义"反映了当代阿拉伯伊斯兰世界试图探索适合自身发展道路、重建富有民族特色与时代精神的核心价值体系的积极努力。

值得注意的是,伊斯兰"中间主义"的诸多主张,在不少层面与中国倡导的和谐社会、和谐世界的价值取向异曲同工,并行不悖。目前,我国学术界对该思潮尚无全面深入的研究,而准确了解和把握这一重要思潮,不仅有助于我国与阿拉伯伊斯兰世界的全面友好交往,而且对我国伊斯兰教界抵御和防范各种极端思想,以及在穆斯林少数民族地区构建民族团结、宗教和顺的社会主义和谐社会也颇有裨益。

本书集中考察和评析了伊斯兰"中间主义"这一最能体现当代伊斯兰复兴运动新变化、新趋势的重要宗教文化思潮。本书在追溯伊斯兰"中间主义"的历史渊源并揭示其理论基础和哲学依据的基础上,通过评介伊斯兰"中间主义"思潮的一系列主张,全面分析和把握该思潮的发展态势及其对阿拉伯伊斯兰世界政治和社会变革的影响,力图及时了解和准确把握21世纪新形势下伊斯兰教及伊斯兰文明的最新发展趋势,为有关部门的判断和决策提供具有前瞻性的准确信息,服务于我国内安百姓、外和万邦的战略,以避免与阿拉伯伊斯兰国家政治、经济和文化交往中可能出现的误判。

本书研究的重点和目的在于揭示伊斯兰"中间主义"思潮的实质,正确评估伊斯兰"中间主义"思潮在阿拉伯伊斯兰世界应对内外挑战和世界政治格局多极化进程中的现实意义。这种现实意义很大程度上在于伊斯兰"中间主义"思潮在阿拉伯伊斯兰世界改革和发展进程中所

---

① [沙特阿拉伯] 阿卜杜拉·本·阿卜杜勒·阿齐兹:《中间主义:通向明天的道路》(阿拉伯文版),塞维利亚宝藏书局2008年版,第21—22页。

② [卡塔尔] 尤苏夫·盖尔达维:《论伊斯兰中间主义及其特征》(阿拉伯文版),曙光出版社2008年版,第35页。

具有的现实意义，同时还在于其在世界政治格局多极化背景下对于维护人类文化多样性、促进不同文明对话方面所具有的积极意义。

同时，本书还力图为我国伊斯兰教及阿拉伯伊斯兰文化的研究拓展新的学术增长点，以期推进和深化相关领域的研究，从而为学科建设奠基铺路，因为深入研究伊斯兰"中间主义"思潮，有助于从根本上厘清伊斯兰文化的核心价值体系，打破文化霸权主义桎梏，拓宽伊斯兰研究的领域，构建富有中国特色的伊斯兰文化研究体系，且对相关学科发展也具有一定的促进作用。由于我国学术界目前尚无对伊斯兰"中间主义"思潮的全面研究，同时伊斯兰"中间主义"思潮本身尚处于方兴未艾的发展动态当中，因而本书的研究具有一定的领先性和前瞻性，不但在政治上具有重要的现实意义，而且在学术上具有一定的创新价值。

本书分设六章，形成相对严整和系统的学术专著。

第一章：当代伊斯兰"中间主义"思潮的背景考察。本章通过对伊斯兰教经典《古兰经》与"圣训"中有关中正和谐思想的解读，着重探讨当代伊斯兰"中间主义"思潮的哲学基础，揭示出伊斯兰文明的成功之道乃是中正和平、宽容和谐的中正之道；在此基础上，通过对伊斯兰文明发展历程的回顾，进而指出伊斯兰"中间主义"思潮并非无源之水、无本之木，而是秉承了伊斯兰文明的中正和谐之道，因而不仅具有深邃的哲学基础，而且拥有悠久的历史传统。同时，还进一步指出，伊斯兰"中间主义"思潮的兴起与发展与当代伊斯兰世界及国际格局发生深刻变化的大背景密切相关。

第二章：当代伊斯兰"中间主义"思潮的基本主张。本章从宗教哲学思想、政治思想、法律思想等不同层面评介了伊斯兰"中间主义"思潮的一系列主张，着重评析了伊斯兰"中间主义"强调恪守和平中正、反对各种形式的极端主义和恐怖主义、倡导文明对话、尊重文化多样性等具有鲜明时代精神的重要主张。

第三章：当代伊斯兰"中间主义"思潮的代表人物及重要学术活动。本章评介了当代伊斯兰"中间主义"思潮在学术界和政界的一些代表性人物，并简要介绍了阿拉伯伊斯兰世界有关伊斯兰"中间主义"思潮的研究机构和重要学术活动，着重评介了当代伊斯兰"中间主义"

思潮的倡导者、世界穆斯林学者联合会主席尤苏夫·盖尔达维的伊斯兰"中间主义"思想及其影响。

第四章：中国文化视野中的当代伊斯兰"中间主义"思潮。本章从跨文化研究的视野出发，就伊斯兰文化的中正和谐之道与中华文化的中庸之道以及当代伊斯兰"中间主义"思潮与当代中国倡导的和谐社会、和谐世界理念作了相应的比照分析，认为中正、中和这种源于东方文化的中正和谐之道，对应对和化解当今人类社会所面临的一系列重大危机和挑战，促进国际政治多极化、尊重世界文化多样性、维护地区稳定和世界和平具有重要的现实意义和普世价值，应是人类大家庭建设多元共存、和平和谐的国际政治经济新秩序的重要思想资源。

第五章：当代伊斯兰"中间主义"思潮的现实意义与发展前景。本章从当代阿拉伯伊斯兰世界的改革与发展及世界政治格局的多极化进程等不同视角考察和分析了当代伊斯兰"中间主义"思潮的现实意义，指出"中间主义"思潮在促进阿拉伯伊斯兰世界的改革发展和团结进取、促进各国人民之间的相互理解和世界和平事业以及在构建全球伦理、维护世界文化多样性等诸多方面，均具有重要的现实意义和广泛的社会影响，因而伊斯兰"中间主义"思潮具有良好的发展前景。同时还强调，研究伊斯兰"中间主义"思潮具有重要的现实意义和学术价值，不仅是服务于国家内政外交的重要工作，而且有助于构建中国特色的伊斯兰文化研究体系。

第六章：结语。本部分对全书作了总结，进而得出研究的结论：伊斯兰"中间主义"思潮不仅具有深厚的哲学基础和悠久的历史传统，而且具有鲜明的时代精神和重要的现实意义，且日渐成为当代阿拉伯伊斯兰世界的主流价值取向，是他们应对内外挑战、谋求改革和发展的正确方向和战略选择，也是促进国际政治多极化、维护世界和平的积极力量。因此，进一步深入研究并准确把握当代伊斯兰"中间主义"思潮的发展趋势，对外有助于促进我国与阿拉伯伊斯兰世界的全面交往，对内有助于建设民族团结、宗教和顺的社会主义和谐社会，同时也有助于构建中国特色的伊斯兰学、阿拉伯学及中东学研究体系。

另有附录部分，选译了当代伊斯兰"中间主义"思潮重要代表人物、世界穆斯林学者联合会主席尤苏夫·盖尔达维最新论著《论伊斯兰"中间主义"及文化更新》中的片段以及一篇关于尤苏夫·盖尔达维访问中国并参加学术研讨会的报道,还有伊朗著名学者阿里·泰斯希里论伊斯兰"中间主义"的一篇文章,以及埃及爱资哈尔大学新任长老艾哈迈德·泰伊伯对当代阿拉伯伊斯兰世界热点问题的访谈,这些文章和谈话都从不同角度对当代伊斯兰"中间主义"及其思想特征作了总体描述,有助于我们更加直观地了解和把握"中间主义"思潮的核心价值理念。

## 四 本书的研究结论、主要观点、社会效益及对策建议

本书的主要研究结论为,从伊斯兰教经典教义及伊斯兰文明传播发展的历史视角来看,当代伊斯兰"中间主义"思潮具有深厚的哲学基础和悠久的历史传统;从阿拉伯伊斯兰世界的现实视角来看,当代伊斯兰"中间主义"思潮反映了阿拉伯伊斯兰国家广大人民求变革、谋发展的迫切愿望;从当代国际关系与国际政治的视角来看,当代伊斯兰"中间主义"思潮是促进文明对话、维护世界和平的积极力量;从中国外交和内政的视角来看,了解和研究当代伊斯兰"中间主义"思潮既有助于中国与阿拉伯伊斯兰国家的友好交往,也有助于我国构建民族团结、宗教和顺的和谐社会;从中国学术研究与学科建设的视角来看,开展对当代伊斯兰"中间主义"思潮的研究,有助于构建中国特色的伊斯兰学、阿拉伯学和中东学研究体系,进而在相关领域的研究中发出中国学者的声音。因此,当代伊斯兰"中间主义"思潮集历史性、思想性、理论性与现实性、时代性、国际性乃至学术性于一体,是颇值得我们给予高度关注和跟踪研究的重要思潮。

基于这样的研究结论,本书认为,在当前严峻复杂的国际形势下,各种激进主义、极端主义和恐怖主义不但毫无出路,而且严重损害阿拉伯伊斯兰世界各国人民的根本利益,而伊斯兰"中间主义"则是在世界政治格局多极化、经济全球化和文化多元化进程中,阿拉伯伊斯兰世界应对内外挑战、弥合分歧、化解危机的正确出路,是他们着眼未来,探索适合自身发展道路、重塑和构建基于本民族文化传统而又富有时代精神的核心价值观的积极努力。当代伊斯兰"中间主义"不是一个新

的宗教派别或政治派别，而是一种价值取向，它反映了古老的伊斯兰文明在当代社会的发展动态和发展趋势。

本书还认为，伊斯兰"中间主义"正在并且将会继续对阿拉伯伊斯兰世界的宗教文化、政治与社会生活等诸多方面产生重要而深远的影响，同时也会对国际社会不同国家和不同民族间的交往，特别是国际间的文明对话与文明交流产生积极影响。

因此，当代伊斯兰"中间主义"思潮不仅是阿拉伯伊斯兰国家弥合分歧、团结进取和改革发展的重要动力，而且也是促进各国人民之间的相互理解和信任、推动世界政治格局多极化发展和世界和平事业的积极力量，具有重要的现实意义。

本书不仅具有重要的学术价值，而且还具有重要的应用价值和现实意义，一些阶段性成果还产生了较好的社会效益。作者在开展研究过程中，不失时机地将一些阶段性成果在有关重要学术会议上通报，特别是对当代伊斯兰"中间主义"思潮的评介，引起学术界及有关方面的浓厚兴趣和关注，得到国内宗教学和国际问题、中东问题著名专家以及资深外交官的积极评价，认为对伊斯兰"中间主义"的研究不仅是我国宗教学特别是伊斯兰教研究方面一个新开拓的领域，而且有利于我们准确把握当代阿拉伯伊斯兰世界的主流价值取向，有助于我国与广大阿拉伯伊斯兰国家的全面交往。

本书相关前期成果还引起民族宗教管理部门及宗教界的关注，认为研究和介绍当代伊斯兰"中间主义"思潮，有利于促进我国伊斯兰教界更好地弘扬爱国爱教的传统，自觉反对和抵制各种极端思想，恪守和平中正的信念，致力于构建宗教和顺、民族团结的社会主义和谐社会。笔者多次应邀在国家宗教局与有关省、市民族宗教事务主管部门合作主办的一些培训班上作相关专题报告，着重介绍了当代伊斯兰"中间主义"思潮及其现实意义，受到各有关部门的积极评价，产生了积极的社会影响，收到了良好的社会效益，有关新闻媒体还作了报道。笔者还曾在香港大学、香港中文大学、香港浸会大学、兰州大学、西北民族大学等高校作过有关伊斯兰"中间主义"思潮的学术报告，均收到良好效果和积极评价。

本书还提出以下几点相关对策建议：

(1) 面向新世纪，进一步强化我国与阿拉伯伊斯兰世界的学术文化交流，积极开展文明对话。

(2) 在中国伊斯兰教界和广大穆斯林中广泛宣传伊斯兰"中间主义"所倡导的和平中正、宽容和谐思想。

(3) 努力构建中国人文理念和文化战略指导下的具有中国特色的伊斯兰学、阿拉伯学和中东学研究体系。

## 五　本书的突出特色及主要建树

本书的突出特色及主要建树主要体现在如下四个方面：

第一，本书研究追踪学术前沿，关注社会现实，把握当代伊斯兰教及伊斯兰文明的最新发展动态，集中考察和全面分析了当代伊斯兰"中间主义"思潮及其相关背景、重要主张、现实意义等，因而是伊斯兰教研究等相关学科领域中具有显著的前沿性和领先性课题。因为本书在当代伊斯兰教研究，特别是当代伊斯兰复兴运动的研究领域中有所开拓，关注最新发展动态与趋势，引证最新文献资料，特别是大量第一手资料，对当代伊斯兰"中间主义"这一重要思潮作了较为全面系统的梳理分析，因而具有一定的开拓性和创新性。

第二，本书虽属宗教学范畴（立项于宗教学学科），但在研究中并未囿于狭小的范围，就事论事，单纯研究宗教问题，而是将当代伊斯兰世界的宗教文化思潮置于国际政治与国际关系的大平台上予以考察，熔政治与宗教、历史与现实于一炉，因而视野开阔，内容广泛，特别是拓展了当代伊斯兰教研究的领域，具有显著的综合性和系统性。

第三，由于本书关注和研究的是对当代阿拉伯伊斯兰世界的未来发展可能产生重要影响的思潮，因而有助于我们准确理解和把握当代阿拉伯伊斯兰世界的价值取向和发展趋势。本书力图从构建和谐世界、和谐社会的战略视野出发，为国家的内政外交提供智力支持，因此具有重要的现实意义和理论价值。

第四，本书从构建中国人文精神指导下的具有中国特色的伊斯兰研究学科体系的视野出发，力图跳出西方学术话语的窠臼，发出中国学人在伊斯兰研究领域独立而独特的声音，因而在相关学科建设方面具有一定的学术价值。

由于本书属当代伊斯兰世界前沿问题研究，学科基础薄弱，可资利用的汉文资料和现有成果很少，需要搜集并翻译和整理大量外文资料，特别是阿拉伯文的最新资料，因此在资料搜集与处理方面困难较多，难度较大，加之本书的研究对象虽为当代宗教思潮，实际却是一个跨学科的综合性课题，涉及领域广泛，问题复杂，难点多，难度大，不易驾驭，因此本书难免存在这样或那样的不足或欠缺，如一些问题尚需进一步深入研究，尤其是对当代伊斯兰"中间主义"思潮的哲学思想及其历史渊源的解析和梳理尚不够深入和全面；对倡导伊斯兰"中间主义"的一些重要代表人物的介绍和评价还不够充分和周详；对伊斯兰"中间主义"思潮的重要现实意义的分析及对其发展趋势的预测分析也未必十分到位和准确。

况且，当代伊斯兰"中间主义"思潮本身尚处于不断发展的动态当中，不少问题尚待进一步观察，因此除对上述这些不足之处有必要作进一步开掘和梳理外，对伊斯兰"中间主义"思潮的最新发展动态尚有必要作实地考察和较为翔实的调研，对"中间主义"本身存在的问题及其地区与国际影响也有待进一步评估，对伊斯兰文化的中正和谐之道与中华文化的"中庸之道"乃至佛教的"中道"思想的比较研究，以及对伊斯兰"中间主义"思潮在我国穆斯林民族中有可能产生的影响等问题，都有待深入探讨和研究。

在研究过程中，我们深感当代伊斯兰"中间主义"思潮涉及许多重大理论和现实问题，进一步做更加全面深入的研究十分必要，就此而言，本书还仅仅是一个开始，只对当代伊斯兰"中间主义"思潮做了粗略的梳理和简单探究，因此差错疏漏在所难免，期待各相关领域的专家学者给予中肯批评，提出宝贵意见和建议。

# 第一章　当代伊斯兰"中间主义"思潮的背景考察

本章通过对伊斯兰教经典《古兰经》与"圣训"中有关中正思想的解读，着重探讨当代伊斯兰"中间主义"思潮的哲学基础，揭示出伊斯兰文明的成功之道乃是中正和平、宽容和谐的中正之道；并通过对伊斯兰文明发展历程的回顾，进而指出当代伊斯兰"中间主义"思潮并非无源之水、无本之木，而是秉承了伊斯兰文明的中正和谐之道，因而具有深邃的哲学基础和悠久的历史传统。同时指出，当代伊斯兰"中间主义"思潮的兴起与发展还与当代伊斯兰世界及国际格局深刻变化的现实背景密切相关，尤其与世纪之交阿拉伯伊斯兰世界遭遇的前所未有的严峻挑战紧密相关，诸如全球化浪潮的冲击、霸权主义的横行、极端主义和各种形式的恐怖主义的肆虐、各种内外矛盾的复杂交织及各种社会问题的日趋严重等。

## 第一节　当代伊斯兰"中间主义"思潮的哲学基础

### 一　《古兰经》和"圣训"中的中正和谐思想

作为伊斯兰教根本经典的《古兰经》和"圣训"，历来是伊斯兰思想文化的重要精神资源，因此《古兰经》和"圣训"也是当代伊斯兰"中间主义"思潮的哲学基础和思想根源。《古兰经》是伊斯兰教的根本经典，其中阐述了以认主独一、拜主独一为核心的教义教律大纲，哲理深邃，内容广泛，成为阿拉伯伊斯兰思想文化的主要源泉，对阿拉伯伊斯兰文化的兴起与发展产生了深远的影响。"圣训"是伊斯兰教先知穆罕默德（570—632）的言行记录，是仅次于《古兰经》的伊斯兰教经典。"圣训"实际上是对《古兰经》根本大纲和原则精神的具体阐释,其内容十分广泛,对伊斯兰教教义、教律及穆斯林待人接物、饮食起居等方方面面都有详尽的说明。通行的圣训集有马里克(715—795)辑录的《穆宛塔圣训集》、艾哈迈德·罕伯里(780—855)辑录的《艾哈迈德穆斯奈德圣训集》、布哈里(810—870)辑录的《布哈里圣训实录》、穆斯林(821—874)辑录的《穆斯林圣训实录》、艾布·达吾德(817—889)辑录的《艾布·达吾德圣训集》、提尔密济(824—892)辑录的《提尔密济圣训集》、伊本·马哲(824—887)辑录的《伊本·马哲圣训集》、奈萨仪(839—915)辑录的《奈萨仪圣训集》等,其中《布哈里圣训实录》和《穆斯林圣训实录》两大圣训集最具权威。①

《古兰经》和"圣训"中蕴含着丰富深邃的中正和谐思想,强调诸如今世与后世、前定与自由、天启与理性、精神与物质、人文与科学、个人与集体、家庭与社会、权利与义务等之间的中正平衡,不偏不倚,追求人与真主、人与人、人与自然的和谐。这种中正和谐理念涉及信仰、法律、功修、伦理、生活的各个层面。《古兰经》和"圣训"明文要求穆斯林坚持不偏不倚的中正原则,切忌极端、狭隘,努力成为热爱和平、传播仁爱、恪守中正、营造和谐的典范。

《古兰经》中说:"我这样以你们为中正的民族,以便你们作证世人,而使者作证你们。"(2:143)② 这里的"中正"一词,包含丰富的内涵,其核心意义是公正、正义,"圣训"中更明确解释说,这节经文里的"'中正'指公正"③。《古兰经》中将穆斯林民族称为"中正的民族",显然是将"中正"理念作为穆斯林的基本价值观或核心价值观而确定的,因此"中正之道"不仅是伊斯兰教所倡导的和平之道、和谐之道,而且也是穆斯林应当始终恪守不渝的基本理念,这种理念贯穿于伊斯兰教信仰及其实践的各个层面。穆斯林在每日的礼拜中诵读的

---

① 祁学义:《圣训研究》,宗教文化出版社2010年版,第90—101页。
② 马坚译:《古兰经》,中国社会科学出版社1996年版,第17页。文中所引《古兰经》均采用该译本。因本书引证的《古兰经》经文较多,为节省篇幅,不再一一加注,而只在引文后直接注明章节数,如(2:143),表示该节经文出自《古兰经》第2章第143节。
③ [阿拉伯]伊本·凯西尔:《古兰经注》,孔德军译,中国社会科学出版社2010年版,第91页。

《古兰经·开端章》中说："求你引导我们上正路，你所佑助者的路，不是受谴怒者的路，也不是迷误者的路。"（1：6—7）"正路"就是不左不右、不偏不倚的中正之道、和平之道，只有走"正路"，才能得到真主的引导，获得今世与后世的成功。《古兰经》中说："究竟谁更能获得引导呢？是匍匐而行的人呢？还是在正路上挺身而行的人呢？"（67：22）

"圣训"中不仅强调穆斯林要恪守中正中和之道，还指出了偏离中正之道、走向极端的严重危害性，告诫穆斯林要谨防过分，远离极端："你们当谨防宗教极端，因为你们的先民就曾因为宗教极端而灭亡！"（伊本·马哲）① 这样的告诫实际上是基于伊斯兰教中正和谐的宇宙观而发的，因为在伊斯兰教看来，天地万物是一个和谐统一、井然有序的整体，宇宙的大道就是中正之道、和谐之道，就是亘古不变的真主的"常道"。《古兰经》中说："对于真主的常道，你绝不能发现任何变更；对于真主的常道，你绝不能发现任何变迁。"（35：43）

因此，作为宇宙统一体中重要组成部分的人类，无论是在精神生活领域还是在物质生活领域，都应当努力去把握真主的"常道"，遵循宇宙的大道，而不可反其道而行之。否则就会出现失衡现象，进而失去和谐，带来祸患与灾难，甚至导致灭亡。《古兰经》中说："日月是依定数而运行的。草木是顺从他的意旨的。他曾将天升起。他曾规定公平，以免你们用秤不公。你们应当秉公地谨守衡度，你们不要使所称之物分量不足。"（55：5—9）

如前所述，《古兰经》和"圣训"中的中正和谐理念涉及诸多层面，包含着公正、公平、和平、端正、平衡、均衡、中和、平和、谦和、温和、智慧乃至真、善、美等诸多含义，指的是一种值得追求不息却永无止境的理想境界，颇具高度、深度和广度，要完全达到这种境界

---

① 见《伊本·马哲圣训集》（阿拉伯文版）第 3029 段，又见《奈萨仪圣训集》第 3057 段。本书中所引"圣训"，均出自通行的各大圣训集，因本书印证"圣训"较多，为节省篇幅，不再一一加注，而只在"圣训"引文后注明所收录的圣训集，如（布哈里）：即表示该段"圣训"出自《布哈里圣训实录》；（穆斯林）：表示该段"圣训"出自《穆斯林圣训实录》；（提尔密济）：表示该段"圣训"出自《提尔密济圣训集》；（穆宛塔）：表示该段"圣训"出自《穆宛塔圣训集》；等等。

殊为不易,因此这里要全面论及也很有困难,下面仅就"今世与后世"、"前定与自由"、"天启与理性"等几个重要问题稍作论述。

1. 今世与后世

众所周知,确信后世(或称来世)的存在并追求后世的幸福,几乎是所有宗教都信奉的一个基本信条,尽管有关后世的具体内涵有所不同。伊斯兰教更将信仰后世作为其六大支柱信条之一①。然而这并不意味着伊斯兰教是奉行出世主义的宗教,只重彼岸世界,忽视现实生活。

伊斯兰教对人类有崇高的定位,认为人类是真主在大地上的"代治者",肩负着代理真主治理世界的神圣使命。因此,人类优越于万物,在宇宙间享有崇高的尊严。《古兰经》中说:"当时,你的主对众天神说:'我必定在大地上设置一个代理人。'"(2:30)"当时,你的主曾对众天神说:'我必定要用泥土创造一个人,当我把他造出来,并将我的精神吹入他的体内的时候,你们当为他而倒身叩头。'"(38:71—73)"我确已优待阿丹的后裔,而使他们在陆上或海上都有所骑乘,我以佳美的食物供给他们,我使他们优越于我所创造的一切。"(17:70)真主不仅创造了人,还赋予人灵魂与智慧,命天使们倒地叩首,向人致敬,以显示人的崇高地位。

显然,在伊斯兰教的视域中,人类绝非徒然地来到这个世界上,而是肩负着神圣使命,需要代理真主治理世界,因此就要积极进取,履行使命,在入世中追求后世。《古兰经》中说:"你应当借真主赏赐你的财富而营谋后世的住宅,你不要忘却你在今世的定份。"(28:77)"我们的主啊!求你在今世赏赐我们美好的(生活),在后世也赏赐我们美好的(生活)……"(2:201—202)"信道的人们啊!当聚礼日召人礼拜的时候,你们应当赶快去记念真主,放下买卖,那对于你们是更好的,如果你们知道。当礼拜完毕的时候,你们当散布在地方上,寻求真主的恩惠,你们应当多多地记念真主,以便你们成功。"(62:9—10)

"圣训"也鼓励穆斯林要以极大的热忱积极入世,热爱生活,勤奋劳作,很好地履行对自身、对家庭、对社会的义务,承担起自己应有的责任,努力营造今世的幸福生活,履行所肩负的治理大地的神圣职责,

---

① 伊斯兰教的六大信条:信真主;信天使;信使者;信经典;信后世;信前定。

因为"在伊斯兰教中没有遁世修道的僧侣制"。穆圣见到一位只干宗教功修而不事生产的人时问道:"谁在供养他呢?"人们说是他的兄弟,穆圣说:"他的兄弟比他优秀!"穆圣甚至亲吻了一位圣门弟子因劳动而布满老茧的手,并且说:"真主和他的使者喜欢这只手!"更有一段"圣训"说:"即便末日来临,而你们当中有人手中还有一颗树种,要是来得及就仍然应当将它种下!"(艾哈迈德)。这是一种多么执着的入世精神啊!

同时,"圣训"又告诫穆斯林要牢记自己的归宿,不可沉溺于红尘而不可自拔,"在今世你应当如同一个异乡人或过路人"。"当你到了晚上,就不要等待天亮;当你到了早晨,就不要等待天黑;你应当抓紧你健康的时光为你的疾病多做准备,抓紧你活着的时候为你的死亡多做准备。"(布哈里)这是一种既超然而又不脱俗的精神。伊斯兰教经典为穆斯林所指引的,就是这种入世与出世相结合的不偏不倚的中正道路,正如圣门弟子阿慕尔所说:"你当准备后世,犹如明天就要死亡一样;你当耕耘今世,犹如将要永生一样。"

显然,《古兰经》和"圣训"反复强调的是,穆斯林要努力追求今世与后世、天道与人道、理想与现实之间的平衡。有些人企望生活在理想之中,如同在一位名叫罕达拉的圣门弟子身上所发生的那样,在穆圣跟前,他处于崇高的精神境界,而回到家中,便与妻儿一起戏耍,于是他认为,自己这种行为变化是伪信的表现,便走出家门喊道:"罕达拉伪信了!"于是,穆圣对他说:"罕达拉啊,假使你们一直处于(在我跟前的)那种状态的话,天使就会在路上与你们握手,可是此一时彼一时啊!"(穆斯林)就是说,人要是始终处于远离世俗的一种神圣境界,放弃正常的七情六欲,那就如同天使一样了。事实上,禁绝七情六欲不仅难以做到,而且有悖于伊斯兰的中正和谐之道。

可见,《古兰经》和"圣训"所倡导的,是要今世与后世兼顾,天道与人道并重,两方面均不可偏废。有许多经文勉励穆斯林要奉行出世与入世相结合的信念,敬主爱人,谋求两世吉庆,在崇拜真主、向往后世的同时,还要积极耕耘今世,不断进取,认真经营,追求人间的美好生活。当然,对于每个具体的穆斯林而言,要恰如其分地把握今世与后世、入世与出世间的平衡并非易事,这就需要每个穆斯林时时自省,适时调整心态，面对今世生活，要进得去，出得来，拿得起，放得下，既要避免深陷尘世而不可自拔，又要避免看破红尘，消极厌世，努力做到二者兼顾，实现身心和谐，这就是《古兰经》和"圣训"所倡导的伊斯兰的中正和谐之道。

2. 前定与自由

信"前定"也是伊斯兰教的六大信条之一。伊斯兰教认为，宇宙万象，人间毫末，大至天体运行，昼夜交替；小至夭寿祸福，草木枯荣，无一不是由真主安拉所预知、所意欲、所创造、所注定的。《古兰经》中说：安拉"创造万物，并加以精密的注定"（25：2）。还说："你当赞颂你至尊主的大名超绝万物，他创造万物，并使各物匀称。他预定万物而加以引导。"（87：1—3）然而，信"前定"并不意味着主张完全的宿命论，因为伊斯兰教同时还主张，真主安拉赋予人类以视听与理性，人有凭借理智辨别是非、选择善恶的自由。趋善远恶者，便会行于正道，得到真主的引导，反之则咎由自取，走向迷误，招致真主的摈弃。《古兰经》中说："真主使你们从母腹出生，你们什么也不知道，他为你们创造耳目和心灵，以便你们感谢。"（16：78）又说："你说：'真理是从你们的主降示的，谁愿信道就让他信吧，谁不愿信道，就让他不信吧。'"（18：29）"对于宗教，绝无强迫；因为正邪确已分明了。"（2：256）因此，人要对自己的行为负责，"圣训"说："你们都是放牧者，都要对自己所牧放的负责。"（布哈里）《古兰经》中说："行一个小蚂蚁重的善事者，将见其善报；作一个小蚂蚁重的恶事者，将见其恶报。"（99：8）"真主的确毫不亏待人们，但人们却亏待自己。"（10：44）

关于前定与自由关系的讨论，历来是伊斯兰哲学的重要命题。伊斯兰教正统派认为，前定是绝对的、必然的法则，是不可违抗和更改的常道，自由则是或然的、相对的法则，超不出前定，也更改不了前定，更不能创造出违反前定的法则。前定若大海，自由如行舟。人类只能认识前定，顺应前定，利用前定，在信仰前定的基础上积极寻求前定范围内的自由，这就是穆斯林对前定的信仰。穆斯林信仰前定，会使他在遭受挫折和不幸时，能够获得巨大的慰藉，避免气馁沮丧，树立坚强的信心；同时，也会使他在得意和顺利的时候，仍能保持清醒，谦虚行事，而不至于狂妄自傲，忘乎所以。

然而，如同对今世与后世之间平衡的把握一样，对于前定与自由的把握也是颇具难度的。在伊斯兰历史上，就曾出现过"前定论"和"自由意志论"两种截然对立的思想倾向。"前定论者认为人的意志和行为均是真主所创造，否定人具有行为的能力，而且不能获得这种能力。自由意志论者认为人具有进行自己行为的能力，他们有充分的自由的意志。"[1] 正统派认为，前定论者只强调了人类及其言行是真主创造的一面，而忽视甚至否认了人类具有意志自由和能力的一面；自由意志论者则强调了人类意志自由的一面，却忽视甚至否认了人的意志与言行同样也属于真主被造物的一面。真主既是包括人类在内的万物的创造者，人类是被造物，被造物的言行也是被造物，同时又不能将人类的言行与人类分开，视之为真主的言行，因为人类具有意志自由，具有一定的能力，但不可将人类的意志自由和能力绝对化，无限化，因为只有真主具有绝对的意志自由和无限的能力。夸大人的意志自由和能力，就会陷于绝对自由主义的泥潭，而否定人类意志的自由及其能动性，则会陷于完全的宿命论，进而导致消极无为，不思进取。[2]

关于前定与自由的关系及其高深玄妙的哲理，有一段"圣训"作了形象生动的说明："如果你们真实地信赖真主，真主必定会供养你们，如同供养飞禽一样，空腹早出，鼓腹晚归。"（提尔密济）信赖真主，就是信仰真主的前定，确信成败利钝、祸福利禄均来自真主的定夺，但同时，还要发挥个人的能动性，积极努力，而不可消极坐等。鸟儿只有出巢觅食，才有填饱肚子的机会，但并不是只要出巢，就一定会饱腹而归，也有可能淋一场大雨而空腹归来，甚至还有可能被鹞子叼走抑或毙命于一个淘气孩子的弹弓下，无论鼓腹或空腹而归，还是有去无回，都是真主的前定。还有一则"圣训"说，有人问穆圣，到底是拴住骆驼可靠呢还是信赖真主可靠，穆圣回答说："拴住骆驼，同时信赖真主。"（提尔密济）这种智慧和哲理，有点类似于中国古人所说的

---

[1] 陈中耀：《阿拉伯哲学》，上海外语教育出版社1995年版，第146页。
[2] ［利比亚］阿里·穆罕默德·萨拉比：《〈古兰经〉的中正之道》（阿拉伯文版），知识书局2005年版，第334—335页。

"尽人事而听天命"或"谋事在人,成事在天"的说法。看来,对于"中正之道"或"中庸之道"的内涵,古代东方民族有着相近、相似的理解。

3. 天启与理性

《古兰经》和"圣训"所倡导的中正和谐之道,其又一重要方面就是要把握天启经典与人类理性之间的平衡,二者不可偏废。所谓天启,是指来自真主安拉的启示(الوحي),具体而言,就是真主安拉所降示的经典和派遣的使者所传达的诫命,亦即《古兰经》和"圣训"。因此,天启也是"经典"的同义词。理性则是人类的思维能力和智慧。穆斯林认为,天启经典与人类理性是真主引导人类的两道光芒,是"光上加光"(24:34),对于认识真主、追求真理的人来说,二者缺一不可。只有天启与理性并重,才符合《古兰经》和"圣训"的中正之道。

《古兰经》和"圣训"强调,穆斯林不仅要遵循天启的引导,恪守经典的教诲,同时也要发挥理性的作用,思考宇宙万物的奥秘,努力探索和追求真理。《古兰经》中有许多推崇知识、倡导理性、激励思考的经文,强调人类在认识真理的过程中,应当仔细观察和参悟宇宙的奥秘,认真求证,切实把握宇宙的常道和万物的规律,避免臆想和盲从。《古兰经》中说:"你们要观察天地之间的森罗万象……"(10:101)"难道他们不观察吗?骆驼是怎样造成的,天是怎样升高的,山峦是怎样竖起的,大地是怎样展开的。"(88:17—20)"他们只凭猜想;而猜想对于真理,确是毫无裨益的。"(53:28)"有人劝他们说:'你们应当遵守真主所降示的经典。'他们就说:'不然,我们要遵守我们祖先的遗教。'即使他们的祖先无知无识,不循正道(他们仍要遵守他们的遗教)吗?"(2:170)

关于天启与理性的关系问题,历来是伊斯兰宗教哲学所探讨的一个重大问题,进而形成了或重经典,或重理性,或二者兼顾等各种不同思想倾向的学派。经典主义(النقلانية)在强调经典所具有的无上权威的同时,忽视甚至否定理性的作用和价值,认为经典包罗万象,无所不及,理性不仅是羸弱的、不可靠的,甚至是多余的;而理性主义(النقلانية)则反其道而行之,认为理性具有无上的权威,既是检验真理的标准,也是一切知识的唯一源泉,理性不可接受的事,就是虚无的,错误的,甚

第一章　当代伊斯兰"中间主义"思潮的背景考察　29

至荒唐的。如所谓穆圣的"夜行"与"登霄"①，其实不过是精神的幻游而已，如此等等。

伊斯兰教正统派则认为，天启与理性各有所用，各有自己的领域，二者不仅不能相互取代，而且相互需要，相得益彰。天启经典指导理性发挥作用，而人类理性又是理解天启经典的基础；没有天启，理性会是盲人瞎马，而失去理性，天启就会流于教条，无所其用。穆斯林的信仰、功修和伦理，无一不是来自于天启经典的教诲和指导，也无一不是立基于健全理性之上的。"中正之道的一个基本原理就是，正确的经典不仅不悖于健全的理性，而且符合理性……这是因为，理性是真主的恩赐，天启也是真主的恩赐，二者都是仁慈真主的神圣迹象，真主的迹象是不会相互抵触和矛盾的，矛盾只存在于人的理解中。"②

伊斯兰教对天启与理性关系的定位，实际上就是对神学与哲学抑或宗教与科学关系的定位。对宗教与科学关系的认识，东西方历来有各种不同的观点。一位当代中国学者指出："科学与宗教本来就是对同一终极神圣从不同领域或方面探索认知的人文体系，目标一致、殊途同归、相互验证、相辅相成。所谓科学与宗教的矛盾冲突只不过是人们牵强误用、越俎代庖、偏执谬误的产物，并非两者关系中原有。"③ 传统伊斯兰哲学也持这种观点，基于《古兰经》和"圣训"的中正之道强调，既不能以宗教取代乃至否定科学，也不能以科学取代乃至否定宗教，二者相互关联，相得益彰。

宗教之所以为宗教，就是由于它的超验性，完全以理性去评判关于后世、天堂、地狱、灵魂等诸多超验性的事物，显然是鞭长莫及的，然

---

① 据伊斯兰教文献记载，先知穆罕默德在麦加传教时期的某天夜里（620年或621年伊斯兰教历7月27之夜），在天使吉卜利勒陪同下乘仙马布拉格腾空翱翔，先由麦加飞至耶路撒冷，继而遨游天际。《古兰经》中记载说："赞美真主，超绝万物，他在一夜之间，使他的仆人，从禁寺行到远寺。我在远寺的四周降福，以便我昭示他我的一部分迹象。真主确是全聪的，确是全明的。"（17：1）在《布哈里圣训实录》《穆斯林圣训实录》等"圣训"集中对夜行与登霄的具体情形亦有详细记载。
② ［卡塔尔］尤苏夫·盖尔达维：《伊斯兰中间主义的特征之一：天启与理性的平衡》，载《中正的民族——中间主义与时代挑战》（阿拉伯文版）2009年第1期，第71页，世界穆斯林学者联合会主办，贝鲁特：2009年版。
③ 安伦：《理性信仰之道——人类宗教共同体》，学林出版社2009年版，第77页。

而一个宗教如果全然排斥理性甚至否定理性的作用与价值,就难免会陷入盲从与迷信的境地。这就是《古兰经》和"圣训"强调穆斯林要恪守天启与理性并重的原因所在。

概言之,《古兰经》和"圣训"的中正和谐理念,丰富而深邃,以《古兰经》和"圣训"为根本经典的伊斯兰教,历来强调诸如今世与后世、前定与自由、"天启"与理性以及精神与物质、个人与集体、权利与义务等之间的中正平衡、不偏不倚;主张公平正义,反对极端暴虐,追求人主和谐、人际和谐以及人与自然的和谐。认为大至宇宙万象,小至个人身心,都需要保持中正和谐,偏离中正之道,就会紊乱无序,出现天灾人祸,导致灾难和痛苦。在伊斯兰教看来,天体的运行,草木的枯荣,昼夜的轮回,四季的交替,整个宇宙万物,无不演奏着经久不衰的和谐之音。历史以来,这种中正和谐之道,始终是伊斯兰文明的主流价值观念,也是其广泛传播、走向世界的成功之道。"这种文明,是天道人道并举的文明,是崇尚道德的普世文明。这种文明,科学与信仰相结合,精神与物质相融合,身心和谐,天地相连,个人与社会均衡不偏……"① 源自《古兰经》和"圣训"的中正和谐理念,正是当代伊斯兰"中间主义"思潮的哲学基础。

## 二 伊斯兰教法中的中正和谐思想

《古兰经》和"圣训"在倡导中正和谐之道的同时,并没有使其仅仅停留在理性思辨的层面,而是要求穆斯林将这种中正和谐理念付诸实践,使其贯穿于宗教信仰与社会生活的各个层面,从而融神圣与世俗为一体,在神圣信仰的引导下生活,在实际生活中体现信仰、实践信仰并不断提升信仰。

以《古兰经》和"圣训"为根本法源的伊斯兰教法,对穆斯林的宗教功修、伦理道德、生活礼仪乃至言行举止等都做了非常详尽的规范,在伊斯兰教法所规定的各项宗教功修中,始终体现出《古兰经》和"圣训"的中正和谐精神。"伊斯兰教法是一部以《古兰经》和

---

① [卡塔尔]尤苏夫·盖尔达维:《论伊斯兰中间主义及文化创新》(阿拉伯文版),盖尔达维伊斯兰中间主义与文化更新研究中心 2009 年版,第 221 页。

'圣训'为基础的神圣法律，显现出强烈的宗教学说的格调，可谓宗教、伦理、法律三位一体，交相呼应。"① 显然，伊斯兰教的"中正"理念并不只是哲学层面上的概念，而且也体现于其法律、道德乃至穆斯林生活的方方面面。"中正是伊斯兰法的首要宗旨，因为伊斯兰法在其所有法律责成中均反对过度和极端，伊斯兰法在各种事务中均立基于适度与公正，避免不及与过激。"②

从立法层面来看，伊斯兰法坚持法治与德治相结合的原则，强调权利与义务间的平衡，采取恩威并举、刚柔相济的方式，既有刚性的惩戒，也有柔性的劝诫，既坚持令行禁止的原则，又留有灵活变通的余地。"伊斯兰法中，规定合法与非法并非属于人的权利，而是真主的权利。真主所禁止的只是丑恶之事，所允许的则是善美、有益之事……"③

因此，伊斯兰教法所禁之事实际上很有限，而所许之事则很宽泛。维护人的权益而不是损害人的权益是伊斯兰法的基本宗旨。例如，伊斯兰婚姻法在鼓励一夫一妻这一更近于公正的婚姻制度的同时，也允许有条件的多妻；在鼓励建立牢固的夫妻关系的同时，也允许有条件的离婚。伊斯兰教法没有禁绝多妻以及允许离婚的基本宗旨，也在于关注人的权益。再如，伊斯兰教倡导和平，反对穷兵黩武，但伊斯兰教法并不禁绝战争，而是将有限度的自卫战争视为捍卫和平的有效途径之一。

在伊斯兰教法原理中，也贯穿着不偏不倚的中正原则，强调经训与创制、继承与维新、原则与细则、恒数与变数等诸多方面平衡协调。既要恪守经典原则，秉承传统，又要继承创新，与时俱进，正如"圣训"所说："每过百年，真主都会为这个民族派遣维新家来维新其宗教。"（艾布·达吾德）

因此，既不能只强调经典原则而忽视创制与维新，也不能脱离经典，一味创新。否则，不是死守教条，僵化保守，就是信马由缰，脱离原则。两种倾向都会使伊斯兰教失去其应有的本色。教法原理强调：

---

① 吴云贵：《伊斯兰教法概略》，中国社会科学出版社1993年版，第6页。
② ［卡塔尔］尤苏夫·盖尔达维：《论伊斯兰中间主义及文化创新》（阿拉伯文版），盖尔达维伊斯兰中间主义与文化更新研究中心2009年版，第65页。
③ 同上书，第41页。

"要把握沙利亚的恒数与时代的变数之间的平衡。必须注意目标、终点、原则和整体的稳固不变,以及途径、机制、细节和局部的变通与发展。变更恒数或固守变数都是十分危险的。"①

伊斯兰教法要求穆斯林,信仰不能只是内心的虔诚和口头的表白,而且还要有具体的实践。宗教功修就是对宗教信仰最直接的践行。在伊斯兰教法所规定的各种宗教功修中,同样体现出伊斯兰教的中正和谐精神。伊斯兰教法规定的宗教功修有不同的种类,如礼拜、斋戒、天课、朝觐等。穆斯林一日之中需在规定的时间内履行5次拜功;一周中履行一次聚礼(周五);一年中斋戒一月(伊斯兰教历9月);一年内施舍剩余财富的2.5%;一生中赴麦加朝觐一次(伊斯兰教历12月),而且这些功修的履行均有相应的条件,如果条件不具备,就不可随意为之或勉强为之。穆斯林通过这些宗教功修来塑造灵性,培育道德,既耕耘尘世,又心系真主,从而成为一个敬主爱人的道德君子。

这些宗教功修的有效履行有一定的限度,既不可弃而不为,也并非多多益善。"圣训"中讲,穆圣家的三位亲戚前来造访,正好穆圣不在家,他们便向穆圣的家眷打问穆圣的功修情况,穆圣的家眷如实相告,他们似乎觉得穆圣干的功修有点少,于是他们说:我们怎么能与穆圣相比呢?真主早就宽恕了他的一切过失。为了表达他们对真主的敬畏,其中的一位说我要彻夜礼拜;另一位说我要常年斋戒;第三位说我要戒绝女色,永不结婚。穆圣回家后对他们说:"你们果真是这样说的吗?我是你们中最敬畏真主的人,但我既封斋也开斋,既礼拜也睡觉,我也娶妻结婚。谁若远离了我的道路,谁就不属于我。"(布哈里、穆斯林)

还有一段"圣训"讲了这样一个故事:穆圣让萨利马·法尔西和艾布·达尔达结为兄弟,于是萨利马去拜访艾布·达尔达。萨利马见到艾布·达尔达的妻子不修边幅的样子,便问她:"你怎么了?"她回答说:"你兄弟艾布·达尔达他不要尘世呀!"这时,艾布·达尔达也回家了,他为萨利马做了饭,然后说:"你吃吧!我封斋呢。"萨利马·法尔西说:"要是你不吃我也不吃!"于是他也吃了。到了晚上,艾

---

① [卡塔尔]尤苏夫·盖尔达维:《论伊斯兰中间主义及文化创新》(阿拉伯文版),盖尔达维伊斯兰中间主义与文化更新研究中心2009年版,第222页。

布·达尔达又要去礼拜,萨利马·法尔西对他说:"睡觉吧!"他便睡下了。过了一会儿,他又要起来去礼拜,萨利马·法尔西又对他说:"你睡吧!"直到后半夜,萨利马·法尔西才说:"现在起来礼拜吧!"于是他俩一起礼了拜。萨利马·法尔西告诉他说:"真主在你处享有权利;你的身体在你处享有权利;你的家眷在你处享有权利。你归还他们各自的权利吧!"当穆圣来到他们中间时,他们告诉了穆圣这件事,穆圣便说:"萨利马说的对啊!"(布哈里、穆斯林)

这些"圣训"明确告诉穆斯林,在宗教功修方面也要恪守中正,追求身心和谐,既不可不及,也不可过分。事实上,伊斯兰教法要求穆斯林在伦理与生活的各个层面,都应处处贯彻不偏不倚的中正之道。

从伦理的层面来看,伊斯兰教法对于人有明确的定位,人既不是崇高无比的天使或神灵,也不是低贱的畜生,而是灵与肉的结合,"在伊斯兰视域中,人是复合性的被造物。人有理性,也有欲望,有天使的灵性,也有动物的兽性"[①]。因此,既不能以动物的卑贱看待人,也不能以天使的崇高要求人。在人的身上,躯体有躯体的权利,精神有精神的权利,需要二者兼顾,不可因躯体而废精神,也不能因精神而损躯体。只有秉持中正之道,才可实现身心和谐。

伊斯兰教法就是这样要求穆斯林在自己的宗教生活中努力遵循和实践中正之道,既不可使自己纵欲而沦落为动物,也不应禁欲而试图成仙,而应节欲而行,过符合人性的生活。事实上,教法对中正之道的倡导并不仅仅局限于宗教功修方面,而是要求穆斯林将中正之道贯彻于衣、食、住、行等生活的方方面面。正如《古兰经》中所说:"他们用钱的时候,既不挥霍,又不吝啬,谨守中道。"(25:67)"圣训"教导穆斯林的饮食之道应是食不过饱,"圣训"说:"人们塞满一个器皿没有比填满肚腹更糟的了,几口就吃得直起腰来,而应该是胃的三分之一用于吃饭,三分之一用于喝水,三分之一用于呼吸。"(提尔密济)

显而易见,伊斯兰教法强调凡事都要立于公平公正,只有实现公平公正,才能行于中正,而只有行于中正,才能实现和谐。因此,追求公

---

[①] [卡塔尔]尤苏夫·盖尔达维:《论伊斯兰中间主义及文化创新》(阿拉伯文版),盖尔达维伊斯兰中间主义与文化更新研究中心2009年版,第38页。

正，恪守中正，营造和谐，是伊斯兰教法的基本价值取向，这种价值理念，也成为当代伊斯兰"中间主义"思潮的重要精神资源和思想基础。

## 第二节 当代伊斯兰"中间主义"思潮的历史渊源

### 一 中正和谐之道是伊斯兰文明的历史传统和成功之道

当代伊斯兰"中间主义"思潮根植于伊斯兰文化博大精深的沃土之中，不仅具有深厚的哲学基础，而且具有悠久的历史渊源和文化传统。回顾历史，我们不难发现，伊斯兰文明广泛传播、绵延不绝的历史，乃是与各种极端思想作斗争并始终占据主流地位的历史，中正和谐之道是伊斯兰文明的成功之道。

早在伊斯兰教传播发展的初期，就曾出现过某些宗教极端主义思想。"信仰偏执、不容异己是宗教极端主义的重要表现之一。伊斯兰教史上，对个人信仰问题采取这种狭隘、偏执、狂热态度的，首推被后人称之为'军事民主派'的哈瓦利吉派。该派虽然只存在很短一段时间，但在教派纷争中提出的一些原则问题，后来成为争论的焦点，不断在新的历史条件下引起新争论。"[①]

"哈瓦利吉"原意为"出走者"，指那些因政治意见与第四任哈里发阿里不合而出走的一伙人。公元656年，阿里（656—661年在任）被推选为继艾布·伯克尔（632—634年在任）、欧默尔（634—644年在任）和奥斯曼（644—656年在任）之后先知穆罕默德的第四任哈里发，而时任叙利亚总督的穆阿维叶却不拥戴阿里，于是双方于657年在隋芬平原发生军事冲突，史称"隋芬之战"。穆阿维叶在战争中失利，于是提出以《古兰经》为仲裁的和谈要求。对此，阿里阵营发生分歧，大部分人主和，少部分人主战，阿里本人也倾向议和，并最终接受了穆阿维叶的和谈要求。主战派不仅反对阿里的决定，还进一步脱离阿里的队伍，自立门户，最终形成了哈瓦利吉派。

哈瓦利吉派宣称既不承认阿里的哈里发地位，也不承认穆阿维叶的领袖地位。阿里从穆斯林整体利益出发，曾亲自劝说这些分离者归队，

---

① 金宜久主编：《当代宗教与极端主义》，中国社会科学出版社2008年版，第420页。

但未果而终。哈瓦利吉派还不断挑衅，杀死了阿里的使者，658年双方在今伊拉克境内的纳赫拉万发生激战，哈瓦利吉派战败，首领阵亡。但哈瓦利吉派毫不屈服，坚信本派在脱离阿里和穆阿维叶之后，成为穆斯林社会唯一有正确信仰和领导资格者，并为追求政治权力而不惜采取一切手段，甚至于661年秘密刺杀了阿里，刺伤了穆阿维叶。

哈瓦利吉派最初虽然只是由于政治歧见而产生，但最终形成为具有极端思想倾向的宗教派别，他们为了给自己的政治主张寻找宗教合法性，对伊斯兰教教义、教理做出了一系列自己的解释，在政治思想和宗教哲学领域提出了不少有别于正统逊尼派的主张，这些主张主要有：

（1）哈里发应由穆斯林大众公选，任何一位穆斯林都有资格当选。当选者则应绝对服从真主，否则就应被罢黜乃至处死。在四大哈里发中，只有艾布·伯克尔和欧默尔两位的任职具有合法性。

（2）主张平均主义，强调所有穆斯林应共同分配土地、战利品等财产。

（3）认为除本派穆斯林外，所有穆斯林都是叛教者，在后世不能得救。

（4）礼拜、斋戒等宗教功修属于信仰的组成部分，不履行这些功修，或有任何犯罪行为的穆斯林即为叛教，今世应当格杀勿论，后世将入火狱。"吉哈德"是伊斯兰教"五功"之外的第六大宗教义务。

（5）《古兰经》是被造的，虽是真主的言语，却不具有永恒性；穆斯林要坚守《古兰经》经文的原意，不能作任何解释。

（6）反对"前定"论，认为个人意志是自由的，人的行为取决于自己的意志。

哈瓦利吉派的这些主张，一开始就受到逊尼派等绝大多数穆斯林的坚决反对，但他们始终一意孤行，自以为是，在极端主义的道路上愈陷愈深，在伍麦耶王朝和阿巴斯王朝时期，哈瓦利吉派先后举行过数十次武装反叛，均遭镇压，最终以彻底失败的命运而退出伊斯兰的历史舞台。

如果说哈瓦利吉派的极端主义倾向更多地表现在政治立场层面的话，那么穆尔太齐赖派的极端主张则更多地表现在宗教思想层面。穆尔太齐赖派是8世纪前期兴起的一个具有唯理主义倾向的伊斯兰教宗教哲学学派，在不少方面沿袭了哈瓦利吉派的主张。

穆尔太齐赖意为"分离者"，该派的创立者瓦绥勒·伊本·阿塔，原是穆圣再传弟子哈桑·巴士里（642—728）的弟子，据说他因反对老师认为一个"犯大罪"者仍是一个穆斯林的观点而愤然离席，故名穆尔太齐赖派。"穆尔太齐赖，起初是一个固执的严格主义运动，他们断言，认为《古兰经》是上帝（真主）的非创造的言语而且是无始的这种学说，会损害上帝（真主）的统一性，但是，他们后来发展成为唯理主义者，给人类理性的产物以超乎《古兰经》的绝对价值。"① 穆尔太齐赖派的主要观点有：

（1）认为"犯大罪"者既非穆斯林，也非叛教者，而介于两者之间。

（2）认为真主没有本体以外的知、能、观、听、活等无始的诸多属性，其本体就是彻知者、全能者、永生者、全观者、全聪者、永活者，因为真主本体之外的属性有悖于真主的独一性。

（3）主张《古兰经》是有始的被造物，反对逊尼派关于《古兰经》是真主永恒无始的言辞即真主的属性的说法，只有真主是永恒无始的独一存在。认为视《古兰经》为无始的观点，有悖于真主的独一性原则。

（4）认为"前定论"有悖于真主的公正性，因为真主是绝对公正的，只依人类的行为而赏善罚恶。人类的意志是自由的，自主的。

（5）认为真主创造万物是通过理性来实现的，即先创造了单一的理性世界，继而由理性世界产生出最初的物质，并逐渐演化为万事万物。真主不仅创造了作为自然实体的人——躯体，而且赋予人以精神实体——灵魂。灵魂是肉体的本质，是理性的产物，因此理性是人的本质。

（6）认为理性是信仰的最高准则，对真主的信仰不是盲信，而是基于知识和理性的认知，理性是信仰的依据和基础，只有以理性作为信仰的依据，才能真正认识真主并确信真主。

"穆尔太齐赖派是理性主义教派，用理性判断伊斯兰教信仰，弃绝

---

① ［美］希提：《阿拉伯通史》（上），马坚译，商务印书馆1990年版，第509页。

一切非理性因素。但是，宗教属信仰，信仰绝非用理性可以阐释清楚的，且不说宗教里含有感情、心理、文化传统、风俗习惯等诸多因素。"[1] 虽说伊斯兰教推崇理性，强调理性在认识真理、引导信仰方面的作用，然而伊斯兰教作为一种宗教，仍具其超验性的一面。穆尔太齐赖派将人类理性等同于真理的偏激思想倾向显然有悖于伊斯兰教所倡导的天启与理性并重的中正之道，该派也因此而受到正统派的严厉批评。

穆尔太齐赖派在后来的发展过程中，受到伍麦叶王朝和阿巴斯王朝两大王朝的利用，或压制，或扶持，因而起落不定，进而发生内部分化与分裂。特别是在10世纪，作为该派理论先锋的艾什尔里（873—935）因对该派极端思想的危害性深感担忧，遂果敢地脱离该派，转而采取中正立场，调和唯理派和经典派之间的对立，着力重构伊斯兰教正统教义学体系。艾什尔里强调，拘泥于经训明文的字句，拒斥使用理性的做法，是懒汉或无知者才会有的主张。同时，借理性而狂妄地冲破经典的法度，也是错误的，甚至是更为严重的错误。因为远离经典指导的理性，任其自由驰骋，就像脱缰之马，难免会陷入难以复返的迷途。

艾什尔里认为，赋予理性最高的权威，不仅不会如穆尔太齐赖派宣称的那样是对宗教的支持，而且是对宗教的否定，因为理性如果高于信仰的话，就是对天启价值的否定。《古兰经》中有很多经文强调穆斯林要坚信目所未见的"幽玄"，即那些人类思想不可企及的内容，信仰幽玄是衡量是否有虔诚信仰的重要尺度。基于此，艾什尔里着力整合了理性主义者和经训传述者之间的分歧，既不偏向于穆尔太齐赖派的理性主义，也不拘泥于经训明文的表义直解和死守教条的做法，既不偏向于前定论，也不偏向于自由论。这种平衡中庸的思想倾向一直成为伊斯兰哲学的主流价值取向，"伊斯兰哲学的主轴是宗教，但它并不因为受宗教的支配，而排斥古希腊哲学的合理成分……伊斯兰哲学还十分注重哲学本身与宗教教义的吻合。众所周知，两者之间往往是大相径庭的。但伊斯兰哲学则通过折中的方法，尽可能在两者之间取得统一"[2]。

正是由于艾什尔里等穆尔太齐赖派重要哲学家重归伊斯兰思想的中

---

[1] 王家瑛：《伊斯兰宗教哲学史》，民族出版社2003年版，第148—149页。
[2] 蔡伟良编著：《灿烂的阿拔斯文化》，上海外语教育出版社1997年版，第73—74页。

正之道，才使得该派的发展受到致命打击，近乎陷于穷途末路的困境。至 12 世纪，由于其一些主张日益极端，使其难有立足之地，最终导致该派在组织形式上销声匿迹。虽说穆尔太齐赖派的思想学说此后依然流传，但在伊斯兰教思想史上始终没有占据主流地位。

与穆尔太齐赖派唯理主义的极端思想倾向相反，在伊斯兰思想史上，还有一些流派强调伊斯兰教的超验性和神秘性，表现出非理性的思想倾向，其中有的极端主张甚至排拒乃至完全否定理性的作用与意义，进而陷于无可名状的神秘主义深渊之中。伊斯兰教苏菲①思想中就有这种倾向，这种排斥理性的偏激思想倾向和主张同样有悖于伊斯兰教所强调的理性与经典并举的中正原则，受到诸多正统派学者的深刻批判。苏菲最初产生于 7 世纪末 8 世纪初的库法、巴士拉等地，之后，传及叙利亚、也门、埃及、波斯等地。早期的苏菲源于穆斯林的极度宗教热情和虔诚信仰，主要表现为以守贫、苦行、禁欲等为特征的民间个人宗教修行方式，苏菲人士仿效先知及其圣门弟子们的俭朴生活，严格遵守教法功课，不恋尘世，以克己守贫、苦行禁欲的方式求得内心的纯净和精神的慰藉，并间接地表达出一种对当政者的不满情绪。

自 8 世纪后期起，苏菲开始由苦行禁欲主义发展为宗教神秘主义。阿巴斯王朝时期，由于翻译运动的兴起，古希腊、波斯、印度的各种哲学和宗教思想也渗入伊斯兰世界，其中新柏拉图主义、印度瑜伽派的修行理论等都对苏菲神秘主义的形成产生较大影响。苏菲学者以《古兰经》的某些经文为依据，吸收各种外来思想，著书立说，以神秘主义哲学阐释伊斯兰教教义，提出了以对真主安拉的"爱"为核心的神智论、泛神论和人主合一论等重要观点。

8 世纪著名苏菲女学者拉比尔·阿德维娅（约 717—801）认为，真主安拉是永恒爱的对象，人类灵魂的最主要的本质是爱，爱能使人与

---

① 我国学术界一般将苏菲视为伊斯兰教的一个派别，多称为"苏菲派"；1821 年，法国东方学家托洛克始用"苏菲主义"（Sufism）一词。事实上，苏菲并非一个派别或一种主义，而是一种思想倾向或信仰的境界，是对终极真理的一种认知方式，在此过程中，每个修行者都期望获得个人亲身而直接的体验。在逊尼派、什叶派等伊斯兰教各派别中都有苏菲，故其具体情形十分复杂，不可一概而论，简单视为"苏菲派"。本书主要论及苏菲中的某些偏激思想倾向及其逾越伊斯兰教中正原则的过激言行。

真主安拉接近，引导人接近真主安拉之路是全神贯注的爱，而不是敬畏，也不是希望，更不是理性；9世纪中叶著名苏菲学者艾布·苏莱曼·达拉尼（？—850）提出以神秘直觉认主的观点，认为人生最大的幸福和目的就是与真主安拉合一，人们对真主安拉的认识途径，是凭借个人灵魂的闪光点而获得的一种神秘的直觉，而不是通过理性和公认的圣训；埃及著名苏菲学者佐农·米斯里（？—860）提出了著名的神智论，认为人生的目的就是最终与真主安拉合一，只有通过沉思冥想，全神贯注地向往真主安拉，使个人纯净的灵魂与真主安拉精神之光交融合一，才能真正认识真主安拉，除此之外，别无他道。

波斯神秘主义者比斯塔米（？—875）等苏菲学者又进一步提出了"万有单一论"（或译"存在单一论"）的泛神论观点，认为真主安拉的本体包容万物，而万物归于独一的真主安拉，人通过不同阶段的修炼达到无我的最高境界，被真主安拉所吸收，并与之合一。10世纪初，波斯苏菲人士哈拉智（858—922）在"人主合一"论的基础上，更提出了"人主浑化"论，使苏菲神秘主义达到登峰造极的地步。哈拉智在一首诗中写道："我即我所爱，所爱就是我；精神分彼此，同寓一躯壳；见我便见他，见他便见我。"① 他甚至自称"我即真理"，主张人要不断追求，努力修炼为"人神"，为此不惜渴望死亡，摧毁肉体，以达到"人主浑化"之境。哈拉智不仅在信仰层面发表了诸多惊人的言论，而且在教法和功修层面也提出不少惊世骇俗的主张，如他公然否定伊斯兰教的朝觐制度，提出所谓精神朝觐法，甚至主张摧毁麦加天房，他还在自己家中修筑了一个小"天房"。哈拉智的这种极端言行，不仅是穆斯林大众所不能接受的，就是许多正统苏菲人士也难以接受，甚至对他提出了严厉的批评，如哈拉智的老师、著名苏菲学者祝奈德（？—911）就曾严厉告诫过他，说他所捅破的洞只能用自己的头颅去填补！哈拉智在神秘主义道路上愈行愈远，为他带来杀身之祸，终被阿巴斯王朝处以磔刑，成为苏菲神秘主义的一名殉道者。

一些苏菲神秘主义者肆无忌惮的偏激言行不仅引起正统派学者的反对和批判，就连苏菲内部的不少学者也对此深感担忧，他们力图将苏菲

---

① [美] 希提：《阿拉伯通史》（上），马坚译，商务印书馆1990年版，第518页。

学理与正统教义相协调，并为此努力不懈。如著名苏菲学者穆哈西比（781—857）、祝奈德等，这些学者一方面从《古兰经》和"圣训"中为苏菲神秘主义寻求理论依据，以逊尼派教义系统阐述苏菲学理及其功修方式；另一方面又严格主张认主独一论，明确反对苏菲的"非遵法派"脱离或忽视伊斯兰教基本信仰或教法原则的各种异端言行，提出穆斯林应在恪守伊斯兰教法、履行各种宗教功课即"教乘"（الشريعة）的基础上，从事"道乘"修持（الطريقة），进而追求"真乘"（الحقيقة）。

至11世纪，著名学者安萨里（1058—1111）对苏菲学理做了系统梳理、全面考察和深入研究，去伪存真，他摒弃苏菲神秘主义的泛神论观点及其藐视宗教功课的一系列做法，进而将其纳入伊斯兰教正统派的信仰体系之中，不仅成功拉回了苏菲这一脱缰之马，而且使其成为丰富和发展伊斯兰思想理论的重要精神财富。安萨里时期，伊斯兰世界"出现了一种思维过渡迹象。尔后，各种极端主义表现造成了一种少见的思想上的混乱、厌倦以及各种学派纷争局面。社会变成一个奇怪的世界，充满了由几十种声调以及宗教哲学和教法学派所组成的历史杂乱现象"①。安萨里作为当时顶尖级的一位宗教学者，对伊斯兰教思想领域的混乱局面不能无动于衷，而是深感忧虑，于是发愤钻研，著书立说，拨乱反正，致力于伊斯兰思想的重建。其代表性著述有《宗教学科的复兴》《哲学家的矛盾》《哲学家的宗旨》《救迷者》《古兰经的精神实质》《心灵的发现》等，其中尤以《宗教学科的复兴》最具思想深度与广度，是伊斯兰思想史上里程碑式的皇皇巨著。

安萨里花了很大力气调和苏菲与正统派，"他把神秘主义纳入正统派教义，屏除了苏菲派的极端因素，采取中庸之道，使苏菲派更趋明哲，使正统派信仰更加灵活"②，一方面，他对苏菲中的泛神论思想以及漠视教法规定、崇拜圣徒和圣墓等偏离伊斯兰教正统信仰的倾向予以严厉批评，指斥某些苏菲人士所散布的言论是"变态言论"，如他们"大谈特谈所谓与主的恋情，由此达到真境而无需表面的工作，甚至主

---

① ［伊拉克］穆萨·穆萨威：《阿拉伯哲学——从铿迭到伊本·鲁西德》，张文建、王培文译，商务印书馆1997年版，第121页。
② 陈中耀：《阿拉伯哲学》，上海外语教育出版社1995年版，第131页。

张'万有单一',揭开幔帐与主亲见,并面对面谈话……这类谬论对社会危害极大"①。另一方面,安萨里又对一些逊尼派特别是一些教法学家只注重信仰的外在形式而视苏菲修持为异端的观点予以否定。安萨里认为,苏菲主张的洁身自好的修持生活,正是对真主热忱而虔诚信仰的体现,故应当在履行教法规定的宗教义务的基础上,不断由外在信仰向内在信仰升华。

安萨里不仅深入研究了"苏菲学"和"凯拉姆学",成功融合了苏菲学理与正统教义,还对穆尔太齐赖派、内学派、伊斯玛仪派以及当时流传的各种宗教哲学流派均作了系统研究和深入批判,成功调和了苏菲主义与理性主义的对立,"因此,安萨里不像教义学派所做的那样使一切理性科学服从宗教,也不像当宗教信条同哲学证明相抵触时致力于调和哲学与宗教的哲学家那样,使理性伸展以支配宗教"②。安萨里甚至以伦理的高度强调伊斯兰教的中正理念,主张"处理万事以'适中'为止,走向偏狭的两极,都不是美德"③。正是由于对伊斯兰中正思想的捍卫,使安萨里成为伊斯兰思想史上的功臣,他被誉为"伊斯兰教的权威",后人评价他"是伊斯兰教最伟大的教义学家,又是伊斯兰教最高贵和最有创见的思想家之一"④。安萨里所构建的伊斯兰教信仰体系在伊斯兰思想史上占有举足轻重的地位,在其后的数百年间一直被视为伊斯兰教的正统派信仰体系而成为伊斯兰世界的主流思想,安萨里的成就和影响也几乎无人可与之匹敌,以至于"穆斯林们常说,假使穆罕默德之后还可以有一位先知,安萨里一定就是那位先知了"⑤。

安萨里之所以能获得如此显著的成就,一个重要原因就在于他成功地奉行了伊斯兰教的中正和谐之道,安萨里的宗教哲学思想也因此而在其后的漫长历史时期中居于伊斯兰世界宗教思想界的主流地位,在伊斯

---

① [阿拉伯] 安萨里:《圣学复苏精义》(上),张维真译,商务印书馆2001年版,第24页。
② [伊拉克] 穆萨·穆萨威:《阿拉伯哲学——从铿迭到伊本·鲁西德》,张文建、王培文译,商务印书馆1997年版,第136页。
③ 中国伊斯兰百科全书编辑委员会编:《中国伊斯兰百科全书》,四川辞书出版社1994年版,第66页。
④ [美] 希提:《阿拉伯通史》(上),马坚译,商务印书馆1990年版,第512页。
⑤ 同上。

兰世界产生深远的影响，即便在远离伊斯兰世界腹地的中国穆斯林中间，在提及安萨里的名字时也无不肃然起敬，安萨里的《宗教学科的复兴》等著作长期以来一直是中国穆斯林经堂教育中研习的重要经典。

从上述事例可以看出，伊斯兰宗教思想史上的一个基本事实是，坚守伊斯兰教中正之道的正统派，不断与形形色色的偏激思想和异端倾向作斗争，并始终占据着主流位置。以伊斯兰教为核心价值观的伊斯兰文明，"揭示、综合、体现和发展了一切事物对立统一、均衡中庸、相互完善的规律。伊斯兰教要使人类恢复信仰，但不剥夺它的理性，给人类以宗教，但又不放弃科学；给人以精神，又不限制对物质生活的享受；给人以后世，但也立足于今世；讲真理，但不可强制；讲道德，但不限制自由。在这一文明当中，天启的含义与人类的利益紧密相联，思维的理性与虔敬的信仰融合为一体，人与神、启示与理性、精神与物质、现世与来世、个人与集体、理想与现实、过去与未来、责任与自由、因循与创制、权利与义务、永恒与变化……这些对立的事物都达到了完善的均衡与统一"①。从而，使伊斯兰中正和谐之道不仅仅是一种深奥的宗教哲理和崇高的精神境界，而且成为一种独具风格的人生态度和生活方式，是穆斯林始终孜孜以求并恪守不渝的价值取向，正如"圣训"所说："最优美的事，就是中正之事。"（拜翰盖）这种价值取向，也正是当代伊斯兰"中间主义"思潮的哲学基础。

伊斯兰文明的历史昭示，极端思想和极端主义虽可盛行一时，却难以主导伊斯兰教的思想领域，也难以持久存在，而作为《古兰经》和"圣训"基本精神的和平之道，亦即中正和谐之道，才是伊斯兰文明的主流思想，也是伊斯兰文明的成功之道。

## 二　近现代伊斯兰复兴运动孕育了当代伊斯兰"中间主义"思潮

当代伊斯兰"中间主义"作为宗教文化思潮，是"近现代伊斯兰教思潮和运动"在当代的延续和发展。"伊斯兰教作为一种传统文化，对世界穆斯林的认知方式具有重大影响。由此，当民族的生存受到巨大威胁时，他们往往从宗教信仰的角度来回顾过去、反思现实、展望未

---

① 秦惠彬主编：《伊斯兰文明》，中国社会科学出版社1999年版，第252页。

第一章　当代伊斯兰"中间主义"思潮的背景考察　43

来，希冀从自身文化传统中寻找出路。所以从18世纪下半叶起，特别是19世纪，在西亚、北非、南亚、东南亚等地，陆续兴起种种以复兴伊斯兰教、振兴民族精神，反对殖民统治为主旨的宗教社会思潮和社会运动，我通称为近现代伊斯兰教思潮和运动。它们的兴起代表和体现了民族主义兴起前伊斯兰国家和民族对内忧外患所作的宗教回应。"① 因此，可以说，是近现代以来阿拉伯伊斯兰世界风起云涌的伊斯兰复兴运动孕育了当代伊斯兰"中间主义"思潮，"从18世纪起各种以改革和复兴为主旨的社会思潮和运动，在西亚、南亚、东南亚、北非和中亚各地相继兴起，对于伊斯兰教历史发展的影响一直持续到当代"②。1798年，拿破仑率领法国殖民军入侵埃及，揭开了阿拉伯伊斯兰世界近现代史的序幕，中外学术界普遍认为，"18世纪末穆斯林国家日益增长的政治危险是以1798年拿破仑入侵埃及为标志的"③。从此，阿拉伯伊斯兰国家频遭西方列强的侵略和蹂躏，先后沦为殖民地和半殖民地，阿拉伯伊斯兰各国人民也从此踏上了反抗西方列强的艰苦征程，前赴后继，愈挫愈勇，为民族解放和国家独立进行了无数可歌可泣、艰苦卓绝的斗争。

阿拉伯伊斯兰世界的近现代史，实际上就是一部反抗殖民主义统治、争取民族解放的抗争史。"从18世纪下半叶起，在西亚、北非、中亚、南亚、东南亚等地，兴起了种种以复兴伊斯兰教、弘扬民族精神、反对殖民统治为主旨的社会思潮和运动。它的兴起，在很大程度上，改变了传统伊斯兰教的存在形态、价值取向和社会功能，给它带来了巨大活力，成为近代伊斯兰教史上具有里程碑意义的重大事件。"④

18世纪中叶，在阿拉伯半岛兴起的"瓦哈比运动"，"是18世纪伊斯兰教内部对其面临的危机所作的积极反应，是近代伊斯兰教改革和复兴思潮的第一次重大尝试"。运动的发起者穆罕默德·本·阿卜杜勒·

---

① 吴云贵、周燮藩：《近现代伊斯兰教思潮与运动》（序），社会科学文献出版社2007年版，第4—5页。
② 吴云贵、周燮藩：《近现代伊斯兰教思潮与运动》，社会科学文献出版社2007年版，第27页。
③ ［英］弗郎西斯·鲁宾逊主编：《剑桥插图伊斯兰世界史》，安维华、钱雪梅译，世界知识出版社2005年版，第90页。
④ 秦惠彬主编：《伊斯兰文明》，中国社会科学出版社1999年版，第111页。

瓦哈卜（1703—1781）因此也被认为是"近代伊斯兰复兴运动的先驱"[①]。阿卜杜勒·瓦哈卜在教法方面尊崇罕百里学派，在教义学方面则受14世纪著名学者伊本·泰米叶（1263—1328）思想的影响。

"瓦哈比运动"强调要"恢复正教"，严守"认主独一"的信仰，反对长期流行于伊斯兰世界的对圣徒、圣墓的各种崇拜行为，认为这些做法都是有悖于伊斯兰教原则的异端，应予革除；在政治上，主张反抗西方殖民者的侵略以及奥斯曼帝国的压迫。至20世纪初，"瓦哈比运动"与阿拉伯半岛部落酋长伊本·阿拉伯（1880—1953）实现政教联合，最终于1932年建立了沙特阿拉伯王国。"瓦哈比运动"对近现代以来阿拉伯伊斯兰世界的伊斯兰复兴运动产生了重大影响。

19世纪，在苏丹掀起的"马赫迪运动"也是阿拉伯伊斯兰世界近代史上反对西方帝国主义侵略的颇具影响的宗教社会运动。运动领导者穆罕默德·艾哈迈德（约1844—1885）是一名伊斯兰学者，1881年他自称为"马赫迪"[②]，提出要铲除一切不义和腐败现象，纯化伊斯兰教，反对帝国主义压迫，号召人民起来，参加抗击英国殖民者和异族统治的"圣战"。马赫迪领导的苏丹人民武装起义，连续击败英埃联军后，于1885年攻占喀土穆，击毙了英国殖民军总督兼侵略军司令戈登。"马赫迪运动"虽于1896年终遭英埃联军镇压而失败。但其前后坚持斗争长达10余年，给英国殖民者以沉重打击，极大地鼓舞了苏丹人民反抗西方列强的斗志和决心。

19世纪兴起于北非的"赛努西运动"，是近代阿拉伯伊斯兰世界又一次具有重大影响的伊斯兰宗教社会运动。该运动由阿尔及利亚伊斯兰教苏菲学者谢赫穆罕默德·本·阿里·赛努西（1791—1859）于1843年在麦加发起，后转至利比亚，并在北非各地发展，信众遍及北非各国，多达数百万。"赛努西运动"力图将"瓦哈比运动""恢复正教"的主张与伊斯兰教苏菲主义相调和，强调严守经训精神，反对各种异端学说，注重宗教操守和修持，在政治立场方面，明确反对奥斯曼帝国及

---

[①] 马福德：《近代伊斯兰复兴运动的先驱——瓦哈卜及其思想研究》，中国社会科学出版社2006年版，第178页。

[②] 马赫迪，阿拉伯语音译，意为被真主引导走上正道者，在伊斯兰教一些教派中则指重返人间带领穆斯林惩恶扬善的宗教领袖。

西方殖民主义，号召非洲人民向法国及意大利侵略者发起"圣战"。"赛努西运动"为北非地区阿拉伯人民的反帝运动及伊斯兰复兴作出了重要贡献。

至19世纪中叶，由哲马鲁丁·阿富汗尼（1839—1897）倡导的"泛伊斯兰主义"思潮在阿拉伯伊斯兰世界兴起。阿富汗尼主张，全世界穆斯林应当不分民族，共同拥戴一个哈里发，建立一个统一的伊斯兰国家，以抗衡西方殖民主义的进攻。阿富汗尼还呼唤穆斯林回归理性，开展教法创制，实行宗教社会改革，通过借鉴西方先进技术，大力发展伊斯兰世界的经济，从而实现伊斯兰教的复兴。"泛伊斯兰主义"虽有不切实际的幻想成分，但也在一定程度上反映了阿拉伯伊斯兰世界广大人民反对西方列强的侵略、期盼民族复兴和社会进步的迫切愿望，因而在近现代伊斯兰世界产生了广泛影响。

在阿富汗尼"泛伊斯兰主义"的影响下，阿拉伯伊斯兰世界又迅速兴起了致力于实现宗教改革的"伊斯兰现代主义"。"伊斯兰现代主义"是"具有资产阶级民主主义性质的社会思潮"[1]，重要代表人物有印度的赛义德·艾哈迈德汗（1817—1898）和穆罕默德·伊克巴尔（1873—1938）、埃及的穆罕默德·阿布笃（1849—1905）和拉希德·里达（1865—1935）等。在"伊斯兰现代主义"的诸多主张中，尤以强调对伊斯兰教进行适应时代发展需要的维新主张最受关注。

"伊斯兰现代主义"认为，伊斯兰世界由于严重的理性缺失而长期陷于十分保守落后的境地，因此应在坚持伊斯兰教基本信仰的前提下，对《古兰经》作出基于理性与科学的全新解释，从而使宗教和科学、信仰和理性相互协调，通过宗教维新来推动穆斯林社会的变革与进步。"伊斯兰现代主义"实行宗教维新的首要举措是重启传统教法创制关闭的大门，努力开展教法创制和文化创新，主张采用新的思想和科学方法，对穆斯林社会的政治、经济制度进行改造。

伊克巴尔对教法创制之门"关闭说"提出了最为严厉的批评，认为所谓"创制之门关闭之说纯属虚构，它一方面使人联想到伊斯兰教

---

[1] 中国伊斯兰百科全书编辑委员会编：《中国伊斯兰百科全书》，四川辞书出版社1994年版，第27页。

法学思想的成熟阶段，同时也使人联想到思想懒惰，这种懒惰在一个精神萎靡时期使伟大的思想家们变成了木偶"①。伊克巴尔还从伊斯兰基本理论的高度阐述了不断进行创制的合理性和必要性，强调穆斯林社会必须与时俱进，跟上时代的发展，特别强调传统的伊斯兰思想要与现代科学相融合。"伊克巴尔认为，宇宙万物处于不断发展、进化之中，人类要生存就必须不断适应外界环境的变迁，为此需要不断的创新以保持活力。他把这种不断进取的精神称为伊斯兰教所固有的'运动原理'，即作为早期伊斯兰教法原则之一的'创制'。相信只要坚持'创制'精神，伊斯兰教便可避免僵化、永葆青春常在。"②

伊克巴尔据此认为，伊斯兰教从本质上讲就是一种文化运动，而创制是伊斯兰教及伊斯兰文化的一个"运动原理"，这一原理是伊斯兰文化不断发展的动力和源泉，必须依据这一原理，结合现代科学知识，重新梳理穆斯林的思想，推陈出新，使穆斯林社会适应时代的发展，从而实现伊斯兰思想的重建。南亚次大陆在20世纪初开展的一系列伊斯兰思想文化运动，以及后来巴基斯坦伊斯兰共和国的建立，都在很大程度上受到伊克巴尔思想的影响。

从"泛伊斯兰主义"到"伊斯兰现代主义"的发展，显示出伊斯兰世界在整个20世纪谋求宗教复兴与社会变革的思潮不仅日趋理性，而且日趋强劲。"从哲马鲁丁·阿富汗尼到穆罕默德·阿布笃，再到拉希德·里达，伊斯兰思想界完成了由19世纪到20世纪的历史性转变：即以理性思维来审视传统信仰伊斯兰教。这为当代伊斯兰复兴运动理论的开展打下了基础。"③"近百年来，伊斯兰世界一直遭受帝国主义和殖民主义的压迫和剥削。第二次世界大战以后，虽然多数伊斯兰国家相继取得了独立，但它们仍未能摆脱外来势力的控制和威胁。西方的殖民侵略和文化渗透，使伊斯兰世界受到了比历史上任何时候都强烈的冲击，引起了深重的政治和社会危机。作为一种反作用力，这次伊斯兰复兴运

---

① Muhammd Iqbal: *The Reconstruction of Religious Thought in Islam*, Cambridge University Press, 1962, p. 178.

② 吴云贵:《穆斯林民族的觉醒——近代伊斯兰运动》，中国社会科学出版社2009年版，第107页。

③ 彭树智主编:《二十世纪中东史》，高等教育出版社2001年版，第373页。

动也就比历史上任何一次'复兴'运动都来得势头猛、规模大、范围广。"①

1928年，埃及人哈桑·班纳（1906—1949）建立的"穆斯林兄弟会"更为现当代伊斯兰复兴运动推波助澜，使其发展势头日益强劲，几乎遍及伊斯兰世界各国。"穆斯林兄弟会"在后来的发展中显示出日益强烈的政治诉求，甚至表现出以暴力方式改变现状进而夺取国家政权的倾向，因此遭到埃及当局的强力镇压，使其发展严重受挫，并出现内部分化现象，不少兄弟会成员开始质疑和反对其过激做法，主张采取温和的策略，希望通过和平方式进入议会，达到参政议政，甚至获得政权的目的，这种努力事实上已经取得一定的成效。"穆斯林兄弟会作为当代伊斯兰世界第一个下层群众的宗教政治组织，对后来伊斯兰复兴运动的全面兴起所产生的影响是极为重大和深远的。"② 而且，可以预期的是，"穆斯林兄弟会"的影响在今后埃及乃至阿拉伯伊斯兰世界的社会变革与政治进程中仍将持续。

有学者认为，近现代以来形形色色的伊斯兰思潮与伊斯兰复兴运动，实际上反映了伊斯兰世界艰难曲折的现代化进程："伊斯兰世界的现代化进程从18世纪欧洲入侵发端，到现在已经历了三个多世纪，穆斯林围绕着如何复兴伊斯兰教，如何争取民族解放和国家独立，如何繁荣富强民族国家等问题，提出一系列主张，形成各种思潮，并在民族国家独立之后将之付诸实践。从这些思潮的发展来看，伊斯兰教对现代化的反应不是单一的适应，而是从多方面、多角度对现代化的挑战做出回应。"③

的确如此，近现代以来，阿拉伯伊斯兰世界遭受到西方殖民主义的全面入侵和长期占领，第二次世界大战以后，虽然各国相继摆脱殖民统治，实则又进入一个后殖民时代，继续遭受西方特别是美国的军事控制、政治代理和经济掠夺，使得阿拉伯伊斯兰各国一直陷于持久的内忧外患之中，虽独立而难自主，政治、经济、社会、文化的发展始终处于

---

① 金宜久：《伊斯兰教与世界政治》，社会科学文献出版社1996年版，第233页。
② 肖宪：《传统的回归——当代伊斯兰复兴运动》，中国社会科学出版社2009年版，第17页。
③ 范若兰：《东南亚伊斯兰教与现代化》，中国社会科学出版社2009年版，第20页。

严重失衡状态。"近现代伊斯兰教各种思潮和运动实际上都是对西方殖民主义所作的一种回应。"① 这种回应的过程是漫长而艰难的，回应的态度既有相互一致的也有相互反对的，既有积极的也有消极的，既有保守的也有开放的，"在这样的历史过程中，各式各样试图力挽狂澜、救亡图存、变法图强的社会运动和文化思潮不断消长，此起彼伏——伊斯兰主义、泛伊斯兰主义、复兴主义、复古主义、新苏菲主义、神秘主义、实证主义、理性主义、自由主义、存在主义、民族主义、世俗主义、社会主义、共产主义……形形色色，不一而足，其间还伴生和夹杂着各种形式的极端主义。在这些'思潮'、'主义'和'运动'相互对垒、相互交锋的错综复杂的矛盾中，还时隐时现地飘荡着另一种声音，那就是伊斯兰'中间主义'"②。

显然，当代伊斯兰"中间主义"思潮，正是在近现代以来阿拉伯伊斯兰世界风起云涌的民族解放运动和伊斯兰复兴运动中孕育出来的，它力图协调各方立场，校正伊斯兰复兴运动中表现出的各种或左或右的极端倾向，从而将伊斯兰复兴思潮和运动引向中正和平的正确方向。

## 第三节　当代伊斯兰"中间主义"思潮兴起的时代背景

当代伊斯兰"中间主义"思潮不仅具有深邃的哲学基础和悠久的历史传统，同时其兴起与发展还与当代伊斯兰世界及国际格局发生深刻变化的大背景密切相关。在这个大背景当中，"全球化"浪潮的冲击、"文明冲突论"的挑战以及各种形式的极端主义和恐怖主义之害等都是激发伊斯兰"中间主义"思潮迅速勃兴的重要因素。

如前所述，近现代以来，阿拉伯伊斯兰世界长期遭受西方殖民主义的全面入侵、掠夺和占领，第二次世界大战以后，虽然各国相继摆脱殖民统治，实则又进入一个后殖民时代，继续遭受西方特别是美国的政治代理、经济掠夺和军事控制，使得阿拉伯伊斯兰各国一直陷于持久的内忧外患之中，政治、经济、社会、文化的发展长期处于严重失衡状态，

---

① 吴云贵：《当代伊斯兰教法》，中国社会科学出版社2003年版，第376页。
② 丁俊：《当代伊斯兰中间主义思潮述评》，载《阿拉伯世界》2003年第2期。

近现代阿拉伯伊斯兰民族的历史,是一部屈辱和抗争的历史,在这样的历史过程中,伊斯兰文化固有的中正思想非但未能得到发扬,而且因为遭受到强力挤压而严重变形,各式各样试图力挽狂澜、变法图强的社会运动和文化思潮不断消长,此起彼伏,其间还伴生和夹杂着各种形式的极端主义。

至20世纪后半叶,特别是冷战结束后,西方世界极力鼓噪"伊斯兰威胁"论和"文明冲突"论,单极霸权政治来势凶猛,各种形式的极端主义和恐怖主义不断滋生蔓延,局部特别是中东地区战争和冲突持续不断,"全球化"浪潮四处冲击,面对这样的国际大背景,阿拉伯伊斯兰世界的思想界普遍感到忧心忡忡,有消极退避者,也有积极应对者。在这样的大背景下,伊斯兰"中间主义"思潮应运而生。

## 一 "全球化"浪潮的冲击

众所周知,"全球化"(Globalization)是当代世界发展的一种趋势,其主要表现形式是以先进科技所带动的西方社会经济的全球化。因此,包括中国以及阿拉伯伊斯兰世界在内的广大发展中国家普遍认为,"全球化"深深地打上了"西方制造"的烙印。"冷战后,以美国为首的西方国家联盟及其主导的国际结构,明显主导了全球化进程。全球化在一定程度上就是美国化(Americanization)、西方化(Westernization)和自由资本主义化(Globalized Liberal Capitalism)。这也正是美国的全球霸权乃至'新帝国'赖以存在的国际基础。"[1] 西方强国凭借其雄厚的政治、经济、科技、文化传播实力甚至军事优势,以建立国际政治经济"新秩序"等为招牌,在全球播撒"民主"、"自由"的种子,极力推进整个国际社会在政治经济制度、思想意识形态、文化价值观念等各个方面向西方的趋同。"西方所期待和要达到的全球化,从本质上说,是对50—60年代世界范围内兴起的社会主义和民族民主运动的反向清算和逆向报复,是对广大第三世界国家的进一步侵害和'和平'戕伐。""西方发达国家对全球化兴趣的骤增,是因为它们在全球重新推行新殖民主义的信心骤增","面对即将失而复得的广大第三世界的资源和市

---

[1] 高祖贵:《美国与伊斯兰世界》,时事出版社2005年版,第76页。

场，新殖民主义者激动兴奋的心情是可以想见的"①。

"全球化"不仅在经济领域，而且涉及科技、政治、伦理、文化等各个方面，"其目标甚至首先指向了文化价值方面"②。西方特别是美国，始终不遗余力地在全球推行文化霸权主义，就连美国本国的社会学家也不得不承认，"美国流行文化的传播是长久以来人们为实现全球统一而做出的一连串努力中最近的一次行动。它代替了罗马帝国和基督教徒推行的拉丁语以及共产党政府推行的马克思列宁主义"。美国的文化霸权主义，已使许多国家特别是第三世界国家深感不安，因为"作为美国全球化战略的一个有机组成，它着意在全球特别是在第三世界普遍制造对美国的迷恋、膜拜和奴性，从而使第三世界国家心甘情愿地永远地处于附庸地位，从这个意义上讲，广大第三世界被剥夺的绝不仅仅是资源、市场、劳动力，更重要的是坚强而美好的民族精神和深厚的爱国主义情感"③。"美国文化价值观渗透到异国他乡给美国带来难以用具体数字所能表明的各种利益，尤其给美国欲要领导世界奠定了基础，但却给世界的和平笼罩上了深深的阴影。"④"对于广大发展中国家来说，帝国主义、殖民主义在几个世纪中残酷的、毫无人道的政治奴役、经济剥削还难以忘怀；在现实的世界上，不合理的世界政治经济秩序、西方国家无形的'文化霸权'、'信息霸权'，都还是一些十分真切的威胁。"此外，西方所倡导的"全球化"，"是建立在'一元普遍文化论'基础上，而不是建立在文化间的理解与和合基础上。他们不遗余力地在全世界各地推广和鼓吹西方生活方式和文化价值观念，并以此作为外交上划分亲疏的标准，在发展中国家里制造'现代化困境'"，而且，他们也"很难具有所谓的'全球视野'和'全球胸怀'，有时甚至相反，表现出极端的民族利己主义"。"美国的对外政策，大而言之，西方的对外政策，还从来没有过文化共生共存、共同发展的视野。直到今天，一些西方领导人还在把推行自己文化价值观和生活方式当作一项基础政策挂

---

① 李慎明：《全球化与第三世界》，载《中国社会科学》2000年第3期。
② 万俊人：《经济全球化与文化多元论》，载《中国社会科学》2001年第2期。
③ 李慎明：《全球化与第三世界》，载《中国社会科学》2000年第3期。
④ 王晓德：《关于冷战后美国对外文化战略的思考》，载《社会科学战线》2000年第1期。

第一章 当代伊斯兰"中间主义"思潮的背景考察　51

在嘴边，而没有意识到其中所蕴含的危险意义。"①

显而易见，"全球化"必会带来并且已经带来了一系列负面效应，使业已存在的许多世界性问题日趋严重，诸如南北贫富差距进一步拉大；生态环境不断恶化；文化价值观念普遍西化；以维护"人权"、"民主"等为幌子，以和平演变伴以经济制裁甚至军事干预等为手段而插手主权国家事务的势头不断向纵深发展；军备竞赛大有不断升温之势；弱小国家的主权进一步被削弱；因霸权主义和强权政治而导致的地区冲突、局部战争以及各种形式的"恐怖主义"在世界各地持续不断，这些恶果的最大受害者往往是第三世界国家，而阿拉伯伊斯兰国家受害尤深。阿拉伯学者指出："今日为我们所展现的'全球化'，是美国强加于世界的政治、经济、文化霸权，尤其是强加于东方世界，第三世界，特别是伊斯兰世界的霸权。"② "今天的'全球化'所要实现的，既不是伊斯兰所倡导的人类情同手足的关系，也不是世界上崇尚自由与尊严的令人向往的人人平等的关系，而是主子与仆从的关系，是巨人与侏儒的关系，是强者与弱者的关系……'全球化'只是新殖民主义的文雅称谓。它之所以脱去旧衣，更换手法，就是为了以'全球化'的名义，开始一个新的强权时代。"③

由于西方强国所占有的诸多优势，"全球化"的方向在今后相当长的时期内仍将由以美国为首的西方国家所主导并保持强劲势头。因此，对于东方或包括阿拉伯伊斯兰国家在内的广大发展中国家来说，"全球化"虽然不是洪水猛兽，但也绝非良辰美景，而是一场无法逃避的严峻而持久的挑战，"对于在全球化进程中明显处于劣势的伊斯兰世界，这个进程的负面影响尤其突出"④。

然而，"西方全球化的过程是被压迫人民和被压迫民族体肤不断遭受熬煎和心灵不断觉醒的过程，他们在觉醒中必然反抗，并进一步联合

---

① 张铭：《现代化视野中的伊斯兰复兴运动》，中国社会科学出版社 1999 年版，第 300、306—307 页。

② [卡塔尔] 尤苏夫·盖尔达维：《世纪之交的伊斯兰民族》（阿拉伯文版），曙光出版社 2002 年版，第 232 页。

③ International Union of Muslim Scholars: *Islamic Charter*, International Moderation Center, Kuwait, 2008, pp. 146 – 147.

④ 高祖贵：《美国与伊斯兰世界》，时事出版社 2005 年版，第 76 页。

和斗争"。"因此,新一轮维护国家独立和主权,维护平等互利和共同发展,建立真正公正、合理的国际政治经济新秩序的斗争必将蓬勃兴起。"① 在此过程中,包括阿拉伯伊斯兰国家在内的广大第三世界国家实现民族复兴与文化自觉的意识将会更加强烈,从这种意义上说,"全球化"又是前所未有的一种发展机遇。

概言之,"全球化"利害并存,祸福相依,关键问题是如何应对全球化。发展中国家只有顺应和参与这一历史发展的潮流,团结合作,协调一致,扬长避短,因势利导,才能使全球化逐渐符合人类的整体利益。"曾经辉煌也一直在努力奋斗的伊斯兰世界,面对西方尤其是美国主导的全球化进程快速发展所带来的严峻挑战,唯一的应对办法只能是像广大发展中国家一样,力图通过改革进而实现向更高发展阶段的转型。"②

因此,如何应对"全球化"浪潮的冲击,是消极排拒,唯恐避之不及,还是张开双臂拥抱和欢迎,抑或是采取中正立场,既有接纳也有拒绝,这是摆在阿拉伯伊斯兰世界面前的重大时代课题。伊斯兰"中间主义"主张,对西方主导的"全球化"既不能逃避和拒绝,实际上也不可能避开,面对挑战,"我们——阿拉伯人,穆斯林,非洲人,不结盟国家,世界上所有贫穷弱小的国家——必须行动起来,紧密团结,相互支持,保护我们免遭这次新的战争之害,必须让我们的人民觉悟起来,保护自己的信仰、思想和文化,以免与这次新的攻击相配合,并丧失自己原有的个性和特征。我们应当采取中正的立场,努力吸纳'全球化'的积极开放的因素,避免其物质与精神方面的消极因素"③。

世界伊斯兰联盟在沙特阿拉伯国王法赫德的倡议下,曾于2002年在麦加专门召开"伊斯兰民族与全球化"的会议,共同研讨伊斯兰世界如何应对"全球化"的一系列挑战的问题,会议探讨了全球化形势下伊斯兰国家的团结、伊斯兰"中间主义"思潮的推广宣传、伊斯兰文化的创新与发展、伊斯兰国家的经济发展、人权问题、妇女儿童问

---

① 李慎明:《全球化与第三世界》,载《中国社会科学》2000年第3期。
② 高祖贵:《美国与伊斯兰世界》,时事出版社2005年版,第77页。
③ [卡塔尔] 尤苏夫·盖尔达维:《世纪之交的伊斯兰民族》(阿拉伯文版),曙光出版社2002年版,第238页。

题、恐怖主义问题、文明对话问题、传媒问题以及巴勒斯坦问题等广泛议题,形成许多重要共识,强调正面阐释和弘扬伊斯兰教中正和平的思想,广泛宣传伊斯兰"中间主义"思潮,是有效应对"全球化"挑战的良策。[①]

伊斯兰"中间主义"思潮的勃兴说明,面对"全球化"浪潮的猛烈冲击,阿拉伯伊斯兰世界并未仓皇失措,消极逃避,也没有张开双臂热烈欢迎,而是试图有张有弛,积极应对,这也在某种程度上体现了阿拉伯伊斯兰世界自强不息、谋求发展的民族自信心。

## 二 霸权主义的横行无阻与"文明冲突论"的甚嚣尘上

冷战结束以来,阿拉伯伊斯兰世界及国际形势均发生了深刻变化,伊斯兰"中间主义"思潮的兴起与发展,与这种地区形势和国际格局深刻变化的大背景密切相关。伊斯兰世界形势的变化与国际形势的变化不可分割,二者相互作用,相互影响,互动发展,连成一体。在阿拉伯伊斯兰国家看来,冷战的结束并没有使阿拉伯伊斯兰世界得到更好的发展机遇,反而使他们陷入更加屈辱的境地,"纵览当今时局,我们清楚地看到:一、以美国为代表的单极和支持它的西方国家已能控制世界。二、犹太复国主义控制并引导着大部分的东、西方国家,以实现它的利益、目标和计划。三、阿拉伯和伊斯兰民族处于'屈辱的时代',他们可悲的软弱,是意志薄弱,缺乏谋略,意见分歧;穆斯林们轻视自己也轻视他人,他们中不少人在控制他们的战争中逆来顺受,而阿拉伯力量不过是虚张声势……然而,那少数人——思想家、作家、文学家、画家、音乐家、科学家等当中的精英——在哪里?他们得分析、阐述并最终形成源于我们自己思想的独特立场,以肯定我们的意志和民族身份,摆脱我们当前所处的困境"[②]。可见,阿拉伯伊斯兰世界意欲摆脱目前困境进而构建自己当代核心价值观的愿望十分迫切。尽管他们对冷战结

---

[①] The Muslim World League: *Islamic Ummah and Globalization*. A Special Issue on The Fourth General Islamic Conference Held by The Muslim World League in the Holy City of Makkah, April 2002.

[②] [埃及] 侯赛因·卡米勒·巴哈丁:《十字路口》,朱威烈、丁俊译,上海外语教育出版社2005年版,第69—70页。

束后国际格局变化的这种看法未必全面,实际情况可能比这要复杂得多,世界范围内的东西方对峙与意识形态冲突因冷战结束而演变为更加复杂多样的矛盾,以往被掩盖的各种国际性及区域性的矛盾不断显现出来,并不断演变发展,日趋尖锐激烈,最突出的例证就是,曾是苏、美两个超级大国角斗场的中东地区,并没有因为冷战的结束而太平无事。相反,霸权主义和强权政治在该地区更加肆意横行,围绕控制中东石油能源而展开的国际角逐日趋激烈,甚至不惜武力攫取的图谋早已昭然若揭,美国以消除大规模杀伤性武器为由发动的伊拉克战争就是最突出的例证。

所有这些,都使得以巴勒斯坦问题为核心的中东问题日趋复杂尖锐,以色列凭借自身军事优势和西方特别是美国的偏袒和支持而对巴勒斯坦人的武力打击也更加肆无忌惮,2008年底2009年初发动的"铸铅行动"①,使这种打击到了登峰造极的地步。而"美国人对中东问题的理解像在恐惧上结晶,像一个等边三角形,顶尖分别是伊斯兰、恐怖主义和石油,而为了得到石油,所有的暴行都好像理所当然了"②。

对这种情势,阿拉伯人士的描述是:"阿拉伯人民常常是既感到沮丧,又觉得紧张,因为阿拉伯地区总是笼罩着一种令人悲哀的气氛,一种自矜自夸、暴戾恣睢的气氛,屈辱或至少是屈辱感不胫而走,到处充斥着无助之感。霸道的强权使真理、正义、法律准则处处碰壁,它颠倒是非,在很多情况下,已不再需要知耻的美德;它的所作所为,事先已得到开脱;它的主张无论怎样反对都会执行;它的打击雷霆万钧,谁都难以承受……阿拉伯人民遭受着枪炮的打击,坦克的履带碾压着阿拉伯的儿童和妇女,飞机子弹在摧毁阿拉伯房主们的家舍。在国际法准则耻辱地失落、双重标准被放肆地推行的形势下,世界却在大多数时候转过脸去,视若无睹,假装不曾留意。"③

---

① 2008年12月27日至2009年1月18日,以色列以阻止加沙武装人员向以境内发射火箭弹为由,实施了代号为"铸铅行动"的大规模空中和地面军事进攻,持续长达23天,造成1417多名巴勒斯坦人丧生(包括300名儿童)、5500多人受伤,以色列则有4名平民被火箭击毙、9名士兵死亡,其中4名死于友军枪炮下。
② 沈旭辉:《美国新保守骷髅》,圆桌会议出版社2006年版,第216页。
③ [埃及]侯赛因·卡米勒·巴哈丁:《十字路口》,朱威烈、丁俊译,上海外语教育出版社2005年版,第7页。

而且，比这种情形更糟的是，主导西方政治界的冷战思维并没有因冷战结束而消失，西方大国特别是美国在国际舞台上的行事中，几乎处处显出冷战思维的遗痕，奉行双重标准。"在美国看来，法西斯主义、共产主义和伊斯兰主义是相似相联的思想体系；它们分别在20世纪以来的二战、冷战、冷战后等不同历史时期对美国构成了最严峻的意识形态挑战。正是基于这种深层的思想认识，布什把对'伊斯兰恐怖主义'的战争称之为'正义与邪恶'、'文明与野蛮'之战。"① 美国的不少政客以及一些政治智库的思想家们竭力寻找假想敌，大肆宣扬所谓"邪恶国家论"、"无赖国家论"、"伊斯兰威胁论"、"中国威胁论"、"文明冲突论"、"新殖民主义论"、"新帝国论"、"新十字军战争论"等各种基于西方霸权话语和丛林法则之上的政治理论，在捍卫"民主"、"人权"的幌子下，时时高高举起"经济制裁"、"先发制人"的大棒，欲令阿拉伯伊斯兰世界及广大发展中国家闻风丧胆，纷纷归附于"新帝国"的霸权。② 在上述诸论中，尤以"文明冲突论"最具影响。

1993年，美国哈佛大学政治学教授塞缪尔·亨廷顿在美国《外交》季刊上发表了题为《文明的冲突？》的文章，认为冷战结束后，国际冲突将不再是不同意识形态之间的冲突，而将是不同文明之间的冲突，特别是东方文明与西方文明之间的冲突，亦即伊斯兰文明与中国儒家文明联手对西方文明构成严重威胁，亨廷顿断言这是未来最有可能导致世界大战的因素。1996年，亨廷顿又出版了《文明的冲突与世界秩序的重建》一书，进一步阐发他的"文明冲突论"，使之更加理论化。全书共分五个部分：（1）一个多文明的世界；（2）变动中的各文明力量对比；（3）正在形成的文明秩序；（4）文明的冲突；（5）文明的未来。"文明冲突"论是全书的核心内容。

亨廷顿的"文明冲突论"一经提出，立即引起国际舆论的强烈反响，由此引发了国际学术界关于文明冲突与文明对话的讨论。进入21世纪，亨廷顿又于2001年12月17日在《新闻周报》上发表《穆斯林战争的时代》一文，进一步渲染"伊斯兰威胁"论，认为当今世界政

---

① 高祖贵：《美国与伊斯兰世界》，时事出版社2005年版，第196页。
② 丁俊：《"新帝国论"及其实质》，载《浦江纵横》2004年2月刊。

治已处于穆斯林战争的时代,并已取代冷战而成为国际冲突的主要形式。对于以"文明冲突论"为代表的西方强势话语,包括阿拉伯伊斯兰世界和中国在内的国际学术界给予高度关注和深入评析。

面对如此严峻的国际舆论环境,阿拉伯伊斯兰世界思想文化界的精英们深切感到,向世界正面阐述并传达伊斯兰教和平中正思想,已成为摆在他们面前的一项刻不容缓的重大历史任务,是现实的必需和时代的要求,他们开始纷纷著书立说,驳斥"文明冲突论",倡导"文明对话论",重申伊斯兰教所带来的首要信息就是中正、和平与和谐,而非极端、战争和冲突。他们引经据典,强调指出:"伊斯兰教是宽恕、和平的宗教,禁止为了杀戮和惩戒而滥施武力,并且不允许过分,'因为真主必定不喜欢过分者'。所以,对于伊斯兰教及其原则来说,号召各民族走向和平既不离奇,也不新鲜,这是伊斯兰教14个世纪以来一直在倡导的,是毫无疑义的明显事实。所有确凿的证据都表明,伊斯兰教从来就不是暴力或进攻性的宗教,其教法也从来不主张暴虐和侵略。伊斯兰教是自由、平等、友爱和宽恕的宗教,它弃绝极端,推崇理智和深思熟虑,是说服、对话、反对专制的宗教……伊斯兰教是和平的宗教,真主说:'如果他们倾向和平,你们也应当倾向和平,应当信赖真主。'穆斯林将'和平'作为他们的问候语:'祝你们平安!愿真主怜悯你们!'……因此,伊斯兰教为人类的进步、文明、和平展现了光明的图景。"①

巴基斯坦著名学者艾尼斯·艾哈迈德博士指出,由于"建立于由来已久的误解之上,许多西方学者在他们的想象中创造了伊斯兰和穆斯林威胁论。在苏联解体以后,西方在极力坚持对世界的单一霸权的同时,也开始谈论关于西方世界和'下余'世界之间产生文明冲突的话题。对西方来说,'下余'世界意味着穆斯林世界和中国的文明和文化力量……在确信了历史循环论以后,有些西方思想家认为一极世界的现状不会维持多久,与之相对的另外一极会自然出现。根据这种论点,他们猜想伊斯兰会作为一极出现,要么伊斯兰同中国文明会联手成为反西

---

① [埃及]侯赛因·卡米勒·巴哈丁:《十字路口》,朱威烈、丁俊译,上海外语教育出版社2005年版,第62—64页。

方的一极……从根本上说，伊斯兰所带来的是和平、正义和中和的教诲。伊斯兰一词意为和平和承领真主——安拉为宇宙的最高实在和终极真理。承领安拉为最高实在和独一的主宰就意味着人类不应该在他们的内在精神生活中允许冲突的存在，也不应该在他们与自然和宇宙的外在关系中允许冲突的存在。基于这种认识和信仰，人类应该遵循内在与外在一体化的原则，而不应该去招惹冲突和矛盾……伊斯兰期望穆斯林，也期望全人类过一种内在和外在和谐的、一体化了的生活，正如宇宙秩序本身就是一种内在和外在和谐的、一体化了的一样……伊斯兰的和平信息现在不是，过去不是，从来也不是穆斯林或者世界上某一地区的人们的垄断物"[1]。

　　许多中国学者也对"文明冲突论"、"中国威胁论"和"伊斯兰威胁论"予以批驳。如北京大学教授汤一介先生就深刻地指出："亨廷顿把现今文化分成'西方文化'和'非西方文化'，而且在'非西方文化'中又特别突出提出'儒家—伊斯兰的联合'，并且认为'儒家与伊斯兰的军事联合已经完成'，而这种'异文明间的种族暴力冲突的升级最危险，也最可能成为导致世界大战的原因'……儒家文化作为一种理论，它所提倡的是'普遍和谐'的观念……从理论上看儒家学说，它不会是引起国家与国家、民族与民族、地域与地域之间冲突的原因……然而亨廷顿似乎完全不了解东方文化对人类曾经作出的贡献，完全忽视东方文化对今后人类发展的重要意义，这无非表明亨廷顿仍然站在已经过时的'西方中心论'的立场上，把文化分成'西方文化'与'非西方文化'，并把他所假想的所谓'儒家与伊斯兰的联盟'这种'非西方文化'作为以美国为首的'西方文化'的敌人，以保持美国在'西方世界'中的盟主地位，进而保持仍然可以左右世界局势的霸权"[2]。

　　关于"伊斯兰威胁论"，上海外国语大学中东研究所刘中民教授分析指出："对于伊斯兰原教旨主义给西方带来的挑战在西方政府、政治

---

[1] Dr. Anis Ahmed: The Preface to Islam and World Civilization, pp. 1-3.
[2] 汤一介：《评亨廷顿的〈文明的冲突〉》，载《汤一介学术文化随笔》，中国青年出版社1996年版，第289—293页。

家以及学术界和大众传媒的眼中却被不断地夸大渲染乃至虚幻放大。20世纪80年代以来西方媒体对伊斯兰原教旨主义的报道铺天盖地而来,并不断渲染西方正面临着伊斯兰势力的严重威胁。""'伊斯兰威胁论'是冷战思维阴魂不散和沉渣泛起的表现,是为西方在伊斯兰世界的霸权存在寻找合理性的理论诠释……'伊斯兰威胁论'把强大的西方说成是'弱者',而把本属弱者的伊斯兰力量摆在'强者'的位置上,意欲通过角色'置换'和'易位',为西方主宰伊斯兰世界的霸权战略寻找法理和道义上的优势。""近代伊斯兰世界作为统一政治实体的不复存在和内部矛盾重重、四分五裂的客观现实,决定了伊斯兰国家难以作为与西方相匹敌的力量而威胁西方。"而"'伊斯兰威胁论'将整个伊斯兰教世界、伊斯兰原教旨主义与激进的伊斯兰势力等同视之是以偏概全的偏颇之举"[①]。

　　阿拉伯穆斯林学者和中国学者都从关注人类和平发展的高度出发,分析了伊斯兰文化和中华文化各自所具有的"普遍和谐"、"内外和谐"的内在精神,批驳了"文明冲突论"、"伊斯兰威胁论"以及"中国威胁论"的荒谬性,这种批判可谓不谋而合。"文明冲突论"的鼓噪者如果不是对伊斯兰文化和中华文化和平精神及其对人类文明历史贡献的无知,就是一种别有用心的政治宣传,是基于冷战思维而刻意寻找和制造"魔鬼撒旦",这种言论,"不仅是实力政治的国际战略分析,而且几乎是基督教西方在冷战结束后唯一顺理成章的必然结论"[②]。因为,"'伊斯兰威胁论'不顾世界格局朝着有利于西方战略利益的方向转化,在'共产主义威胁'消失的形势下,侈谈所谓来自伊斯兰原教旨主义的'威胁',编造'伊斯兰扩张'的现代政治神话,只能解释为一个政治目的,即在反对外来威胁的名义下,向伊斯兰国家施压使它们屈服于美国和西方的强权政治"[③]。

　　事实上,主张"以和为贵"、"普遍和谐"的中华文化和倡言"和平就是伊斯兰"的伊斯兰文化,不仅不会对世界的和平构成威胁,而

---

[①] 刘中民:《当代中东伊斯兰复兴运动研究》,香港社会科学出版社有限公司2004年版,第256、260—263页。

[②] 甘阳:《外交不是内政的延长》,载《二十一世纪》(香港)1995年8月号。

[③] 金宜久、吴云贵:《伊斯兰与国际热点》,东方出版社2001年版,第107页。

且恰恰相反，二者的对话、交流乃至"联手"，将会有力地推动世界和平事业的发展，两大文明必会成为维护世界和平、促进人类文化多元发展的坚强力量。"文明冲突论"和"伊斯兰威胁论"不但遭到伊斯兰世界及中国学者的普遍反对，而且也受到一些欧洲学者的质疑和批评，即使在美国，也有学者表示反对，如 J. L. 埃斯波西托在《伊斯兰威胁——神话还是现实？》一书中就据理作了反驳，他指出："专注于作为一种全球性威胁的'伊斯兰原教旨主义'助长了一种把暴力等同于伊斯兰教的倾向。这种倾向未能把个别人非法地利用宗教与世界穆斯林的大多数的信仰和实践区别开来，而后者如同其他宗教信仰者们一样，希望在和平中生活。""伊斯兰教和伊斯兰运动并非必然是反西方，反美国和反民主的……我们面临的挑战是更好地理解穆斯林世界的历史和现实，承认伊斯兰教的差异性和多种不同面孔。这一路径可以减少创造自我应验的预言（即论证西方反对一种激进的伊斯兰的战斗或一场文明的冲突）的风险。"[①]

阿拉伯伊斯兰世界的有识之士进一步认识到，对"文明冲突论"和"伊斯兰威胁论"仅仅作反驳式的被动回应是远远不够的，穆斯林还需要做深刻的反省，并致力于正面阐释和弘扬伊斯兰教的和平中正思想，着力构建适合时代发展的新文化。当代伊斯兰"中间主义"思潮的勃兴，正是阿拉伯伊斯兰世界对"文明冲突论"等话语霸权的积极而主动的回应，也是他们致力于重塑自身核心价值观、实现文化自觉的尝试和努力，体现出他们意欲弘扬伊斯兰文化宽容对话精神、建设和传播和平文化的时代责任感和民族自信心。

### 三 极端主义的流布与恐怖主义之害

多年来，阿拉伯伊斯兰世界深受各种形式的极端主义和恐怖主义之害，这也是激发当代伊斯兰"中间主义"思潮兴起的一个重要因素。2000 年的"9·11"事件，使极端主义和恐怖主义达到了登峰造极的地步。这一事件对美国的内政外交战略、对阿拉伯伊斯兰世界乃至整个国

---

[①] [美] J. L. 埃斯波西托：《伊斯兰威胁——神话还是现实？》，东方晓、曲红、王建军、杜红译，社会科学文献出版社 1999 年版，第 333—336 页。

际格局的变化都产生了重大影响。"9·11"事件的发生，使得全世界的人都认识到了极端主义和恐怖主义之害，但人们似乎认为只有美国是极端主义和恐怖主义的受害者，而事实上，阿拉伯伊斯兰世界才是恐怖主义最大的受害者，因为他们受到来自内外两方面的双重的伤害。

一方面，正如阿拉伯有识之士指出的，在阿拉伯伊斯兰世界，"一些团伙和组织伪称自己属于伊斯兰教，蛮横暴戾地算计伊斯兰教和穆斯林，用他们的愚昧、残酷、狭隘以及对仁慈、宽容和注重理智行为的伊斯兰价值观的蔑视，伤害伊斯兰教和阿拉伯人，其程度超出了穆斯林和阿拉伯人死敌们的梦想"[①]。的确，形形色色的极端主义和恐怖主义组织所从事的暴力恐怖活动几乎遍及伊斯兰世界各国，尤其在中东地区的一些国家，极端主义和恐怖主义的猖狂程度更是令人触目惊心。在这些国家，各种极端主义和恐怖主义组织打着宗教的旗号，在穆斯林内部煽风点火，挑拨离间，制造包括教派冲突、政治暗杀在内的各种事端，严重损害了自己国家和民族的利益，其危害性十分严重。

伊斯兰"中间主义"思潮的倡导者尤苏夫·盖尔达维分析指出，阿拉伯伊斯兰世界形形色色的极端主义和暴力恐怖活动，背离了伊斯兰教的根本精神，损害了阿拉伯伊斯兰国家广大人民的根本利益，给穆斯林社会带来许多严重危害。这些危害主要有：

（1）误导和蒙蔽了一些热血青年，将他们引向歧途，使他们荒废学业，不务正业，铤而走险，最终锒铛入狱，甚至付出生命的代价。

（2）损害了伊斯兰教和穆斯林热爱和平、敬主爱人的形象，使世界上许多不了解伊斯兰教的人误认为伊斯兰教是倡导暴力的宗教，穆斯林是铁石心肠的好斗者，更给那些攻击伊斯兰教和穆斯林的人提供了口实，他们妄称伊斯兰教和穆斯林是世界和平的威胁。

（3）损害了伊斯兰复兴事业的发展，尤其使倡导中正和谐的伊斯兰"中间主义"思潮的传播受到阻碍，难以顺利开展宽容的对话。

（4）使阿拉伯伊斯兰国家陷入持久的内讧、动荡与分裂之中，穷于应付，无暇顾及建设，难以创新进取，丧失发展机遇，更无实力应对

---

① ［埃及］侯赛因·卡米勒·巴哈丁：《十字路口》，朱威烈、丁俊译，上海外语教育出版社2005年版，第45页。

真正的敌人。①

　　显然，极端主义者之所以执着于暴力恐怖活动，不仅有复杂的社会原因，还有一套理论说辞，他们将自己的行径视为是为真主而战的"吉哈德"，"那些暴力组织的理论认为，阿拉伯国家的现政权是非法的，更准确地说，是异教的政权，因为它没有依照真主的法度执政，据此就可以裁定其叛教罪，应当武力讨伐，直至移交政权"。极端主义者还引经据典，以历史上哈里发艾布·伯克尔讨伐拒交天课者为依据，事实上，"这些人忘记了实施对异端邪说的讨伐，必须要由主事的执政者决策，正如艾布·伯克尔一样，而不是由普通百姓去随意决策，否则，社会岂不陷于动荡与混乱"②！可见，从宗教理论方面阐述"吉哈德"的真实含义，正本清源，还原伊斯兰教仁慈、中正、和平、和谐的真精神，是伊斯兰"中间主义"的首要目标，也是伊斯兰世界思想文化界的当务之急。

　　另一方面，阿拉伯伊斯兰世界又因极端主义和恐怖主义的不断滋生和蔓延而受到外部世界特别是西方的压力，以致内外交困，处境异常艰难，正如埃及前教育部长侯赛因·卡米勒·巴哈丁博士所指出的："'9·11'之后，事态变得极其复杂，我们作为阿拉伯国家和伊斯兰国家，全都处于防御地位，以色列则成为这些事件的最大受益者，它把'9·11'事件、恐怖主义同在阿拉伯国家发生的事情联系起来，利用不幸的偶然性，用错误的思想说服世界，将恐怖主义归咎于伊斯兰教和阿拉伯人，将合法自卫与侵略别人，将民族解放运动与恐怖主义活动，将为正义献身与恐怖主义行动混为一谈。事实上，我们的处境已变得十分复杂而且艰难。"③

　　美国在其主导的国际反恐行动及其所发动的反恐战争中，奉行双重标准，甚至沿袭陈旧的殖民主义逻辑和冷战思维；西方媒体也在不遗余力地丑化乃至"妖魔化"穆斯林和伊斯兰教的形象。阿拉伯伊斯兰世

---

　　① ［卡塔尔］尤苏夫·盖尔达维：《伊斯兰教与暴力》（阿拉伯文版），曙光出版社2005年版，第53—54页。
　　② 同上书，第43、45页。
　　③ ［埃及］侯赛因·卡米勒·巴哈丁：《十字路口》，朱威烈、丁俊译，上海外语教育出版社2005年版，第68页。

界有识之士尖锐而深刻地指出:"在这些事件中,在以反对恐怖主义和反对被认为将威胁西方文明的基地组织为名的阿富汗战争开始之际,一些西方的领导人发表了声明,当他们在谈论'新的十字军战争'、攻击伊斯兰教的时候,我们必须留神:这些声明究竟只是口误,还是假装疏忽,或脱下了假面具?当代的'十字军战争'、眼下盛行的双重标准和我们民族的现状,这一切统统是由于口误?这种关于'十字军战争'和必须反对'邪恶轴心'的言论,使我回想到第一次十字军战争,它的口号是:'西方的基督教徒们!团结起来,解放基督耶稣的诞生地!'今天则是:'西方的民主人士们!团结起来,反对恐怖主义,拯救民主的绿洲以色列,抵抗阿拉伯人、穆斯林和恐怖分子!'这种言论,貌似仁慈,实质凶暴,表面上是向全世界传播民主、自由、科学、文化和思想,实质上是要削弱阿拉伯和伊斯兰的身份,这证实了过去仍在控制着现在和未来。"[①] 事实上,美国打着反恐的旗号,奉行双重标准,在国际上尤其是在中东地区谋求霸权,攫取自己的战略利益的意图,早已是"司马昭之心,路人皆知"的事了。

　　正是这种严重的内外危机,迫使阿拉伯伊斯兰世界政治界、思想界的精英们不断反省自己,他们认识到,"也许,目前对我们造成的压力和对我们力量的遏制,恰恰蕴含着我们统一的希望。危机催生意志。我们需要从各国人民的真实愿望出发,在和睦、互利的基础之上,建立起阿拉伯民族共同体,那是我们的民族夙愿"。他们更清楚地认识到,极端主义和恐怖主义,不仅无助于改变现状,而且贻害无穷,只有引导穆斯林树立民族自信心,走伊斯兰中正和谐之道,即"中间主义"的道路,才是唯一正确的出路。伊斯兰"中间主义"力图"在阿拉伯人中唤起新的精神,培养我们的后代树立起我们假装忘记的正统价值观。必须怀有一种阿拉伯民族觉醒的使命,让阿拉伯人的尊严和悠久的文明得以新生。这一使命高于口号,不陷于琐事和纷争,也远离欲望和私利,它应达到的层面,是我们提升到必须应对的态势和我们必须实现的目标。我们应当营造一种经济、政治和社会的氛围,消除气馁沮丧、依赖

---

　　① [埃及] 侯赛因·卡米勒·巴哈丁:《十字路口》,朱威烈、丁俊译,上海外语教育出版社2005年版,第53页。

他人和消极无为的理由,激励工作和生产的精神,鼓励竞争和个人主观能动性,关注创新,消除空间上的陌生感,惩治腐败,按机会均等的原则提供机会,尤其是要在公正、平等、互助范围内对能力不强者提供机会,并消除意志薄弱和思想僵化,让理性摆脱迷信的桎梏,净化心灵不受欲望的束缚。我们还应当尊重科学的价值观,唤醒并注重爱国主义精神的情感和意识,强调对话和建设性批评的价值观。必须通过对我们的后代开展能够弘扬我们的文明遗产和宽容的宗教价值观的教育,来改善道德,强化身份、归属和爱国主义"[1]。显然,多年来的极端主义和恐怖主义之害,是促使阿拉伯伊斯兰世界反省自身、谋求变革的又一个重要因素,也是当代伊斯兰"中间主义"思潮得以昌兴的重要时代背景。

概言之,当代伊斯兰"中间主义"思潮不仅具有深厚的哲学基础和悠久的历史传统,而且具有不容忽视的现实因素和时代背景。伊斯兰"中间主义"思潮的价值理念直接源于伊斯兰教经典《古兰经》和"圣训"。作为对当代世界特别是伊斯兰世界发展变化的一种积极回应,"中间主义"思潮秉承伊斯兰文明和平中正、和谐宽容的文化精神,"努力挖掘伊斯兰固有的但却被忽视的深层思想和内在适应能力,坚持原则、灵活务实,反对僵化极端,反对恐怖暴力,力图化解矛盾,弥合分歧,积极应对各种危机和挑战,协调传统与现代等各方面的关系,为解决现实问题、选择适合自身的稳健的发展道路提供一种方法论和实践论,以期达到阿拉伯伊斯兰文化传统的自我解困、自我调适、自我更新的目的,从而增强应变能力和适应能力,在现实中求得新的定位"[2]。伊斯兰"中间主义"已然成为阿拉伯伊斯兰世界思想界谋求文化创新与思想建设的主流价值取向,其和平中正的思想内涵和文化精神具有持久的生命力,在走向 21 世纪的伊斯兰世界必将发挥积极而重要的建设性作用。

---

[1] [埃及] 侯赛因·卡米勒·巴哈丁:《十字路口》,朱威烈、丁俊译,上海外语教育出版社 2005 年版,第 127—128 页。

[2] 丁俊:《当代伊斯兰中间主义思潮述评》,载《阿拉伯世界》2003 年第 2 期。

# 第二章　当代伊斯兰"中间主义"思潮的基本主张

本章从宗教、政治、文化和社会等不同层面评介了当代伊斯兰"中间主义"思潮的一系列主张，尤其是"中间主义"强调恪守和平中正、反对各种形式的极端主义和恐怖主义、倡导文明对话、尊重文化多样性、坚持与时俱进、开展文化创新等重要主张。这些主张不仅具有深厚的哲学基础和悠久的文化传统，而且具有重要的现实意义和鲜明的时代精神，对于当代阿拉伯伊斯兰世界核心价值观的重建无疑具有重要的理论指导意义和现实应用价值。

## 第一节　当代伊斯兰"中间主义"思潮的宗教主张

伊斯兰"中间主义"作为当代阿拉伯伊斯兰世界重要的宗教文化思潮，在宗教思想领域提出了一系列旨在正本清源、拨乱反正的主张，以期还原伊斯兰教的真精神，弘扬伊斯兰教中正和谐的宽容之道与和平之道，并通过宗教维新和道德教化，引导穆斯林团结一致，敬主爱人，继承传统，与时俱进，从而构建新时期伊斯兰世界的核心价值体系，使伊斯兰教的和平理念和仁爱精神深入人心，广泛传播。这些主张主要有如下几种。

### 一　倡导中正宽容，反对极端狭隘

当代伊斯兰"中间主义"强调，"伊斯兰教是中正的民族的中正之道，这种中正体现于各个领域，在信仰、功修、伦理、交际、立法等各

## 第二章 当代伊斯兰"中间主义"思潮的基本主张　65

方面显示出不偏不倚的均衡与适度,远离各种极端"①。基于此,伊斯兰"中间主义"倡导中正宽容,反对极端狭隘,认为中正宽容是伊斯兰教固有的基本精神,各种宗教极端主义和狭隘的宗派主义都偏离和违背了伊斯兰教的基本精神。在宗教信仰方面之所以会产生各种极端思想,一个重要的原因就在于对伊斯兰教及其教义教理缺乏整体性的全面认识和把握,而只有全面理解伊斯兰,准确把握其根本宗旨与基本精神,在精神与物质、天道与人道、思维与存在、理想与现实、个人与集体等各方面恪守中正,不偏不倚,才能远离各种极端倾向和狭隘认识。盲人摸象,断章取义,常常是滋生极端思想的渊薮。穆斯林中间散布的各种极端思想和狭隘意识,往往都是因为对伊斯兰教经典一知半解的片面理解所导致的。

因此,要"精深而均衡全面地把握和理解伊斯兰,明晰伊斯兰的全面性和完整性两大特征。全面性就是:伊斯兰既是信仰也是法律,既是知识也是工作,既是宗教功修也是待人接物,既是文化也是道德,既是真理也是力量,既是宣导也是国度,既出世也入世,既是文明也是民族。完整性就是:将各种对立面均衡融合,不偏不倚,诸如精神与物质、天道与人道、思维与存在、理想与现实、个人与集体,等等"②。就是说,要全面深入地理解伊斯兰教教义教理,准确把握其根本宗旨与基本精神,在今世与后世、精神与物质、天道与人道、经典与理性、思维与存在、理想与现实、传统与现代、个人与集体等各方面都要坚持中正均衡原则,做到不偏不倚,恪守中正之道。

当代伊斯兰"中间主义"思想家进一步阐释说:这种中正之道,是介于狭隘的宗派主义和极端的无派主义之间的中和之道;是介于盲从苏菲主义和否定苏菲主义之间的中和之道;是理性与经典并重、原则性与灵活性统一的中和之道;是在传统与创新、理想与现实之间寻求平衡的中和之道;是兼顾个人与集体、方式与目标的中和之道;是

---

① [卡塔尔]尤苏夫·盖尔达维:《伊斯兰觉醒:从稚嫩走向成熟》(阿拉伯文版),曙光出版社 2002 年版,第 241 页。
② [卡塔尔]尤苏夫·盖尔达维:《论伊斯兰中间主义及文化创新》(阿拉伯文版),盖尔达维伊斯兰中间主义与文化更新研究中心 2009 年版,第 218 页。

在开放与保守、合法与非法之间把握适度、谨言慎行的中正和谐之道。①

当代伊斯兰"中间主义"强调,要"在立法及指导穆斯林生活方面,尊奉《古兰经》与'圣训'的权威性,同时,还必须在伊斯兰根本宗旨的框架内理解具体经文"②。即在强调以《古兰经》和"圣训"为穆斯林生活的基本准则和最高权威的同时,要切忌以本本主义或教条主义的做法机械地理解具体经文,生搬硬套,只见树木,不见森林,而应在把握伊斯兰基本精神的基础上灵活理解。例如,"圣训"中讲,有信仰的女性不可孤身出门远行,除非有至亲陪同。按照字面意义,一个丧偶而无至亲的穆斯林妇女,是不能前去朝觐的。"中间主义"思潮的代表人物盖尔达维认为,这段"圣训"是在特定历史背景下讲的,当时妇女孤身出行十分危险,人身安全毫无保障,而这段"圣训"的基本宗旨在于保护穆斯林妇女的人身安全,维护其人格尊严,这也是伊斯兰教的基本精神。因此,在今天安全有保障的前提下,穆斯林妇女虽无至亲陪同,也可以与其他穆斯林姐妹结伴而行,前往朝觐,这样的理解,表面看来似乎有悖于经文,实际上却不仅没有违背教义,而且更加符合伊斯兰教的基本宗旨。

当代伊斯兰"中间主义"倡导穆斯林应在继承伊斯兰文明优良传统的基础上,开拓进取,重建适应时代发展的新的价值体系和现代文明,要"创建科学与信仰兼备的文明,这种文明,是天道人道并举的文明,是崇尚道德的普世文明。这种文明,科学与信仰相结合,精神与物质相融合,身心和谐,天地相连,个人与社会均衡不偏,真理即力量强于力量即真理"③,即要建设崇尚真理而不是崇尚实力的中正和谐、宽容仁爱的新文明。

这种文明,理性与经典并举;物质与精神兼顾;法律与道德相融合;科学与宗教相协调;传统与现代相结合;现实与理想相联系;形式

---

① International Union of Muslim Scholars: *Islamic Charter*, International Moderation Center, Kuwait, 2008, pp. 56 – 58.

② [卡塔尔] 尤苏夫·盖尔达维:《论伊斯兰中间主义及文化创新》(阿拉伯文版),盖尔达维伊斯兰中间主义与文化更新研究中心2009年版,第218页。

③ 同上书,第221页。

与内容相统一；既有继承，又有创新；既坚持原则、恪守恒数，又不僵化保守、固步自封；既敬主顺圣、遵奉经训，又善待众生、爱人惜物。它要求穆斯林应在正确信仰的基础上，不仅要恪守"五功"等宗教功修，还要不断提升自身修养，敬主爱人，不可使宗教功修徒具形式，要"在尊奉天启经典的同时，更推崇理性，倡导理性、科学的观察与思考，反对死板僵化以及对前辈、领袖和大众的盲从。主张明确的经训与正确的理性不会相互抵触"[1]，即要把握经典与理性、宗教与科学之间的平衡，尤其要重视理性的价值与作用，强调健全的理性是正确理解经典的基础。

当代伊斯兰"中间主义"坚决反对各种极端主义，认为在阿拉伯伊斯兰世界，除了宗教极端主义外，还存在其他极端主义，如那些主张全盘西化、否定自身文化传统、宗教信仰等基本价值观的世俗主义，也是一种极端主义——"世俗极端主义"，他们将阿拉伯民族或其他穆斯林民族与伊斯兰教完全割裂开来，崇奉西方的世俗主义和享乐主义，正如有中国学者分析指出的，这些"世俗极端主义者""否定伊斯兰复兴的主流和本质"，主张"依靠阿拉伯的方式而不是伊斯兰教的方式促进国家与民族的发展"[2]。伊斯兰"中间主义"还强调，极端主义并非伊斯兰世界所特有，在世界上其他国家和地区，也有形形色色的极端主义；在犹太教、基督教中同样存在着宗教极端主义。

## 二 主张重启教法创制，构建新型教法体系

在伊斯兰教法领域，当代伊斯兰"中间主义"主张，要重启教法创制这一重要的文化更新机制，着力构建适合当今时代发展需要的新型教法体系。"伊斯兰'中间主义'思潮认为，教法创制既是伊斯兰法所规定的天职，也是现实的必需。"[3] "教法创制"是伊斯兰教法学术语"伊智提哈德"（الاجتهاد）的汉语意译，又译"独立判断"、"教法演绎"

---

[1] ［卡塔尔］尤苏夫·盖尔达维：《论伊斯兰中间主义及文化创新》（阿拉伯文版），盖尔达维伊斯兰中间主义与文化更新研究中心 2009 年版，第 219 页。

[2] 王俊荣：《埃及社会中的世俗极端主义》，载《世界宗教资料》1989 年第 3 期。

[3] ［卡塔尔］尤苏夫·盖尔达维：《伊斯兰觉醒：从稚嫩走向成熟》（阿拉伯文版），曙光出版社 2002 年版，第 276 页。

等，指的是精通教法的法学权威（مجتهد）竭尽所能，以《古兰经》和"圣训"的原则精神为依据，通过公议、类比、推理等方法，对遇到的新情况、新问题做出符合伊斯兰基本原则和精神的独立判断并得出相应的法律结论的推演过程。"从本质上讲，创制是伊斯兰教的一种自我更新机制，也是伊斯兰文化的重要特征……其根本宗旨是正确理解伊斯兰的核心精神，弘扬和发展伊斯兰文化，使之与时俱进，历久弥新。"①

或许可以这样认为，教法创制是伊斯兰文化的创新、维新和复兴活动，因为"伊斯兰教史上一次次的'复兴'，实质上就是伊斯兰教在发展过程中，不断进行自我调节、自我完善、自我更新，以适应不断发展和变化的现实情况的一种手段"②。这种机制或精神，实际上直接源自《古兰经》和"圣训"。《古兰经》中说："假若他们把消息报告给使者和他们中主事的人，那末，他们中能推理的人，必定知道当如何应对。"（4：83）经文中所说的"能推理的人"，按照经注学家的解释，就是指教法创制者。

事实上，创制机制早在穆罕默德先知在世时即已确立，先知本人及其圣门弟子中的不少人都曾致力于创制工作。有不少"圣训"讲到创制并鼓励创制者，如"圣训"中说："在无天启的情况下，我（先知）常凭借见解在你们当中进行裁判。"先知曾派遣圣门弟子穆阿兹到也门去任职，行前问他："遇到问题你如何处理？"穆阿兹回答说："我依据真主的经典（即《古兰经》）裁决。"先知问："要是在真主的经典中找不到依据呢？"穆阿兹说："那么便依据真主使者的圣训。"先知又问："要是在圣训中也没有依据呢？"穆阿兹说："我会根据自己的见解去创制。"穆阿兹传述说："于是先知拍拍我的胸，并且说：赞颂真主——他使真主使者的使者获得成功。"（艾布·达吾德）"圣训"中还说："法官裁决时努力创制，得出正确的结论，可得两份回报，得出错误的结论，则得一份回报。"（布哈里）得出错误结论所得的回报，就是进行创制的回报，可见，鼓励创制是《古兰经》和"圣训"的基本精神之一。

---

① 丁俊：《论教法创制与文化创新》，载《阿拉伯世界研究》2006 年第 5 期。
② 金宜久：《伊斯兰教与世界政治》，社会科学文献出版社 1996 年版，第 232—233 页。

## 第二章 当代伊斯兰"中间主义"思潮的基本主张

正是有赖于教法创制这一重要更新机制,伊斯兰文明才得以绵延发展千百年而仍具活力,成为一种"流动的智慧",使"伊斯兰教法成为一本永不合闭的书",《古兰经》和"圣训"是正本,阐明了总则,公议和类比是附件,表达出灵活性,创制则是对正本和附件的颇具操作性的具体运用。通过创制,"使伊斯兰的过去、现在和未来汇成一条滚滚无尽的大河,使从生活源头来的活水,朝前奔向人类现世的大海","'神意的法律'沙里亚,借助了公议和类比,把神意与人意、过去与现在、理想与现实、本民族与异民族、共同性与个别性、时间和空间统统连接在一起,使伊斯兰具有了自我调适自我更新的能力"①。千百年来,一代又一代的伊斯兰学者在教法创制领域做出了巨大努力,他们融会贯通,推陈出新,既维护了伊斯兰文化的纯洁性,又使伊斯兰文化充满生机和活力,使教法创制成为伊斯兰文化的历史传统。

人类文明,包括伊斯兰文明的发展历史证明,全部文明的发展史,实际上就是创新活动的发展史。一个民族、一个国家只要勇于创新,善于创新,就会不断发展,日益强盛,其文化也会充满生机和活力;而抱残守缺,因循守旧,就会走向落后,其文化发展也会江河日下,日趋没落。因此,创新对于任何一个国家或民族及其文化的发展都是至关重要的大事,穆斯林民族和伊斯兰文化也不例外。

当代伊斯兰"中间主义"主张,在今天,穆斯林民族面临着谋求发展的迫切需求,重启创制,开展文化创新成为当务之急。之所以强调要"重启创制",是因为自13世纪(1258年)蒙古军队攻陷巴格达、阿巴斯王朝灭亡以来(又一说认为甚至更早一些,即自10世纪或11世纪以来),伊斯兰世界一直广泛流传着"创制之门关闭"的说法,不少学者认为,伊斯兰教法的理论体系业已完善,创制之门因此也已关闭,因此要严格遵循古代的教法判例,要保护伊斯兰文化遗产不受任何篡改,关闭创制之门就是对文化传统的一种最保险的保护。

也有人认为,创制之门"关闭说"仅仅指的是宗教功修方面的创制,诸如礼拜、斋戒、朝觐等具体宗教功课方面的有关教法判断前辈学

---

① 高惠珠:《阿拉伯的智慧:信仰与务实的交融》,浙江人民出版社1994年版,第174—178页。

者业已完成，无需再作创制，而对于有关政治、经济、社会生活等方面的事务，创制之门不能关闭，因为人类社会处于不断发展变化之中，不同的时代有不同的问题，各种新情况、新问题会随着社会的发展而层出不穷，如何面对新形势，解决新问题，需要法学家不断进行创制工作，从而对这些新情况和新问题做出符合伊斯兰原则的具体裁判。

还有一些学者，特别是近现代以来的一些学者认为，创制是伊斯兰教的自我调适和更新机制，也是《古兰经》和"圣训"中强调的一项基本原则，创制之门永远不会关闭，也不可能关闭，任何人也无权关闭，他们认为"关闭说"的初衷实际上只是对当时伊斯兰文化所遭受的创伤的一种哀叹，因为蒙古军队的入侵，使大量的伊斯兰文化典籍毁于战火，众多学者惨遭屠戮，于是便有人对伊斯兰文化的前途发出悲叹，伊斯兰文化怕是无人也无法开展创制了，创制之门或许从此就要关闭了。

然而，长期以来，创制之门"关闭说"在伊斯兰世界广泛流传，产生了非常深远的负面影响，随着"关闭说"的流行，伊斯兰文明实际上踏上了一条保守僵化、抱残守缺的衰落之路，渐渐失去昔日那种锐意进取、涵容万象的气度和辉煌。然而值得注意的是，教法创制的努力和尝试实际上并未中断。数世纪以来，特别是近现代以来，随着阿拉伯伊斯兰世界内忧外患的日益加深以及各种政治、经济和社会问题的日益突出和尖锐，不断有高瞻远瞩的维新家和思想家涌现出来，反对"关闭说"，坚持创制原则，在维护伊斯兰教纯正性的基础上，不断致力于穆斯林社会的革故鼎新。如哲马鲁丁·阿富汗尼（1838—1897）、穆罕默德·阿布笃、穆罕默德·伊克巴尔等，都是现代伊斯兰世界力主重启教法创制且卓有建树的维新家和思想家。

当今的伊斯兰世界遭受着专制独裁、霸权主义以及包括国家恐怖主义在内的各种形式的恐怖主义、极端主义之害，在政治、经济、文化等各方面都面临着前所未有的危机，穆斯林民族在全球化和科技进步面前更是面临着严峻的挑战，普遍存在突出的理性危机，伊斯兰文明处于现代化的困境当中。怎样有效地重启伊斯兰文化的更新机制，很好地开展教法创制工作，使穆斯林适应新的时代，与时俱进，不断进取，是今天的伊斯兰世界面临的重要任务，因为前人并没有也不可能为后人解决所有的问题，今天遇到的新问题，甚至是前辈学者们根本无法想象的问题。①

基于如此严峻的现实，当代伊斯兰"中间主义"从文化发展与价值观重建的高度出发，强调开展教法创制是当代穆斯林民族迫切的现实必需，如果抱残守缺，不思进取，就会落在历史的后面，甚至最终消失在历史的长河中。伊斯兰"中间主义"认为，伊斯兰文明不应也不会被抛在历史的后面，更不会在历史中消失，伊斯兰应是永远新鲜的、年轻的面孔，而不是陈旧的木乃伊，伊斯兰不是一个有限的时空概念，不是需要恢复的一段历史，"伊斯兰是过去，是今天，也是未来"②。而教法创制是保持这种常新状态的唯一有效方法，因此伊斯兰"中间主义""坚信伊斯兰教的创制之门一直敞开，并将永远敞开，任何人没有权利关闭真主及其使者所开启的这个大门。开展教法创制甚至是伊斯兰民族的'集体主命'③……因此，我们应该在整体或细节方面、在普遍性或局部性问题上，对产生的一些新问题，在对传统教法进行筛选的基础上重开教法创制之门"④。

教法创制是一种由具备相应资质的学者自觉开展的思想维新活动，其有效开展会直接指导和影响穆斯林的实际生活，故不可随意为之，也不可由外力强行而为，否则就会造成新的思想混乱。因此，伊斯兰"中间主义"强调，"要从内部实现宗教维新，这种维新应通过更新对宗教的理解、信仰、实践和宣传并重启教法创制原理——没有教法创制，伊斯兰法便没有活力，教法创制应由具备相应资格的专家恰如其分地开展——来实现"。就是说，教法创制只能在经训明文没有明确涉及

---

① ［卡塔尔］尤苏夫·盖尔达维：《论伊斯兰教法中的优选原则》（阿拉伯文版），馈赠书局2000年版，第77页。

② ［卡塔尔］尤苏夫·盖尔达维：《从颓废极端到中正和谐》，载《新世纪：伊斯兰的未来——约旦皇家伊斯兰思想研究院第12届年会论文集》（阿拉伯文版），安曼：2002年8月。

③ "集体主命"（فرض كفاية）是伊斯兰法学术语，指的是穆斯林的一种集体性义务，但并不要求人人履行，只须有部分人履行即可，否则全体穆斯林都要承担责任，如参加亡故者的葬礼即为"集体主命"。

④ International Union of Muslim Scholars: *Islamic Charter*, International Moderation Center, Kuwait, 2008, p. 53.

的范围内进行，创制者必须具备相应的资质，不仅要有渊博的知识，特别是古兰学、圣训学、教法学等伊斯兰传统学科的知识，而且要熟知自己所处时代的各种问题，还要具备高尚的道德品质，刚正不阿，公正诚实。此外，还要有良好的外部条件，即具有自由、宽松的政治和舆论环境。

当代伊斯兰"中间主义"强调伊斯兰教法应关注时代与环境的发展与变迁，不可故步自封，僵化不变，应在古典教法的基础上创建具有现实针对性及适合时代发展的新型教法体系，包括"宇宙常道法"、"沙里亚宗旨法"、"归宿法"、"均衡法"、"优选法"、"分歧法"、"文明法"、"改革法"、"现实法"、"穆斯林少数族群"[1]，等等。

"宇宙常道法"强调穆斯林应当正确认识和把握宇宙间的客观规律，并遵循这些客观规律行事，而不可怀有任何侥幸心理，违背客观规律，期待奇迹的发生；"沙里亚宗旨法"强调要明确伊斯兰法的总体原则和基本精神，如对于妇女，"沙里亚宗旨法"的基本精神是尊重其人格，维护其权利，对于战争与和平，"沙里亚宗旨法"的基本精神是追求和平，捍卫和平，因此有关妇女或战争的具体法条，均应符合"沙里亚宗旨法"的基本原则；"归宿法"强调要清楚地认识事物乃至人生的最终归宿和结局，不可盲目行事，只顾过程而忽视结局；"均衡法"强调穆斯林要恪守中正，不偏不倚，均衡行事，追求和谐；"优选法"强调穆斯林要对各项工作加以区分，应有轻重缓急之别，不可一概而论，甚至本末倒置，要"均衡理解各项宗教义务，按其教律次序各得其所，使其符合经典明文的规定和伊斯兰法的根本宗旨，不可该置后的优先，也不可该优先的置后"[2]；"分歧法"强调应当正确对待意见分歧，对具体问题有不同意见是正常的，要尊重异己，包容歧见，但应防范和反对因分歧而导致的分裂和内讧；"文明法"强调人类文明的多样性是真主的常道和人间的常态，应当尊重文明的多样性，倡导平等友好的文明对话，反对文明冲突；"改革法"强调事物是发展变化的，宗教

---

[1] ［卡塔尔］尤苏夫·盖尔达维：《论伊斯兰中间主义及文化创新》（阿拉伯文版），盖尔达维伊斯兰中间主义与文化更新研究中心2009年版，第219页。
[2] 同上书，第222页。

亦是如此，只是要明确什么是不可更改的恒数，什么是需要改革的变数，同时还要认识到改革有一定过程，要循序渐进，既不可固步自封，抱残守缺，也不可揠苗助长，操之过急；"现实法"强调穆斯林要认识不断变化的世界，要与时俱进，不断开展教法创制，分析新情况，解决新问题，有关教法要有现实针对性和可操作性，而不能对现实问题置若罔闻，视而不见；"穆斯林少数族群法"强调生活在非伊斯兰国家的穆斯林在教法上的一些特殊性，尤其强调穆斯林"不能背叛自己所生活的社会和自己所归宿的国度，因为背叛在各种情况下都是不允许的"[①]。

当代伊斯兰"中间主义"主张，教法裁决宜从轻从宽，从易从简，而不宜从重从严，从难从繁，这应是伊斯兰法的一项基本原则。因此，要"在教法裁决中采取'从易从宽'的方式，即便非得从严，也应只限于原则方面而非细节方面。这里所要求的'从易'，并不意味着袒护现状，亦非效法西方，或取悦统治者。在宣传方面同样要采取'从易'方式，应以智慧和优美的劝诫宣导穆斯林大众，以最优美的对话方式宣导异己，同时，还必须关注时代精神和时代方式"[②]。

当代伊斯兰"中间主义"同时主张，在构建新型教法体系的过程中，要重新审视和研判前辈学者曾经做出过的一些重要教法判断，因为"时过境迁，适合以前那个时代和地区的教律未必适合今天这个时代"[③]。教法判令的发布要与时俱进，因地制宜，对特定地域、特定时间的具体问题做出具体的分析和研判，要充分考虑时空、各种具体情状、人们的习惯、需求、能力和思想观念以及政治、经济和社会形势等诸多因素的变化[④]，不可墨守成规，闭门造车。例如，"历史上由于穆斯林的军队不断对外扩张，传统的对'不信道者'和异教徒进行圣战的思想对穆斯林社团影响至深，穆斯林与非穆斯林的区别、穆斯林军队

---

① [黎巴嫩] 谢赫·费萨尔·毛拉维：《作为欧洲公民的穆斯林》（阿拉伯文版），世界穆斯林学者联合会 2008 年版，第 66 页。

② [卡塔尔] 尤苏夫·盖尔达维：《论伊斯兰中间主义及文化创新》（阿拉伯文版），盖尔达维伊斯兰中间主义与文化更新研究中心 2009 年版，第 222 页。

③ International Union of Muslim Scholars: *Islamic Charter*, International Moderation Center, Kuwait, 2008, p. 52.

④ [卡塔尔] 尤苏夫·盖尔达维：《当代教法判例变更之缘由》（阿拉伯文版），世界穆斯林学者联合会 2007 年版，第 39—40 页。

控制的'伊斯兰国土'与异教徒控制下的'敌占国土'的区别，一度在群体关系和政治理念上对穆斯林社团有广泛的影响"①。当代伊斯兰"中间主义"认为，今日世界各国各民族间的相互交往日趋频繁和密切，相互依存的程度也日益增强，古代教法所做的这种简单划分已不仅不合时宜，而且实际上还有悖于伊斯兰教的基本价值观。伊斯兰"中间主义"思潮著名教法学家尤苏夫·盖尔达维就此指出，过去的教法曾将世界划分为伊斯兰的和平区和非伊斯兰的战区，认为穆斯林和非穆斯林的关系从根本上而言是一种敌对的战争关系。事实上，这种说法不但早已过时，而且与伊斯兰教经典明文中的基本精神相悖，因为《古兰经》中说："我使你们成为许多民族和宗族，以便你们互相认识。"（49:13）② 不同民族、不同信仰的人类群体，相互之间的基本关系应是和平相处、相互对话与相互了解的关系，而不是相互敌对和相互侵害的关系。

显然，当代伊斯兰"中间主义"致力于重启教法创制、构建新型教法体系的努力，是在新的历史时期力图重建伊斯兰文明核心价值观的一种积极尝试，对于阿拉伯伊斯兰世界的发展来说，这无疑是一项具有重大战略意义的文化工程。

### 三 主张强化道德建设，强调天道、人道并重

当代伊斯兰"中间主义"十分强调道德建设的重要性，认为伊斯兰教一贯注重道德建设，甚至将道德建设提升于信仰的高度，对真主真切的敬畏实际上是一种崇高的道德境界，要做到敬畏，就要修炼人格，戒恶行善，不断提升道德境界，努力达于"至善"之境。当先知穆罕默德被问及什么是"至善"时，他回答说："至善就是你敬畏真主，如同你看见真主一样，倘使你不见真主，则真主见你。"（布哈里），亦即要努力达到一种时刻慎独自省、高度自律的境界，从而塑造出理想的人格。

---

① 吴云贵、周燮藩：《近现代伊斯兰教思潮与运动》（序），社会科学文献出版社2007年版，第3页。

② [卡塔尔]尤苏夫·盖尔达维：《论伊斯兰教法中的优选原则》（阿拉伯文版），馈赠书局2000年版，第77页。

在《古兰经》和"圣训"中,有许多关于培养良好道德的训诫。《古兰经》中说:"你们把自己的脸转向东方和西方,都不是正义。正义是信真主,信末日,信天神,信天经,信先知,并将所爱的财产施济亲戚、孤儿、贫民、旅客、乞丐和赎取奴隶,并谨守拜功,完纳天课,履行约言,忍受穷困、患难和战争。这等人,确是忠贞的;这等人,确是敬畏的。"(2:177)"你们当崇拜真主,不要以任何物配他,当孝敬父母,当优待亲戚,当怜恤孤儿,当救济贫民,当亲爱近邻、远邻和伴侣,当款待旅客,当款待奴仆。真主的确不喜爱傲慢的、矜夸的人。"(4:36)"真主的确命人公平、行善、施济亲戚,并禁人淫乱、作恶事、霸道。"(16:90)"你应当以善待人,像真主以善待你一样。你不要在地方上摆弄是非,真主确是不爱摆弄是非者。"(28:77)"凡洁身自好者,必定成功,凡戕害自己的灵性者,必定失败。"(91:9—10)经文中并没有抽象地谈论信仰,而是将高深的信仰与待人处世的道德紧密联系在一起,亦即将"天道"与"人道"相融合,做到既敬主,又爱人,以敬主之心去爱人,在爱人的行为中体现敬主。

"圣训"中更高度概括地说:"宗教就是良好的道德。""你们中最优秀者,乃是你们中道德最高尚者。""信仰最完善的人,就是道德最好的人。"(提尔密济)"人类的幸福在于良好的道德,人类的不幸在于道德败坏。"① 先知穆罕默德自身就为穆斯林树立了道德修养的典范,他如和煦的春风,为人类带来真主的仁慈与恩惠,他具有仁爱宽容、诚实谦和、慷慨坚忍等多种崇高的美德,因而始终成为穆斯林竭尽全力仿效的榜样,"先知就是一面擦得最洁净光亮的明镜,真主的尊名和至善的德性淋漓尽致地从先知的品德上反映出来。作为真主尊名和至善美德的最完美的表征,以及《古兰经》和伊斯兰的人格化代表,先知就是真主存在、真主独一、伊斯兰和《古兰经》之正道真理等的最雄伟、最具决定性及最容易理解的明证。凡是看到他的人,都会因此自动牢记真主。先知拥有的每一项美德,就是反映出真主每一个尊名的美德,如此也证明其先知的本质。正如和蔼与忍耐的美德一样,慷慨有容,就是

---

① 秦惠彬主编:《伊斯兰文明》,中国社会科学出版社2000年版,第242—243页。

先知无与伦比之高尚品德的另一面向，也正是其先知本质的证明"①。

　　基于此，当代伊斯兰"中间主义"强调，没有良好的道德，就难以成为忠诚的信士，敬主拜主的礼仪和功修就会流于空洞的形式。同时，也不能只讲人道不讲天道，只重道德不顾信仰，不能将道德与信仰割裂开来。只重视道德修养而忽视宗教功修或只注重宗教功修而忽视道德修养的做法，都是偏离伊斯兰中正之道的倾向，因此穆斯林要"纯洁心灵，克己修身，以体现伊斯兰所注重的各种美德，无论是个人道德还是社会公德。同时，既要反对那种主张崇拜仪式就是一切的观点，也要反对那种认为伦理道德就是一切的观点"②。

　　当代伊斯兰"中间主义"主张，要将法治与德治结合起来，内外兼修，始终恪守经训精神，努力仿效先知圣行，提升个人道德修养，从而实现人际和谐与社会安宁。"必须通过对我们的后代开展能够弘扬我们的文明遗产和宽容的宗教价值观的教育，来改善道德，强化身份、归属和爱国主义。在这方面，我们要效法真主的使者改善社会成员继而改善社会的做法，（使者说：）'人人都有自己隐私的一面和公开的一面，改善自己隐私的人，真主改善他的公开面，败坏自己隐私的人，真主败坏他的公开面。'"③

## 四　致力教内团结，反对宗派主义

　　伊斯兰教始终将维护穆斯林民族的团结定为一项重大主命，《古兰经》中讲："信士们皆为教胞。"（49：9）"你们当全体坚持真主的绳索，不要自己分裂。"（3：103）"你们当服从真主及其使者，你们不要纷争，否则，你们必定胆怯，你们的实力必定消失；你们应当坚忍，真主确是同坚忍者同在的。"（8：46）"圣训"中更形象地比喻说："信士与信士，如同一个建筑，相互依存，紧密无间。"（布哈里、穆斯林）

---

① ［土耳其］法图拉·葛兰：《先知穆罕默德的生命面貌》，彭广恺、马显光、黄思恩译，宗教文化出版社2006年版，第311页。
② ［卡塔尔］尤苏夫·盖尔达维：《论伊斯兰中间主义及文化创新》（阿拉伯文版），盖尔达维伊斯兰中间主义与文化更新研究中心2009年版，第219页。
③ ［埃及］侯赛因·卡米勒·巴哈丁：《十字路口》，朱威烈、丁俊译，上海外语教育出版社2005年版，第128页。

"信士们相互友爱，相互同情，恰如同一个躯体，要是某一个肢体叫苦，所有的肢体都会为之彻夜不宁。"（穆斯林）

穆斯林在历史上所遭受的诸多磨难与挫折，往往是因为教派之争和内部分裂所造成的，因为教派之争而引发和酿成的重大事端甚至流血事件可谓屡见不鲜，其历史教训十分沉痛；而穆斯林在历史上曾创造的辉煌成就和取得的巨大胜利，又无一不是他们精诚团结的结果，例如"阿拉伯人在十字军战争中取得的胜利，是因为12世纪实现了阿拉伯的团结。正是由于阿拉伯的团结，十字军明白了在阿拉伯的土地上，没有他们的立足之地，他们的收益变成了损失，胜利变成了失败。至13世纪末，他们最终被凄惨地逐出沙姆地区"。而"阿拉伯民族今天所经受的考验，对他们而言并不新鲜。这个民族在十字军战争的年代里，就已经遭受了同样方式的阴谋诡计和野心觊觎。我们应该利用这些经历，吸取昔日的教训，引为借鉴，以有助于我们战胜阿拉伯民族今天面临的最严重的威胁，那就是以色列及其支持者的威胁"[1]。基于此，当代伊斯兰"中间主义"致力于维护穆斯林内部的团结，反对各种宗派主义与教派之争，"确信伊斯兰民族的存在及其使命的连续性和持久性，确信伊斯兰民族团结统一的必要性及全体教胞之间的兄弟之情，尽管学派不同，教派各异，只要同朝一个天房，同信一部《古兰经》，同遵穆圣的圣行，各种不同的教派就同属于一个伊斯兰民族"[2]。因此，"无论任何时候，穆斯林都要精诚团结，尤其在当今这个时代，因为只有精诚团结，才能拯救我们的民族脱离危险的境地"[3]。

当代伊斯兰"中间主义"认为，穆斯林之间存在分歧是一种常态，而发生分裂则是犯罪。伊斯兰教允许人们有各种不同的见解，因为人们意见的差异和观点的不同，正如世界的多样性一样，也是一种正常现象和客观规律，不能强求一律。相互间的不同和差异体现了真主的恩惠，

---

[1] [埃及]侯赛因·卡米勒·巴哈丁：《十字路口》，朱威烈、丁俊译，上海外语教育出版社2005年版，第56—57页。

[2] [卡塔尔]尤苏夫·盖尔达维：《论伊斯兰中间主义及文化创新》（阿拉伯文版），盖尔达维伊斯兰中间主义与文化更新研究中心2009年版，第220页。

[3] International Union of Muslim Scholars: *Islamic Charter*, International Moderation Center, Kuwait, 2008, p. 43.

它不应成为相互攻击、相互仇恨乃至分裂敌对的因素,而应是相互尊重、相互交流进而营造和谐的广阔平台。伊斯兰文明历来强调统一性与多样性的相互融合,统一性蕴含于多样性中,多样性立基于统一性之上。既不能只强调统一性而抹杀多样性,也不能只强调多样性而抛弃统一性,皮之不存,毛将焉附,失去了多样性,就无所谓统一性,而没有统一性,也就无所谓多样性。

因此,"任何试图根除各种不同观点和分歧、废止各大教法学派(曼兹罕布),进而将穆斯林统一于一个学派的努力注定要失败。伊斯兰文明的历史证明,穆斯林社会为不同学派、不同意见和不同教派提供了充足的空间。我们应当包容不同的观点,并努力使其成为文化丰富性和多样性的一个资源,而不应使其成为冲突和矛盾的原因"①。

要做到这一点,就必须有足够的宽容精神,努力求同存异,不能唯我独尊,自以为是,奉行狭隘的宗派主义,尤其不能对穆斯林同胞妄加评判,轻率地将其言行断定为罪恶或背信,而应善意地猜度他人,"尽量避免妄断作恶或背信,特别是对源于经文不同解释的言行,要善意地猜想每一位诵念了作证词、朝向天房礼拜而没有明确违背教义的穆斯林,从根本上说,应当尽量将穆斯林的情状往好处想"②。只有这样,才能维护伊斯兰教内部各学派、各教派之间的相互尊重和团结。

"总之,当今的伊斯兰世界是一个多元的政治、经济、文化的世界,各国之间不仅充满了种族、民族、语言、文化、教派、习俗上的差异,而且在政治经济制度、社会法制、内外政策上也大相径庭。然而,一个不容忽视的事实是:第二次世界大战以来伊斯兰世界尽管有种种矛盾,甚至还发生过举世瞩目的战争(如两伊战争、海湾战争),但其内部一直存在着一股强烈的要求加强在共同宗教信仰基础上广泛的双边、多边国际合作的潮流。"③ 当代伊斯兰"中间主义"思潮倡导教派亲近

---

① International Union of Muslim Scholars: Islamic Charter, International Moderation Center, Kuwait, 2008, p.42.
② [卡塔尔] 尤苏夫·盖尔达维:《论伊斯兰中间主义及文化创新》(阿拉伯文版),盖尔达维伊斯兰中间主义与文化更新研究中心 2009 年版,第 220 页。
③ 吴云贵、周燮藩:《近现代伊斯兰教思潮与运动》,社会科学文献出版社 2007 年版,第 254—255 页。

与对话，谋求伊斯兰民族的团结进取，正是这种潮流的延续和发展。

## 第二节  当代伊斯兰"中间主义"思潮的政治主张

当代伊斯兰"中间主义"虽为一种宗教文化思潮，而非一种政治运动或政治派别，但却关注政治事务，因为在"中间主义"看来，无宗教的政治或无政治的宗教既不是历史事实，也不是客观现实，宗教与政治不可相互割裂，尤其对于伊斯兰教这样具有鲜明入世主义倾向的宗教更是如此。① 基于此，"中间主义"对当今阿拉伯伊斯兰世界乃至整个国际社会的现实问题并未熟视无睹，不闻不问，而是有针对性地提出了一系列重要的政治主张，这些主张主要有如下几种。

### 一  反对恐怖主义，维护世界和平

当代伊斯兰"中间主义"重申，伊斯兰教是和平仁爱的宗教，"我们坚信伊斯兰教是仁爱、温和的宗教，真主选择'仁慈'作为先知穆罕默德使命的标识：'我派遣你，只为怜悯全世界的人。'（21：107）穆罕默德先知如此描述自己的使命：'我是被赐予世人的仁慈。'正因如此，穆斯林中间盛传着'穆罕默德，是仁慈的先知'这样的说法"②。"对于伊斯兰教及其原则来说，号召各民族走向和平既不离奇，也不新鲜，这是伊斯兰教14个世纪以来一直在倡导的，是毫无疑义的明显事实。所有确凿的证据都表明，伊斯兰教从来就不是暴力或进攻性的宗教，其教法也从来不主张暴虐和侵略。伊斯兰教是自由、平等、友爱和宽容的宗教，它弃绝极端，推崇理智和深思熟虑，是说服、对话、反对专制的宗教。"③

基于此，当代伊斯兰"中间主义"旗帜鲜明地反对各种形式的恐

---

① [卡塔尔] 尤苏夫·盖尔达维：《宗教与政治》（阿拉伯文版），黎明书局2007年版，第63—86页。

② International Union of Muslim Scholars: *Islamic Charter*, International Moderation Center, Kuwait, 2008, p. 108.

③ [埃及] 侯赛因·卡米勒·巴哈丁：《十字路口》，朱威烈、丁俊译，上海外语教育出版社2005年版，第62—63页。

怖主义，认为阿拉伯伊斯兰国家所发生的那些打着伊斯兰教旗号的暴力恐怖活动，不仅违背了伊斯兰教的根本精神，而且严重损害了伊斯兰教和穆斯林的形象。伊斯兰"中间主义"指出："为人类社会的每一员提供安全保障是伊斯兰法的基本宗旨之一，而剥夺人们的安宁则是应当受到惩罚的犯罪行为。"① 因此，那些伤害无辜的各种行径，无论出于什么目的，都是恐怖主义行径。

当代伊斯兰"中间主义"强调，恐怖主义是人类公害，是全球性的问题，而非某个特定的民族或国家或某种文化中所独有的现象，"众所周知，数世纪以来，各种不同的集团怀着各种各样的目的，将各种形式的恐怖主义活动带往世界各地"②。不言而喻，恐怖主义的滋生和蔓延不仅有曲解宗教教义的原因，更有十分复杂的政治、经济和社会原因，尤其与社会不公日益严重、贫富分化不断加剧、霸权主义和强权政治肆意横行以及经济掠夺、军事占领和入侵等不合理、不公正的国际政治经济秩序密切相关，如中东地区的恐怖暴力活动，就与巴勒斯坦人民的合法权益受到长期侵害有着密切的关联。

因此，反对并消除恐怖主义，就必须开展全球合作，标本兼治，而不能由某些奉行双重标准的强权势力单独行事，也不能以恐怖反恐怖，更不能打着反恐的旗号，推行强权，谋求霸权，否则其结果只能是适得其反，越反越恐。因为"在国际法准则和世界和平缺失、双重标准得以通行，在四处笼罩着感觉得到的暴虐和冷酷，以及横行霸道却无望改变的气氛，在那些失去希望、被剥夺掉工作、备受痛苦和绝望煎熬的人，充满了空间上的陌生感，他们只能把时间上的距离感当作精神寄托，把极端主义思想和恐怖主义当作解脱和透气口的情况下，恐怖主义将仍会在世界各地继续存在，而且，随着持续不断的经济萧条及其对政治、社会和心理造成的冲击，恐怖主义还将愈演愈烈"③。

当代伊斯兰"中间主义"同时强调，应将合法抵抗与恐怖主义区

---

① International Union of Muslim Scholars：*Islamic Charter*，International Moderation Center, Kuwait，2008，p. 111.

② Harun Yahya：*Islam Denounces Terrorism*，Amal Press（England），2002，p. 17.

③ ［埃及］侯赛因·卡米勒·巴哈丁：《十字路口》，朱威烈、丁俊译，上海外语教育出版社 2005 年版，第 60 页。

分开来。"我们必须把恐怖主义和暴力同合法的抵抗区别开来,因为恐怖主义是坚持己见、不听他人意见的思想宗派主义的产物,不但事事拒绝在前,而且把使用暴力当作将自己的观点强加于人、侵犯别人权利、强占别人财产的手段。合法的抵抗则是为了争取独立、自由、尊严的生活以及恢复被侵占的权利,是受到所有国际惯例保障的行为。因此,国际社会特别是超级大国和支持世界和平与安全的国际机构,负有重大的责任,应当制止侵略者的侵略,把国际法准则视作对付各种暴虐、不公和侵略的利剑。已有的国际宪章、法律和协议,足以成为国际法准则的根据,能够揭露谁是侵犯他人权利的罪恶侵略者。"①

我国伊斯兰教研究的资深专家吴云贵先生在分析中东地区恐怖主义的根源时指出:"由于冷战结束后,强权政治在国际事务中的影响愈益突出,以恐怖主义来对抗强权也愈益明显地成为一种趋势。这种现象使传统的伊斯兰教法学因政治斗争的需要而被扭曲,圣战思想的复兴、泛化和极化都不是偶然孤立的现象,而是特定国际环境下的产物。我们不赞成随意解释伊斯兰教法中的'圣战',但同时认为,只有消除恐怖主义产生的根源,种种随意性的解释才会随之消失。因为宗教极端主义不是国际恐怖主义的真正根源,而只是一种特殊的表现形态。"② 中国学者的这种透彻分析和见解与当代伊斯兰"中间主义"对恐怖主义根源的分析颇为相似。

### 二 反对霸权主义,谋求公正合理的国际秩序

霸权主义和强权政治不仅是造成不合理、不公正的国际秩序的根本原因,而且还是战争、动乱以及恐怖主义滋生的根源所在。"霸权主义有两个层次,一是在全球范围内行动的大霸权主义(即全球霸权主义或世界霸权主义),二是在局部地区以强凌弱、侵略别国的小霸权主义(即地区霸权主义)。"③

---

① [埃及]侯赛因·卡米勒·巴哈丁:《十字路口》,朱威烈、丁俊译,上海外语教育出版社 2005 年版,第 61 页。
② 吴云贵:《当代伊斯兰教法》,中国社会科学出版社 2003 年版,第 406 页。
③ 胡树祥主编:《中国外交与国际发展战略研究》,中国人民大学出版社 2009 年版,第 94 页。

阿拉伯伊斯兰世界长期以来是遭受全球霸权主义和地区霸权主义双重侵害的重灾区，因此在国际交往及国际关系方面，当代伊斯兰"中间主义"旗帜鲜明地反对霸权主义和强权政治，认为当今世界上不公正、不合理的现象非常普遍，究其原因，主要在于霸权主义和强权政治的横行无阻，尤其在冷战结束后，"世界上占主导地位的秩序已是所谓的单极或者一超独霸。美国凭借它所拥有的国民知识储备和巨大的自然财富，领先于其他国家，这个霸权大国已有能力把与国际法准则和国际法严重不符的法律、价值观、行为和思想强加给全世界。也许正是今天这种控制着世界的基本体制，在制定游戏规则。美国的一位思想家诺姆·乔姆斯基（Noam Chomsky）说：'世界新秩序了无新意。'武力和直接干预权，属于强者；经济理性主义、国际法准则、人权和民主，属于弱者。在这种秩序中，我们必须遵守经济理性主义和国际法准则，必须关注人权；而强权世界本身却全然不受这些义务的约束，从科学知识和强加于人的经济中汲取力量。我们目前只能在别人为我们制定的规则中参与比赛，我们面前的选择也只能在我们或许认为是不公正的规则和秩序中继续竞争"[1]。

进入21世纪后，强权政治和霸权势力蔑视和践踏国际准则的情形更是愈演愈烈，"'9·11'事件之后，世界上的概念和倾向都发生了变化，从文明对话到文明霸权，从接受他人到恐吓对方，从国际法准则到国际强权，从为霸权经心包上一层糖衣，到配上苦药硬喂"[2]。也就是说，超级霸权及其所扶持的地区强权更加肆无忌惮，完全无视国际关系的基本准则，赤裸裸地奉行"丛林法则"，粗暴地践踏国际法准则，"其中，最显著的例子就是在阿拉伯—以色列争端中一味地偏袒以色列一方，其原因是犹太代理机构的强大，犹太复国主义院外集团对某个西方国家的许多机构和决策中心的控制，此外，还有世界舆论对以色列的嚣张气焰置若罔闻，成为对国际法准则的嘲弄"[3]。

显然，当代伊斯兰"中间主义"不仅具有阿拉伯伊斯兰世界的本

---

[1] ［埃及］侯赛因·卡米勒·巴哈丁：《十字路口》，朱威烈、丁俊译，上海外语教育出版社2005年版，第42—43页。
[2] 同上书，第69页。
[3] 同上书，第43页。

土关切,更有全球视野与普世情怀,因为"中间主义绝不是为了某一群体、民族和国家人民的利益而排除其他族群和民族。中间主义呼唤全世界所有国家和全人类的有效和平、安全与稳定,而不是要号召对某些主子的投降和膜拜,放弃对各种占领者的抵抗权利,无论是地区性的占领,如以色列对巴勒斯坦的占领,还是国际性的占领,如美国及其西方盟国的占领"①。在致力于建设公正合理的国际秩序的行动中,当代伊斯兰"中间主义"所奉行的国际交往原则是:"与爱好和平者和平相处,与侵略者进行战斗。要教育全民族认识到,为了解放外敌侵占的领土,抵抗外侮的战斗是全民的集体义务。要集合所有力量和各种组织和运动援助伊斯兰,唤醒伊斯兰民族,使他们紧密团结,朝着同一个方向前进。"②

这个方向就是,与世界上所有爱好和平的人民一起努力,共同奋斗,在捍卫《联合国宪章》所规定的国际关系基本准则的基础上,重建新世纪公正、合理的国际政治经济新秩序。"这就要求必须达成这样一种共识,即合法性、法律和公正,才是唯一可以取代霸权、控制和大国傲慢的价值取向。"③ 在这一新秩序中,各国人民特别是广大发展中国家人民包括发展权在内的各种权利将得到尊重,全世界不同信仰、不同民族、不同国度的人类群体将会和平共处,和合共生,因为和平既是真主所指引的正道,也是全人类的共同意愿,"在伊斯兰文明的视野中,人类社会就是一个大家庭,即便在种族、地域、政治、宗教等方面是多元化的,但全人类同根同祖,同为一家"④。

伊斯兰"中间主义"从宗教和伦理的视野出发,对于建设当代新型国际关系和国际秩序提出了一系列主张,"'中间主义'主张:在宗教上,要敬主爱人;在国际上反对霸权主义,主张文明对话,反对文明

---

① [叙利亚]瓦哈伯·穆斯塔法·宰希里:《论宗教话语中的中间主义思想》,载《中间主义》(约旦"中间主义国际论坛"主办)2008年第1期。
② [卡塔尔]尤苏夫·盖尔达维:《论伊斯兰中间主义及文化创新》(阿拉伯文版),盖尔达维伊斯兰中间主义与文化更新研究中心2009年版,第221页。
③ [埃及]侯赛因·卡米勒·巴哈丁:《十字路口》,朱威烈、丁俊译,上海外语教育出版社2005年版,第45页。
④ [埃及]哲马鲁丁·穆罕默德·马哈茂德:《伊斯兰与当代政治问题》(阿拉伯文版),埃及书局1992年版,第59—60页。

冲突论；在行为上，要求和平处事，反对暴力和恐怖行动。这一主张虽非专属国际关系理论范畴，也并未占据主流地位，但其中关于国际关系的一些提法引起人们关注"①。的确，随着伊斯兰"中间主义"思潮的地区影响与国际影响日益增强，这些主张颇值得我们予以关注和研究。

### 三 广泛参与国际合作，积极应对"全球化"

当代伊斯兰"中间主义"主张，伊斯兰世界应当在政治、经济、文化各个领域积极参与国际合作，而不应事实上也不可能自我封闭，关起门来发展。尤其在世界各国之间相互依存和联系日趋密切的今天，更当敞开胸怀，实行开放政策，勇敢地走向世界。同时，伊斯兰"中间主义"又非常强调阿拉伯伊斯兰世界要坚持走适合自身民族传统与文化特征、符合各自国情与民情的发展道路，反对外来干涉，反对跟在西方世界后面亦步亦趋，强调要珍惜民族文化传统，不能为了经济发展而葬送自己独特的民族身份，抛弃自己弥足珍贵的核心价值。阿拉伯有识之士认为："今天，我们在这个世界上前进，在吸收各种技术、采用最先进的通讯手段和方式之时，应当珍惜和强调那些维护我们的根源、传统和价值的规范，因为我们伟大的祖国具有独特的价值观、信仰和身份，具有历史悠久的根源，我们不能像有的国家或民族那样，铤而走险，丧失自己的身份。因此，我们在吸收进步的要素，力争跻身先进的同时，也应努力并珍视深化我们引以为荣的历史属性、文明根基和文化遗产，以免充当第三次浪潮或先进技术的牺牲品。我们既要采用先进的技术要素，也要保护和坚持我们生活中反映在价值观、传统和道德中的光明面。这实际上是一种艰难的平衡，对这个世界上许多个人和团体来说，这不关他们的事，但对我们这样拥有自己崇高人文价值观和文明遗产的人民来说，却事关重大。"②

西方世界所主导的"全球化"来势凶猛，在世界日益成为一个小小的地球村的今天，无论哪个国家，事实上都难以阻挡和逃避"全球

---

① 杨福昌：《新中国外交六十年中的中阿关系》，载《阿拉伯世界研究》2010 年第 1 期。
② [埃及] 侯赛因·卡米勒·巴哈丁：《十字路口》，朱威烈、丁俊译，上海外语教育出版社 2005 年版，第 39—40 页。

化"的冲击。前已述及，在沙特阿拉伯国王法赫德的倡议下，世界伊斯兰联盟曾于2002年4月在麦加召开了主题为"伊斯兰民族与'全球化'"的专门会议，共同研讨伊斯兰世界如何应对"全球化"的一系列挑战的问题，会议探讨了"全球化"形势下伊斯兰国家的团结、伊斯兰"中间主义"思潮的推广与宣传、伊斯兰文化的创新与发展、伊斯兰国家的经济发展以及有关人权问题、妇女儿童问题、恐怖主义问题、文明对话问题、传媒问题、巴勒斯坦问题等广泛议题，形成许多重要共识，强调正面阐释和弘扬伊斯兰教的中正和平思想，积极推动并广泛宣传伊斯兰"中间主义"思潮，是有效应对"全球化"挑战、化解内外危机的良策。[1]

当代伊斯兰"中间主义"认为，作为发展中国家的广大阿拉伯伊斯兰国家，面对"全球化"浪潮的冲击，并没有安逸的避风港，因此绝不能消极排拒，而必须积极应对。"全球化"未必全然是福祉，但也未必就是吞食一切的洪水猛兽，而是一把双刃剑，利弊皆有，挑战与机遇并存。一方面，要深刻洞察"全球化"的本质，认清"全球化"要带来的，并非如同其推动者所宣称的那样，是一幅令世界人民赏心悦目的良辰美景。事实上，"全球化正竭尽全力瓦解国家，所有的国家，因为国家的民族体制实体是全球化面对的巨大障碍。没有什么活动比贸易更敌视民族主义的考量，没有什么意识形态比资本主义更不关注爱国主义，也没有什么挑战比市场更能损害国界了。因此，全球化在它瓦解国家的尝试中，打着各种旗号，表面仁慈，实质却令人痛苦"。"全球化的宣传者们认为，全球化为世界各地千百万人提供了许多机会，这是基于全球化容许贸易额的提升，新技术交流的增加，外资的流动，以及各国人民间的联系通过传媒和因特网变得更加密切，所有这些都会推动经济的向前发展和人类的进步，使人类处于更为优越的环境，有助于在21世纪消灭贫困。这些宣传者认为，全球化就是国际化的市场、技术、思想和国际大团结，他们企图赋予全球化以人性特色。然而，全球化、

---

[1] The Muslim World League: *Islamic Ummah and Globalization*, pp. 16–39. A Special Issue on The Fourth General Islamic Conference Held by The Muslim World League in the Holy City of Makkah, 6–10, April 2002.

民主和自由市场，要是不讲公正，不讲公正的国际经济秩序，那就毫无价值或内容可言。因为公正的国际经济秩序才能使全球化的人性色彩具有一定的可信性，才能把世界从它面临的严重差异中拯救出来——这种差异正在把地球居民分成穷奢极侈的极少数和贫困潦倒的绝大多数，从而为世界增添了新的负担，对人的尊严构成了新的危险，使世界失去了它所向往的合作、和谐和安定。已成为小小地球村的世界，只要公正不是稳定持久的国际法准则，它就绝不可能有安定。市场自由并非天生就具有公正的价值观，正相反，它在本质上包含着自私自利、个人主义和占有的价值观。如果以美国为首的西方资本主义势力推行的是一种世界自由市场理念，那么，我们对此并不反对，但我们认为，这个世界市场既是自由的市场，同时也应是公正的市场，它建立在人类社会的框架之内，其成员和民族之间，应当以共同关心、互相帮助的关系相维系。全球化作为一种经济秩序，迫切需要有一个道德框架内的人类社会，否则，它就将成为公正无容身之地、弱者毫无指望的丛林。"①

另一方面，还应当看到，"全球化"也为谋求变革并有足够勇气走向世界的国家提供了前所未有的发展机遇。就阿拉伯伊斯兰世界而言，应该说从来就不缺乏这种面向世界的勇气和气度，伊斯兰文化中也不缺少兼济天下的普世思想和全球理念，正如《古兰经》中所说："我派遣你，只为怜悯全世界的人。"（21：107）伊斯兰文明的历史也早已证明了这一点，美国学者皮特·斯特恩斯等在《全球文明史》一书中将伊斯兰文明视为第一个"真正具有全球性质的文明"，认为"古典世界的各个中心地区之间虽然存在着一定的重要联系，但是无论是在西半球还是在东半球，都不曾有一个文明把古典世界的大部分地区统一为一个整体。然而在7世纪，一个新兴的宗教，即伊斯兰教的信徒们从阿拉伯半岛向外扩散，开启了一个以征服和皈依为主要内容的历史过程，这一过程将要塑造一个真正具有全球性质的文明……在7世纪以后1000年中的大部分时间里，伊斯兰文明是古典时代东半球各个主要文明相互联系的重要纽带，并为它们之间的交往提供了渠道……伊斯兰文化不仅将现

---

① ［埃及］侯赛因·卡米勒·巴哈丁：《十字路口》，朱威烈、丁俊译，上海外语教育出版社2005年版，第37、29—30页。

存的各个文明中心联系为一体,而且为即将形成的真正的全球性文明提供了坚实的基础"①。因此,"对于伊斯兰世界来说,中性意义上的全球化不存在太多的挑战和危害。因为,穆斯林从伊斯兰的发展史上早已熟悉了这种思想和实践。伊斯兰的世界观本身就具有全球性……也正是在这个意义上,人们可以大胆地说,伊斯兰本身就蕴含着有利于全球化发展的力量,而且如果它希望就有可能再度对全球化的发展发挥积极作用"②。

正因为这样,当代伊斯兰"中间主义"才十分强调,要激励全体穆斯林在"全球化"时代迎难而上,有所作为,以期在"全球化"进程中赋予其更为丰富的人文内涵,尤其要赋予其基于人类平等基础上的公平、正义精神,从而使"全球化"成为真正意义上的国际化或世界化,全世界人民彼此依存,患难与共。

### 四 倡导民主协商精神,谋求政治体制改革

当代伊斯兰"中间主义"对于当代阿拉伯伊斯兰世界的政治现状感到不满,认为独裁专制、政治腐败是伊斯兰政治领域存在的普遍问题。因此,倡导民主协商精神,谋求政治体制改革,是当代伊斯兰"中间主义"的又一重要政治主张。伊斯兰"中间主义"并不追求建立政教合一的宗教神权国家,而是要建设伊斯兰原则指导下的"民权国家"(دولة مدنية),建设公正和谐的"公民社会",执政者应当承担为民谋福造福的职责,奉行民主协商原则,恪尽职守,廉洁执政,服务大众。③

当代伊斯兰"中间主义"强调,民主精神并不与伊斯兰教相冲突,也并非是西方的专利。因为《古兰经》鼓励人们以协商的方式处理事务,以体现公众意志,维护公众利益。《古兰经》中说:"你……当与他们商议公事。"(3:159)"他们的事务,是由协商而决定的。"(42:

---

① [美]皮特·N. 斯特恩斯等:《全球文明史》(上、下),赵轶峰等译,中华书局2006年版,第253页。
② 高祖贵:《美国与伊斯兰世界》,时事出版社2005年版,第75页。
③ 盖尔达维网:《伊斯兰国家是民权国家》,http://www.qaradawi.net/site/topics/article.asp?cu_no=2&item_no=7780&version=1&template_id=230&parent_id=17。

38)因此,阿拉伯伊斯兰国家应当在政治生活中推广民主精神,建设民主政治,并学习和借鉴民主发达国家的政治经验,包括体现政治自由的多党制。"我们要采纳有效管理社会和政治事务、维护自由、防止专制的民主体制。民主是人类经验的结晶,穆斯林绝不能弃而不用,而应从中获益,从而防范政治专制玷污伊斯兰的历史。"①

事实上,认为民主与伊斯兰水火难容的看法是缺乏历史依据的,中国学者也认为,"伊斯兰作为曾经在东西方文化之间兼收并蓄的文化体系,其本身具有相当强的适应性和生命力。它与民主的核心即自由并不存在根本的对立。在历史上,伊斯兰国家和社会曾经享有相当程度的思想和表达自由"②。伊斯兰"中间主义"强调,阿拉伯伊斯兰世界有自己独特的历史传统和文化背景,因此不能完全照搬或移植西方的"民主"模式,而应探索适合自身历史与现实的发展模式和发展道路。

当代伊斯兰"中间主义"认为阿拉伯伊斯兰国家不仅需要政治改革,而且刻不容缓,迫在眉睫,以政治改革带动全面的社会变革是各个伊斯兰国家的当务之急,没有改革,就没有出路。改革是时代潮流,民心所向。"我们确信,今天的穆斯林世界,比以往任何时候都更加需要一场全面的改革运动,这种改革还不能与外部世界相脱节。今日世界越来越像一个共享各种经验的小村落,因此我们的改革必须借鉴他人经验。"③ 顺改革潮流者昌,逆改革潮流者亡,当代伊斯兰"中间主义"在提出警示的同时,更吁请阿拉伯伊斯兰国家的执政者应当顺应时代潮流,倾听大众的呼声,满足大众的期待,致力于国家的改革与发展。

当代伊斯兰"中间主义"强调,改革应是全面的深层次的,"必须实行全面改革。这种改革是根本上的变革,而不是停留于表面却不触及深处的改革。真正的改革,只有按照我们自己的意愿并由我们自己去进行,才能实现,而不能强加于我们。所有改革的切入口,是改革专制的

---

① International Union of Muslim Scholars: *Islamic Charter*, International Moderation Center, Kuwait, 2008, p. 99.

② 高祖贵:《美国与伊斯兰世界》,时事出版社 2005 年版,第 85 页。

③ International Union of Muslim Scholars: *Islamic Charter*, International Moderation Center, Kuwait, 2008, p. 123.

政治体制,所有变革的基础,是改变人的观念"①。

当代伊斯兰"中间主义"还高度评价中国的改革开放及其伟大成就,认为中国是当今世界上正在蓄势待发、快速崛起的重要力量中首屈一指的国家,"她有13亿人,在充满变化、动荡不定的世界里,始终保持着最大程度的团结,连续的领导班子交接都很平稳,发展日新月异,超乎寻常"②。近30年来中国的发展模式在阿拉伯伊斯兰世界被称作"中国经验"而广受关注,其中最为重要的一条经验就是,改革要从内部主动进行,要尊重并体现本国人民的意愿,而不能由外部势力指手画脚,强加于人。"不容争辩的是,伊斯兰世界有自己的独特性和潜力,发展道路并非只有一条,西方的民主也不是必备的条件之一,中国经验就是鲜活的例证。"③

的确,阿拉伯伊斯兰世界地域辽阔,不同地区、不同国家之间既有共同的历史文化传统和价值观念,也存在着显著的差异,因此也需要各自选择适合自身实际的发展道路和发展模式,而某些外部势力企图推行的所谓"大中东民主改造计划"注定是行不通的。

当代伊斯兰"中间主义"同时强调,在改革与发展中,还要"注意循序渐进的规则及真主创造万物的常道。在宣传、教育、教法裁决以及变革中,都应遵从循序渐进的明智方式,凡事不可操之过急,揠苗助长。因此,必须遵循真主在宇宙与社会中的常道,遵循规律者成功,违背规律者失败"④。就是说,阿拉伯伊斯兰国家的政治改革需要以和平方式循序渐进地开展,要遵循客观规律,把握机遇,若违背规律,操之过急,就会欲速不达,适得其反,不仅不能成功,反而会制造出更多的政治危机和社会问题,甚至为外部势力的介入与干预提供借口和机会,使国家再度陷入任人宰割的危险境地。

---

① [卡塔尔]尤苏夫·盖尔达维:《论伊斯兰中间主义及文化创新》(阿拉伯文版),盖尔达维伊斯兰中间主义与文化更新研究中心2009年版,第222页。
② [埃及]侯赛因·卡米勒·巴哈丁:《十字路口》,朱威烈、丁俊译,上海外语教育出版社2005年版,第82页。
③ [沙特阿拉伯]阿卜杜拉·本·阿卜杜勒·阿齐兹:《中间主义:通向明天的道路》(阿拉伯文版),塞维利亚宝藏书局2008年版,第126页。
④ [卡塔尔]尤苏夫·盖尔达维:《论伊斯兰中间主义及文化创新》(阿拉伯文版),盖尔达维伊斯兰中间主义与文化更新研究中心2009年版,第222页。

## 第三节　当代伊斯兰"中间主义"思潮的文化主张

当代伊斯兰"中间主义"致力于阿拉伯伊斯兰世界的文化创新，以期实现新时代核心价值体系的重建，因此高度重视文化战略，并提出许多有关文化建设的重要主张，这些主张不仅富有时代精神，而且颇具全球视野和普世情怀。这些主张有如下几种。

### 一　倡导文明对话，反对文明冲突

当代伊斯兰"中间主义"反对所谓"文明的冲突"，认为不同文明之间的关系不是相互冲突的关系，而应是相互对话和交流的关系。不同文明之间并不必然存在相互冲突，而只有真理与谬误、正义与邪恶、真善美与假恶丑之间的冲突，人类社会的冲突尽管形式多样，"其实质都是善与恶的冲突"①。亨廷顿的"文明冲突论"并没有揭示人类文明间基本关系的实质和常态，而"文明之间的互动才是正常的逻辑。文明互动中虽然存在摩擦和碰撞，但那是一种磨合，是增进互相了解和沟通的过程，与文明的冲突完全不同"②。

伊斯兰教历来倡导文明对话与宗教对话，追求人类各民族的和合共生，并且在未来仍将一如既往地倡导对话。③ 当代伊斯兰"中间主义"代表人物之一、世界穆斯林学者联合会主席尤苏夫·盖尔达维博士在2001年10月于罗马召开的基督教—伊斯兰教对话会上郑重宣示："我们穆斯林坚信对话，因为我们的伊斯兰法命令我们开展对话，我们的《古兰经》中，满篇都是真主的使者们与其民众之间的对话，以及真主与其敬拜者之间的对话，甚至还有真主与其最恶的被造物伊卜劣斯之间的对话。因此我们欢迎以相互对话的文化取代相互冲突的文化，不管是

---

　　① ［埃及］哈立德·阿拉比编：《伊斯兰与西方之间的文明冲突——34位国际知名伊斯兰学者纵横谈》（阿拉伯文版），艾里法书局2003年版，第14页。
　　② 祁学义：《伊斯兰视阈中的文明对话》，载严庭国主编《阿拉伯学研究》（第一辑），华东师范大学出版社2009年版，第40—41页。
　　③ 参见马哈茂德·哈姆迪·宰格祖格《伊斯兰与文明对话》（阿拉伯文版），国际曙光书局2004年版。

不同文明还是不同宗教之间的对话。我们不赞同西方学者,特别是美国学者确信不同文明之间,尤其是伊斯兰文明与西方文明之间必然发生冲突的逻辑。"①

当代伊斯兰"中间主义"认为文明对话既是伊斯兰文明的基本精神,也是伊斯兰文明的历史传统。《古兰经》中说:"众人啊!我确已从一男一女创造你们,我使你们成为许多民族和宗族,以便你们互相认识。"(49:13)《古兰经》中还特别强调要与"有经人"——犹太教徒和基督教徒友好对话:"你说:信奉天经的人啊!你们来吧,让我们共同遵守一种双方认为公平的信条:我们大家只崇拜真主,不以任何物配他,除真主外,不以同类为主宰。"(3:63)"除以最优的方式外,你们不要与信奉天经的人辩论,除非他们中不义的人。你们应当说:我们确信降示我们的经典,和降示你们的经典;我们所崇拜的和你们所崇拜的是同一个神明,我们是归顺他的。"(29:46)

显然,"倡导文明对话的思想直接源于伊斯兰教的根本经典《古兰经》,因而是伊斯兰文明与生俱来的人文品质"②。历史也充分证明,开展文明对话是伊斯兰文明的文化传统。中世纪伊斯兰文明的繁荣发展及其对欧洲文明的贡献,就是文明对话的直接结果,这是所有公正的历史学家都承认的历史事实。通过文明对话,伊斯兰世界所涌来的知识的潮流,带来了"向心灵解放的大跃进,促进了发展自由思想的伟大进步"③。

基于此,近年来,当代伊斯兰"中间主义"的倡导者们本着真诚对话的态度,不断发起并积极参与各种形式的文明对话活动,与东西方各宗教开展宗教对话,包括与梵蒂冈之间的对话,他们确信,"作为穆斯林,与其他民族开展对话是其宗教的基本信条之一,因为《古兰经》要求穆罕默德先知这样做,并且通过先知的示范要求穆斯林这样做:'你应凭智慧和善言而劝人遵循主道,你应当以最优美的态度与人辩

---

① [卡塔尔]尤苏夫·盖尔达维:《伊斯兰觉醒:从稚嫩走向成熟》(阿拉伯文版),曙光出版社 2002 年版,第 220—221 页。
② 丁俊:《伊斯兰视域中的文明对话和全球伦理》,载《回族研究》2006 年第 1 期。
③ [美]基佐:《欧洲文化通史》,转引自蔡伟良《灿烂的阿拔斯文化》,上海外语教育出版社 1997 年版,第 36 页。

论。'"（16：125），"我们敞开心扉对话，因为我们坚信对话是必须的，冲突是可以避免的"。"中间主义"还就文明对话的目标、范围、方式等提出了具体的设想和步骤，认为对话的首要目标是求同存异，促进了解，增进友谊，而不应是将自己的观点或政策强加于人；对话应当以相互尊重为基础，平等进行，首先应在涉及人类尊严及其基本权利的一系列普世价值观方面开展对话，进而不断深化。①

## 二 尊重文化多样性，致力于构建全球伦理

当代伊斯兰"中间主义"认为，人类文化的多样性就如同宇宙间万物的多样性一样，是真主的"常道"和人间的常态，其中体现了真主的"迹象"，以供人类领悟和思考真主的全能与仁慈。《古兰经》中说："他［真主］的一种迹象是：天地的创造，以及你们语言和肤色的差异，对于有学问的人，此中确有许多迹象。"（30：22）"难道你还不知道吗？真主从云中降下雨水，然后借雨水而生产出各种果实。山上有白的、红的、各色的条纹，和漆黑的岩石。人类、野兽和牲畜中，也同样地有不同的种类。真主的仆人中，只有学者敬畏他。"（35：27—28）就是说，多样性是宇宙间的普遍规律，既存在于物质世界也存在于精神世界，既存在于自然界也存在于人类社会。这是不以人的意志为转移的客观存在和常规常道，人类的职责不是试图去改变这种"常道"，而是要努力认识并尊重和维护这种"常道"，在尊重和维护这种多样性中方能体现对真主的敬畏。

伊斯兰教从信仰的高度尊重和维护生态的多样性和人类文化的多样性，认为否认或破坏多样性就是对真主的不敬，就是破坏和谐与均衡，最终会酿成祸端，导致灾难。今日人类社会所面临的种种危机，无论是物质层面的还是精神层面的，无论是自然界的生态危机还是人类社会中的道德危机和思想危机，几乎无不与轻视乃至践踏多样性原则有关。伊斯兰教这种独特的视角和其丰富的伦理思想为 21 世纪人类应对各种挑战提供了颇具价值的精神资源。

---

① International Union of Muslim Scholars: *Islamic Charter*, International Moderation Center, Kuwait, 2008, pp. 130 – 133.

第二章　当代伊斯兰"中间主义"思潮的基本主张　93

因此，当代伊斯兰"中间主义""信奉多元主义以及各国人民之间相互了解和宽容的必要性，信奉全人类同属一个大家庭，确信各种文明和合共生、不同文化之间相互兼容、相互影响、相互借鉴的必然性，既不妄自菲薄，也不妄自尊大"①。即强调人类大家庭文化的多样性及尊重文化多样性的重要意义。伊斯兰教倡导中正宽容，追求和平和谐之境，认为大至宇宙万物、小至个人身心，都是一个在多样性中体现和谐的整体，失去了多样性，就失去了和谐存在的基础。多样性的价值和意义，就在于其中所蕴含的均衡与和谐。

当代伊斯兰"中间主义"正是基于这种理念而呼吁人类社会尊重文化的多样性，并积极参与到人类大家庭营造和构建全球伦理的文化自觉行动中，竭尽所能地为之添砖加瓦。强调穆斯林要"坚持人类社会的普世价值，如公正、协商、自由、尊严和人权"②。这些都是全球伦理所应具备的基本内涵。全球伦理的建设必须立基于人类既有的传统道德基础之上。即强调穆斯林应尊崇公正自由、民主协商等全人类所共有的普世价值，而不应视其为西方独有的价值观，事实上，这些重要的普世价值恰恰也是伊斯兰教所倡导的价值观。在伊斯兰文明中，伦理道德的建设始终被提升到信仰的高度而受到高度重视，因为信仰与道德和行善密不可分。

伊斯兰伦理道德的行为规范非常全面细致，既包括个人品德与家庭美德，也包括职业道德与社会公德等诸多方面。诚实、公正、仁慈、宽容、慷慨、谦虚、知耻、坚忍等都是对一个人道德素质的基本要求，具备了这些品德，个人的修养和信仰才会达到较高的境界，"圣训"讲："知耻属于信仰。"（布哈里）"清除道上的荆棘是最低的信仰。"（穆斯林）同时，还要有良好的家庭美德、社会公德和职业道德，即要孝敬父母，尊老爱幼，敬业守信，助人为乐，关心集体，热爱祖国，等等。伊斯兰教认为，人是社会的人，因而反对离群索居，独善其身，人人都要承担一定的社会义务，"圣训"中说："与人们一起同甘共苦的穆斯

---

① ［卡塔尔］尤苏夫·盖尔达维：《论伊斯兰中间主义及文化创新》（阿拉伯文版），盖尔达维伊斯兰中间主义与文化更新研究中心2009年版，第220—221页。

② 同上书，第219页。

林优越于离群索居的穆斯林。"（提尔米济）因此，道德建设并不只是个人的事，而是全社会的要务。只有全体社会成员、全民族都具备了良好的道德，社会才可以和谐发展，否则就会出现道德的滑坡和社会秩序的失衡，甚至危及社会的正常发展和民族的生存。

当代伊斯兰"中间主义"强调，构建和完善普世伦理向来是伊斯兰教的崇高目标，正如穆圣在"圣训"中所说："我的使命就是为了完善人类的道德。"（穆宛塔）用今天的话说，穆圣的使命其实就是要建立和完善全球伦理。当然这只是一个崇高的目标，并不意味着一定要完全实现，因为完善人类的道德，只是为人类指出了一条永远向善的路径，而这条路径实际上永无止境，任何人都不会到达终点，也就是说，人类伦理道德的建设是没有止境的，人类永远不会至于至真、至善、至美之境，至真至善至美是真主的属性，人类不可企及，但却应当不断地追求真、善、美。因此，建设普世伦理是伊斯兰文明始终追求的一个崇高目标。

需要指出的是，伊斯兰文明将全球性的普世伦理建设作为追求的目标，并不意味着要求全世界的人都必须信仰伊斯兰教。伊斯兰教认为，信仰自由，不可强求，这也是一条重要的普世伦理原则，况且所有的人从其天性上讲都是"穆斯林"，敬主爱人、热爱和平、趋善远恶是人类与生俱来的禀赋和本性。伊斯兰教只有教化人类的远大目标，而并没有独霸世界的野心，因此不会追求全球"伊斯兰一体化"的单一文明，因为这与多样性这一真主的"常道"相悖。历史也证明，伊斯兰教的传播并不像殖民主义那样，是以征服、迫害、掠夺和奴役为目的的。伊斯兰教认为，尊重人类保持不同的信仰和不同的文明才符合真主的"常道"，也是世界存在的合理性所在，重要的不是强求一律，而是要在不同文明之间开展对话，相互了解，营造和谐，进而和睦相处，共同发展，实现人类社会团结、互助、和平、安宁的美好生活。

当代伊斯兰"中间主义"所倡导的这种文明观和全球伦理观，与我国著名学者费孝通先生所倡导的"各美其美，美人之美，美美与共，天下大同"的理念颇有共通之处，也与温家宝总理在开罗讲演时所提出的"新型文明观"异曲同工。温总理于2009年11月在开罗阿拉伯国家联盟总部发表的题为《尊重文明的多样性》的演讲中指出："在中华文明中，早就有'和为贵'、'和而不同'、'己所不欲，勿施于人'等伟大思想。伊斯兰文明也蕴含着崇尚和平、倡导宽容的理念。《古兰经》就有一百多处讲到和平。在多样中求同一，在差异中求和谐，在交流中求发展，是人类社会应有的文明观。"① 事实上，伊斯兰文明关于尊重和维护文化多样性的崇高理念与中华文明"和而不同"、"天下大同"的理想境界颇有相似相通之处。伊斯兰"中间主义"在文化上所推崇和向往的正是这种和而不同、和合共生的和谐之境。

## 三 继承文化传统，开展文化创新

众所周知，伊斯兰文化（或文明）曾因其辉煌成就而彪炳史册，整个中世纪时期，伊斯兰文化一度是世界领先的国际性文化，是年轻而富有活力的文化，是多民族共同创造的丰富多彩的文化，它体现了穆斯林各民族非凡的文化创造力。然而自文艺复兴以来，随着欧洲文明的快速崛起，伊斯兰文化却踏上了日趋没落之路，教法创制之门关闭说的盛行更使原本富有活力的伊斯兰文化丧失了与时俱进的创新能力，尤其是近现代以来，伊斯兰文化更是日趋衰萎，陷入重重危机之中，失去了昔日那种取舍自如、吐故纳新的活力，穆斯林抱残守缺，保守僵化，几乎无力应对快速发展和变迁的社会现实，更无法抗拒西方列强的军事入侵和文化渗透。阿拉伯伊斯兰世界的许多仁人志士为国家富强和文化自觉而奋起抗争，前赴后继。然而伊斯兰文化的复兴之路却充满坎坷，异常艰难。

时至今日，当代伊斯兰"中间主义"秉承先贤遗志，大声疾呼阿拉伯伊斯兰世界的广大穆斯林必须走向文化自觉，在继承文化传统的基础上开展文化创新，通过重启教法创制这一文化更新机制，努力重构当代伊斯兰文化的核心价值体系，建设富有民族传统与时代精神的新文化。这种文化，是敬主爱人、重天道亦重人道的文化，是和平中正、宽容和谐的文化，是开放发展、与时俱进的文化，是宗教与科学、传统与现代、理想与现实、统一性与多样性、民族主义与普世精神相融合的文

---

① 温家宝总理在开罗阿拉伯国家联盟总部的演讲：《尊重文明的多样性》（2009/11/07），http://news.xinhuanet.com/world/2009-11/08/content_12407835.htm。

化，是崇尚道德、关注心灵、注重精神、不忘物质的文化，是扶掖艺术、激励创新、倡导对话、包容异己的文化，是兼容并蓄、博采众长、吐故纳新、涵容万象的文化。①

当代伊斯兰"中间主义"特别强调，穆斯林要创造新时代的新文化，"首要的是，应当在各持己见的不同群体中传播宽容精神，无论是宗教信仰、教法学派的不同，还是思想和政见的不同，应当开启有档次的理性对话之门，正如《古兰经》所倡导的，要以最优的方式进行辩论，求同存异"②。同时，还有两个方面必须把握得当，即如何对待传统文化和异己文化，特别是西方文化的问题。对于传统文化，既不能视若粪土，全盘抛弃，也不能奉为圭臬，全盘沿袭，而要有继承，有创新，推陈出新，开拓进取，在继承中创新，在创新中发展。对于异己文化，尤其是西方文化，同样不能全盘否定，一味拒绝，也不能东施效颦，全盘照搬。亦即要避免食古不化与全盘西化两种倾向，"第一种倾向是：将传统归结于僵化与封闭，拒绝一切新生事物，反对宗教维新、教法创制、文学创新以及各种技术发明，将所有古代的东西原封不动地供奉起来，将真主的启示与穆斯林的思想等同起来，神化所有的文化遗产，反对力图改善生活与社会的各种努力，即便这种努力立基于伊斯兰的原则之上，严禁向异己文化学习，即便这样有益于穆斯林，也不违背伊斯兰的沙里亚大法。第二种倾向是：将现代化等同于西化，亦步亦趋地追随西方，即便西方进入蜥蜴洞中，也会尾随而入。他们并不以吸取西方文化中的不与我们的宗教、价值观和法律相悖的先进科技和优良管理制度为满足，而是要全盘照搬西方的一切，尤其是西方的哲学根源、思想理念、文学范式、社会传统、法律制度和文化遗产。这两种倾向或左或右，均不可取，均有害处，只有奉行取舍均衡的中正路线才有益处"③。

当代伊斯兰"中间主义"指出："今日的伊斯兰文明不应满足于昔日的辉煌，而要致力于创造当代的新文明，汲取其他文明在科学、技

---

① ［卡塔尔］尤苏夫·盖尔达维：《传统与现代之间的阿拉伯伊斯兰文化》（阿拉伯文版），使命书局1994年版，第27—33页。
② 同上书，第197页。
③ 同上书，第196—197页。

术、管理等各方面的优秀成果。欧洲人不就是在吸纳我们的文化遗产的基础上才创造出他们的现代文明吗？科学是普世的，没有宗教、国籍或种族之别，而文化则会因宗教、哲学和民族的差异而有所不同。今日的伊斯兰文明，将以我们的传统文化为起点，吸纳各种物质创新方法，立基于人类理性与天启的引导，为人类提供一种全新的生活方式，从而实现全面的人生幸福，帮助人类履行自己的使命，与各国人民一道致力于建设基于真理与公正的世界和平，促进各国人民的互助合作，共同反对侵略与暴政。"[1]

当代伊斯兰"中间主义"还强调，要重视艺术的美育作用对于社会的教化功能，要开展文化创新，就必须"提高各门艺术的水准并利用艺术服务于民族的使命。艺术的灵魂是美感以及用美的方法来表达美感。伊斯兰要在穆斯林的心灵中栽培这种美感，并教授其观察宇宙之美和人之美，这种美，是精创万物的真主所造之美。伊斯兰欢迎高尚的听觉艺术、视觉艺术和手工艺术，并利用艺术服务于真与善，而避免艺术沦为刺激肉欲的工具"[2]。

当代伊斯兰"中间主义"思潮的代表人物尤苏夫·盖尔达维从伊斯兰教法的角度对当代伊斯兰文化的重建与创新之路作了总体性描述，他说："我们要从内部实行宗教维新；要为今天的生活开展教法创制，如同先辈学者为他们时代的生活进行创制一样，并从他们汲取营养的地方汲取营养；我们要在沙里亚大法的整体框架中理解具体的经文，将隐晦的经文比照于明晰的经文，将或然的证据比照于断然的证据，将局部问题比照于全局问题；要在原则问题上从严，细节问题上从宽；要协调沙里亚大法的恒数与时代的变数；要将正确的经训与健全的理性并重，既不固守旧观念，也不迷信新思想；目标要恪守不变，方法要灵活多样；要借鉴一切有益的文化遗产，接纳各种正确的新事物；要不忘历史，立足现实，展望未来；要寻求一切智慧，不管它出自何处；要按照我们自己的原则和价值标准取舍其他民族的各种成就，取其精华，弃其

---

[1] International Union of Muslim Scholars: *Islamic Charter*, International Moderation Center, Kuwait, 2008, pp. 115 – 116.

[2] ［卡塔尔］尤苏夫·盖尔达维：《论伊斯兰中间主义及文化创新》（阿拉伯文版），盖尔达维伊斯兰中间主义与文化更新研究中心 2009 年版，第 221 页。

糟粕。"①

对于当代伊斯兰文化的重建及其发展道路问题，有中国学者分析指出："伊斯兰文化是当今世界的重要文化系统之一，实质上是一种以伊斯兰教为核心的文化。近代以来，伊斯兰文化遭到西方文化的严重挑战，并进行顽强的抗争。民族国家建立后，西方文化的挑战有增无减，尤其是西方的生活方式猛烈地冲击着中东国家。面对西方文化的挑战只能有三种可能反应：全盘西化，加入西方行列；固守传统，抛弃西方及其一切成就；在伊斯兰文化和西方文化背景之间，设法安排一种彼此容易共处的妥协。前两种均是走不通的道路，抛弃民族文化则意味着民族国家自取灭亡；完全回归传统，则意味着倒退，这是逆历史潮流而动；第三种选择，实际上就是建立现代伊斯兰文化，既继承伊斯兰文化中的精华部分，又吸纳西方文化中科学、理性、民主等有价值的东西，坚决抵制西方文化中的西方中心主义、民族沙文主义、色情、凶杀等腐朽部分。扬弃传统文化，建立现代文化，将会遇到巨大困难，但现代文化最终取代传统文化是历史发展的必然。政治现代化的实现离不开许多伊斯兰文化的构筑，甚至可以说，现代伊斯兰文化形成之时就是中东政治现代化实现之日。"② 这里所说的第三种文化反应，即将传统文化与现代文化、本土文化与域外文化兼收并蓄，融会贯通，就是当代伊斯兰"中间主义"在文化重建中的选择，因为前两种反应实践证明是行不通的，只有第三种反应才是正确的出路所在。

## 四 重建当代伊斯兰文明的基本路径

当代伊斯兰"中间主义"吁请穆斯林远离各种极端主义和极端思想的干扰，正本清源，还原伊斯兰信仰的真精神，恪守伊斯兰教的中正和谐之道，努力重建当代伊斯兰文明的核心价值体系，通过实现文化自觉与文化重建而实现文化复兴。就阿拉伯伊斯兰世界的现实而言，伊斯兰"中间主义"主张，要实现中正和谐的当代伊斯兰文明的重构和更

---

① ［卡塔尔］尤苏夫·盖尔达维：《论吉哈德》（上卷）（阿拉伯文版），馈赠书局2009年版，第29—30页。

② 陈德成主编：《中东政治现代化——理论与历史经验的探索》，社会科学文献出版社2000年版，第69页。

新，就必须从如下基本路径开始。

1. 从重外表与形式走向重本质与真谛

当代伊斯兰"中间主义"强调，伊斯兰教的信仰是形式与内容的统一，其本质和真谛是对真主的敬畏，因此不能将内容与形式割裂开来，只注重形式或只注重内容都是有失偏颇的。而今天的穆斯林，往往是注重外在形式，忽视本质内核，因形害义，导致信仰失真，偏离伊斯兰教的真精神。因此，要重建当代伊斯兰新文化，就要表里兼顾，既要重视外在形式，又要重视内在本质。

在当代阿拉伯伊斯兰国家，一些宗教界人士所关注的往往是：男人留胡须了没有？留得规范不规范？穿着打扮怎么样？裤筒是不是长了点？女人的面纱款式应该怎么样？到底如何戴才算规范？礼拜中动作怎么样？抬手是一次还是三次？吃饭用餐具还是直接用手？是席地而坐还是坐在餐桌边？等等，不一而足。有无数的人诵读着《古兰经》，手不释卷，甚至时时带在身上做护符。店铺里，广播里，电视里，甚至手机里，到处听得见悠扬的诵经声，客厅中，餐馆里，汽车上，到处悬挂着经文，然而有多少人真正理解和懂得《古兰经》的真意和精神呢？事实上，"《古兰经》并未成为穆斯林理性的指南、心灵的良丹、奋斗的动力以及改变自身的法宝"[1]。

有一些伊斯兰组织，它们十分强调自身有别于他人的一些主张，将某些外在的形式看得比什么都重要。例如，"塔卜里格组织[2]，他们将走出去传教几乎视为一项受强调的主命。该组织的不少人往往撂下手中的营生，甚至放弃家中需要照顾的妻儿出去传教，这种做法颇值得商

---

[1] [卡塔尔] 尤苏夫·盖尔达维：《伊斯兰觉醒：从稚嫩走向成熟》（阿拉伯文版），曙光出版社 2002 年版，第 36—37 页。

[2] 塔卜里格组织（Tablighi Jamaat）："塔卜里格"是阿拉伯语的音译，是"传达"、"告知"的意思。该组织由印度穆斯林学者穆罕默德·伊利亚斯（Maulana Muhammad Ilyas Kandhelvi, 1885—1944）于 20 世纪 20 年代初创于印度，此后在南亚地区传播发展，影响较大，近年来该组织在孟加拉国举行的每年一次的圣会有数百万人参加。该组织思想趋向保守，强调专事宗教，不问政治，主张每个穆斯林应当效仿先知，走出家门，走家串户，拜访穆斯林弟兄，以自己的实际行动言传身教，宣传伊斯兰教；反对通过广播、电视、报刊书籍等现代传媒方式传播伊斯兰教，甚至反对使用书籍和笔等文化用具，认为这些方法不仅无济于事，而且有悖于先知的圣行。

权。该组织对一些形式方面的圣行的重视,远远超过对精神和实质的重视。记得有一次,我从新德里到拉哈尔,同路遇上一位从美国来的也门青年,他要去拉哈尔参加一个传教会议。他问我是否也去拉哈尔参会,我回答说不是,我另有邀请。我问他后得知,他在美国念书,学习机械学专业。这位青年右手拄着拐杖,我问他:'你是不是患病了?'他说:'没有,感谢真主,我的身体很好!'我又问他:'那你为什么拄着拐杖?'他说:'这是圣行!我很奇怪,像你这样的人怎么不拄拐杖。'我告诉他:'我的身体不需要拄杖,我也不需要用它赶羊,也没有其他用处,为什么要带上一件自己不需要的东西呢?'我又问他:'你在美国也拄着拐杖吗?'他说当然没有。我对他说,你在美国的时候,是处于很自然的正常状态,所以你并没有觉得自己需要拄杖。而这里你是勉强为之,目的是要取悦于你的组织。我们不能勉强自己,青年人啊!真主的使者拄杖是有需求的,他演讲的时候(由于站着吃力)手里拄着杖。所以对于有需要的人来说,拄杖是圣行,而对于没有需要的人而言,拄杖就不是圣行"[①]。事实上,类似这样的形式主义在穆斯林间是很流行的。

当代伊斯兰"中间主义"强调,穆斯林必须从重外表重形式走向重本质重内容,全面理解《古兰经》和"圣训"中的深刻含义,准确把握伊斯兰教的真精神,走不偏不倚的中正之道,才能使自己真正成为敬主爱人、恪守中正的虔诚之士和严于律己、宽以待人的谦谦君子,也才能建设中正和谐的当代伊斯兰文化。

2. 从空谈与争辩走向奉献与实践

当代伊斯兰"中间主义"对阿拉伯伊斯兰世界崇尚空谈、缺少实践的状况给予了批评,指出在阿拉伯伊斯兰国家,人们热衷于夸夸其谈,缺乏应有的实践精神。这种无谓的空谈,不是对昔日的辉煌历史津津乐道,就是对他人的错误或不足指手画脚,说长道短,不是对鸡毛蒜皮的细枝末节斤斤计较,就是对一些不切实际的玄虚问题做无休止的争论。回顾历史固然重要,但却不应陶醉于其中,忘乎所以;对他人的缺

---

[①] [卡塔尔]尤苏夫·盖尔达维:《伊斯兰觉醒:从稚嫩走向成熟》(阿拉伯文版),曙光出版社2002年版,第198页。

点固然可以批评，但却不能超越批评应有的分寸，变成肆无忌惮的指责甚至攻击和诽谤，同时更不应该忘却自己，不可将别人视为魔鬼，将自己看作天使；对细节问题固然不能不论，却不能忘记根本与原则；对疑难问题可以有讨论，却不应陷于劳而无功的玄谈，这样的无谓空谈，除了浪费时间之外，一无所获。

当代伊斯兰"中间主义"强调，穆斯林要摆脱落后，走出困境，走上中正和谐之道，重建面向未来的核心价值体系，就必须从空谈走向实践，脚踏实地，兢兢业业，鼓起实干的精神，从自己做起，从身边的小事做起。伊斯兰教要求穆斯林身体力行，以身作则，避免空谈，注重实践，因为信仰与实践密不可分，真主考察的是谁的作为最优美，而不是谁的言辞最优美。正如《古兰经》中所说："你们是读经的人，怎么劝人为善，而忘却自身呢？难道你们不了解吗？"（2：44）"他曾创造了死生，以便他考验你们谁的作为是最优美的。"（67：2）

当代伊斯兰"中间主义"批评一些伊斯兰组织只热衷于轰轰烈烈的政治运动，一心向往建立真正的伊斯兰国家，甚至不惜诉诸武装斗争的方式，而不屑于从事社会慈善、劝善戒恶、道德教化乃至于保护环境、节约能源、扶危济困等身边能做的工作，以为这些工作只有在建立伊斯兰国家后方可开展，而目前最重要的任务就是建立伊斯兰的政权。殊不知，这种做法往往事与愿违，不仅未能改善现实，反而制造出更多困难，引来更大的麻烦。①

当代伊斯兰"中间主义"密切关注现实，认为脚踏实地的工作无可替代。当今阿拉伯伊斯兰世界危机重重，处境艰难，思想重建与社会发展的任务异常艰巨，摆在穆斯林面前的工作很多，贫困问题、腐败问题、教育问题、环境问题、极端主义的滋生流布及恐怖暴力活动的频发等等，无不需要积极应对，及时医治。要解决这些问题，绝不能靠空谈或喊口号，而需要统筹兼顾，制定长远而全面的规划，并努力付诸实践。

3. 从冲动与宣泄走向理性与科学

当代伊斯兰"中间主义"强调，伊斯兰教既关注人的情感因素，

---

① ［卡塔尔］尤苏夫·盖尔达维：《伊斯兰觉醒：从稚嫩走向成熟》（阿拉伯文版），曙光出版社2002年版，第78—79页。

也重视人的理性开发。一方面，人非草木，孰能无情，七情六欲，喜怒哀乐，人皆有之，这是人类的天性；另一方面，人并非只有感情，还具备理性、思想和智慧，这更是人的崇高之处。"如果说笛卡尔说'我思故我在'，是强调理性的重要，那么，人们也可以说'我欲故我在'、'我爱故我在'或者'我恨故我在'，以强调感情的重要。"① 事实上，强调任何一面都有失偏颇，而只有将两方面平衡协调，既不因情害理，也不因理伤情，方能行于中正之道。一个人如此，一个集体如此，一个民族和国家同样如此。

然而，长期以来，阿拉伯伊斯兰世界并未很好地协调情感与理性的关系，往往是感情过盛，理性缺失。其结果是，面对各种内外挑战，不能处变不惊，冷静思考，沉着应对，而是感情用事，鲁莽冲动，盲目行动，要不就是缺乏应有的自信，沉默不语，消极无为，坐以待毙。这种情状在今天的伊斯兰世界尤其突出，相关的例证到处都是，不胜枚举。穆斯林如同斗牛场中怒气冲天的公牛，始终紧绷着不断受到刺激的神经，虽有浑身的力气和无比的勇敢，却难逃斗牛者一次次狠毒的刀刺，甚至时刻面临着死亡的威胁。其悲剧就在于理性的缺失，没有科学的规划和战略性思维，忽视事物发展的客观规律。

不难看到，多年来，阿拉伯伊斯兰国家的许多所谓的伊斯兰运动表面上轰轰烈烈，其实并无周密的计划，只是沉溺于不切实际的幻想，夸夸其谈，好高骛远，而且还自命清高，既听不得别人的批评，又缺乏自我反省和思考的精神。"比如面对犹太复国主义的扩张，一些人十分藐视，觉得那是不足挂齿的小事，就像早在六十年代所呼喊的那样，我们有能力将其抛入大海；而另有一些人则视其为不可战胜的力量，它简直就是世界的主宰，总能在幕后操纵世界上的超级大国。"②

当代伊斯兰"中间主义"强调，穆斯林要改变这种失衡状况，建设中正和谐的当代伊斯兰文化，就必须走出感情用事的误区，提升理性思考的能力，认真制定自己的发展战略，制订出周密科学的规划，事事

---

① [卡塔尔] 尤苏夫·盖尔达维：《伊斯兰觉醒：从稚嫩走向成熟》（阿拉伯文版），曙光出版社 2002 年版，第 84 页。
② 同上书，第 84—115 页。

遵循客观规律，信赖真主，拴牢骆驼，脚踏实地，默默奋斗。坐享其成或消极等待的人生态度是伊斯兰教所反对的。"有一次聚礼之后，当人们都走出清真寺后，却还有一伙人仍然待在里面，当哈里发欧默尔看到他们时就问道：'你们是何人？'他们回答说：'我们是托靠真主的人！'欧默尔说：'不，你们是坐享其成的寄生者。你们怎能坐下来寻求给养，只是祈祷：真主啊！赐福我吧！要知道天上不会掉金银。真主只会通过人们的营生与互济而赐福。难道你们没有读过《古兰经》文'当礼拜完毕的时候，你们当散步在地方上，当寻求真主的恩惠'吗？于是他将这些人赶出清真寺去谋生。"① 哈里发欧默尔之所以要这样命令这些人去积极谋生，就是因为这些人将虔诚的宗教感情与现实的努力等同起来，以情感思维取代理性思维，以宗教热情替代实际工作。

天道酬勤，这是世间的客观规律，亦即真主的"常道"，正如《古兰经》中所说："真主必定不变更任何民众的情况，直到他们变更自己的情况。"（13：11）"我们阿拉伯国家迫切需要的是，以未来的前瞻性理性思维去思考未来，而不是用过去的旧思想——它依然支配着许多公职人员的思路，他们患有一种新病症，就是时代盲。""我们只有将满腔的怒火化为工作的动力，将冷漠和消极变为积极的参与和负责任的行动……再没有时间去忧伤和痛苦，没有时间为过去而哭泣。工作的时钟已经敲响，出发的时刻已经来临……考验的时刻已经来到，我们面对的是十字路口，我们应该踏上正确的道路。如蒙主佑，我们当有能力确定目标，实现理想。"②

4. 从重细枝末节走向重原则根本

当代伊斯兰"中间主义"强调，要重建当代伊斯兰文化，穆斯林必须从重细枝末节走向重原则根本，因为如今的穆斯林往往缺乏整体性思维、宏观视野和全局观念，只见树木，不见森林，沉溺于许多细枝末节的局部问题之中而难以自拔，却忽视了伊斯兰教的根本宗旨和原则精神，从而导致纷争不休，陷于盲人摸象、顾此失彼的境地，甚至使伊斯

---

① ［卡塔尔］尤苏夫·盖尔达维：《伊斯兰觉醒：从稚嫩走向成熟》（阿拉伯文版），曙光出版社2002年版，第98页。

② ［埃及］侯赛因·卡米勒·巴哈丁：《十字路口》，朱威烈、丁俊译，上海外语教育出版社2005年版，第35、129页。

兰教的本来面目失真，偏离中正之道。究其原因，就在于忽视了伊斯兰教法中的优选原则。

优选原则强调，凡事需作轻重缓急之分，不可眉毛胡子一把抓，更不可舍本逐末、弃重就轻，捡了芝麻，丢了西瓜。伊斯兰教法中所规定的各种宗教功修并非都是同等重要的，而是分层次的，其中既有"主命"，也有"圣行"，即既有必须履行的正功，也有量力而行的副功，"主命"、"圣行"的划分，其奥义就在于要对各项功修做出主次轻重之分。这些功修虽然层次不同，却融为一体，相得益彰。

当代伊斯兰"中间主义"指出："今天，我们穆斯林民族已为主次失衡所困，以至于大事化小，小题大做，以轻为重，视重若轻，本末倒置，首尾不分，轻视主命，看重副功，计较小过，忽视大罪，为分歧问题吵闹不休，对丧失共识却三缄其口……所有这些，都使得我们的民族在今天比过去更为迫切地需要优选学。"①

的确，在当今穆斯林社会，主次不分甚至舍本逐末的现象几乎比比皆是。例如，有些人已经完成了五功之一的朝觐功课，却仍然设法一而再，再而三地去朝觐。殊不知，按照伊斯兰教法，只要具备各项条件，朝觐在一生中只需履行一次就可以了，多次反复朝觐并不是必需的义务，而那些多次朝觐者身边却有无数贫困者需要救助，扶危济困始终是伊斯兰教所激励的一项重要善功。舍弃身边的义务和职责，花费巨额资金去反复朝觐，追求副功，这就是一种典型的轻重缓急不分的现象。

伊斯兰"中间主义"著名教法学家尤苏夫·盖尔达维曾就重复朝觐问题多次发表过意见，呼吁业已完成朝觐功课的人不要再去重复朝觐，因为那些想方设法反复朝觐的人不仅在自己的生活中用财不当，甚至还侵害了其他穆斯林的权利，因为尽管沙特阿拉伯尽最大努力改善着朝觐的相关设施，但是客观地说，麦加城的承载能力总是有限的，朝觐人数必须控制，这样才能保证朝觐盛典的顺利进行，多次朝觐者为什么不把机会让给那些尚未完成朝觐功课的穆斯林，而将自己充裕的财富用

---

① ［卡塔尔］尤苏夫·盖尔达维：《论伊斯兰教法中的优选原则》（阿拉伯文版），馈赠书局 2000 年版，第 21 页。

于主道，扶贫济困呢？①

因此，今天的穆斯林必须走出注重细节、轻视原则的误区，要对各方面、各领域的问题认真权衡，仔细掂量其轻重缓急，分析其利弊得失，要明晰质量优先于数量、知识优先于行动、领会理解优先于死记硬背、宗旨与目标优先于方法与途径、创制优先于沿袭、宽容简易优先于严厉苛刻、长远之计优先于一时之策、培育心灵优先于装扮外表、主命优先于圣行、正功优先于副功、绝对主命（个体主命）优先于相对主命（集体主命或社区主命）、大众权益优先于个人权益、改良自身优先于改良社会等优选原则。② 明乎此，方可建设中正和谐的当代伊斯兰文化。

5. 从严厉苛刻走向简易宽松

当代伊斯兰"中间主义"指出，建设和平中正、宽容和谐的当代伊斯兰文化，需要有宽松、宽容的人文环境。从伊斯兰教法的角度来说，就是要在法律裁判中避免严厉与苛刻，尽可能从易从宽。即使宗教功修也不能强人所难，勉强为之。因为伊斯兰教的基本精神是要给人容易和便捷，而是不给人繁难与麻烦。《古兰经》中说："真主要你们便利，不要你们困难。"（2：185）"关于宗教的事，他未曾以任何烦难为你们的义务。"（22：78）"圣训"中也说："你们当让人容易，而不要烦难人，当给人报喜，而不要恫吓人。"（布哈里、穆斯林）"圣训"中甚至告诫率众礼拜的伊玛目在拜中不可诵读过长的经文，以免给跟随者带来不便："你们中有人会厌烦的啊，因此，带人礼拜的人，应当礼得短一点，因为人们当中有病人，有体弱的人，还有忙于营生的人。"（布哈里、穆斯林）然而，在阿拉伯伊斯兰世界，不少人，尤其是宣传宗教的人，并没有很好地理解这一点，因此他们在实际工作中往往显出严厉苛刻的冷酷面容。具体表现有：

①忽视沙里亚大法中的特许与变通原则，对人对事，千篇一律地去要求。

---

① 盖尔达维网：《重复朝觐还是用财于主道？》，http://www.qaradawi.net/site/topics/article.asp? cu_no=2&item_no=7665&version=1&template_id=220&parent_id=17。

② 参见［卡塔尔］尤苏夫·盖尔达维《论伊斯兰教法中的优选原则》（阿拉伯文版），馈赠书局2000年版。

②对于具体问题，不做具体深入的分析和全面研究，就随意断为"异端"，全盘否定，一棍子打死，这些人望文生义地理解经训，断言一切"新生事物"都是"异端"，一切"异端"都是迷误，一切迷误者都入地狱。如有人将巴基斯坦、土耳其等非阿拉伯国家的穆斯林在聚礼日以本土语言宣讲视为异端，因为穆圣不曾这样做过，如此等等。

③一些不具备资质者任意发布教令，随意裁判是非，信口就说：这是合法的，那是非法的。而"这些人大多是初涉伊斯兰教知识的青年人，他们只读了几本书，就自负得了不得，俨然以今日的权威大师、明日的泰山北斗自居，随口评说艾布·哈尼法、马立克，乃至欧麦尔、伊本·阿巴斯①，声称他们是人，我们同样也是人"②。

④在不该严格的细枝末节问题上也寸步不让，以致因小失大。例如，在有些地方，竟然将割礼③作为皈信伊斯兰教的首要条件。

⑤忽视世界的多样性和人的差异性，以及教法中因地制宜、因时制宜的灵活变通原理，不顾时空变迁与具体情况的变化，生搬硬套，对所有人套用同一个标准，用同一把尺子丈量一切。

伊斯兰"中间主义"强调，从易从简并不是要放弃伊斯兰教的固有教义教理，不要原则，任意为之，甚至将传统教律全部推倒，从零开始，重建新的合法与非法标准，这不是从易从简，而是篡改与伪造。这里所讲的从易从简，应从理念与实践两个层面去认识。从理念的角度讲，就是说伊斯兰教及其教义教律是清晰、明确的，而不是高深莫测、难以理解的玄学；从实践的角度讲，就是说伊斯兰教的宗教功修绝不是强人所难的，而是简便易行、力所能及的。因此，要较好地把握并贯彻

---

① 艾布·哈尼法（700—767）：伊斯兰教著名教义学家，伊斯兰教四大教法学派之一哈乃斐教法学派创始人。马立克（约715—795）：伊斯兰教著名教法学家、圣训学家，伊斯兰教四大教法学派之一马里克教法学派创始人。欧麦尔（584—644）：伊斯兰教历史上第二任正统哈里发。伊本·阿巴斯（619—687）：伊斯兰教历史上著名的圣门弟子，也是著名的圣训学家和《古兰经》注学家。

② ［卡塔尔］尤苏夫·盖尔达维：《伊斯兰觉醒：从稚嫩走向成熟》（阿拉伯文版），曙光出版社2002年版，第156页。

③ "割礼"是伊斯兰教规定的一项宗教仪礼，即穆斯林男子割除阴茎包皮，根据伊斯兰教法，男子割除包皮是沿袭先圣卜拉欣的一项圣行，故穆斯林一般都在孩童时期就举行，有些国家和地区的穆斯林在举行割礼时还举办一些诵经等宗教活动，宴客庆祝，营造吉祥欢乐的气氛，为孩子留下美好的回忆。

从易从简原则，就需要从以下六个方面去努力：

①要以简洁明确的语言来表达伊斯兰教的教义教律，而不能故弄玄虚，以深奥晦涩的语言去表述。

②要充分考虑沙里亚法中的特许原则，教法判断要因人因事、因时因地制宜，不能搞一刀切。

③要关注时代的变化，在今天这个时代，原则问题尤其要从严，只有细节问题则宜从宽。

④判断合法非法的问题，要慎之又慎，绝不可轻率为之，随意妄断。

⑤要体现伊斯兰教的宽容仁爱原则，要给犯错者改过自新的机会，要让人充满希望，而不是感到绝望，正如"圣训"中所说："所有人都会犯错，而最好的犯错者是改过自新者。"（穆斯林）

⑥要尊重事物发展的客观规律，尤其要在教育、宣传中奉行循序渐进的原则，不可急于求成，欲速则不达。①

6. 从保守与僵化走向创制与维新

当代伊斯兰"中间主义"主张，要建设中正和谐的当代伊斯兰文化，一个十分重要的环节或路径就是要开展教法创制，实现宗教维新（التجديد），从而摆脱长期形成的保守僵化思想的束缚。文化更新和宗教维新是一项十分复杂而艰巨的工作，不仅需要足够的智慧和勇气，而且需要有顽强的毅力和持久的耐心，因为文化重建不是一朝一夕就可一蹴而就的工作，而是一项长期的系统工程。

在文化重建与文化更新的过程中，需要避免两种过激的思想倾向：一是极端的保守思想；一是极端的变异思想。一方面，长期以来，阿拉伯伊斯兰国家普遍为保守僵化的思想所困，缺乏文化创新的活力，尤其在宗教思想领域，甚至是谈"新"色变。不少人甚至宗教学者都认为，宗教怎么能维新？莫非要更改真主的法度？声称真主的宗教伊斯兰教是完美无缺的，不需要人们做任何所谓的更新，《古兰经》中哪里提到了"更新"或"维新"？另一方面，一些人又试图以维新的名义变更阿拉

---

① ［卡塔尔］尤苏夫·盖尔达维：《伊斯兰觉醒：从稚嫩走向成熟》（阿拉伯文版），曙光出版社2002年版，第134—177页。

伯伊斯兰文化的基本属性，动摇甚至废除伊斯兰文化的根基，他们要变更穆斯林民族的朝向和经典，让他们不再朝向麦加，不再尊奉《古兰经》，而是追随西方，思想家穆罕默德·伊克巴尔嘲讽这些人试图更新一切，甚至天房克尔白的玄石[①]也要以欧洲的舶来品更新。事实上，这些人不是更新者和维新家，而是文化的蛀虫和破坏者。[②]

对于当代阿拉伯伊斯兰世界的文化发展来说，上述两种思想倾向都是危险的。显然，要重建当代伊斯兰文化，不仅要冲破各种保守思想的禁锢，而且要防止全盘西化者的文化虚无主义。要明确伊斯兰文明与文化要不要更新，什么是更新，更新什么，谁来更新，为谁更新，何时更新，以及怎样更新等一系列问题。

伊斯兰教要不要维新？伊斯兰文明与文化要不要更新？回答是肯定的，因为宗教维新与文化更新，既是《古兰经》和"圣训"中倡导的一项基本精神，也是伊斯兰教和伊斯兰文化历久弥新、充满活力的奥秘所在。正如"圣训"中所说："真主每过百年都会为这个民族派遣维新家来维新宗教。"（艾布·达吾德）显而易见，这段"圣训"实际上明确表达了伊斯兰教需要不断地得到维新。既然伊斯兰教需要维新，以伊斯兰教为核心价值观的伊斯兰文化就更需要不断更新了。

那么，这里所说的更新或维新指的又是什么呢？"真正意义上的维新，要立基于文化之本，紧系文化根源，在遗产中获取启迪，从历史中寻求借鉴，将今日与昨日相连，不去溢美先辈，而要丰富和发展先辈的文化和文明遗产，择其善者而从之，择其不善而弃之，正如先贤所说：取其精华，去其糟粕。要将有益的科学知识与端正的宗教信仰相结合，秉承一切优良的传统，接纳各种有益的新生事物，确信宗旨和目标的恒数与方法和途径的变数。"[③]

就是说，维新不是更换或取代，更不是将一切推倒重来。文化更新

---

① 指镶嵌在麦加禁寺墙角的一块黑色陨石，据传是先知易卜拉欣父子修建天房时所采，是伊斯兰教的重要圣迹之一，由于先知穆罕默德曾抚吻玄石以示对先圣的缅怀与敬仰，因此历代穆斯林凡朝觐天房者亦仿效圣行，争相抚吻玄石。

② ［卡塔尔］尤苏夫·盖尔达维：《传统与现代之间的阿拉伯伊斯兰文化》（阿拉伯文版），使命书局1994年版，第156—157页。

③ ［卡塔尔］尤苏夫·盖尔达维：《论伊斯兰中间主义及文化创新》（阿拉伯文版），盖尔达维伊斯兰中间主义与文化更新研究中心2009年版，第157页。

与宗教维新,恰如古迹的维护,需要精心而全面的修缮而不是拆除或推倒重建,对于具有悠久传统的伊斯兰教和伊斯兰文化而言尤其如此。"如果我们要维新一座古建筑,那么这个维新的含义就是:要保存其所有本质特征、属性和标志,使其原封不动,同时修缮所有的斑驳裸露之处,优化入口,清理通道,并做出简明易懂的介绍,等等;而不是推倒重建,代之以一座雄伟壮丽的现代化建筑。"① 宗教维新与文明重建和文化更新亦当如此。

伊斯兰"中间主义"强调,要实现当代伊斯兰文化的更新与重构,首先必须开展伊斯兰教的维新,因为伊斯兰教是伊斯兰文化的核心所在,没有伊斯兰教,就没有伊斯兰文明与文化,因此没有伊斯兰教的维新,也就没有伊斯兰文明与文化的更新。这里所说的伊斯兰教,指的是穆斯林对伊斯兰教的理解,是人的思想和观念,换言之,就是说需要不断更新的,不是真主的法度,不是《古兰经》,而是穆斯林对真主法度的理解、执行与实践,是对《古兰经》的领会与贯彻,即穆斯林要与时俱进,不断深化对真主所创造的宇宙万象及其规律的认识,正确理解真主所制定的沙里亚大法。明确这一点很重要,因为那些反对文化更新与宗教维新的人,往往会理直气壮地诘问:难道要变更真主的法度,更新永恒的《古兰经》吗?

伊斯兰"中间主义"认为,实现伊斯兰教的维新与伊斯兰文化的重建和更新,既是经典明文的规定和要求,也是今日时代和现实的必需。那么,由谁来更新?为谁而更新?何时去更新呢?根据前述"圣训"的精神,宗教维新和文化更新,应由维新家(المجدد)来承担,而维新家可以是个人,也可以是集体,是一个学派或一种思潮,因为"圣训"中并未限定宗教维新只能由某一个人去完成,而事实上,这样重大的使命绝非一两个人所能完成,任何个人的工作和努力,要取得成功,必须得到集体的辅助,因为一个人的能力和知识毕竟十分有限,这也是真主的常道和人间的常规。因此,当代伊斯兰"中间主义"思潮对自身的定位和要求,就是要肩负当代伊斯兰教维新的神圣使命,承担

---

① [卡塔尔]尤苏夫·盖尔达维:《论伊斯兰中间主义及文化创新》(阿拉伯文版),盖尔达维伊斯兰中间主义与文化更新研究中心2009年版,第171页。

当代伊斯兰文明和文化更新和重建的重任。

基于如此认识,伊斯兰"中间主义"呼请广大穆斯林走向文化自觉,积极参与宗教维新与文化更新工作,而不应消极等待某一位维新家,因为宗教维新与文化创新,事关伊斯兰教和伊斯兰民族的兴衰存亡,穆斯林人人有责,"每一个穆斯林都当这样自问:在文化更新中我能发挥什么作用?我的义务是什么?而不能期盼和自问:维新家何时出世?"① 因此,伊斯兰教的维新以及伊斯兰文化的更新和伊斯兰文明的重建,既是全体穆斯林的共同使命,同时也是当代阿拉伯伊斯兰世界最为迫切的当务之急,应当积极开展,而不能消极等待。前述"圣训"中所讲的"百年",并非实指一百年,而是一种修辞学上的表达方法,意在说明每过一段时期,社会发展变化了,宗教也要适时维新,如此才能使宗教永葆活力,历久弥新,而不失原本的纯正性。因此,宗教维新要适时开展,与时俱进。

当代伊斯兰"中间主义"还强调,当代伊斯兰教的维新以及伊斯兰文化的更新和伊斯兰文明的重建,需要从内部进行,而不能由外力强加,而最为直接的方法和途径,就是重启教法创制这一更新机制,使其有效运转,从而为伊斯兰教和伊斯兰文化注入活力,使其长盛不衰;还要高度重视教育在文化更新与文明重建中的作用,因为只有成功的教育才能培养出大批具有健全人格和文化更新能力的青年一代。②

7. 从狭隘与封闭走向宽容与开放

当代伊斯兰"中间主义"对阿拉伯伊斯兰世界由于形形色色的宗派主义和门户之见而导致的狭隘封闭现象予以批评,呼请广大穆斯林敞开心胸,从狭隘封闭走向宽容开放。"所谓狭隘封闭,就是人们将自己的理智局限于某一种思想,既不容打开与异己对话的任何一扇窗口,无论是信仰或思想方面抑或是教法或政治方面的异己,也不容对自己有任何批评或矫正,总认为自己一贯正确,绝不会犯错,而别人始终错误,绝不会正确……这样的人,眼中只看得见自己,耳中也只有自己的声

---

① [卡塔尔]尤苏夫·盖尔达维:《论伊斯兰中间主义及文化创新》(阿拉伯文版),盖尔达维伊斯兰中间主义与文化更新研究中心 2009 年版,第 166 页。
② 同上书,第 15—181 页。

音,不信任任何别的人和任何不属于自己的团体或派别,开始于自己的小圈子,终结于自己的小圈子,将自己的心智与心灵封闭起来,除了自己的小圈子,不与任何人接触,只有这个小圈子给他智力和情感,为他思考,替他确定所爱所憎、所喜所怒的人,而他自己却没有思考、检查和评价这一切的权利。"[1]

当代伊斯兰"中间主义"认为,宗派主义和门户之见,是蒙昧时代的不良习气,与伊斯兰教所倡导的宽容仁爱精神背道而驰。真正的穆斯林,应当是尊重异己、接纳他者的人,是宽容开放、包容万象的人,是胸襟博大、心怀天下的人。这是因为,首先,伊斯兰教信奉宗教与文化的多样性是真主的常道,在这种多样性中,体现了真主的意志和睿智,任何人都不可使其强求一统;其次,对于背信与迷误的公正裁决,并不是今世的事,也不是人的权利,而是后世的事,是真主的权利;再次,伊斯兰教强调全人类是同一个祖先的后裔,共同享有人的尊严,人类生而平等,并无高低贵贱之分;最后,穆斯林确信,真主在人世间的公正与仁慈是普惠的,无论人们信仰什么宗教,是穆斯林还是非穆斯林,都同浴着阳光的温暖,同享着真主的恩惠。

因此,宽容开放、包容异己是伊斯兰的基本精神,也是穆斯林应该具备的基本价值理念。失去宽容开放的精神,就会深陷狭隘封闭的门户之见和宗派主义当中而难以自拔。要建设中正和谐、宽容开放的当代伊斯兰文化,穆斯林必须从三个方面展现出宽容开放的精神:首先,要正确对待自己及自己所属的教派或团体,即要客观公正地评价自己,而不能自以为是,认为真理总在自己手里,而别人则总在错误甚至迷误中,要有自我批评的精神,要有虚心学习的精神,要善于倾听别人的意见,敢于承认自己的不足与错误;其次,要宽容对待教内的他者,确信穆斯林同信一个真主、一部经典,同遵一位先知、同向一个朝向,在此基础上,要包容不同派别、不同地域、不同国度的穆斯林间的差异,并与不同派别开展理性的对话,求同存异,而不能上纲上线,随意否定他者,更不能将教内的异己断为异教;最后,要宽容地对待教外的他者,确信

---

[1] [卡塔尔] 尤苏夫·盖尔达维:《伊斯兰觉醒:从稚嫩走向成熟》(阿拉伯文版),曙光出版社2002年版,第215—216页。

全人类同宗同祖,宗教与文化多元是正常的现象,并与各宗教尤其是与"有经人"(即犹太教和基督教)开展宗教对话,为人类的尊严与福祉而携手合作,共同努力。①

8. 从暴力与仇恨走向温和与仁慈

《古兰经》中说:"我派遣你,只为怜悯全世界的人。"(21:107)"你应凭智慧和善言而劝人遵循主道,你应当以最优秀的态度与人辩论。"(16:125)"圣训"说:"仁慈的真主慈爱仁慈的人,你们慈爱大地上的一切吧,真主就会慈爱你们的。"(艾布·达吾德)基于此,当代伊斯兰"中间主义"强调,伊斯兰教带给世人的是和平、正义与仁慈,而不是暴力、不义与仇恨。和平仁爱精神,是伊斯兰教的核心价值理念,不仅贯穿于《古兰经》和"圣训"中,而且贯彻于先知穆罕默德一生的生活实践当中,"先知穆罕默德,就是神圣慈爱的化身,是真主派遣来作为对众世界的怜恤"。"先知的和蔼和宽容,正是反映真主的至和、至仁及至宥。虽然人们背叛、不信仰正道,真主却仍不停地供养所需。纵然大多数人仍沉溺于不信,公然而完全地将替真主结伴,背叛他的诫命,但太阳依然发散着光和热,云仍然降下丰沛的雨水帮助他们,土地也不停地供应蔬菜果实。真主的仁慈与宽容正是反映在先知的慈爱、和蔼与宽恕中。"②

然而,"我们必须非常遗憾地承认,一些团伙和组织伪称自己属于伊斯兰教,蛮横暴戾地算计伊斯兰教和穆斯林,用他们的愚昧、残酷、狭隘以及对仁慈、宽容和注重理智行为的伊斯兰价值观的蔑视,伤害伊斯兰教和阿拉伯人,其程度超出了穆斯林和阿拉伯人死敌们的梦想"③。所以会发生这种可悲的事,根本原因在于一些穆斯林并未透彻地领会伊斯兰教的和平仁爱精神,他们不仅目光短浅,心胸狭隘,而且孤芳自赏,自以为是,他们不仅对异族异教心怀偏见和敌意,而且对与自己意

---

① [卡塔尔]尤苏夫·盖尔达维:《伊斯兰觉醒:从稚嫩走向成熟》(阿拉伯文版),曙光出版社2002年版,第213—240页。

② [土耳其]法图拉·葛兰:《先知穆罕默德的生命面貌》,彭广恺、马显光、黄思恩译,宗教文化出版社2006年版,第299、306页。

③ [埃及]侯赛因·卡米勒·巴哈丁:《十字路口》,朱威烈、丁俊译,上海外语教育出版社2005年版,第45、129页。

见不一的穆斯林弟兄也心怀不满和仇恨。这种错误的认知最终导致极端思想乃至极端行为的滋生，使那些浅薄之辈误入歧途，甚至不惜采取暴力的手段去打击和消灭异己。

当代伊斯兰"中间主义"告诫穆斯林，要摆脱这种误区，就必须回归伊斯兰教的真精神，尊奉经训的教导，恪守中正和平之道，胸怀仁慈博爱之心，敬主爱人，善待异己。

9. 从内讧与敌视走向和睦与团结

当代伊斯兰"中间主义"指出，长期以来，穆斯林内部的相互纷争与内讧，严重危害了伊斯兰文化的重建与复兴事业，因此从相互纷争与内讧走向相互包容与团结，是当代穆斯林刻不容缓的历史使命，也是当代伊斯兰文明重建的必由之路。因为"损害、打击和阻挠伊斯兰觉醒的最大敌人，就是不同派系之间的相互漠视而不是相互理解，是相互为敌而不是互为弟兄，是相互分裂而不是相互团结，是相互警觉和相互歹猜，甚至是相互算计和相互攻击，力图打倒自己的弟兄，将对方踩在自己的脚下。这是一个重症和猛病，是穆圣所说的先民们的老病。穆圣说：'先民们的一种老病在你们中传播，那就是嫉妒与憎恨，憎恨犹如剃刀，我不是说剃掉头发，而是剃掉宗教！'（提尔密济）"[1]

因此，当代伊斯兰"中间主义"强调，穆斯林必须加强团结，相互包容，相互支持，相互友爱。正如"圣训"中所说："你们不是真信士，除非你们喜自己的弟兄所喜，犹如喜自己所喜。"（布哈里、穆斯林）"指真主发誓，你们绝不能进入天园，除非你们成为信士，你们绝不能成为信士，除非你们相互喜悦。"（穆斯林）可见，伊斯兰教是将穆斯林之间的团结提升到信仰的高度去看待的。

当代伊斯兰"中间主义"认为，穆斯林不同派别之间相互纷争的原因主要有如下五方面：（1）相互之间缺乏沟通和了解，因而缺乏理解，形成误解；（2）各派都孤芳自赏，自以为是，认为自己一贯正确，真理总在自己手里，错误总在别人那里；（3）相互不做善意的猜测，

---

[1] ［卡塔尔］尤苏夫·盖尔达维：《伊斯兰觉醒：从稚嫩走向成熟》（阿拉伯文版），曙光出版社2002年版，第333页。

而是恶意猜测对方，因而积怨日深；（4）目光短浅，心胸狭小，容不得异己；（5）听信别人谣言，特别是受到那些企图瓦解穆斯林团结的敌人的利诱和欺蒙，从而上当受骗，以致误入歧途，亲疏不分，敌友不辨。①

因此，当代伊斯兰"中间主义"吁请穆斯林消除不和，避免纷争，还应学习其他民族在谋求团结方面的出色表现。"我们看到，非穆斯林国家都在团结，尽管它们之间存在着各种历史与现实的纷争因素，如欧盟国家，它们之间曾有过无数次战争，最后两次还是世界大战，数百万人丧生，尽管如此，它们却将这一切抛在身后，而在相互团结方面找到了最大的共同利益……而只有穆斯林纷争迭起，内讧不断，而他们之间却存在着更多团结的因素，他们共同朝向天房，共同信仰真主，共同信奉伊斯兰教，共同遵循《古兰经》，共同追随穆罕默德先知。"因此，穆斯林没有任何理由继续纷争下去，尤其在今日伊斯兰世界面临严峻的内外危机的历史性时刻，更当谋求团结，维护团结。

10. 从极端与颓废走向中正与和谐

当代伊斯兰"中间主义"强调，伊斯兰教是"中正的民族"的中正之道，中正和谐是伊斯兰文化的基本属性与核心理念，更是当代伊斯兰文明重建中不可或缺的要义。"中正和谐的价值取向，是当代伊斯兰文化乃至整个伊斯兰民族的救生圈，借此方可踏上正确的道路，走向期望的目标，即实现伊斯兰民族物质文明的丰富与精神文明的升华，进而以其所肩负的天道人道并重的均衡和谐的普世伦理再度引领人类。"②

伊斯兰"中间主义"指出，当代阿拉伯伊斯兰世界存在着各种各样的极端颓废思想，有的人，画地为牢，固执己见，将自己视为真理的化身，拒不接受任何异己观点，紧闭对话之窗；有的人，无视不同人及不同环境的差异性与多样性，以同一个标准要求所有人，不达他们设定的标准，就统统一棍子打死；有的人，对具体情况和时空变换不闻不

---

① ［卡塔尔］尤苏夫·盖尔达维：《伊斯兰觉醒：从稚嫩走向成熟》（阿拉伯文版），曙光出版社2002年版，第340页。

② 同上书，第241—242页。

第二章　当代伊斯兰"中间主义"思潮的基本主张　　115

问，奉行本本主义和教条主义，在该严处从宽，该宽处从严；有的人，做事不讲方法，粗枝大叶，待人态度蛮横，粗鲁无礼，缺乏基本的文化教养；有的人，总是恶意猜测他人，将别人想做恶魔，视自己为天使，随意背谈甚至诽谤他人；有的人甚至更为极端，胆敢将不属于自己派别的穆斯林，随意断定为"卡费尔"（异教徒）、叛教者，在他们眼里，阿拉伯伊斯兰国家的执政者是叛教者或异教徒，在这些国家俯首听命、逆来顺受的所有人也都是叛教者或异教徒。如果说上述这些极端思想和极端倾向主要表现在那些强调要严守伊斯兰教的人当中的话，还有一些极端思想和倾向则存在于那些强调要西方化的人中，他们声称，那些坚持民族传统的人，那些留胡须的人、穿民族服装的人、吃传统饮食的人、去清真寺做礼拜的人，都是保守落后分子或极端分子，而只有如他们那样，穿得西装革履，吃西餐的人，才是开放的、温和的进步人士。①

当代伊斯兰"中间主义"指出，在阿拉伯伊斯兰世界，既存在着各式各样的宗教极端主义思想倾向，也存在着形形色色的世俗极端主义思想倾向，因此要重建中正和谐的当代伊斯兰文化，确立其继承传统、面向未来的核心价值观，就必须正本清源，努力匡正各种极端颓废思想，摒弃偏执，返璞归真，回归到本真的伊斯兰，牢牢把握《古兰经》和"圣训"的真精神。"伊斯兰立基于以认主独一为精神的信仰上，立基于以虔诚敬意为精神的功修上，立基于以仁爱善良为精神的道德上，立基于以公正廉洁为精神的沙里亚大法上，立基于以兄弟之情为精神的联合上，所有这一切的必然结果，就是造就出一种以中正和谐、均衡全面为精神的文明。"②

当代伊斯兰"中间主义"思想家就伊斯兰文明重建所指出的上述这些路径，颇具现实针对性，对于当代阿拉伯伊斯兰世界确立继承传统、面向未来的核心价值观无疑具有重要的现实意义和指导价值。

---

① ［卡塔尔］尤苏夫·盖尔达维：《伊斯兰觉醒：从稚嫩走向成熟》（阿拉伯文版），曙光出版社2002年版，第246—253页。

② 同上书，第174页。

## 第四节 当代伊斯兰"中间主义"思潮的社会主张

当代伊斯兰"中间主义"作为宗教文化思潮在强调信仰后世的同时，奉行积极的入世主义，因此强烈关注现实而不逃避现实，对阿拉伯伊斯兰世界乃至全球性的社会问题颇多针砭，并提出许多重要主张，强调人类社会应当致力于社会变革，走和合共生、持续协调的均衡发展之路，这些主张有如下几种。

### 一 尊重妇女权益，注重家庭建设

当代伊斯兰"中间主义"重申，提升妇女社会地位、维护妇女权益、尊重妇女人格尊严是伊斯兰教的基本宗旨，伊斯兰教在人类历史上首次明确赋予妇女拥有财产、接受教育等一系列与男性平等的权利，并以法律和道德的力量维护妇女应享的权益。"穆斯林妇女是男子的手足姐妹，两者之间是相互补充、相互完善的关系，男女在共同建设家庭、社会和民族方面，同在一个战壕，对妇女的任何偏激对待以及侵害与剥夺其各种权利的行径，都是对全体穆斯林的侵犯，其主要原因在于对伊斯兰教的无知和对于传统陈规陋习的盲从。"[①]

伊斯兰教在1000多年前首次限制了多妻，但基于对人类社会复杂性的全面关照，伊斯兰教并未彻底禁绝多妻，而是允许有条件的多妻，其根本出发点依然在于维护妇女权益。伊斯兰教针对妇女在衣着、礼仪等方面的一些特殊规定，其出发点同样在于对其人格尊严、名誉乃至安全的尊重与保护。"伊斯兰教尊重妇女，赋予其与男子平等的权利和义务，正如《古兰经》中所说：'我绝不使你们中任何一个行善者徒劳无酬，无论他是男的，还是女的——男女是相生的。'（3：195）就是说，男女相生，相互完善，伊斯兰教既确立了在人格尊严及基本责任等各方面男女平等的原则，也确立了在家庭、社会当中男女各自权利和义务相

---

[①] ［沙特阿拉伯］阿卜杜拉·本·阿卜杜勒·阿齐兹：《中间主义：通向明天的道路》（阿拉伯文版），塞维利亚宝藏书局2008年版，第201页。

平衡的公正原则,'她们应享合理的权利,也应尽合理的义务'(2:228)。"①

当代伊斯兰"中间主义"十分强调妇女在穆斯林家庭和社会中所担当的重要角色,并对阿拉伯伊斯兰国家妇女权益的现状提出批评,认为在穆斯林社会至今依然存在着违背伊斯兰教宗旨、歧视甚至压迫妇女的陋习,同时也存在着追随西方腐朽文化、变相侵害女性尊严的各种现象。伊斯兰国家的妇女问题值得关注,其严重性甚至成为穆斯林21世纪社会面临的重大挑战之一。因此,穆斯林应遵循经训精神,很好地解决妇女问题,因为"妇女好了,孩子就会好的,家庭也会好的,生活也会和美的",解决妇女问题,"既不以过激的方式严格限制妇女,就像那些以宗教的名义苛求女性的人们所做的那样,也不能以自由的名义放任自流,任其为所欲为,两种做法均有害无益,而应当奉行伊斯兰的中正之道"②。要"尊重妇女,公正地对待妇女,保护妇女天性,强调伊斯兰赋予妇女的权利、地位和尊严,要解放妇女,既使她们摆脱伊斯兰落后时代的陈规陋习,又使她们免遭西方文明侵害的灾殃,西方文明不顾妇女的女性特征,驱使她们远离自己的天性"③。即既要清除流行于伊斯兰世界的各种歧视妇女的陈规陋习,又要防范西方腐朽文化对穆斯林妇女的侵蚀与毒害。

当代伊斯兰"中间主义"强调作为社会基本单位的家庭建设的重要意义,将家庭和睦视为社会和睦的基本要素,尤其强调稳定的婚姻关系及和睦的夫妻关系对家庭建设的重要性。家庭关系除了夫妻关系外,还有父母与子女、兄弟与姐妹等各种关系,应以伊斯兰的价值观维护家庭关系,建设和睦家庭,尊老爱幼,各得其所,如此,则伊斯兰社会的和谐就不难实现了。④ 因此,要"关心作为社会核心的家庭,强调家庭

---

① International Union of Muslim Scholars: *Islamic Charter*, International Moderation Center, Kuwait, 2008, p. 68.
② [卡塔尔] 尤苏夫·盖尔达维:《世纪之交的伊斯兰民族》(阿拉伯文版),曙光出版社2002年版,第176页。
③ [卡塔尔] 尤苏夫·盖尔达维:《论伊斯兰中间主义及文化创新》(阿拉伯文版),盖尔达维伊斯兰中间主义与文化更新研究中心2009年版,第219页。
④ [埃及] 哲马鲁丁·穆罕默德·马哈茂德:《伊斯兰社会原则》(阿拉伯文版),埃及书局1992年版,第33页。

是构建清廉社会的第一支柱。保护夫妻双方的权利，夫妻矛盾除非不可调和，否则不可诉诸离婚。允许有多项条件限制的多妻，不纵不禁，以扩大家庭的范围，使其包罗直系和嫡系亲属"①。

### 二 关注穆斯林少数族群的现状

当代伊斯兰"中间主义"强调，要"关心世界上的穆斯林少数族群，视他们为穆斯林民族的组成部分。穆斯林全民族有责任帮助他们在各自的社会里积极而富有活力地以自己的伊斯兰方式生活，还要帮助他们构建特殊的教法。他们的口号应该是：恪守自己的宗教而不封闭，融入当地的社会而不被同化"②。伊斯兰"中间主义"认为，对于一个穆斯林来说，只要能够获得作为一个人、一个公民的基本权利，能够自由地履行自己的宗教义务，那么他就可以在世界上的任何地方居住，无论那里的民族、种族和宗教信仰是多么不同于自己，也不管当地有什么样的政治体制。穆斯林完全能够而且也应该与不同的民族和种族和睦相处。因为只要他所生活的国家给予他宗教信仰的自由和基本人权，而不是迫害他，剥夺他的基本权利，那么他就有义务遵守真主的诫命：不仅要与身边的所有人和平相处，公正而友好地善待所有人，而且应该积极履行所在地公民所承担的职责与义务，遵守所在地的法律制度，从而成为所在地民族团结与社会和谐的积极因素。③

有一段"圣训"或许十分形象地说明了包括穆斯林与非穆斯林在内的所有社会成员同舟共济、和谐共生的深刻含义："有两伙人同乘一条船，一伙在甲板上，另一伙在船舱里。船舱里人从海中取水要到甲板上去，于是他们想要在船舱里凿个洞，这样就无须请示甲板上的人而直接取水。这样将会发生什么事呢？如果大家任其凿洞，那么全船人都将覆灭，而如果大家制止他们，那么，全船人都会平安无事。"（布哈里）

随着当今世界日趋成为一个小小的地球村，各国人民之间的相互依

---

① ［卡塔尔］尤苏夫·盖尔达维：《论伊斯兰中间主义及文化创新》（阿拉伯文版），盖尔达维伊斯兰中间主义与文化更新研究中心2009年版，第220页。

② 同上书，第221页。

③ International Union of Muslim Scholars: *Islamic Charter*, International Moderation Center, Kuwait, 2008, pp. 138 – 139.

存日趋紧密,而移民问题也随之成为一个十分突出的问题,其中穆斯林移民问题尤其令人关注。"这些穆斯林少数民族原本都是外来移民,他们在新的环境中遇到诸多问题,其中有些是政治方面的问题,有些是经济方面的问题,还有一些是文化方面的问题。政治方面他们的许多权益得不到保障,宗教信仰的独特性得不到保护;经济方面,他们大都是贫困阶层,收入微薄,主流阶层限制了他们的经济力量;文化方面,也在居于主流的教育、传媒、宣传等文化霸权的夹缝中艰难生存,主流文化对穆斯林的文化一无所知,将他们因为自己独特的宗教信仰、价值观和身份而另眼相看,视为异类。"[①]

如何更好地将保持传统信仰与融入当地社会相协调,是当代伊斯兰"中间主义"所关注和研究的一个重大议题。当代世界上几乎有 1/3 的穆斯林生活在非穆斯林国家,古代教法中对穆斯林社会与非穆斯林社会所作的简单划分显然已不能适应当今穆斯林的生活现状。伊斯兰教法必须关注现实,与时俱进。鉴于此,以尤苏夫·盖尔达维为代表的不少伊斯兰"中间主义"学者正在致力于构建适合于穆斯林少数族群的教法体系,旨在解决穆斯林少数民族所遇到的一系列教法问题。"穆斯林少数族群法"专门研究居住在非穆斯林国家的穆斯林少数民族的教法问题,尤其关注他们在宗教生活与社会生活中的特殊性,其出发点和基本宗旨在于引导穆斯林少数民族应在保持自身文化传统和宗教信仰的同时,更好地融入当地社会,与本国其他民族和睦相处,共同致力于所在国度和地区的社会建设。尤苏夫·盖尔达维已有《论穆斯林少数族群的教法》等专著问世,对非穆斯林国家的穆斯林少数民族在家庭、婚姻、饮食以及经济活动、政治活动、民族关系等方面的许多教法问题做了深入探讨。

在这方面,欧洲和北美的穆斯林社团也已做出了不少努力。他们成立有关研究机构,如"欧洲伊斯兰教法裁判与研究委员会"(the European Council for Fatwa and Research)等,专门开展相关问题的研究,召开学术会议,探讨解决自身面临的诸多问题的方法和途径,寻求既要做

---

[①] [卡塔尔]尤苏夫·盖尔达维:《论穆斯林少数族群的教法》(阿拉伯文版),曙光出版社 2005 年版,第 24 页。

合格的穆斯林，又要做合格的公民之间的平衡。例如，欧洲和美国的穆斯林学者理事会（Councils of Muslims Ulamas）在 2000 年做出教法判定，认为居住在西方的穆斯林可以通过按揭方式购房，因为这是他们实际生活的必需；2004 年 3 月 19 日，美国和平研究所和伊斯兰与民主研究中心（the United States Institute of Peace and the Center for the Study of Islam and Democracy）联合主办了"伊智提哈德：伊斯兰原则在 21 世纪的新解读"（Ijtihad: Reinterpreting Islamic Principles for Twenty – first Century）的专题讨论会。

这里值得提及的是，中国穆斯林在长期的本土化进程中在穆斯林少数民族适应非穆斯林国度的生活方面积累了很宝贵的历史经验，形成了其"爱国爱教"的优良传统，这或许可以成为当代国际社会穆斯林少数民族教法体系构建的现实范例之一。①

### 三 尊重非穆斯林少数族群的权益

伊斯兰"中间主义"强调，要维护穆斯林社会中非穆斯林少数族群的权益，尤其要尊重其保持自己宗教信仰的权利。在穆斯林社会中，作为主体族群的穆斯林，要"关心我们伊斯兰社会中信仰其他宗教的少数族群，尊重伊斯兰赋予他们的权利，保证他们的宗教信仰自由，强调他们是伊斯兰国家的成员，用今天的话说，即他们是伊斯兰国家的公民。因此，除了宗教信仰的区别外，他们与穆斯林一样，享有同等的权利，承担同等的义务"②。

尊重和维护穆斯林社会中非穆斯林少数族群的权益，既是伊斯兰教的基本精神，也是伊斯兰文明的历史传统。《古兰经》中说："未曾为你们的宗教而对你们作战，也未曾把你们从故乡驱逐出境者，真主并不禁止你们怜悯他们，公平待遇他们。真主确是喜爱公平者的。"（60：8）经文中的"怜悯"即善待，该词在《古兰经》中也用于儿女对父母的孝敬方面。可见，《古兰经》要求穆斯林对待非穆斯林，不仅要公正

---

① 丁俊：《中国伊斯兰教"爱国爱教"的理论与实践》，载《西北民族大学学报》2010 年第 1 期。
② [卡塔尔] 尤苏夫·盖尔达维：《论伊斯兰中间主义及文化创新》（阿拉伯文版），盖尔达维伊斯兰中间主义与文化更新研究中心 2009 年版，第 221—222 页。

公平，不可剥夺其应有的权益，而且要善待，要关爱有加。"《古兰经》在这段经文中所用的'怜悯'一词，在伊斯兰教的语境中只用于除真主之外享有最神圣的权利者——父母身上，而这里竟用于穆斯林与非穆斯林的关系上，这是何其伟大！"①

在穆斯林社会的非穆斯林群体中，犹太教和基督教徒等"有经人"更享有特殊的地位，伊斯兰教规定，穆斯林可以食用他们的食物，聘娶他们的女子为妻。《古兰经》中说："今天，准许你们吃一切佳美的食物；曾受天经者的食物，对于你们是合法的；你们的食物，对于他们也是合法的；信道的自由女，和曾受天经的自由女，对于你们都是合法的，如果你们把他们的聘仪交给她们，但你们应当是贞节的，不可是淫荡的，也不可是有情人的。"（5：5）"我们可以说，真主准许穆斯林男子让一位信奉犹太教或基督教的非穆斯林女子做自己的终身伴侣，并成为孩子们的母亲，这意味着孩子们的外公外婆、姨姨舅舅等都是非穆斯林！"② 也就是说，伊斯兰教从其教义上接纳了宗教信仰多元的家庭，而家庭是建立于真诚的互爱互敬基础上的，正如《古兰经》中所说："他的一种迹象是：他从你们的同类中为你们创造配偶，以便你们依恋她们，并且使你们互相爱悦，互相怜恤。对于能思维的民众，此中确有许多迹象。"（30：21）而基于爱之上的多元宗教家庭的建立，就必然会形成多元宗教和合共生、互助互爱的社会。

先知穆罕默德更将善待邻居——无论他们是穆斯林还是非穆斯林——提升到信仰的高度，并谴责那些伤害邻居的人，"圣训"中说："在真主那里最好的伙伴就是那些善待自己的伙伴的人；在真主那里最好的邻居就是那些善待自己的邻居的人。"（提尔密济）"指主发誓，他没有真的归信！指真主发誓，他没有真的归信！指真主发誓，他没有真的归信！"有人问道："真主的使者呀，您说的是谁啊？"他说："就是那伤害邻居，使其不得安宁的人！"（布哈里、穆斯林）"伤害邻居，使其不得安宁的人不能进天堂！"（穆斯林）"如果你做肉汤时，多加些

---

① International Union of Muslim Scholars: *Islamic Charter*, International Moderation Center, Kuwait, 2008, p. 135.

② Ibid., p. 136.

水,以关照你的邻居。"(穆斯林)"那些自己鼓腹而眠而邻居却饥肠辘辘的人不是信士。"(塔巴拉尼)

公正的历史学家都承认,从公元 135 年罗马皇帝从巴勒斯坦驱逐出犹太人,到 1600 年科学家布鲁诺被烧死在罗马广场上,再到 18 世纪在美洲大陆屠杀印第安人,一直到 20 世纪第二次世界大战中犹太人再遭屠杀,宗教迫害与种族屠杀似乎成为西方文明史中无法抹去的一个主题。而在伊斯兰文明史上,既没有大规模的种族虐杀事件,也没有以残暴手段迫害异族、强制改宗的事件。[1] 自古以来,伊斯兰世界一直十分注重保护和尊重域内的异族异教,在漫长的中世纪,穆斯林更以高涨的热情和非凡的勇气,广泛吸纳多种异域文明,融会贯通,推陈出新,创造出辉煌的阿拉伯伊斯兰文明体系,造就出一大批百科全书式的思想家、哲学家和科学家,在亚、非、欧三大洲形成了巴格达、大马士革、布哈拉、弗斯塔特(开罗)、科尔多瓦、格拉纳达等许多蔚为壮观的文明交流和民族融合中心。

在传统的伊斯兰教法中,穆斯林社会的非穆斯林被称为"被保护民"(Dhimmah),其实质就是强调要保护非穆斯林族群的生命、财产以及宗教信仰不受侵害。他们与穆斯林一样,同享自己的权利,同尽自己的义务,如穆斯林要缴纳"天课",非穆斯林则缴纳"人丁税",二者虽然宗教意义不同,但社会意义却是相同的。现在,穆斯林社会的非穆斯林似乎不愿接受"被保护民"这样的称谓,这或许是由于他们对其真实含义缺乏了解,也许是因为历史上某些地方在具体实践中存在问题。对此,当代伊斯兰"中间主义"主张,完全可以将这个传统术语以现代人们所惯称的"公民"来代替,因为"被保护民"与"公民"所表达的精神和内涵是一致的,即强调要保护非穆斯林族群的生命、财产以及宗教信仰不受侵害,其中并不包含歧视的意思。[2]

当代伊斯兰"中间主义"强调,在今天,穆斯林更加需要坚持经典教义的训导,努力弘扬尊重和保护异族异教的优良传统,竭尽所能地给予并保护那些生活在穆斯林国家的非穆斯林各种应享的权利。

---

[1] 北京大陆桥文化传媒编译:《当世界提起阿拉伯》,世界知识出版社 2005 年版,第 154 页。
[2] International Union of Muslim Scholars: *Islamic Charter*, International Moderation Center, Kuwait, 2008, pp. 136 – 137.

### 四 追求社会公正,构建互助友爱、和合共生的公民社会

伊斯兰教认为,宇宙是一个和谐的整体,人类社会也应是一个和谐整体。伊斯兰教的社会观要求"在个人完善、家庭完善的基础上,应当形成一个具有信仰和美德的社会。这一社会充满兄弟友爱精神,坚持协商公正的原则,没有分歧与怨恨,没有自私自利,没有以强凌弱,没有罪恶,人人都乐意奉献,共同行善,相互合作,相互劝诫,相互嘱托,相互保障。实现物质文明与精神文明的全面发展和进步"[①]。

基于此,当代伊斯兰"中间主义"强调应在家庭建设的基础上,"构建互助、清廉的社会,即建立于社会各成员之间情同手足、互助友爱基础上的社会,富人照顾穷人,强者帮助弱者,同舟共济,并肩团结"[②]。

而要在中东阿拉伯伊斯兰国家建设这样的廉洁和谐、互助友爱的清廉社会,就必须进行政治改革,推进民主化进程,推行廉政,消除专制腐败和社会不公,"建设公正的、承担宣导职责的国家,它会领导民族走向真理与幸福,在人间实现真主的公道,依据真主颁降的经典与法则裁决,尊重人民选择自己执政者的权利,而不伪造民意,或将一个独断专行的统治者强加于人民。人民有权对执政者实行问责和考核,而且可以以和平方式罢免那些行为不轨的渎职者"[③]。唯其如此,社会正义才能真正实现。

当代伊斯兰"中间主义"对阿拉伯伊斯兰世界存在的诸多社会问题尤其是严重的社会不公问题提出了严厉的批评:"伊斯兰教规定了公正地分配财富的基本原则……然而在我们阿拉伯伊斯兰国家中,财富的分配却与伊斯兰教的公正原则相距甚远。工作者无财产,有产者不工作;工作越多的人,被剥夺得越多;有的人贪得无厌,鼓腹终日,有的人饥寒交迫,食不果腹;有的人在国内国外拥有多处豪宅,其庭院辽阔得可以赛马,其中的一些豪宅,主人在数年中才会光顾一次;而有的人却与妻子儿女蜷缩在厨房、客厅与卧室合一的蜗居中;有的国家人口稀少,却资源丰富,有的国家人口众多,却资源稀缺;执政者和官僚子弟

---

① 秦惠彬主编:《伊斯兰文明》,中国社会科学出版社2000年版,第253页。
② [卡塔尔]尤苏夫·盖尔达维:《论伊斯兰中间主义及文化创新》(阿拉伯文版),盖尔达维伊斯兰中间主义与文化更新研究中心2009年版,第220页。
③ 同上。

挥霍着国家财富却无人稽查;有的人平步青云,一夜暴富,却无人过问;有的人毕生勤奋劳作,却除了血汗与泪水,一无所获。"①

因此,建设公正和谐、充满友爱的社会,是当代阿拉伯伊斯兰国家所面临的重大而迫切的现实任务。只是要建设这样的社会,必须以和平的方式循序渐进地实现社会变革,而不能以疾风暴雨式的暴力手段去实现。而在社会变革的过程中,最为重要的工作是教育。只有通过耐心而持久的教育,才能培养和造就出大批德才兼备、能够担当重任的人才,从而实现改良社会的目标。"我们确信,廉洁的社会并不是依靠法律建成的,无论法律有多么公正和崇高,而是依靠持久的教育和深入的训导所建成的。因此,伊斯兰教重视教育甚于重视法律。各种社会复兴与变革的基础,是造就富有理性和良知及有信仰、有道德的人才,德才兼备的人是廉洁社会的基石。"② 总之,当代伊斯兰"中间主义"的社会建设目标是,要在阿拉伯伊斯兰国家努力构建既有传统文化又富有现代精神的"公民国家",因此伊斯兰"中间主义"并不追求建立"宗教国家"或"神权国家",而是谋求建立基于公正廉洁的法制、民主协商的政治、包容开放的文化之上的现代公民社会。

当代伊斯兰"中间主义"不仅期望在伊斯兰世界实现社会和谐与公正,而且期望整个人类社会也能够避免战争与冲突,消除不公与贫困,实现全人类和睦相处、和谐共生的理想社会。因为人类同宗同祖,实为不可分割的一个大家庭,正如《古兰经》中所说:"众人啊!你们当敬畏你们的主,他从一个人创造你们,他把那个人的配偶造成与他同类的,并且从他们俩创造许多男人和女人。你们当敬畏真主——你们常假借他的名义,而要求相互的权利的主——当尊重血亲。真主确是监视你们的。"(4:1)③《古兰经》命人"尊重血亲",就是强调人类要相互怜恤,同舟共济,因为全人类各民族都是同宗同祖、血脉相连的骨肉同胞,建设公正廉洁、和平

---

① [卡塔尔]尤苏夫·盖尔达维:《世纪之交的伊斯兰民族》(阿拉伯文版),曙光出版社2002年版,第153—154页。
② International Union of Muslim Scholars: *Islamic Charter*, International Moderation Center, Kuwait, 2008, p. 79.
③ [埃及]哲马鲁丁·穆罕默德·马哈茂德:《伊斯兰社会原则》(阿拉伯文版),埃及书局1992年版,第34页。

和睦的人类大家庭，是世界各国人民共同的责任和使命。

## 五　强化伊斯兰世界内部经济合作，探索自身发展模式

伊斯兰文明强调人类肩负着代理真主治理大地的神圣使命，合理治理世界、建设大地，是人类的职责。《古兰经》中说："他用地上的土创造你们，并使你们在大地上（建设和）居住。"（11：61）同时警告人们不要在大地上作恶："在改善地方之后，你们不要在地方上作恶，你们要怀着恐惧和希望的心情祈祷他。真主的慈恩确是临近行善者的。"（7：56）因此，伊斯兰"中间主义"主张大力发展伊斯兰国家的经济，因为阿拉伯伊斯兰世界虽然人口众多，地域辽阔，资源丰富，但经济发展水平却远远落后于许多地域狭小、资源稀缺的发达国家，经济落后严重制约着阿拉伯伊斯兰国家的社会进步，因此发展民族经济是阿拉伯伊斯兰国家任重道远的历史使命。

当代伊斯兰"中间主义"同时强调，发展经济既要自力更生，艰苦奋斗，又要学习借鉴发达国家经验，取其长，弃其短，探索适合自身实际的发展模式，走全面协调的可持续发展之路，以避免重蹈许多国家盲目发展、单纯追求经济效益而忽视人文关怀和环境保护的覆辙。而要走全面协调的可持续发展之路，首先要对社会发展有一种全面的战略性思考，奉行中正之道，因为社会发展绝不只是经济发展，更包括人的全面发展，因此在经济建设中同样要高度重视道德建设，要将信仰、道德、法律和经济活动融为一体，从而提升和丰富经济发展中的人文内涵，"圣训中讲，'善哉！廉洁者手中的合法财富'这段圣训清楚地指示给我们伊斯兰的经济观和财富观，就是说，合法财富越多越好，它在廉洁者手中益己又益人"[1]。

因此，真正的穆斯林，就要致力于"建设大地，实现发展，保护环境。要在改善人类生活、美化生活环境的各个方面相互合作，并将此视为对真主的崇拜和为主道的奋斗"[2]。伊斯兰教不仅要求穆斯林敬主

---

[1]　[沙特阿拉伯] 阿卜杜·卡里姆·巴卡尔：《伊斯兰视域中的全面发展》（阿拉伯文版），穆斯林书局1997年版，第334页。

[2]　[卡塔尔] 尤苏夫·盖尔达维：《论伊斯兰中间主义及文化创新》（阿拉伯文版），盖尔达维伊斯兰中间主义与文化更新研究中心2009年版，第220页。

爱人,还要求穆斯林在代治大地的过程中,善待一切生灵,怜山惜水,热爱自然,保护自然,与自然和谐相处,对自然资源的取用合理有度,尽最大努力维护自然界的生态平衡。

当代伊斯兰"中间主义"主张,阿拉伯伊斯兰国家的经济发展,不应盲目追随西方或东方,跟在人后亦步亦趋,而应探索适合自身实际的经济模式和发展道路,尤其要重视科学知识与伦理道德在经济建设中的重要作用,应当建设和完善自己的伊斯兰经济模式和金融体系,强化伊斯兰国家之间的经济合作,要"通过知识和经验、信仰和道德来增强民族经济,并致力于在各方面予以完善,依照伊斯兰教法及其基本宗旨致力于建设既有别于资本主义经济,也不同于共产主义经济的伊斯兰经济"①。

当代伊斯兰"中间主义"认为,要提升阿拉伯伊斯兰国家的发展水平和经济实力,在有稳定的政治环境的前提下,必须大力提高科技水平,并实行经济改革,发展民族工业,减少对进口产品的依赖,并强化伊斯兰国家之间的经济合作。"让人羞愧的是,我们的国家至今尚未进入工业化的时代,就连最小的日常用具也要从别人那里购买,更不要说那些重工业和军工产品了……穆斯林国家之间的经济联系和交流较之它们与其他国家之间联系和交流显得十分有限和薄弱。要是穆斯林国家实现经济一体化,在相互贸易和技术转让中减免关税,彼此照顾,那将会大大有助于这些国家的经济发展,伊斯兰世界将会成为一个强大的经济实体,伊斯兰七国②经济合作经验就是一个很好的例证。"③

显然,当代伊斯兰"中间主义"力图探索一条适合阿拉伯伊斯兰

---

① [卡塔尔]尤苏夫·盖尔达维:《论伊斯兰中间主义及文化创新》(阿拉伯文版),盖尔达维伊斯兰中间主义与文化更新研究中心2009年版,第221页。

② 实为八国,即"伊斯兰发展中八国集团(D-8)",成员包括伊朗、土耳其、孟加拉国、马来西亚、印度尼西亚、巴基斯坦、阿尔及利亚和埃及八个人口较多并具有一定经济实力和国际影响力的伊斯兰发展中国家。该合作组织成立于1997年,旨在促进伊斯兰发展中国家内部的政治和经贸合作。2006年5月,在第五届伊斯兰发展中八国集团首脑会议上,八国签署了《优惠贸易协议》。据统计,虽然八国集团间的贸易额已经从1999年的145亿美元增加到了2004年的330亿美元,增幅达127%,但各成员国间的贸易额还不及它们对外贸易总额的4%。因此,经济界人士认为,该组织成员国间有待开拓的经贸合作空间巨大,而各伊斯兰国家间的经贸合作空间更为广阔,问题在于如何建立其有效合作的长效机制。

③ International Union of Muslim Scholars: *Islamic Charter*, International Moderation Center, Kuwait, 2008, p. 128.

国家自身文化传统和现实处境的发展道路，这条路，既要与国际接轨，融入世界的发展，又要独立自主，保持自身的特色。这种努力无疑是难能可贵、值得称道的。

# 第三章　当代伊斯兰"中间主义"思潮的代表人物及重要学术活动

在当代阿拉伯伊斯兰世界，有许多宗教学者、哲学家、思想家以及一些政治领导人都在不同层面倡导和推动伊斯兰"中间主义"思潮的发展。本章重点评介了当代伊斯兰"中间主义"思潮的倡导者、世界穆斯林学者联合会主席尤苏夫·盖尔达维的"中间主义"思想及其影响，并就当代伊斯兰"中间主义"思潮在学界和政界的其他一些代表性人物以及有关伊斯兰"中间主义"思潮的研究机构、重要学术活动、有关著作、期刊和网站等做了简要介绍。

## 第一节　尤苏夫·盖尔达维的伊斯兰"中间主义"思想

在当代阿拉伯伊斯兰世界积极倡导伊斯兰"中间主义"思潮的众多学者中，尤以世界穆斯林学者联合会（الاتحاد العالمي لعلماء المسلمين）主席、卡塔尔大学教授尤苏夫·盖尔达维（يوسف القرضاوي）[①]的成就和影响最为突出，也最具代表性，他甚至被誉为当代伊斯兰"中间主义"思潮的旗手，故这里就盖尔达维及其"中间主义"思想作一简要评介。

---

[①] 这里将يوسف القرضاوي译写为"尤苏夫·盖尔达维"，系根据中国地图委员会1979年10月制订的"阿汉译音表"译出。另见有"优素福·格尔达威"、"优素福·卡尔达威"、"优苏福·格尔塔威"、"尤素福·卡拉达维"等不同用字的译称。本书中的阿拉伯人名翻译除约定俗成者外，均按照该译音表译出。

## 一 尤苏夫·盖尔达维的生平与著述

### 1. 尤苏夫·盖尔达维的生平

尤苏夫·盖尔达维博士于 1926 年 9 月 9 日出生在埃及北部农村一个叫作索夫特·土拉卜（صفت تراب）的村庄，他幼年入本村私塾，接受传统启蒙教育，不到 10 岁就已通背《古兰经》。后往埃及第三大城市坦塔上中学（爱资哈尔大学附属学校），学习期间，热衷于法学、文学及诗歌创作。毕业后赴开罗，进入爱资哈尔大学学习，1953 年以优异成绩毕业，在 180 名毕业生中名列第一，获宗教原理学系学士学位。之后继续在爱资哈尔大学深造，攻读硕士和博士学位。1954 年获得爱资哈尔大学阿拉伯语言系教师资格证，成绩在 500 名毕业生中名列第一；1958 年获得爱资哈尔大学阿拉伯语言文学准硕士学位；1960 年在爱资哈尔大学宗教原理系获得硕士学位；1973 年以优异成绩获得爱资哈尔大学博士学位，博士论文为《论天课及其在解决社会问题中的作用》。

从爱资哈尔大学毕业后，盖尔达维一度任职于埃及国家宗教事务部，后调至爱资哈尔大学出版社工作。1961 年前往卡塔尔任教。1973 年受聘于卡塔尔大学，负责筹建卡塔尔大学伊斯兰研究系并担任该系主任；1977 年又负责创建卡塔尔大学法学系，并担任该系主任直至 1990 年；1990—1991 年一度被借调到阿尔及利亚大学工作。返回卡塔尔后，又创建了卡塔尔大学圣训与圣史研究中心（مركز بحوث السنة والسيرة النبوية بجامعة قطر），并担任该中心主任。

盖尔达维目前仍供职于卡塔尔大学，并担任世界穆斯林学者联合会主席、世界伊斯兰联盟教法委员会委员、伊斯兰合作组织（原伊斯兰会议组织）教务委员会专家、欧洲伊斯兰教法裁判与研究委员会（the European Council for Fatwa and Research）主席、卡塔尔高等教育委员会委员、卡塔尔伊斯兰教法仲裁机构成员、科威特国际天课机构副主席、约旦皇家伊斯兰文明研究院院士、英国牛津伊斯兰研究中心研究员、印度伊斯兰文学协会会员、埃及伊斯兰经济协会会员以及多家伊斯兰银行和金融机构顾问等众多兼职，经常应邀到阿拉伯伊斯兰世界各著名大学讲学，参加各类学术会议，发表演说，接受报刊、电台、电视台、网络等各类公共媒体的采访，解惑释疑，针砭时弊，受到各方好评。近年来，盖尔达维在卡塔尔半岛电视台《教法与生活》节目中担任主讲，受到中东地区众多观众的喜爱。

盖尔达维卓越的学术成就为他赢得了各种荣誉和奖项，其中主要有：1990年，获伊斯兰发展银行伊斯兰经济奖；1992年，获沙特阿拉伯费萨尔国王世界伊斯兰研究成就奖；1996年，获马来西亚国际伊斯兰大学学术贡献特别奖；1997年获文莱哈桑素丹伊斯兰教法学奖；2000年获阿拉伯联合酋长国政府颁发的伊斯兰个人年度成就奖；2008年12月，卡塔尔政府授予盖尔达维国家荣誉奖，表彰他对伊斯兰"中间主义"的大力倡导以及他在现代伊斯兰法学领域中取得的突出成就；2009年12月，盖尔达维获得马来西亚国家崇高荣誉奖"先知迁徙"奖，马来西亚国王参加了颁奖仪式，并亲自向盖尔达维授奖，国王高度评价盖尔达维倡导的伊斯兰"中间主义"思想以及他在伊斯兰研究领域的出色建树；2010年11月，盖尔达维又荣获约旦国王阿卜杜拉二世颁发的最高独立勋章。

2. 尤苏夫·盖尔达维的著述

盖尔达维学识渊博，好学善思，一生都在求学、教学与治学中度过，他长期笔耕不辍，至今已有140多部著作问世，这些著作不仅见解独到，思想深邃，而且辞藻雅赡，文采斐然，埃及、黎巴嫩、卡塔尔、阿拉伯联合酋长国、科威特等阿拉伯各国的著名出版社争相出版，行销阿拉伯伊斯兰世界，广受欢迎，有些著作甚至再版数十次，不少著作还被译为英文、法文、马来文等多种语言。限于篇幅，这里虽不能列举其所有著述，但不妨列出其中部分著作名称，从中不难看出盖尔达维出色的学术成就。

(1)《伊斯兰教中的合法与非法》(الحلال والحرام في الإسلام)

(2)《伊斯兰法中的教法创制》(الاجتهاد في الشريعة الإسلامية)

(3)《原则性与灵活性之间的教法裁判》(الفتوى بين الانضباط والتسيب)

(4)《传统与维新之间的伊斯兰法学》(الفقه الإسلامي بين الأصالة والتجديد)

(5)《张弛之间的当代教法创制》(الاجتهاد المعاصر بين الانضباط والانفراط)

(6)《论穆斯林少数族群的教法》(في فقه الأقليات المسلمة)

(7)《论天课》(2册)(فقه الزكاة)

(8)《论吉哈德》(2册)(فقه الجهاد)

## 第三章 当代伊斯兰"中间主义"思潮的代表人物及重要学术活动

(9)《当代教法裁判》(3册)（فتاوى معاصرة）

(10)《论伊斯兰教法中的优选原则》（في فقه الأوليات）

(11)《伊斯兰教的基本特征》（الخصائص العامة للإسلام）

(12)《认主独一论的实质》（حقيقة التوحيد）

(13)《信仰与人生》（الإيمان والحياة）

(14)《伊斯兰视域中的宗教自由与多元主义》
（الحرية الدينية والتعددية في نظر الإسلام）

(15)《〈古兰经〉关于理智与知识的论述》（العقل والعلم في القرآن الكريم）

(16)《圣训研究》（المدخل لدراسة السنة النبوية）

(17)《圣训：知识与文明之源》（السنة مصدرا للمعرفة والحضارة）

(18)《传统与现代之间的阿拉伯伊斯兰文化》
（الثقافة العربية الإسلامية بين الأصالة والمعاصرة）

(19)《开放与封闭之间的阿拉伯伊斯兰文化》（ثقافتنا بين الانفتاح والانغلاق）

(20)《如何对待文化遗产和教派分歧》
（كيف نتعامل مع التراث والتمذهب والاختلاف）

(21)《教派对话和亲善的原则》（مبادئ في الحوار والتقريب بين المذاهب الإسلامية）

(22)《论贫困问题及伊斯兰的解决之道》（مشكلة الفقر وكيف عالجها الإسلام）

(23)《伦理道德在伊斯兰经济中的作用》
（دور القيم والأخلاق في الاقتصاد الإسلامي）

(24)《论天课在处理经济问题中的作用》
（دور الزكاة في علاج المشكلات الاقتصادية）

(25)《伊斯兰社会中的非穆斯林》（غير المسلمين في المجتمع الإسلامي）

(26)《明天的穆斯林女性》（مسلمة الغد）

(27)《哪里出错了？》（أين الخلل؟）

(28)《伊斯兰教与世俗主义面对面》（الإسلام والعلمانية وجها لوجه）

(29)《关于伊斯兰教及当代问题的对谈》(2册)
（لقاءات ومحاورات حول قضايا الإسلام والعصر）

(30)《论中间主义及其特征》（كلمات في الوسطية ومعالمها）

(31)《论伊斯兰中间主义及文化创新》（فقه الوسطية الإسلامية و التجديد）

(32)《伊斯兰觉醒与阿拉伯伊斯兰国家的忧患》

（الصحوة الإسلامية وهموم الوطن العربي والإسلامي）

(33)《合法分歧与非法分裂之间的伊斯兰觉醒》

（الصحوة الإسلامية بين الاختلاف المشروع والتفرق المذموم）

(34)《否定与极端之间的伊斯兰觉醒》

（الصحوة الإسلامية بين الجحود والتطرف）

(35)《伊斯兰觉醒：从稚嫩走向成熟》

（الصحوة الإسلامية من المراهقة إلى الرشد）

(36)《希望与忠告之间的伊斯兰觉醒》

（الصحوة الإسلامية بين الآمال والمحاذير）

(37)《妄断叛教的极端现象》（ظاهرة الغلو في التكفير）

(38)《宗教与政治》（الدين والسياسة）

(39)《世纪之交的伊斯兰民族》（أمتنا بين قرنين）

(40)《全球化时代的伊斯兰话语》（خطابنا الإسلامي في عصر العولمة）

(41)《伊斯兰教与暴力》（الإسلام والعنف）

(42)《我们与西方：棘手问题与果断回答》

（نحن والغرب: أسئلة شائكة وأجوبة حاسمة）

(43)《科学时代的宗教》（الدين في عصر العلم）

(44)《伊斯兰与艺术》（الإسلام والفن）

(45)《赞扬者与批评者之间的伊玛目安萨里》

（الإمام الغزالي بين مادحيه وناقديه）

(46)《盖尔达维讲演录》(7 册)（خطب الشيخ القرضاوي）

(47)《芳香与狂飙》（诗集）（نفحات ولفحات）

(48)《学者与暴君》（历史剧）（عالم وطاغية）

(49)《诚实的尤苏夫》（诗剧）（يوسف الصديق）

(50)《乡村和私塾的孩子》（回忆录，目前已出版 4 卷）

（ابن القرية والكتاب）

除了等身的著述之外，尤苏夫·盖尔达维还发表了大量演讲、学术报告、媒体访谈等，现在汇编出版的只是其中一部分。这些演讲、报告和访谈，不仅浓缩和反映了盖尔达维的学术成果，而且体现出他对许多现实问题的睿智思考，因此同样具有深邃的思想和重要的学术价值。

## 二 尤苏夫·盖尔达维的伊斯兰"中间主义"思想

盖尔达维是当代阿拉伯伊斯兰世界公认的著名思想家、法学家、教育家、圣训学家、古兰经注学家、作家和诗人，堪称当代阿拉伯伊斯兰世界顶尖级的"国学大师"，他的学术研究深深根植于传统文化的沃土，涉及范围十分广泛，几乎囊括了伊斯兰文化传统学科的各个领域，既有继承又有创新，在诸如政治、经济、社会等诸多新兴人文学科领域也很有建树。盖尔达维的思想深邃博大，既有厚重的历史底蕴，又有鲜明的时代精神。区区短篇，实难全面评介，这里仅从几个方面略加解说，或可看出其思想风貌之一斑。

1. 宗教哲学思想

盖尔达维倡导伊斯兰"中间主义"，强调中正和谐，公正宽容，其伊斯兰"中间主义"宗教哲学思想源于悠久的伊斯兰文化传统。伊斯兰哲学历来强调诸如天启与理性、前定与自由、今世与后世、精神与物质、人文与科学、个人与集体、家庭与社会、权利与义务、继承与创新等之间的中正平衡，不偏不倚；主张公平正义，反对极端暴虐，追求人主和谐、人际和谐以及人与自然的和谐。认为大至宇宙万象，小至个人身心，都需要保持和谐，否则就会紊乱无序，出现天灾人祸，导致灾难和痛苦。在伊斯兰教看来，天体的运行，草木的枯荣，昼夜的轮回，四季的交替……整个宇宙万物，无不演奏着经久不衰的和谐之音。这就是"中间主义"哲学所要传承和发扬的思想精髓。

盖尔达维说："中间主义思潮将信仰与科学融于一体，将理性与经典协调一致，将今世与后世紧密相连，吸纳各种有益的新鲜事物，继承一切优良的传统，在目标与全局性问题上坚持原则，在方法与细节问题上灵活务实，使伊斯兰根本大法的恒数与时代的变数平衡协调，不忘历史，紧跟时代，展望未来。中间主义呼唤温和的宗教宣传和简易的教法裁判，倡导文明对话、宽容异己以及循序渐进的变革；强调开展有条件的创制和有原则的创新，不过分，无不及，不极端，不夸大；重建设，不破坏；讲团结，不分裂……"①

对伊斯兰"中间主义"思想中的许多哲学命题，盖尔达维在一系列论著中都有详尽论述，他特别强调宗教与科学、经典与理性、传统与现代的统一与协调。认为"科学并不是宗教信仰的敌人和对立面，而是通向信仰的向导"②。"在我们的文化中，科学与宗教、理性与经典没有冲突。科学就是我们的宗教，宗教就是我们的科学；科学是信仰的指南，信仰是科学的统帅；理性是经典的基石，经典激励着理性，可靠的经训与健全的理性毫不矛盾。"③ 同时，科学也不是医治百病的灵丹妙药，忽视人文精神和伦理道德的"科学主义"，在给人类带来物质享受的同时，也会把人类推向难以预测的危险深渊的边缘，"这个奉行西方化和科学主义的现代世界所带来的各种心灵和精神疾病，已使人们昼夜不宁，寝食难安。对此，哲学家和思想家们已有所觉察和警惕；那些资深科学家们更是耳闻目睹，感同身受；而文学家和艺术家们则有生动的描述；新闻记者们也有关注和报道"④。盖尔达维指出："在真正的传统与真正的现代之间也没有矛盾，如果我们正确地理解了传统与现代的实质，我们就会成为最前沿的现代主义者和最正宗的传统主义者。而只有当我们认为传统就是禁闭于昔日的囚牢，现代就是旋转于西方的磨盘时，传统与现代才会相抵触。"⑤

盖尔达维认为，敬主爱人，追求和平，公正宽容，守正不偏，是伊斯兰哲学的基本价值观，也是伊斯兰文化的优良传统，他坚信，秉承这一传统、坚持这一理念的伊斯兰"中间主义"思潮已然成为当代阿拉伯伊斯兰世界的主流思潮，必将持续发展，具有持久的生命力，"而其

---

① ［卡塔尔］尤苏夫·盖尔达维：《世纪之交的伊斯兰民族》（阿拉伯文版），曙光出版社2002年版，第171页。

② ［卡塔尔］尤苏夫·盖尔达维：《信仰与人生》（阿拉伯文版），使命书局1998年版，第279页。

③ ［卡塔尔］尤苏夫·盖尔达维：《传统与现代之间的阿拉伯伊斯兰文化》（阿拉伯文版），使命书局1994年版，第195页。

④ ［卡塔尔］尤苏夫·盖尔达维：《信仰与人生》（阿拉伯文版），使命书局1998年版，第283页。

⑤ ［卡塔尔］尤苏夫·盖尔达维：《传统与现代之间的阿拉伯伊斯兰文化》（阿拉伯文版），使命书局1994年版，第195—196页。

他各种极端思潮将会是短命的,因为极端主义虽可盛行一时,却难以持久延续"①。在伊斯兰历史上,坚守中正之道的正统派,曾与诸如哈瓦利吉派、穆尔太齐赖派等各种极端主义派别和思潮作了针锋相对的斗争。伊斯兰文明广泛传播、绵延不绝的历史证明,作为《古兰经》和"圣训"基本精神的中正和谐之道,是伊斯兰文明的成功之道。而这也正是盖尔达维"中间主义"哲学思想的核心所在。

2. 政治思想

在世纪之交中东形势与国际格局发生巨变的背景下,最能反映盖尔达维政治思想风貌的,或许就是他对各种极端主义的深刻批判和对暴力恐怖活动的严厉谴责。

盖尔达维明确谴责"9·11"事件以及发生在埃及、阿尔及利亚、沙特阿拉伯、印度尼西亚、菲律宾等国家的针对无辜平民(包括外国旅游者)的恐怖袭击和暴力活动,认为那些打着伊斯兰教旗号,伤害无辜百姓的各种恐怖行径和暴力活动,实际上都有各自的政治企图,与伊斯兰教和平宽容的价值观背道而驰。盖尔达维说,使用暴力手段,伤害无辜的所有行径都是恐怖主义,其中包括劫持飞机、绑架人质、杀害外国旅游者等,他同时指出,必须将暴力恐怖活动与合法抵抗区分开来,因为"天启宗教、人间法律、国际惯例以及人类普世价值都赋予被侵略者自卫的权利"②。2001 年 10 月在罗马举行的伊斯兰教与基督教对话会上,盖尔达维郑重地表明了自己的反恐立场,他说:"我以自己的名义,并以全体穆斯林学者的名义表明,我们反对恐怖主义,反对那种威胁平民、杀害无辜者的恐怖主义;但对保卫自己的祖国和生命尊严不受侵犯的自卫行动,我们不认为是恐怖主义,将其视为恐怖主义是不公正的,因为那是合法抵抗。"③

在谴责各种极端主义行径和暴力恐怖活动的同时,盖尔达维还进一步分析了滋生极端主义和暴力恐怖活动的社会背景、思想根源,认为阿

---

① [卡塔尔] 尤苏夫·盖尔达维:《伊斯兰教与世俗主义面对面》(阿拉伯文版),使命书局 2001 年版,第 35 页。

② [卡塔尔] 尤苏夫·盖尔达维:《伊斯兰觉醒:从稚嫩走向成熟》(阿拉伯文版),曙光出版社 2002 年版,第 328—329 页。

③ 同上书,第 329 页。

拉伯伊斯兰世界极端主义和暴力恐怖活动的猖獗具有十分复杂的原因，这些原因主要有：(1) 国际霸权和地区强权在中东地区的横行无阻以及对巴勒斯坦人民合法权益的长期侵害；(2) 阿拉伯伊斯兰国家普遍存在的专制体制与严重腐败及其所导致的严重的社会不公；(3) 一些极端主义者对伊斯兰教有关经文的曲解。① 盖尔达维还进一步分析说，极端主义者之所以执着于暴力活动，不仅有复杂的社会原因，更是有一套理论说辞，"那些暴力组织的理论认为，阿拉伯国家的现政权是非法的，更准确地说，是异教的政权，因为它没有依照真主的法度执政，据此就可以裁定其叛教罪，应当武力讨伐，直至移交政权于别人"。极端主义者还引经据典，以历史上哈里发艾布·伯克尔讨伐拒交天课者为依据，盖尔达维指出："这些人忘记了实施对异端邪说的讨伐，必须要由主事的执政者决策，正如艾布·伯克尔一样，而不是由普通百姓去随意决策，否则，社会岂不陷于动荡与混乱！"②

盖尔达维指出，必须坚决反对极端主义和暴力恐怖活动，因为它背离了伊斯兰教的根本精神，损害了阿拉伯伊斯兰国家广大人民的根本利益，给穆斯林社会带来许多严重危害。这些危害主要有：

(1) 误导和蒙蔽了一些热血青年，将他们引向歧途，使他们荒废学业，不务正业，铤而走险，最终锒铛入狱，甚至付出生命的代价；

(2) 损害了伊斯兰教和穆斯林热爱和平、敬主爱人的形象，使世界上许多不了解伊斯兰教的人误认为伊斯兰教是倡导暴力的宗教，穆斯林是铁石心肠的好斗者，更给那些攻击伊斯兰教和穆斯林的人提供了口实，他们妄称伊斯兰教和穆斯林是世界和平的威胁；

(3) 损害了伊斯兰复兴事业的发展，尤其使倡导中正和谐的伊斯兰"中间主义"思潮的传播受到阻碍，难以顺利开展宽容的对话；

(4) 使阿拉伯伊斯兰国家陷入持久的内讧、动荡与分裂之中，穷于应付，无暇顾及建设，难以创新进取，丧失发展机遇，更无实力应对

---

① ［卡塔尔］尤苏夫·盖尔达维：《伊斯兰教与暴力》（阿拉伯文版），曙光出版社 2005 年版，第 41—42 页。

② 同上书，第 43—45 页。

真正的敌人。①

盖尔达维还强调，反对和消除极端主义和恐怖主义必须标本兼治，注意方法和策略，不能以极端对极端，以恐怖反恐怖，尤其要加强对青少年一代的思想教育和舆论宣传工作，正本清源，倡导"中间主义"思想，弘扬伊斯兰教中正宽容的价值观，致力于实现社会公正、建立互信与和谐。他还特别提醒人们注意，极端主义思想和暴力恐怖活动并非阿拉伯伊斯兰世界所特有的现象，而是一个世界性的问题，因此反恐需要全球合作，不能奉行双重标准，由某一个国家说了算。②

盖尔达维在学生时代曾受到穆斯林兄弟会思想的影响，而且还积极追随兄弟会，他因此受到政治上的牵连，一度遭到监禁，这促使他远离埃及的政治活动，开始踏上了治学生涯，发奋著书立说，毕生致力于教学与研究工作。随着自己学术研究的步步深入、人生阅历的不断丰富和政治思想的日趋成熟，盖尔达维对兄弟会的一系列主张特别是其政治主张多有反思和批评，并明确表示反对兄弟会的激进思想和极端做法。他说："我对哈桑·班纳的有些观点并不赞同，如他反对多党制，主张协商对于统治者是自由而非必定。我对赛义德·茂杜迪的有些观点也不赞同，如他对我们伊斯兰历史的苛刻。我对赛义德·古图布③的很多观点也持保留态度……"④

对穆斯林兄弟会中某些人的一些极端思想，盖尔达维批评道："在一些伊斯兰主义者的眼中，丰富多彩的世界只有黑白两种颜色，其中再没有第三种其他颜色。甚至有人将所有颜色归为黑色一种，并以此眼光

---

① ［卡塔尔］尤苏夫·盖尔达维：《伊斯兰教与暴力》（阿拉伯文版），曙光出版社 2005 年版，第 53—54 页。

② ［卡塔尔］尤苏夫·盖尔达维：《伊斯兰觉醒：从稚嫩走向成熟》（阿拉伯文版），曙光出版社 2002 年版，第 328—331 页。

③ 哈桑·班纳（1906—1949）是埃及穆斯林兄弟会的创始人，主张建立真正意义上的伊斯兰国家，使一切权力归于真主；赛义德·茂杜迪（1903—1979）是巴基斯坦伊斯兰复兴运动的思想家，主张在巴基斯坦成立纯粹的伊斯兰政府，认为先知及四大哈里发之后的伊斯兰历史，是远离伊斯兰教的历史；赛义德·古图布（1906—1966）是穆斯林兄弟会的重要思想家，他认为，20 世纪的人类社会，包括穆斯林社会，依然是蒙昧主义的社会，因此必须彻底改造，重建真正的伊斯兰秩序，使一切权力回归真主。

④ http://www.qaradawi.net/site/topics/article.asp?cu_no=2&item_no=5252&version=1&template_id=116&parent_id=114.

来观察所有的人和事。在这种黑色视野中,早已为一切问题准备好连发炮弹一样的现成答案:所有的社会统统是蒙昧主义的;全部的生活都是犯罪;人们全是异教徒和伪信者;整个世界一片漆黑;现代生活中的一切娱乐和艺术,全是非法……在赛义德·古图布的著作中,浸透着对整个社会是蒙昧主义的宗教否定(تكفير المجتمع),将宣传劝谕工作推向建立伊斯兰制度,嘲讽教法维新与创制,号召与社会划清界限,断绝与他人的关系,向所有人宣战,蔑视中和宽容精神的倡导者,指斥他们在西方文明面前的天真表现与精神溃败。"[1]

盖尔达维同样对阿拉伯伊斯兰世界的现状不满,对专制独裁与社会不公更是深恶痛绝,认为社会变革和民主进程是当务之急,但必须要以对话的方式循序渐进地开展,而不可诉诸暴力,更不能由外部力量来强加。盖尔达维强调,对内要求同存异,协调立场,谋求阿拉伯伊斯兰民族的团结统一;对外要尊重异己,开展文明对话,正如《古兰经》中所说:"众人啊!我确已从一男一女创造你们,我使你们成为许多民族和宗族,以便你们互相认识。"(49:13)文明的多样性为相互对话和交流提供了广阔空间,只有通过对话,人类才能相互认识和理解,进而相互体恤,同舟共济,实现人类社会的和平、和谐与发展。这既是盖尔达维政治思想的核心,也是当代伊斯兰"中间主义"思潮的基本政治主张之一。

3. 法学思想

尤苏夫·盖尔达维被认为是当代阿拉伯伊斯兰世界少有的具有高超演绎与创制能力的教法学家,他在伊斯兰法学领域的成就特别引人注目,对许多教法问题都有自己独到的看法,在有关教法创制、教法中优选原则、穆斯林少数族群的教法、现代教法、伊斯兰经济等诸多方面都很有创见。

"教法创制"(الاجتهاد)是伊斯兰教法学的一个重要术语,又译"独立判断"、"教法演绎"等,指的是以《古兰经》和"圣训"为依据,通过公议、类比、推理等方法,对遇到的新情况、新问题做出

---

[1] [卡塔尔] 尤苏夫·盖尔达维:《伊斯兰觉醒:从稚嫩走向成熟》(阿拉伯文版),曙光出版社2002年版,第243—244页。

相应的法律判断和裁决并得出结论的推演过程。从本质上讲，教法创制是伊斯兰教的一种自我更新机制，"正是有赖于教法创制这一重要机制，伊斯兰文明才得以绵延发展千百年而仍具活力，因此，从广义上而言，教法创制的实质就是今天我们所说的文化创新"①。盖尔达维特别强调在今天这个日新月异的时代重启教法创制、开展文化创新的重要性，认为没有与时俱进、正确有效的教法创制，就没有今天的伊斯兰教法，"开展教法创制，既是伊斯兰教的天职，也是时代的必需"。"如果我们依然兜售'创制之门关闭说'，以早已逝去的古人的思维方式来思考，而不是以我们自己的头脑来思考，就绝不能解决今天的教法问题。"②

盖尔达维认为，在今天，不同宗教、不同文化、不同国家、不同民族的人民之间，相互交往变得空前频繁和密切，穆斯林必须以更加开放的胸怀来对待异己文明，而不能偏居一隅，故步自封，自言自语，自外于世界。在全球化时代，伊斯兰教的话语应当有所变化，"这种变化并不是基本信仰、道德准则和法律原则的变化，而是对宗教的表述方式的变化"。事实上，"不同的时代有不同的话语方式，麦加时期古兰经文的表述就与麦地那时期的经文不同"③。

正是基于这样的认识，盖尔达维始终执着于教法创制工作，对全球化时代出现的一系列教法问题都发表了独到而公允的见解。他强调，教法创制工作要不断吐故纳新，与时俱进，教法裁判（法塔瓦）不可因循守旧，抱残守缺。时空的不断变迁和社会的持续发展"要求我们在今天这个时代，应当重新审视历史上曾经有过的一些观点或被采纳过的一些意见，这些观点和意见，或许适合那些时代的特殊情形，但却早已不适合今天这个日新月异、前人无法想象的时代。如果我们今天依然采用那些观点，就会危害伊斯兰教和穆斯林民族，损害伊斯兰的形象。例如，在过去的一些观念中，曾将世界划分为伊斯兰的和平区（دار إسلام）

---

① 丁俊：《论教法创制与文化创新》，载《阿拉伯世界研究》2006 年第 4 期。
② ［卡塔尔］尤苏夫·盖尔达维：《论穆斯林少数族群的教法》（阿拉伯文版），曙光出版社 2005 年版，第 40 页。
③ ［卡塔尔］尤苏夫·盖尔达维：《全球化时代的伊斯兰话语》（阿拉伯文版），曙光出版社 2004 年版，第 17—22 页。

和非伊斯兰的战争区（دارحرب），认为穆斯林和非穆斯林的关系从根本上而言是一种敌对的战争关系，因此，对非穆斯林的讨伐（吉哈德）是穆斯林民族的集体主命，如此等等。事实上，这些说法不但早已过时，而且在伊斯兰教的经典明文中并没有支持这种说法的任何依据，经典明文中的说法与此恰恰相反，伊斯兰教不仅鼓励全体人类之间的相互了解，正如《古兰经》中说：'我使你们成为许多民族和宗族，以便你们互相认识。'（49：13）更将追求和平、摈弃战争视为真主的一种恩惠……"①

盖尔达维强调要坚持伊斯兰教法中的优选原则，指出阿拉伯伊斯兰世界所发生的各种社会失衡问题，其重要原因之一就在于忽视了优选原则，以致穆斯林在应对各种问题、从事各项工作时没有轻重缓急，往往主次不分，甚至本末倒置，他说："我们时常发现，那些没有真知灼见的人，总是将各种工作一视同仁，不加区分，甚或作出有悖于伊斯兰原则的判定，这样便导致过激或不及，置伊斯兰教于极端与怠慢之中……我看到一些心地善良的穆斯林慷慨捐资，在那些清真寺比比皆是的地方，耗费五十万或一百万，甚至更多的埃镑或美元来修建清真寺。可是，当你请求他捐献同样数额，或者仅其一半或四分之一的数额用于宣传事业……你会发现他们置若罔闻，不理不睬，因为他们相信修建砖石，而不相信培养人才！"②

盖尔达维还着力构建关于穆斯林少数群体的教法体系，他认为，那些生活在非伊斯兰国家的穆斯林少数群体，在政治、经济、社会、法律等诸多方面的不少问题上都具有一定的特殊性，因此必须考虑到当地的具体情形，相关教法应有一定的灵活性。"在伊斯兰国家之外，远离穆斯林社会的穆斯林少数群体需要有特殊的教法，这一教法要立基于正确创制，关注他们所处环境的特殊情况，他们不能将伊斯兰教的法律强加于当地社会，相反，他们还要服从当地的法律和制度，而其中的一些法

---

① ［卡塔尔］尤苏夫·盖尔达维：《全球化时代的伊斯兰话语》（阿拉伯文版），曙光出版社 2004 年版，第 77 页。

② ［卡塔尔］尤苏夫·盖尔达维：《论伊斯兰教法中的优选原则》（阿拉伯文版），馈赠书局 2000 年版，第 15 页。

第三章 当代伊斯兰"中间主义"思潮的代表人物及重要学术活动　141

制是与伊斯兰法相左的。"①

盖尔达维特别强调在教法裁判中应当坚持中正、宽容、简易的原则，切忌偏激、狭隘和苛刻，既不可食古不化，恪守教条，又不可数典忘祖，背弃传统，既要考虑普遍性，又不忽视特殊性。这些原则在他的一系列法学著作中都有充分体现。早在 1960 年问世的《伊斯兰教中的合法与非法》，正是因为其立论的中和与宽容而使盖尔达维一举成名，这部法学著作在广受好评的同时，也受到一些教条主义者的苛求和批评，甚至有人讥讽作者还不如将书名改为《伊斯兰教中的合法与合法》，意即书中讲的教律太过宽松。作者就此在回忆录中说："我不敢妄言《合法与非法》一书获得了所有人的青睐，说它得到所有人的喜欢，既不是事实，也不可能，因为要取悦所有人是无法实现的目标。这本书是本着中正宽容的原则取用教法律例的，而中正原则是极左与极右两派都不喜欢的。"②

概言之，盖尔达维的法学思想，始终贯穿着中正宽容的精神，坚持原则，灵活务实，推陈出新，关注现实，既有浓郁的民族气息，又有鲜明的时代特征。

### 三　尤苏夫·盖尔达维伊斯兰"中间主义"思想的影响与意义

盖尔达维作为当代伊斯兰"中间主义"思潮的重要代表人物，他所倡导的宽容温和、中正和谐的思想，不仅影响广泛，而且意义重大。

如前所述，盖尔达维的许多著述多次出版发行，广受欢迎，他的中和思想和一系列教法主张在伊斯兰世界得到普遍好评和广泛认同，他甚至被誉为今天伊斯兰世界最杰出的教法学家和维新家。如今，年届九旬的盖尔达维依然思维敏捷，才思如泉涌，活跃在学术前沿，不懈地为弘扬伊斯兰教的中正和谐之道而摇旗呐喊。在盖尔达维的大力倡导下，"世界穆斯林学者联合会"会刊《中正的民族》（الأمة الوسط）在 2009 年

---

① ［卡塔尔］尤苏夫·盖尔达维：《论穆斯林少数族群的教法》（阿拉伯文版），曙光出版社 2002 年版，第 30—31 页。

② ［卡塔尔］尤苏夫·盖尔达维：《乡村和私塾的孩子》（阿拉伯文版）第 2 卷，曙光出版社 2002 年版，第 302 页。

初正式创刊发行,盖尔达维为第 1 期创刊号撰写了发刊词并撰写了长篇文章,他在发刊词中称,倡导和宣传"中间主义",追求中正和谐之道,是他毕生的事业。①

由于盖尔达维卓越的学术成就以及对卡塔尔国家高等教育事业的突出贡献,他不仅赢得了卡塔尔朝野的一致敬重,而且赢得了伊斯兰世界的广泛赞誉,获得了"伊斯兰民族长老"(شيخ الأمة)的美称。盖尔达维少年时即胸怀壮志,中学一年级时,老师问班上同学各自的抱负,有说要当军官的,有说要像老师一样在中学任教的,而盖尔达维竟回答说要当"爱资哈尔长老"(شيخ الأزهر)。盖尔达维虽未能如愿当上爱资哈尔长老,但却赢得了"伊斯兰民族长老"的称号。有学者就此评论说,爱资哈尔长老是政府任命的,未必体现民意,有时可能还要说些违心话,而"伊斯兰民族长老"则不然,这是盖尔达维当之无愧的称号②。

为表达对这位当代德高望重的伊斯兰思想家和法学家的敬仰,2007年7月14日卡塔尔首都多哈隆重举行了"盖尔达维博士学术成就研讨会",来自阿拉伯伊斯兰国家和世界各地的著名学者和政要100多人参加了研讨会。研讨会由卡塔尔大学、卡塔尔"穆斯林对人类文明贡献研究所"及科威特伊斯兰文明研究中心共同发起。会议对盖尔达维的学术成就及其所倡导的伊斯兰"中间主义"思潮给予高度评价。阿拉伯伊斯兰世界的许多学术团体和研究机构还发来贺电,对他表示崇高敬意。科威特伊斯兰文明研究中心主任艾沙姆·巴沙尔来电说:"盖尔达维博士是当代为穆斯林民族而奋斗的伟大伊玛目。"黎巴嫩伊斯兰学者委员会秘书长谢赫费萨尔·毛拉维在贺信中说:"盖尔达维博士对当代伊斯兰文明的贡献无以言表……他应是当代穆斯林世界当之无愧的导师,是全世界穆斯林孜孜奋斗的旗手。"印度尼西亚伊斯兰法学理事会会长努尔·希达亚特博士在贺信中说:"盖尔达维博士是印度尼西亚人民最尊敬的学者……他的思想和教法判断影响了当代东南亚穆斯林社会

---

① 盖尔达维为《中正的民族》创刊号作发刊词[EB/OL].[2009-03-08]. http://www.qaradawi.net/site/topics/article.asp?cu_no=2&item_no=6852&version=1&template_id=116&parent_id=114.

② [卡塔尔]尤苏夫·盖尔达维:《乡村和私塾的孩子》(阿拉伯文版)第 1 卷,曙光出版社 2002 年版,第 210—211 页。

第三章 当代伊斯兰"中间主义"思潮的代表人物及重要学术活动 143

的发展进程,尤其是印度尼西亚和菲律宾穆斯林社会感受更深……盖尔达维博士的学术著作,大部分都被及时翻译成印度尼西亚文和马来文字……使这个地区的亿万穆斯林受益匪浅。"① 面对不绝于耳的赞誉,盖尔达维则谦虚地表示,自己"只要一息尚存,就永远是一名不断求知的学生"②。本次研讨会的成功举办足以说明盖尔达维在当代阿拉伯伊斯兰世界的影响力。

2009年11月12日至14日,盖尔达维博士还应邀到访中国,在西安参加了"中阿学者论坛",在这次论坛上,中阿学者开展了颇有价值的学术讨论,特别是就当代伊斯兰"中间主义"思潮做了专题研讨,双方学者形成诸多共识,盖尔达维就此发表了专题演讲③,得到中方与会的资深外交家杨福昌、王世杰、安惠侯以及专家学者的好评。会议期间盖尔达维还参观访问了西北大学、西安外国语大学等高校以及西安化觉巷清真大寺等穆斯林社区;在北京期间,还接受了中央电视台阿拉伯语频道《对话》栏目的专访,就中阿关系、伊斯兰"中间主义"思潮以及中东问题等回答了记者提问。④

其实,盖尔达维及其思想的影响并不局限在阿拉伯伊斯兰世界,即便在西方,他的思想也有相当影响,受到多方关注。盖尔达维曾多次应邀前往一些西方国家考察访问。在由英国《前瞻》(Prospect)杂志和美国《外交政策》(Foreign Policy)杂志联合主办的2008年度"全球最有影响力的100位知识分子"(The Top 100 Public Intellectuals)评选活动中,盖尔达维名列第三⑤,而在2005年举办的同一活动中,盖尔达维也榜上有名,位居第56名⑥。主办者称这个评选活动旨在以公开

---

① 盖尔达维与其弟子及同事们的聚会 [EB/OL]. [2007 - 09 - 08]. http://www.islam-online.net/arabic/in_ depth/shariah_ corner/qaradawi_ friends/index.shtml.
② 盖尔达维对"伊玛目"称号坚辞不就(在"盖尔达维学术研讨会"上的感言)[EB/OL]. [2007 - 07 - 14]. http://www.qaradawi.net/site/topics/article.asp?cu_ no = 2&item_ no = 5252&version = 1&template_ id = 116&parent_ id = 114.
③ 参见附录二。
④ http://arabic.cctv.com/program/dialogue_ ar/20091121/102436.shtml.
⑤ The Top 100 Public Intellectuals-the Final Rankings. [EB/OL]. [2008 - 07 - 27]. http://www.foreignpolicy.com/story/cms.php?story_ id = 4379.
⑥ The Prospect/FP Top 100 Public Intellectuals. [EB/OL]. [2005 - 10 - 01]. http://www.infoplease.com/spot/topintellectuals.html.

的评选方式来观察当前全球思想界的潮流。2005 年入选的克里斯托夫·希特辛思表示，人们确实需要将"真正的知识分子"与"专家学者"有所区别，能称得上知识分子者，"对于权威与乌托邦都需要抱有质疑的态度，还要有透过历史学家的目光分析现在、用现代人的眼界透视过去、以国际主义者的装备去看待不同文化与语言的能力"①。盖尔达维的确是这样一位"究天人之际，通古今之变"的穆斯林知识分子，不但具有炽热的本土关怀，更有非凡的全球视野。盖尔达维在约旦皇家伊斯兰战略研究中心与美国乔治敦大学联合出版的《2009 最具影响力的 500 位穆斯林》一书中名列第 9。②

值得注意的是，对盖尔达维及其所倡导的伊斯兰"中间主义"思潮也并非一片欢迎之声。除了在学术层面（尤其是教法学和圣训学方面）有一些学者发表的严谨商榷与批评外，对盖尔达维的指责更多地来自于形形色色的保守势力和极端主义者。在阿拉伯伊斯兰世界，一些保守势力认为盖尔达维的教法创制过于轻率和宽松，甚至视之为异端；而一些极端组织则视伊斯兰"中间主义"为投降主义，指斥盖尔达维与敌为友，丧失原则，因为他致力于文明对话，强调尊重异己，接纳他者。另外，由于盖尔达维旗帜鲜明地捍卫被占领土上巴勒斯坦人民的合法权益，反对美国发动的伊拉克战争，因此他还受到来自犹太复国主义极端分子和某些奉行双重标准的强权势力的攻击和指责，声称盖尔达维煽动暴力，鼓励恐怖主义。对盖尔达维的各种指责和攻击，无论是来自阿拉伯伊斯兰世界内部还是外部，实际上都在情理之中，不足为怪，因为正是盖尔达维及其所倡导的伊斯兰"中间主义"思想深深刺痛了形形色色的极端主义者，这也正好从另一个侧面说明了盖尔达维所倡导的"中间主义"思潮具有广泛的社会影响和重要的现实意义。

---

① 全球百大知识分子评选. 新京报. 张诗璐编译 [EB/OL].[2008 - 11 - 07]. http://www.xiule.com/board/d519864.htm.

② The book "The 500 Most Influential Muslims—2009", http://rissc.jo/docs/1N—WithCovers%28lowres%29.pdf.

## 第二节　倡导伊斯兰"中间主义"思潮的知名学者

### 一　伊朗学者阿亚图拉·谢赫·穆罕默德·阿里·泰斯希里

伊朗"世界伊斯兰教派亲和促进会"（المجمع العالمي للتقريب بين المذاهب الاسلامية）秘书长阿亚图拉·谢赫·穆罕默德·阿里·泰斯希里（آية الله محمد علي التسخيري，1944— ）是当代伊朗著名的伊斯兰学者，自 2004 年 6 月至 2010 年 6 月期间担任"世界穆斯林学者联合会"副主席，与联合会主席尤苏夫·盖尔达维等逊尼派著名学者一起，共同致力于伊斯兰"中间主义"思想的阐释和宣传工作，是当代什叶派学者中倡导伊斯兰"中间主义"思想最具代表性的学者之一，其卓越的学术成就和出色的思想建树不仅在伊朗颇具影响，而且在整个伊斯兰世界也广受关注。泰斯希里出身于伊朗的宗教世家，他于 1944 年 10 月出生在伊拉克的纳杰夫，并在纳杰夫接受伊斯兰传统教育，1970 年迁往伊朗圣城库姆，并在库姆继续求学深造长达 10 年之久，之后跻身伊朗宗教界和学术界，渐以其温和的思想倾向和深邃的哲学见解赢得较高的学术声望，成为享誉伊朗乃至整个伊斯兰世界的著名宗教学者。泰斯希里著述丰富，论著达 50 余部，代表性著述有：《伊斯兰觉醒》、（الظواهر العامة في الإسلام）、《伊斯兰的总体风貌》（الصحوة الإسلامية）、《伊斯兰是有真正尊严的宗教》（الإسلام دين الكرامة الحقة）、《走向团结吧，穆斯林！》（إلى الوحدة أيها المسلمون）、《伊斯兰国家的政治经济功能研究》（الدولة الإسلامية - دراسات في السياسية و الاقتصادية）、《论伊斯兰教与基督教之亲和》（التقارب الإسلامي المسيحي）等。泰斯希里的伊斯兰"中间主义"思想主要体现在如下方面：

1. 倡导中正和谐之道，反对极端主义和恐怖主义

泰斯希里在不少论著中从伊斯兰哲学的角度和全人类和平安全的高度阐述了伊斯兰"中间主义"的思想内涵，强调伊斯兰"中间主义"的实质及其内在含义就在于把握和恪守公正和谐的中正之道，认为偏离中正之道就是偏离伊斯兰的基本价值观，就是违背真主之道而顺从恶魔之道。他说："伊斯兰的中正之道就是公正之道、平衡之道，是恰如其

分的智慧之道。"① 因此，奉行中正之道的"伊斯兰中间主义的含义是：公正、和谐和智慧，使借以实现其目的的各种事务适得其所……如果我们考察那些为伊斯兰所憎恶的各种观念，我们就会发现这些观念在这个意义上背离了中正的法度，这些观念如：背叛正教、匹配真主、淫乱作恶、轻率鲁莽、挥霍浪费，诸如此类，甚而至于那些消极的观念，诸如遁世修行、吝啬小气、沮丧气馁、不负责任等，都属于过度的行为之列，或者说就是不守法度……""人类正确、和谐、完美的道路就包括两个方面：崇拜真主和远离恶魔……按照我们伊斯兰的理念，'崇拜'的含义，简而言之，就是使人生成为对伟大真主的崇拜，遵行真主所命，远离真主所禁……至于恶魔（暴虐），在伊斯兰的视域中，简而言之，就是超越中正的法度，正如拉吉布所说，暴虐就是过度。"② 因此，在个人生活和社会生活的各个领域，暴虐专横、超越法度的各种极端言行都是威胁人类安全的因素。

　　泰斯希里强调指出，伊斯兰教一贯致力于维护世界和平，保护自然环境，构建和谐安宁的人类社会，反对给社会带来不安的所有因素，其中包括恐怖主义、破坏环境等各种极端行为。"我们可以想象人类安全的各种形式，有思想安全、社会安全、人伦道德安全、家庭安全、卫生安全、环境安全、政治安全、经济安全，等等……暴虐、逾越法度、过激和极端威胁所有这些安全。""伊斯兰致力于强化社会安全，通过家庭建设，反对诱导欲望走向堕落和淫乱放荡的所有因素；通过提供一种崇高的社会关系体系，否定分裂民族的各种物质尺度，诸如肤色、语言、种族、部落、地域等；同样，还通过对人类在生存、尊严、自由、社会保障、经济保障方面的各种人权的保障，反对各种破坏因素，如吝啬小气、强取豪夺、侵吞不义之财、聚敛财富、挥霍浪费、打家劫舍、胡作非为、杀人等。""伊斯兰还基于其人道原则，在文明层面上致力于为人类实现安全和公正的和平，即便是迫于战争，也是进行纯洁的战争，只对侵略者予以反击，决不牵连无辜者，甚至保护自然界，使其安

---

　　① ［伊朗］泰斯希里：《论伊斯兰中间主义》，载《中正的民族：中间主义与时代挑战》2009年第1期。
　　② ［伊朗］泰斯希里：《伊斯兰中间主义与人类安全》，载伊朗《我们的文化》季刊2004年第2期。

## 第三章 当代伊斯兰"中间主义"思潮的代表人物及重要学术活动 147

然无恙。""自然环境的安全、动物的安全,都是伊斯兰所保障的,伊斯兰'不伤害也不被伤害'的原则是一个总原则,因此决不容许伤及环境,因为伤及环境就是伤害所有人。"①

泰斯希里认为,人类社会"是一个代理真主治理大地的社会,是安全的、崇拜真主的、不受内外敌人侵扰的安宁的社会。事实上,只要我们以普遍的人道逻辑来解释'恐怖'——在手段或目的方面,所有违背人类天性、威胁人类安全的各种行为——那么,我们就会发现,伊斯兰不但坚决反对恐怖,而且致力于根除恐怖的根源"。因此,不铲除以愚昧、贫困、饥饿、剥削、压迫以及道德堕落、专制暴政为典型的恐怖的根源,就不可能消灭恐怖。只要没有制订消灭这些疾病或减轻其危害的切实有效的世界性计划,这些疾病将会继续滋生恐怖。泰斯希里进一步指出,公正是消除恐怖暴力、实现世界和平、构建和谐社会的基础,"我们所追求的,全人类所追求的和平,是公正的和平,在这种和平下,有均等的机会,人人得以享有自己应享的权利,受压迫者得以享受公道,侵权者受到惩罚,因为只有公正的和平才是根除暴力和恐怖的保证,而强加于人的不公正的和平,则只能解决表面问题,使得灰烬下面火种犹存,因为在这种情况下,罪犯与无辜的牺牲者是一样的,不公正的和平会招致权利的丧失,现实问题的政策就会成为政权,从而使暴力活动依然如故,甚至更为严重,这就是不公正的和平造成的麻烦,使紧张的渊薮持续不断,这也是我们在世界上许多地方所看到的"②。

因此,泰斯希里主张,必须通过各种途径和方法来努力化解矛盾和冲突,以实现各国人民间的平等交往与友好合作,其中一个重要的途径就是开展世界范围的文明对话,他说,国际社会应当"继续在人类各种宗教、文明和派别的民众中的有识之士之间开展对话,并强化和深化这种对话,以创造在世界人民之间传播公正、和平和友爱方面发挥作用的国际舆论为目标"③。

---

① [伊朗]泰斯希里:《伊斯兰中间主义与人类安全》,载伊朗《我们的文化》季刊2004年第2期。
② 同上。
③ 同上。

2. 尊重人类文化多样性，促进宗教对话与教派亲和

伊斯兰教承认并且尊重人类文化的多样性，认为这种多样性是真主的"常道"和人间的常态，其中体现了真主的大能与迹象。《古兰经》中说："他（真主）的一种迹象是：天地的创造，以及你们的语言和肤色的差异，对于有学问的人，此中确有许多迹象。"（30：22）在伊斯兰教视域中，这种多样性的价值，不仅在于体现真主的迹象，而且在于相互认识和交流，进而营造和谐，正如《古兰经》中所说："众人啊！我确已从一男一女创造你们，我使你们成为许多民族和宗族，以便你们相互认识。"（49：13）

泰斯希里基于伊斯兰教的这种基本理念，一贯十分强调文化多样性的意义和价值。近年来，泰斯希里一直致力于开展宗教对话，不仅积极参与和推动伊斯兰教与基督教、天主教的对话，而且努力开展伊斯兰教不同派别之间的对话，尤其是逊尼派与什叶派之间的对话。多年来，泰斯希里所主持的伊朗"世界伊斯兰教派亲和促进会"围绕伊斯兰教内部的对话与和解开展了不少有益的活动，获得各方好评。维护伊斯兰教的内部团结，倡导各派别间的相互对话、沟通与亲和，是泰斯希里伊斯兰"中间主义"思想的一个重要内容。

正如文化多样性的价值在于在多样中营造和谐，而不是制造冲突一样，教派多样性的价值也在于营造教内的统一性。伊斯兰教多元的教派应是穆斯林相互团结与和睦的基础，而不应成为内讧与分裂的温床。因此，泰斯希里强调，加强教内各派别间的相互对话、沟通与亲和，增进穆斯林各派别之间的团结，不仅是伊斯兰教的要求，而且是时代的必需。泰斯希里认为，教派与学派的分化和衍生是文化史上很自然的正常现象，只要正确对待不同的分歧，各派之间相互尊重，真诚对话，就会相辅相成，一荣俱荣，众多的教派与学派就会成为伊斯兰文明发展进步的思想宝库，而各派要是自以为是，相互攻击，就会陷于宗派主义的泥潭，其结果只能是一损俱损。

因此，泰斯希里强调，开展伊斯兰教各教派间的相互对话与亲善活动，不仅是伊斯兰教教义的基本要求，而且也是当今时代穆斯林走向强盛的必需。穆斯林各派别之间只有开展开诚布公的对话与亲善活动，才能实现伊斯兰民族的团结，进而共同捍卫伊斯兰民族的利益。泰斯希里认为，穆斯林各派别之间完全有可能实现相互亲和，因为它们之间有着

第三章 当代伊斯兰"中间主义"思潮的代表人物及重要学术活动　　149

相互亲和的坚实基础，这些基础是：

（1）坚持共同的信仰——认主独一。

（2）恪守共同的宗教功修——念、礼、斋、课、朝等。

（3）尊奉共同的经典——《古兰经》和"圣训"。

（4）伊斯兰教奉行宽容原则，鼓励创制，包容不同意见。

（5）伊斯兰教强调"穆民皆兄弟"的理念，倡导相互团结，反对彼此分裂。基于此，"我们确信，教派亲和绝不限于道德或情感的层面，也不限于教法层面，而是涉及思想与文化的各个层面"①。

泰斯希里主张，应当在广大穆斯林之间营造和传播"亲和文化"（ثقافة التقريب），这种亲和文化的基本要素或基本价值取向包括：

（1）在一致认同和具有共识的领域互助协作；

（2）以宽容而理性的态度对待相互之间的分歧；

（3）避免妄断他人，如妄断异己派别为异端、为叛教等；

（4）不应固执己见，自以为是，认为自己总在真理与正道一边，而别人始终在错误与迷误之中；

（5）应当在相互尊重的友好气氛中开展对话和交流；

（6）避免轻辱或伤害其他派别视为神圣的遗迹、人物和理念；

（7）允许自由选择不同的派别。②

泰斯希里特别强调，在促进教派亲和中，学者和知识分子扮演着极其重要的角色，"毋庸置疑，伊斯兰学者和思想家们在教派亲和领域肩负着艰巨的重任，这是因为，一方面，他们是先知们的继承者，承担着教化大众、培育新一代的职责，另一方面，他们也是深知教派亲和基础的人，能够在促进伊斯兰民族的团结、维护其基本属性方面发挥重大的作用"③。伊斯兰学者和思想家们应当是促进教派亲和的先锋，应当通过各种学术活动深化和推广教派亲和，积极营造和传播当代伊斯兰文明

---

① ［伊朗］泰斯希里：《论教派多元、教派亲和与伊斯兰教的统一性》，载《中正的民族：统一性与多样性之间的伊斯兰民族》2010年第2期。

② 参见［伊朗］泰斯希里《论教派多元、教派亲和与伊斯兰教的统一性》，载《中正的民族：统一性与多样性之间的伊斯兰民族》2010年第2期。

③ ［伊朗］泰斯希里：《论教派多元、教派亲和与伊斯兰教的统一性》，载《中正的民族：统一性与多样性之间的伊斯兰民族》2010年第2期。

的"亲和文化",唤醒穆斯林民族的文化自觉,从而实现穆斯林民族的团结进取与自立自强。

毋庸置疑,在当前严峻复杂的国际形势下,特别是在中东地区动荡不定、危机四伏的情势下,伊斯兰"中间主义"所倡导的中正和平、宽容仁爱精神对于伊斯兰世界化解矛盾、弥合分歧、增进团结具有重要的现实意义。而泰斯希里关于在伊斯兰教内部开展教派亲善活动、营造和传播"亲和文化"的倡议,对于促进伊斯兰世界各国及各民族间的相互理解和团结进步,更是具有十分重要的现实意义和指导价值。

## 二 沙特阿拉伯学者阿卜杜拉·图尔基

阿卜杜拉·图尔基:现任伊斯兰联盟秘书长阿卜杜拉·图尔基(عبد الله بن عبد المحسن التركي, 1940—  )是沙特阿拉伯著名学者,也是当代伊斯兰"中间主义"思潮的积极倡导者。阿卜杜拉·图尔基曾任沙特阿拉伯伊玛目大学校长、沙特阿拉伯伊斯兰教事务及宣导部部长。目前担任伊斯兰联盟秘书长、伊斯兰合作组织(原伊斯兰会议组织)教法委员会副主席等职。他的重要著作有:《中正的民族与穆圣之道》(الأمة الوسط والمنهاج النبوي في الدعوة إلى الله)、《伊斯兰与人权》(حقوق الانسان)、《伊斯兰的家庭建设之道》(منهاج الإسلام في بناء الاسرة)、(الإسلام و) 等。

图尔基倡导文明对话与宗教对话,尤其在担任伊斯兰联盟秘书长以来,一直致力于此项工作,多次出访世界各国,与各宗教团体开展对话,传达伊斯兰教的正确信息,以消除对伊斯兰教的各种误解。这里值得提及的是,图尔基不止一次访问过中国,最近一次是他以伊斯兰联盟秘书长身份于 2010 年 10 月率团访问中国,中共中央政治局常委、全国政协主席贾庆林在北京人民大会堂接见了图尔基秘书长一行[①]。"贾庆林高度赞扬了中国与伊斯兰国家、阿拉伯国家的传统友谊。他说,中华文明和伊斯兰文明都是在世界上有着重要影响的灿烂文明,为促进人类文明进步作出过重要贡献。中国人民对伊斯兰世界人民始终怀有友好感情。中国一贯重视伊斯兰国家的重要作用,尊重伊斯兰国家在宗教、文

---

① 贾庆林会见伊斯兰世界联盟秘书长. http://news.xinhuanet.com/politics/2010—10/14/c_ 13557823.htm [EB/OL]. [2010-10-14].

化方面的特性。长期以来,中国和广大伊斯兰国家相互理解、相互尊重,在彼此重大关切和核心利益问题上相互支持,在许多重大地区和国际问题上有着很好的协调与合作……贾庆林指出,伊斯兰教是热爱和平、中道仁慈、主张宽容、注重发展的宗教。他对伊斯兰世界联盟近年来鼓励不同文明、不同宗教之间的对话,促进世界各宗教的交流、理解与合作等方面的活动表示赞赏。他希望中国伊斯兰教界继续加强与伊斯兰世界联盟的友好合作关系,为增进中国与伊斯兰国家的传统友谊,促进社会和谐和经济社会发展做出新贡献。"图尔基表示:"中国一贯支持伊斯兰国家的正义事业,伊斯兰国家人民对中国人民怀着深厚的感情。伊盟代表团此行是为了加强与中国政府、中国伊斯兰教界和中国穆斯林的友好关系,寻求进一步合作交流的空间与领域,促进伊斯兰教和穆斯林为所在国家建设和社会和谐服务。"[1] 图尔基一行是应中国伊斯兰教协会的邀请来华访问的,访问团到新疆、甘肃、北京等地实地参观了当代中国伊斯兰教和谐发展的现状,并与基层中国穆斯林群众进行了接触与交流。

### 三 埃及学者穆罕默德·赛义德·坦塔维

埃及爱资哈尔前长老穆罕默德·赛义德·坦塔维(محمد سيد طنطاوي,1928—2010)是阿拉伯世界坚持伊斯兰中正路线的一位重要思想家,也是当代伊斯兰"中间主义"思潮的重要代表人物之一。坦塔维长老1928年10月28日出生于上埃及苏哈格州的塞里姆沙尔基亚镇,青少年时代接受传统伊斯兰教育,后在亚历山大伊斯兰学院攻读"古兰学"专业,1966年获古兰学和圣训学博士学位。从此长期从事伊斯兰教的宣传工作,曾在许多地方的清真寺担任过伊玛目,并从事教学工作,还曾在利比亚和沙特阿拉伯从事伊斯兰教育工作多年。1986年至1996年间,担任埃及大穆夫提一职长达10年之久,1996年起受命担任爱资哈尔长老一职,直至2010年去世。2010年3月10日,他在接受了沙特阿拉伯国王阿卜杜拉的授奖后准备回国时突发疾病,随即去世。鉴于坦塔

---

[1] 敏俊卿:《伊斯兰世界联盟代表团访华:全国政协主席贾庆林等分别会见伊盟秘书长阿卜杜拉·图尔基一行》,载《中国穆斯林》2010年第6期。

维长老对伊斯兰事业所作出的杰出贡献，经埃及和阿拉伯双方协商，一致决定将长老葬于沙特阿拉伯圣城麦地那。坦塔维长老生前还担任国际伊斯兰宣教与信仰理事会会长等多个兼职。

坦塔维长老旗帜鲜明地反对各种形式的极端主义和恐怖主义，严厉谴责"9·11"事件以及发生在埃及等中东国家的绑架和袭击外国游客的暴力活动。认为极端主义是伊斯兰教最危险的敌人之一，打着伊斯兰教旗号的恐怖主义行径更与伊斯兰教的"吉哈德"精神背道而驰，因为"吉哈德"是抵御外侮、捍卫受压迫者权利的正义之举，而恐怖主义却伤害无辜。长老同时还谴责美国等西方大国在中东的霸权主义行径。2003年，美国发动伊拉克战争时，长老坚决反对，明确表示，在伊拉克境内打击美国侵略军是正义之举，是符合伊斯兰教教义的"吉哈德"。

坦塔维长老反对"文明冲突论"，倡导在中东地区及国际社会开展文明对话和宗教对话，期望通过对话增加世界各国不同民族和宗教间的彼此了解与信任，从而促进中东地区以及世界的和平事业。长老说："我不认同所谓的不同文明间必然冲突的思想。不同信仰的人群，应当团结合作，而不应当陷入愚昧的对抗与仇恨。"2008年11月12日，长老赴纽约参加由联合国和沙特阿拉伯联合举办的国际宗教对话会议，其间还曾与以色列总理佩雷斯握手，此举引起中东地区乃至国际社会的广泛关注，长老也因此受到来自埃及国内及阿拉伯伊斯兰世界民间舆论的强烈批评。但这也许从另一个侧面显示出坦塔维长老追求和平、倡导对话的诚意与勇气。

坦塔维长老的著述颇丰，其学术成就主要在伊斯兰教法及《古兰经》注释等领域。在教法方面，长老发表了大量教法判令（"法塔瓦"），其中绝大多数判令受到伊斯兰国家的广泛认同，但也有少数判令引起法学界的争论，在某些教法问题上与尤苏夫·盖尔达维等当代伊斯兰世界著名教法学家存在分歧，比如他关于银行利息以及穆斯林妇女面纱等问题的有关判令。

坦塔维长老在一些事关阿拉伯伊斯兰事务的重要问题上，尤其是政治立场方面，过于迎合或屈从于埃及政府的做法，也招致阿拉伯伊斯兰世界民间舆论的批评，甚至指责他为政府的御用工具。但这一点也得到

第三章　当代伊斯兰"中间主义"思潮的代表人物及重要学术活动　153

不少人的理解，因为坦塔维长老要竭力在埃及政府奉行的世俗主义及政治专制路线与爱资哈尔长期遵行的伊斯兰教中正之道之间寻求一种平衡，而这是一项颇有挑战性的高难度工作，多年来长老一直如履薄冰，谨言慎行，甚至沉默不语或讲出一些违心话，也是不得已而为之。

坦塔维长老毕生从事伊斯兰教的宣传、教学和研究工作，学养深厚，见解独到，特别是自1996年起任爱资哈尔长老以来，一直积极开展宗教对话，致力于推动伊斯兰"中间主义"思潮的发展，强调中正和谐之道既是伊斯兰教的根本之道，也是爱资哈尔这个千年学府的立校之道。总体而言，坦塔维长老在爱资哈尔的显著工作成绩和他所发表的大多数教法观点还是赢得了伊斯兰世界的普遍认同和好评，并产生了广泛影响，他在约旦皇家伊斯兰战略研究中心与美国乔治敦大学联合出版的《2009最具影响力的500位穆斯林》一书中名列第8。[1]

## 四　其他知名学者

在当代阿拉伯伊斯兰世界，有许多宗教学者、哲学家、思想家都在不同层面倡导伊斯兰"中间主义"并积极致力于推动伊斯兰"中间主义"思潮的发展。如叙利亚学者拉马丹·布推、毛里塔尼亚学者阿卜杜拉·本·拜赫、沙特阿拉伯学者阿卜杜拉·图尔基等都是具有广泛影响力的学者。具有代表性和重要影响的学者还有：埃及爱资哈尔前长老马哈茂德·沙里图特和贾德·哈克·阿里·贾德·哈克及现任长老艾哈迈德·泰伊伯，埃及总穆夫提阿里·祖玛、埃及学者艾哈迈德·阿萨利、穆罕默德·阿马尔，沙特阿拉伯学者穆罕默德·萨利姆·阿瓦、阿卜杜拉·本·阿卜杜勒·阿齐兹，约旦学者马哈茂德·萨尔塔威，阿曼素丹国总穆夫提艾哈迈德·本·哈姆德·哈里里，摩洛哥学者穆罕默德·塔拉比，黎巴嫩学者阿卜杜伊拉·米噶提、阿卜杜勒·哈里姆·欧维斯，苏丹学者阿萨穆·巴希尔，科威特学者萨阿德·穆勒索菲，土耳其学者哈伦·叶和亚，巴基斯坦学者穆罕默德·泰基·奥斯曼尼、艾哈迈德·艾尼斯等，这些学者尽管国籍不同、教派各异，甚至政治背景有

---

[1] The book "The 500 Most Influential Muslims—2009", http：//rissc.jo/docs/1N-With-Covers%28lowres%29.pdf.

别,学术观点也不尽相同等,但他们都是当代伊斯兰世界颇有影响且积极致力于倡导、支持和参与伊斯兰"中间主义"思潮的传播与研究的著名学者,都在不同层面、不同学科领域以各自不同的学术视角阐发伊斯兰"中间主义"思想的深厚内涵及其现实意义,吁请广大穆斯林恪守中正和平之道,继承传统,努力创新,重建适合时代发展的新型文明价值体系。

在远离伊斯兰世界之外的其他国家和地区,特别是西方国家的穆斯林中,也有一些倡导和宣传伊斯兰"中间主义"的知名学者,这些生活在西方世界的穆斯林学者,不仅以阿拉伯文著述,更以英文、法文等外文著述,他们不但深谙伊斯兰文化,而且熟知西方文化,能够将二者融会贯通,他们对于当代伊斯兰"中间主义"思想的阐发也颇具时代特色和全球视野,值得我们予以关注。

(1)拉马丹·布推:叙利亚著名学者穆罕默德·赛义德·拉马丹·布推(محمد سعيد رمضان البوطي,1929—2013)是阿拉伯世界享有盛誉的著名伊斯兰思想家,也是当代伊斯兰"中间主义"思潮的积极倡导者。布推1929年出生于土耳其靠近伊拉克的布坦岛的一个宗教世家,4岁时随父迁往大马士革。布推幼承家学,青年时代在大马士革及开罗的艾资哈尔大学求学,1965年从艾资哈尔大学获得法学博士学位。此后长期执教于大马士革大学,并担任法律系主任。2011年叙利亚发生社会动荡后,布推致力于维护社会稳定,谴责各种暴力活动,在政治上倾向于维护执政当局,2013年3月布推在大马士革一座清真寺内发生的爆炸事件中不幸罹难。

布推一生涉猎广泛,著述丰富。代表性著作有:《伊斯兰教与时代》(الإسلام والعصر)、《伊斯兰教的吉哈德》(الجهاد في الإسلام)、《赛拉菲耶:一段吉祥的历程而非一个伊斯兰教派》(السلفية مرحلة زمنية مباركة وليست مذهب إسلامي)、《无学派主义是威胁伊斯兰法的危险异端》(اللامذهبية أخطر بدعة تهدد الشريعة الإسلامية)、《古兰经的人文之道》(في القران)、《这些就是我们的问题》(وهذه مشكلاتنا)、《我对一些总统和国王们的诤言》(الرؤساء والملوك)、(منهج الحضارة الإنسانية)、《断桥问题——从技术到精神的欧洲》(هذا ما قلته أمام بعض)(أوربة من التقنية إلى الروحانية ـ مشكلة الجسر المقطوع)等。

### 第三章 当代伊斯兰"中间主义"思潮的代表人物及重要学术活动 155

布推的思想温和而趋向保守,他特别强调维护伊斯兰文化传统的重要性。特别是在伊斯兰教法学领域,布推在批评那种固守一个学派而否定其他学派的宗派主义倾向的同时,更对那些声称不要任何教法学派甚至否定传统四大教法学派的极端主张予以批判,认为这种主张实际上是另一种宗派主义,甚至是更危险的异端思想,因为这种主张会导致穆斯林割断历史,从而将伊斯兰文明悠久的发展历程和文化传统抽空。布推在《无学派主义是威胁伊斯兰法的危险异端》一书中指出:"那些人妄言四大教法学派是突发的宗教异端,与原本的伊斯兰教无关,这些学派各位伊玛目的著述也早已锈迹斑斑。这种说法并不能改变经过时代经验和代代穆斯林一致认同的真理,那就是这些教法学派是伊斯兰教的精华与核心所在,为历代穆斯林阐明了他们的宗教教律,疏通了他们恪守经训的道路。"①

布推十分强调在当代弘扬伊斯兰教和平精神的重要性,反对滥用"吉哈德"思想,严厉谴责打着宗教旗号的各种恐怖暴力活动。布推长期致力于开展不同宗教及不同文明间的对话,在许多演讲和著述中反复阐述分歧与多元是人间的常道,对话是人类社会和合共生之道,也是伊斯兰教的基本宗旨。②

(2)阿卜杜拉·本·拜赫:毛里塔尼亚著名伊斯兰学者、世界穆斯林学者联合会副主席阿卜杜拉·本·拜赫(عبد الله بن بيه,1935— )是阿拉伯北非地区当代伊斯兰"中间主义"思潮的重要代表人物,其学术成就,特别是伊斯兰教法领域的成就不仅在阿拉伯伊斯兰世界有广泛影响,而且在法国等欧洲国家的穆斯林少数族群中也很有影响。

本·拜赫著述颇丰,代表性著作有:《伊斯兰教的安全观及宽容和谐文化》(خطاب الأمن في الإسلام وثقافة التسامح والوئام)、《伊斯兰教的吉哈德理念》(مفهوم الجهاد في الإسلام)、《思想领域的教法裁判》(فتاوى فكرية)、《教法律例的制定与少数族群法》(صناعة الفتوى وفقه الأقليات)、《恐怖主义研究》(الإرهاب: التشخيص والحلول)、《教法律例制定中的中正准则》(معايير الوسطية في الفتوى)、《本·拜赫论反恐》

---

① [叙利亚]穆罕默德·赛义德·拉马丹·布推:《无学派主义是威胁伊斯兰法的危险异端》(阿拉伯文版),法拉比书局1985年版,第11页。
② 参见[叙利亚]穆罕默德·赛义德·拉马丹·布推等《对话是多元共生之道》(阿拉伯文版),思想书局2002年版。

(مكافحة الارهاب)、(خطة العلامة ابن بيه لمكافحة الارهاب)、《论分歧》(أدب الاختلاف)、《伊斯兰法的宗旨》(عرض لمحاضرة المقاصد في الشريعة)、《关于伊斯兰人权观的远程对话》(حوار عن بعد حول حقوق الإنسان في الإسلام) 等。

本·拜赫反对和谴责各种极端主义和恐怖主义行径,认为在当代阿拉伯伊斯兰世界大力弘扬伊斯兰教和平仁爱精神具有重大的现实意义,他强调穆斯林要致力于开展文明对话,为建设和睦和谐的人类大家庭而奉献自己的智慧。本·拜赫还呼吁,要在阿拉伯伊斯兰世界乃至国际社会营造一种远离极端倾向的"中间主义"话语方式和语境,无论书籍、演讲,还是各种新闻媒体,其表达方式都应不偏不倚,秉持中正之道。他说,"中间主义"倡导的"中正之道旨在实现人的身心平衡与和谐,这种和谐甚至体现于我们的语境和话语方式当中,我们需要中间主义的中和话语,我们的话语需要新的语境,在这个语境中,没有见于今天各种报刊和传媒上的那些夸大其词和语言暴力,通过这个新语境,我们可以修正各自的观点以及我们对世界的看法,世界也可以修正对我们的看法。然而,新语境的营造并非是一厢情愿的事,而需要多方合作、共同努力才能实现"[①]。本·拜赫的这一观点不仅新颖独到,而且意义深远。的确,在全球化时代的国际社会,营造一种宽容中和的新语境,应是一项需要全世界广泛参与与合作的重大而迫切的工作,尤其是那些操控着世界话语权的西方传媒,在这方面更是有着不可推卸的责任。

## 第三节 倡导伊斯兰"中间主义"思潮的重要政治领导人

总体来看,伊斯兰世界的大部分国家——无论是君主制的国家还是民主制的国家——政治上都是集权统治,压制民意,社会不公严重,这些都有悖于伊斯兰"中间主义"所倡导的民主协商精神。因此,统治当局不仅不大可能支持"中间主义",而且往往会限制和阻挠"中间主义"

---

① [毛里塔尼亚] 谢赫·阿卜杜拉·本·拜赫:《为中间主义固本清源需要付诸服务于伊斯兰民族的实践——谢赫·阿卜杜拉·本·拜赫对话录》,载《中正的民族》创刊号 (2009),世界穆斯林学者联合会主办。

第三章　当代伊斯兰"中间主义"思潮的代表人物及重要学术活动　　157

的发展，因为从本质上讲，伊斯兰"中间主义"并非是维护集权统治的力量，相反却是对极权统治的挑战。因此，阿拉伯伊斯兰世界的领导人中对于伊斯兰"中间主义"给予大力支持者尚不是很多，是不足为怪的。尽管如此，仍然有一些政治领导人出于种种考量而对伊斯兰"中间主义"给予关注和支持，因为他们认识到伊斯兰"中间主义"所具有的重大理论价值和现实意义，因而积极倡导和推动伊斯兰"中间主义"思潮的发展。具有重要影响的人物有：伊朗前总统哈塔米，马来西亚前总理马哈蒂尔，沙特阿拉伯前国王阿卜杜拉，约旦已故国王侯赛因及前王储哈桑，卡塔尔埃米尔谢赫哈马德·本·哈利发·阿勒萨尼及其夫人，阿拉伯联合酋长国副总统兼总理阿勒马克图姆，阿曼苏丹卡布斯·本·赛义德，黎巴嫩总理纳吉布·米卡提，马来西亚总理阿卜杜拉·巴达维等。

## 一　伊朗前总统哈塔米

伊朗伊斯兰共和国前总统赛义德·穆罕默德·哈塔米（خاتمی سید محمد，1943— ）是一位具有伊斯兰"中间主义"思想倾向的重要政治领导人。哈塔米1968年毕业于伊斯法罕大学哲学系；1971年毕业于德黑兰大学教育系，获硕士学位，之后继续学习伊斯兰法学，获博士学位；1978年任汉堡伊斯兰中心主任；1980年当选伊朗伊斯兰议会议员；1982—1992年任文化与伊斯兰指导部部长；1992—1997年任总统顾问兼国家图书馆馆长；1997年当选伊朗伊斯兰共和国第五任总统，2001年再次当选总统。

哈塔米是一个学者型的政治家，对哲学、政治学及法学的研究颇有造诣，主要著述有《畏惧的浪潮》（*Fear of the Wave*）、《从城邦世界到世界城市》（*From the World Polis to the Polis of the World*）、《伊斯兰、自由与发展》（*Islam, Liberty and Development*）等。

哈塔米执政期间，奉行温和的内政外交政策，其一系列主张被称为"哈塔米主义"。在内政方面，哈塔米主张军队中立，支持公民享有合法的言论结社自由，甚至废除了对收看卫星电视节目的禁令，加速经济私有化进程。在外交方面，他积极推行睦邻政策，改善与阿拉伯国家的关系，并积极寻求与欧洲的交往与合作，致力于开展文明对话，宣称伊朗"有必要了解西方，西方世界取得了许多非西方世界可以学习的积极成果，两个文明之间有必要进行对话，我们应该吸取其他观点"①。他还出访了意大利、法国、德国等西方大国。在1998年1月接受美国有线电视新闻网（CNN）采访时，哈塔米甚至主动呼吁与美国进行建设性对话和文化交流，主张两国应采取措施打破双方之间的"猜疑之墙"。②"作为温和派的领导人，哈塔米一直在寻求一种基于现实的中间路线。1993年他在其著作《畏惧的浪潮》中，号召穆斯林抛弃教条主义和幻想主义，拥抱理性的思维和推理，倡导更有弹性的解释伊斯兰教法以跟上时代的步伐。"③

"哈塔米主义"最富伊斯兰"中间主义"思想特征的要数其"文明对话论"。哈塔米于1997年首先在联合国大会上提出文明间对话的倡议和思想，受到许多国家的积极响应，联合国据此将2001年确立为"文明对话年"。

哈塔米提出的"文明对话论"是对亨廷顿"文明冲突论"的直接回应。冷战的结束并不意味着冷战思维的终结。美国学者、哈佛大学政治学教授塞缪尔·亨廷顿提出的所谓"文明冲突论"，就是冷战思维的典型体现。亨廷顿将先前的意识形态对峙演绎为文明的冲突，认为儒家文明与伊斯兰文明"联手"，构成对西方文明和世界和平的威胁，其真实意图无非是要为美国的霸权主义寻找理论依据。根据"文明冲突论"，以美国为首的西方世界遏制非西方文明的发展不仅是必要的，而且是合理的。哈塔米的"文明对话论"正是对"文明冲突论"的直接回应与有力驳斥，旨在呼吁国际社会摒弃冷战思维，积极谋求和营造平等对话、公正和平的国际秩序。

哈塔米所倡导的"文明对话论"，旨在促进不同文明间的相互了解与沟通，而非相互传播和影响。他说："当我们提出各文明间展开对话时，我们究竟希望达到什么目的？难道迄今各文明和各文化之间从未进行过对话吗？现在提出文明对话有什么新意呢？也许有人会说，文明从一个地域传播到另一个地域，这已是不需要论证的显而易见的事实。文明的

---

① 彭树智主编：《二十世纪中东史》，高等教育出版社2001年版，第416页。
② 高祖贵：《美国与伊斯兰世界》，时事出版社2005年版，第292页。
③ 蒋真：《从伊朗内外政策看"哈塔米主义"》，载《西亚非洲》2005年第3期。

传播有着悠久的历史。可以追溯到人类文明的初期。当然,任何人也不希望在 21 世纪提出一个伴随着人类历史的悠久而又古老的话题。鉴于此,我们提出的文明对话肯定不是文明之间的相互传播和相互影响。""文明对话与文明之间的相互影响和文明霸权还存在一定的区别,文明和文明之间的相互影响有很多因素,其中一个因素就是战争。"① 一个文明可以通过战争传播和强加给其他民族,但文明对话绝不允许冲突和战争,只能通过相互之间的认识和了解,基于道德准则的基础上进行。也就是说,开展文明对话的目的,不是为了推销和传播自己的文明,以增强其影响,而是为了增进了解,消除误解,加深理解,进而尊重和维护文明的多样性,构建起和谐共生的人类文明生态。

哈塔米重申伊斯兰教认为人类同宗同祖、是一个整体的基本主张,因此从根本上说,不同人类群体之间原本就存在着相互对话与互信的基础,理当同舟共济,团结互助,共同营造和平、和谐的世界。他引用古代波斯著名诗人萨迪的一首诗说:"世人皆兄弟,本是同根生,兄弟如唇齿,唇亡齿也寒。如无爱人心,枉担人之名。……这首含义深刻的诗歌不仅是一个民族得以生存和发展的根本,而且也应该作为国际关系的准则。"②

哈塔米提出"文明对话论",还期望包括伊朗在内的伊斯兰世界理性认识和对待西方文明。长期以来,如何正确对待西方文化,一直是伊斯兰世界面临的困惑。既有主张完全接受西方文化、实现全盘西化的,也有主张完全拒绝西方文化、恪守自身传统的,按下葫芦起了瓢,始终难以摆平。哈塔米认为,既不能完全否定西方文化,也不能全盘接纳,而应取其精华,去其糟粕。唯其如此,才能实现发展自己的愿望。而要做到这一点,首先必须认真了解、理性看待西方文明。哈塔米说:"如果我们要汲取西方文明积极的经验和成果,剔除其消极的因素,唯一的办法就是全面正确地认识西方文明,并对它作出公正的判断。"③

有学者认为,哈塔米的"文明对话论"有四个显著特点:一是"多

---

① 白志所:《哈塔米的文明对话思想》,载《回族研究》2005 年第 3 期。
② 同上。
③ 同上。

元化",即承认和尊重文明的多样性;二是"多边主义",主张用多边谈判的方式解决国际间的问题;三是"人本主义",强调对人性的重视,注重人类对信仰和道德的渴求;四是"合作主义",主张以合作而不是对抗来解决各种争端,从而谋求共荣共赢。① 这些特征,实际上也是当代伊斯兰"中间主义"所具有的思想特征及其关于国际交往的基本主张,因此显然不能孤立地分析哈塔米的"文明对话"思想,而应当将其置于当代伊斯兰世界新思潮——伊斯兰"中间主义"的发展变化中去考察,这样才能比较准确地把握其思想的实质及其重要的现实意义。

总之,哈塔米的"文明对话"思想,是"以伊斯兰精神为基础,以全球性眼光审视国际新秩序"的,不仅体现了"伊朗在全球化时代维护民族利益、开拓生存空间的新尝试",而且也体现了当代伊斯兰世界积极应对内外挑战、力图求新求变的努力。因此,我们认为,所谓"哈塔米主义",应是当代伊斯兰"中间主义"思潮在伊朗政治思想领域的反映,甚至在一定程度上还体现了当代世界文明的发展趋势,正如我国中东史资深专家彭树智先生所指出的:"作为中东传统的文化载体、价值观念和生活方式,伊斯兰教仍然焕发着勃勃生机,担当着批判世俗政府的错误政策和西方新殖民主义、维护传统文化的重任。不过,这并未证明亨廷顿关于'文明冲突'的理论。相反,哈塔米的'文明对话'论似乎更能反映当前世界发展的趋势。"②

## 二 马来西亚前总理马哈蒂尔

马来西亚前总理马哈蒂尔(Mahathir Mohamad, 1925— )是当代伊斯兰世界颇具影响力的著名政治家之一,他于1981年起担任马来西亚总理,直至2003年主动下野,主政马来西亚长达22年。在马哈蒂尔执政期间,马来西亚日渐成为东南亚最重要的经济体之一,基本消除了贫困,文盲率和婴儿死亡率也降到了发达国家的水平。除了立足本国,成功地将马来西亚这个原本只依赖天然资源的东南亚小国变成亚洲的富裕国家外,马哈蒂尔的视野还总是能够超越地区与民族的限制,以全球性的眼

---

① 蒋真:《从伊朗内外政策看"哈塔米主义"》,载《西亚非洲》2005年第3期。
② 彭树智主编:《二十世纪中东史》,高等教育出版社2001年版,第417页。

光就许多重大的国际政治、经济和文化问题发表自己独到的见解。

马哈蒂尔是"亚洲价值观"的积极倡导者之一,他认为西方的个人主义与政府治理方式并不具有普世价值,尤其对亚洲而言,因为亚洲人拥有自己不同的文化传统。马哈蒂尔还总是利用各种场合,竭力维护第三世界国家的利益,对西方尤其是美国在国际事务中奉行的双重标准和霸权主义行径予以直言不讳的揭露和批评。冷战结束以来,特别是"9·11"事件发生后,马哈蒂尔针对穆斯林社会的被误解及国际社会的反恐战略等重大问题及时发表了一系列演讲,他的不少见解,成为世纪之交捍卫伊斯兰国家权益并重新诠释伊斯兰教义的最重要的声音之一。

的确,马哈蒂尔关于伊斯兰教如何适应现代社会的意见,颇有思想深度,而究其思想的实质而言,依然是倡导伊斯兰"中间主义"的一系列价值观。马哈蒂尔虽非来自伊斯兰世界腹地的政治领导人,但其思想在伊斯兰世界有广泛影响。更为重要的是,马哈蒂尔的这些颇具伊斯兰"中间主义"思想特征的一系列理念在他长期主政的马来西亚得到了一定程度的实践,使得马来西亚这个地处伊斯兰世界边缘地带的小国竟在伊斯兰世界乃至全球享有良好的声誉,以至人们普遍认为,马来西亚成功地向世人证明了伊斯兰教与现代化可以并行不悖,和谐发展。因此,马哈蒂尔对伊斯兰教的现代诠释及其"中间主义"思想特征颇值得予以关注和研究。

中山大学范若兰教授在其主持的国家社科基金项目"东南亚伊斯兰教与现代化"中,首次较为全面地考察和研究了马哈蒂尔对伊斯兰教的现代诠释。[①] 在该项目的阶段性成果《马哈蒂尔的伊斯兰教理念与实践评析》一文中,范若兰教授将马哈蒂尔对伊斯兰教的现代诠释归纳为如下几点:

(1) 伊斯兰教是一个进步的宗教,它不仅不会阻碍社会发展,而且能够促进现代化发展;

(2) 穆斯林要发扬创制(伊智提哈德)精神,努力开展教法创制,推动伊斯兰教适应现代社会;

(3) 伊斯兰教鼓励追求所有知识,包括宗教知识和现代科学知识;

---

① 参见范若兰《东南亚伊斯兰教与现代化》,中国社会科学出版社 2009 年版。

(4) 伊斯兰教强调物质与精神并重，穆斯林要二者兼顾，不可偏废；

(5) 伊斯兰教是宽容和温和的宗教，而不是狭隘封闭的宗教；

(6) 伊斯兰教强调努力工作，奖掖勤奋，反对好逸恶劳，消极避世。①

这种归纳可谓抓住了马哈蒂尔对伊斯兰教所做的现代诠释的核心内容，客观公允。只是倘若我们将马哈蒂尔对伊斯兰教的现代诠释放在当代伊斯兰"中间主义"思潮的大视野中考察，或许更能体现出其思想的时代性与现实意义。

马哈蒂尔强调当代穆斯林反省自身、正本清源的重要性，尤其是那些为广大群众讲经说道的宗教学者——"乌理玛"们，更要扪心自问，反思自己对经典的理解与阐释是否到位，这些理解与阐释是否真的准确把握住了伊斯兰教的原本精神。宗教学者肩负着引导教众的职责，如果自己的理解有偏差，甚至有严重错误，那么不仅会自误，而且会误人。事实上，宗教学者对伊斯兰教教义的阐发出现差错与误解的地方在阿拉伯伊斯兰国家并不鲜见，这些宗教学者在伊斯兰国家的现代化进程中未能很好地提供足够的智力支持。马哈蒂尔对此给予尖锐批评，他指出："在今天的世界中，实际上在整个历史上，受到误解最深的一种宗教或许就是伊斯兰教。不仅非穆斯林误解了它，而且穆斯林本身也误解了它。""神圣的《古兰经》包罗万象，不论何时何地，不论何种事情，都可以从中找到指导，但如果把各段节文孤立起来看，很显然教义就有可能受到歪曲，并与伊斯兰教的整体教义相悖。""不幸的是，在穆斯林中存在着这样一种倾向，即认为'乌理玛们'的宣示是绝对不会错的。而宣称自己伊斯兰学识丰富，把自己称为'乌理玛'的人不计其数。其中一些人显然是江湖骗子，或是既得利益者，这当中也当然包括有着昭然若揭的个人野心的政客。"②

也就是说，穆斯林要通过正本清源回归到《古兰经》和"圣训"

---

① 范若兰：《马哈蒂尔的伊斯兰教理念与实践评析》，载《世界宗教研究》2008年第1期。

② [马来西亚] 马哈蒂尔：《马来西亚总理马哈蒂尔演讲集》，北京外国语大学中国马来语教学中心编译，世界知识出版社1999年版，第68、70、72页。

的真精神,做真正意义上的"原教旨主义者"——不是西方话语中的"原教旨主义者",马哈蒂尔坦言,自己就是这样的"原教旨主义者",他说:"原教旨主义是一个最受到滥用的词。人们把它与极端主义画上了等号。然而如果人们研究一下伊斯兰教教义就会清楚,最好的穆斯林,就是原教旨主义者。"因此,今天的"穆斯林要做的,是回到《古兰经》和真正的'先知言行'中去,结合当今世界的环境来研究它们,诠释它们。世界已经变了,这是安拉的意志。人们不能去扭转安拉所希望的东西。真正的信教者应当在目前的条件下从《古兰经》教义和'先知言行'中寻找向导。伊斯兰教并非仅仅面向7世纪的阿拉伯人,而是要面向所有的时代和世界所有的地方。如果我们穆斯林了解了这一点,我们之间将少一些误解。假如非穆斯林能够理解穆斯林在适应现代社会的变化过程中所面临的问题,他们就不会像现在这样误解伊斯兰教和穆斯林。如果所有这些误解都得以消除,世界将会变得更加美好"①。

马哈蒂尔同时强调,穆斯林要与时俱进,注重教法创制、文化更新与科技创新工作;要尊重文化的多样性和社会的多元特征,坚持维护穆斯林内部的团结和与非穆斯林的友好关系。他以马来西亚为例,说明穆斯林与非穆斯林完全可以在一起友好相处,共同缔造一个多元和谐的社会,"在今天的马来西亚,虽然政府仍然处在穆斯林支配之下,但却享有和平、稳定和繁荣,近10年来经济年均增长8%。马来西亚的穆斯林……通过自己的行动证明,他们能够与非穆斯林一道生活和工作,建设一个统一的、进步的国家"。"虽然马来西亚的国教是伊斯兰教,但佛教、印度教和道教寺院以及基督教堂随处可见。全体人民共同庆祝不同民族和不同信仰者的宗教节日。"②

马哈蒂尔强调伊斯兰世界各国之间加强团结与合作的重要性,对长期困扰伊斯兰世界的内部矛盾和纷争提出尖锐批评,认为"穆斯林教派之间和穆斯林国家之间相互为敌,显然与伊斯兰教义是相悖的"③。

马哈蒂尔向来以直言不讳著称,在多种国际讲坛上,他都敢于对西

---

① [马来西亚]马哈蒂尔:《马来西亚总理马哈蒂尔演讲集》,北京外国语大学中国马来语教学中心编译,世界知识出版社1999年版,第76、80页。
② 同上书,第78—79页。
③ 同上书,第73页。

方大国的霸权主义和强权政治提出尖锐的批评,并竭力维护发展中国家的政治、经济利益。作为政治家的马哈蒂尔,在国际交往中始终坚持奉行独立自主、睦邻友好的外交政策,强调和而不同的"亚洲价值观"在国际交往中的独特意义和价值,指出西方世界对东方文明尤其是伊斯兰文明怀有陈旧的偏见、误解和无知。他对西方鼓噪的所谓"伊斯兰威胁论"和"中国威胁论"予以有力驳斥,认为"如果有威胁的话,那么这种威胁不是来自亚洲国家。亚洲知道这种威胁来自亚洲之外,来自那些不断增强武器杀伤力的国家。亚洲国家加在一起也比不上某个西方国家2650亿美元的军费预算"[①]。"从历史上看,中国从未实行不断攫取领土的政策。它的邻国可能曾丧失过一些有争议的领土,但全面的入侵和殖民化一直不是中国历史的一个特征。这当然与欧洲的历史有非常大的不同。中国的侵略这一问题充斥在大多数西方人的脑海中。之所以出现这种情况,是因为在历史上,通过霸权和以暴力或和平手段占领领土始终是西方自我保护和积累财富的方式。所以,它们现在便很自然地怀疑中国具有类似的野心……一个繁荣的中国将首先成为包括东南亚在内的东亚发展的发动机,进而成为世界发展的发动机。"[②]

马哈蒂尔的视野始终不局限于马来西亚,他总能以全球性的眼光来评判整个伊斯兰世界的文化建设与落后现状。马哈蒂尔始终认为,伊斯兰世界的落后不能归咎于伊斯兰教,而是穆斯林对伊斯兰教先进性的理解问题,只要准确理解并实践伊斯兰教,那么伊斯兰世界的现代化是可以实现的。不难看出,马哈蒂尔所强调的伊斯兰教具有与时俱进的文化品质以及穆斯林迫切需要重启教法创制、开展文化创新等一系列观点,实际上都是当代伊斯兰"中间主义"思潮的基本主张。

### 三 阿拉伯联合酋长国副总统阿勒马克图姆

阿拉伯联合酋长国副总统兼总理谢赫·穆罕默德·本·拉希德·阿勒马克图姆（محمد بن راشد آل مكتوم，1949— ）也是阿拉伯伊斯兰世界积

---

[①] [马来西亚]马哈蒂尔:《马来西亚总理马哈蒂尔演讲集》,北京外国语大学中国马来语教学中心编译,世界知识出版社1999年版,第50页。

[②] 同上书,第25页。

极倡导伊斯兰"中间主义"的一位著名政治领导人。伊斯兰"中间主义"的诸多主张,如强调要尊重文化多样性,要遵循客观规律,把握机遇,谋求阿拉伯世界的团结、改革与发展等,均成为阿勒马克图姆治国理政、锐意进取的思想武器。

阿勒马克图姆特别强调伊斯兰教的宽容思想,尊重多元文化,认为宽容是伊斯兰文明追求卓越的重要特征之一,"尊重他人的宗教和信仰,这样他人才能尊重我们的宗教和信仰,但是尊重并不是恩赐,而要去争取。我们如何说服别人对伊斯兰教宽容,而我们中有些人还不知道宽容为何物?我们如何说服他们公正对待伊斯兰教,而我们还施行着不公?我们如何说服他们宗教是真理,而我们的行为却是谬误?真主说'宗教无强迫',那我们有什么权利强迫别人信仰我们的宗教?我们肩头的责任要求我们向他人展示一幅关于我们宗教的美丽图画,通过我们与他人的接触及和平、安宁、互助的友好共处,来达到商贸发展和人类发展的共同需要"①。

阿勒马克图姆不只是口头上谈论宽容多元,而且努力将此理念付诸实践,他雄心勃勃,致力于探索阿拉伯国家独特的发展方式和现代化道路,且成绩显著,颇引世人注目,迪拜一日千里的发展,或许就是最好的例证,重要的或许不是迪拜的经济速度,而是迪拜海纳百川的胸襟和兼容并包的文化特征,"迪拜有友爱,有融洽;有人人尊重的宽容,人人敬重的传统;在迪拜有着对自身和他人的尊重;有均衡、特色和文明"②。

在国际关系与国际交往中,阿勒马克图姆也非常注重平等对话,尤其重视伊斯兰世界与西方的和平共处,反对所谓"文明冲突论",他说:"有些人回到19世纪的氛围中来讨论文明冲突和宗教冲突,我认为正确的说法应该是利益的冲突。有人在讨论穆斯林与基督徒的敌对,这些人还没有读过《古兰经》。有人仍然认为军事上的胜利是最好的和平,这些人没有很好地读过历史。""谁今天还在谈论文明的冲突、伊斯兰与西方的敌对,还在声称西方不能够与伊斯兰和平共处,认为我们颂扬死亡而非生命,那他一定还未造访过迪拜,也不知道科尔多瓦的历

---

① [阿拉伯联合酋长国] 穆罕默德·本·拉希德·阿勒马克图姆:《我的构想——迎接挑战 追求卓越》,张宏、薛庆国、齐明敏等译,外语教学与研究出版社2008年版,第132—134页。

② 同上书,第130页。

史或所有阿拉伯国家首都的历史。我们的前辈都与各种宗教和平共处，我们也做着同样的事，我们再次证明：生活，归根结底就是伊斯兰教所提倡的、我们的文明引以为荣的和平共处。"①

阿勒马克图姆支持巴勒斯坦人民谋求解放的正义事业，致力于实现阿拉伯民族的团结和中东地区的和平。他说："令我最为忧伤的，是阿拉伯民族的现状，这种不幸现状令我的忧伤与日俱增，只有对幸福未来的乐观信念，才能减轻这种忧伤。我常常对自己和别人这么说：'这一切绝望、悲观与恐惧，都会像晴空中的过眼云烟一样消逝。能把阿拉伯人凝聚在一起的因素，要远远多于那些分散他们的因素。'""我们怀有强烈的乐观精神和极大的希望，但文明也必须脚踏实地。我一直想要实现的梦想之一是访问耶路撒冷，我的根在阿克萨清真寺，然而每当我认为梦想即将实现的时候，和平便陷入困境，梦想再次远离我。"②

在国家的现代化进程中，阿勒马克图姆非常强调改革的重要性与必要性，认为阿拉伯伊斯兰世界不仅迫切需要改革，而且需要创新、创优。他说："今天世界的发展规律就是变革，与此不同的是固守不变，后者意味着收缩和没有竞争……世界在变化，我们毫无其他选择，应该随之变化。""要战胜新千年、新世纪带来的挑战需要新的思维和创新的方法，借此我们能够推动社会进步、加速发展。这就需要变革。变革意味着接受有益的新事物，确信无益的旧事物已不再适用，该是从思想上和行动上提出变革的时候了。这意味着要改变思维方式，要有理解世界话语的能力和简明、坦诚地将我们的使命、目标、立场传递给世界的能力，使世界能够理解我们，继而深化人民间的合作，消除误区，为集中精力成就发展提供空间。我们的目标是战略性的，计划是战略性的，愿景也是战略性的。因此，我们所谈到的变革也必须是战略性的，与上述内容相辅相成的。"③

---

① ［阿拉伯联合酋长国］穆罕默德·本·拉希德·阿勒马克图姆：《我的构想——迎接挑战　追求卓越》，张宏、薛庆国、齐明敏等译，外语教学与研究出版社 2008 年版，第 166、134 页。

② 同上书，第 1、167 页。

③ 同上书，第 106、164 页。

事实上，阿拉伯联合酋长国的发展，正是在这样的改革理念指导下才获得的，在阿拉伯伊斯兰世界，阿拉伯联合酋长国在探索自身发展模式、致力于国家实现现代化方面所做的努力可以说是独树一帜，卓有成效。也许，在阿拉伯伊斯兰世界，要真正践行伊斯兰"中间主义"的一系列主张，还得有更多像阿勒马克图姆总理这样亲民而又敢想敢干、锐意进取、大胆改革的政治领导人。在约旦皇家伊斯兰战略研究中心与美国乔治敦大学联合出版的《2009最具影响力的500位穆斯林》一书中，阿勒马克图姆名列第21。①

**四 其他重要领导人和政治家**

1. 沙特阿拉伯前国王阿卜杜拉

在当代阿拉伯伊斯兰世界倡导和推动伊斯兰"中间主义"思潮的政治领导人中，沙特阿拉伯前国王阿卜杜拉·本·阿卜杜勒·阿齐兹（عبد الله بن عبد العزيز，1924—2015）或许是最具影响力的最高执政者之一，他在约旦皇家伊斯兰战略研究中心与美国乔治敦大学联合出版的《2009最具影响力的500位穆斯林》一书中居于首位。②

阿卜杜拉国王1924年出生于利雅得，是沙特阿拉伯老国王阿卜杜勒·阿齐兹之子，与已故前任国王法赫德是同父异母的兄弟。作为王室成员的阿卜杜拉很早就开始参与政治，1964年起担任沙特阿拉伯国民卫队司令；1975年任第二副首相；1982年继承王储之位并担任第一副首相；2005年8月法赫德国王去世后继承王位，并担任沙特阿拉伯武装部队最高司令。实际上，由于法赫德国王晚年体弱多病，自阿卜杜拉继承王储之位并担任第一副首相以来，就一直代理国王主持国务。

众所周知，沙特阿拉伯是个比较独特的国家。在精神层面，沙特阿拉伯是伊斯兰教的发祥地，伊斯兰教的两大圣地麦加和麦地那均在沙特阿拉伯，在阿拉伯伊斯兰国家间享有特殊位置；而在物质层面，沙特阿拉伯拥有异常丰富的石油资源，在当今世界经济发展中也占有

---

① The book "The 500 Most Influential Muslims—2009"，http://rissc.jo/docs/1N-With Covers%28lowres%29.pdf.

② The book "The 500 Most Influential Muslims—2009"，http://rissc.jo/docs/1N-With Covers%28lowres%29.pdf.

重要的战略地位。然而沙特阿拉伯又是一个比较保守封闭的国家,文化上缺乏包容,宗教上长期尊奉排斥性很强的伊斯兰教瓦哈比教义,政治上则是王室集权统治,外交方面长期奉行亲美政策。所有这些,均与当代伊斯兰"中间主义"所倡导的开放包容、民主协商等诸多理念不合,也使其王室在伊斯兰世界及广大国民中的威信和声誉受到质疑,反对之声日益显现,潜在的危机四伏。

沙特阿拉伯当局也越来越感到问题的严重和形势的严峻,阿卜杜拉国王继任后,由于国际及地区形势的急剧变化,许多问题更是日益突出,使他倍感压力之重和挑战之严峻,要成功应对这些挑战殊为不易。因此,国王继任伊始,就果敢地宣传和支持伊斯兰"中间主义",在内政外交方面进行一系列的政策调整,力图借此化解重重危机,实现自我解困,促进阿拉伯民族的团结。在政治体制方面,成立协商委员会,寻求适度改革;宗教上反对极端思想;文化上倡导包容;外交上开始向东看,高度重视发展与中国的关系,并着力改善与周边国家特别是伊朗等地区大国的关系;经济方面则采取了一系列大胆的改革措施,设立最高经济委员会,统筹管理,实施一系列惠民政策,鼓励外来投资,对一些企业实行私有化,努力创造就业机会,降低失业率,并作为 G20 成员之一积极参与国际经济治理。这些努力,使沙特阿拉伯在国际及地区事务方面的影响力甚至超过了埃及等阿拉伯世界传统大国。因此,其宗教、思想、文化领域的发展态势,尤其是其政治领导人的价值取向特别值得关注。

阿卜杜拉国王明确反对极端主义,严厉谴责各种形式的恐怖主义,强调伊斯兰教是和平中正、仁慈博爱的宗教,各种极端主义、恐怖主义言行均与伊斯兰教的价值观背道而驰。他说:"我们的传统,我们的信仰都拒绝恐怖主义,《古兰经》教导我们,杀害一个无辜者,就如同杀害全人类。"[①] 而要彻底根除各种极端主义思想,最重要的是要从思想深处消除滋生极端主义的温床,正确理解伊斯兰教的和平仁爱精神,尤其要在青年一代中广泛宣传中正宽容的伊斯兰教价值观。[②] 阿卜杜拉国

---

[①] 阿卜杜勒·阿齐兹国王文献馆编:《两圣地侍奉者阿卜杜拉国讲话集》,阿卜杜勒·阿齐兹国王文献馆2004年版,第312页。

[②] 同上书,第421页。

## 第三章 当代伊斯兰"中间主义"思潮的代表人物及重要学术活动　169

王支持和推动文明对话,特别是国际间的文明对话,多次支持召开了有关文明对话和宗教对话的国际学术会议,他强调要"让对话成为沙特阿拉伯王国的一种生活方式"①。

阿卜杜拉国王致力于维护阿拉伯团结,支持巴勒斯坦事业。他说:"我们的宗教教导我们,众穆民皆兄弟。真主意欲,我们将致力于加强全体阿拉伯人和穆斯林间的团结,为人类文明再创辉煌。我们将通过共同的语言、历史和归宿加强与我们阿拉伯同胞的联系,我们一贯主张公正地解决所有阿拉伯问题,捍卫他们的合法权益,尤其是巴勒斯坦弟兄的各种权利,使阿拉伯人恪守友谊,走出分裂的夜晚,步入团结的黎明。在今天这个时代,没有力量就不会有尊严,而没有团结就不会有力量。"② 国王呼吁:"同胞们:崇高伟大的真主说:'你们当全体坚持真主的绳索,不要自己分裂。'(3:103)因此,伊斯兰民族最迫切的是谋求团结,尤其在当代这个历史时期,穆斯林更应当为两世吉庆而加倍努力,遵循立基于理智、宽容和中正原则的伊斯兰信仰,正如真主所说:'我这样以你们为中正的民族。'(2:143)"③

有位美国学者评价说:阿卜杜拉国王"能够与大臣们达成共识和考虑他人观点的务实行动,还有对宗教虔诚的良好声誉,使他比法赫德国王在人民心目中更具威望。虽然他比前任君主(除费萨尔国王外,1964—1975年在位)更具开放性和世界性,但国外的观察家认为他更具有民族主义倾向,是对美国并不太友好的人"④。这位美国学者所说的对美国的不友好,或许正是阿卜杜拉国王调整一味追随美国的外交路线,在国际交往中更加关注公正原则,坚持独立自主的一个证明。

正是基于"向东看"的外交战略,阿卜杜拉国王从本国外交战略的高度出发,高度重视发展与中国的友好关系,他将中国作为继任国王后出访的第一个国家,于2006年1月对中国成功进行了国事访问,强

---

① 阿卜杜勒·阿齐兹国王文献馆编:《两圣地侍奉者阿卜杜拉国讲话集》,阿卜杜勒·阿齐兹国王文献馆2004年版,第407页。
② 同上书,第552页。
③ 同上书,第365页。
④ [美]詹姆斯·温布兰特:《沙特阿拉伯史》,韩志斌等译,中国出版集团东方出版中心2009年版,第297页。

调与中国的友好关系是沙特阿拉伯的自豪:"我们为与中国的友谊而自豪,我们重申恪守一个中国的原则。"① 国际社会普遍观察到,自阿卜杜拉任国王以来,中沙战略关系得到了全面发展和大幅提升。

2. 约旦前王储哈桑·本·塔拉勒

约旦前王储哈桑·本·塔拉勒亲王(الحسن بن طلال,1947— )是前国王侯赛因的弟弟,1965年被册封为王储,通常在侯赛因国王不在国内时均由他摄政,侯赛因国王在去世前三周才废黜了他的王储地位,将王位传给了儿子阿卜杜拉。哈桑亲王长期协助国王治国理政,尤其重视文化工作,他一贯倡导和鼓励伊斯兰"中间主义"的思想理论建设,是阿拉伯世界倡导"中间主义"的著名政治家之一。1981年第11次阿拉伯国家首脑会议之后,成立了非政府机构"阿拉伯思想论坛"(Arab Thoughts Forum),总秘书处设在约旦首都安曼,由哈桑亲王担任论坛主席。该论坛是由阿拉伯思想家和决策者们倡议建立的,致力于研究阿拉伯国家的现实问题与未来发展。在哈桑主席的领导下,论坛为阿拉伯思想界提供一个自由对话和交流的平台,多年来,在研究阿拉伯世界诸多重大理论问题、努力形成当代的阿拉伯思想体系方面做了难能可贵的努力,重视对伊斯兰"中间主义"思想的阐发,就是其重要工作之一。

哈桑亲王通过支持约旦皇家伊斯兰文明研究院的工作,积极推动和倡导伊斯兰"中间主义"。约旦皇家伊斯兰文明研究院是阿拉伯世界颇具影响力的研究机构,每两年举办一次会议。在1995年的第10届年会上,"哈桑王储倡议要设计和提出一项以正统的伊斯兰复兴思想为基础的当代文明文化工程,包括经济、社会、教育等方面的发展计划在内,目的是培养出伊斯兰文明的一代新人"②。在1997年7月举办的第11届年会上,侯赛因国王在开幕式上的讲话强调:"学者们须恪守(伊斯兰)正统的恒素,用来指导自己的思想、言论和行为,要与时代精神并行不悖,不落在新事物的后面,因为学者们肩负着建设当前、探索未

---

① 阿卜杜勒·阿齐兹国王文献馆编:《两圣地侍奉者阿卜杜拉国讲话集》,阿卜杜勒·阿齐兹国王文献馆2004年版,第531页。
② 朱威烈:《站在远东看中东》,上海外语教育出版社2000年版,第186页。

来的使命。"哈桑王储也在会议上发表了讲话："他呼吁要加强与周围世界的文明对话，赶上世界互联网络的发展，建立伊斯兰文明知识库，确保伊斯兰文明的存在，强化阿拉伯—伊斯兰的文明属性。哈桑王储这些年，一直十分注意加强与学术界的联系，他不仅兼任着皇家研究院的最高领导，而且还掌管着为数不少的约旦研究机构，是约旦阿拉伯思想论坛（Arab Thoughts Forum）的主席。他虽不像其兄侯赛因国王那样频繁出访，但凡涉及思想文化领域，如伊斯兰教与基督教、天主教的对话等活动，多半是他具体策划或率队前往。这次，他就侯赛因国王要搞一个规划的意见，正式提出要形成一个伊斯兰行为道德规范作为伊斯兰教中庸之道的倡议。"[1] 显然，倡导和宣传伊斯兰"中间主义"思想，致力于阿拉伯伊斯兰核心价值观的重建，一直是哈桑王储等约旦政治家的战略构想，多年来哈桑王储为此做了不少值得称道的工作。

## 第四节 有关伊斯兰"中间主义"的重要学术活动

在众多学者及政治领导人的倡导和推动下，阿拉伯伊斯兰世界近年来还相继成立了一些以宣扬伊斯兰"中间主义"为宗旨的学术机构，召开了一系列以"中间主义"为主题的学术会议，其中既有官方的也有民间的，既有地区性的也有国际性的。从思想理论方面对伊斯兰"中间主义"做深入探讨和研究的学术论文和著作也不断问世。所有这些，使得伊斯兰"中间主义"日渐成为当代阿拉伯伊斯兰世界的广泛共识和主流价值取向，发展势头强劲，影响日益深远。

### 一 有关伊斯兰"中间主义"的重要学术机构

随着伊斯兰"中间主义"思潮的不断发展，伊斯兰世界各国陆续成立了旨在研究和宣传伊斯兰"中间主义"的专门机构。比如：科威特的"中间主义国际中心"（المركز العالمي للوسطية بالكويت），约旦的"中间主义国际论坛"（المنتدى العالمي للوسطية بالأردن），伊拉克的"中间主义文化

---

[1] 朱威烈：《站在远东看中东》，上海外语教育出版社2000年版，第205—206页。

机构"（الديوان الثقافي للوسطية والاعتدال بالعراق），沙特阿拉伯的"世界伊斯兰对话论坛"（المنتدى الإسلامي العالمي للحوار بالسعودية），苏丹的"中间主义国际论坛"（المنتدى العالمي للوسطية بالسودان），摩洛哥的"中间主义论坛"（المنتدى المغربي للوسطية），卡塔尔的"盖尔达维伊斯兰中间主义与文化更新研究中心"（مركز القرضاوي للوسطية الإسلامية والتجديد）等。有的国家还成立了致力于宣传伊斯兰中间主义的学术团体，如伊朗的"世界伊斯兰教派亲和促进会"（المجمع العالمي للتقريب بين المذاهب الاسلامية），卡塔尔的"世界穆斯林学者联合会"（الاتحاد العالمي لعلماء المسلمين）等。这些机构和团体，有的是民间的，有的是官方的，有的是区域性的，有的是国际性的，各自关注的重点和问题也不尽相同，但宣扬伊斯兰"中间主义"思想，倡导伊斯兰教的中正和平、宽容仁爱精神是其共同的宗旨。下面不妨简要介绍其中具有代表性的几家。

1. "中间主义"思想文化论坛（منتدى الوسطية للفكر والثقافة）及"中间主义"国际论坛（المنتدى العالمي للوسطية）（约旦）

在约旦，在阿卜杜拉国王的直接支持下，于2002年成立了"中间主义"思想文化论坛，论坛建有专门网站（http://www.wasatyea.org/ar/Web/HomePage.aspx#）。该论坛继2005年7月4—6日召开的"中间主义"思想文化论坛首届国际会议后，又于2006年4月24—26日在首都安曼召开"中间主义"思想文化论坛第二届国际会议，会议主题是"中间主义的实践活动在改革与民族复兴中的作用"，会议强调大力弘扬伊斯兰教中正和谐思想的重要意义，吁请伊斯兰民族化解分歧、加强团结，致力于全球化时代民族复兴的思想理论建设。2006年又成立了"中间主义国际论坛"（Global Forum for Moderation），以便进一步强化和推进对"中间主义"思想的研究和传播。

2. 世界穆斯林学者联合会（الاتحاد العالمي لعلماء المسلمين）

在倡导伊斯兰"中间主义"的民间学术团体中，"世界穆斯林学者联合会"（الاتحاد العالمي لعلماء المسلمين）（英文名"International Union of Muslim Scholars"，IUMS）的影响较大。世界穆斯林学者联合会于2004年7月11日在英国伦敦成立，卡塔尔大学教授尤苏夫·盖尔达维担任联盟主席，阿曼素丹国总穆夫提艾哈迈德·本·哈姆德·哈里里 (أحمد بن حمد الخليلي)、毛里塔尼亚著名伊斯兰学者阿卜杜拉·本·拜赫 (عبد الله بن بيه)、伊朗"世界伊斯兰教派亲和促进会"秘书长阿亚图拉·穆罕默德·阿里·泰斯希里 (آية الله محمد علي التسخيري) 担任副主席，成员包括各国知名伊斯兰学者。

联合会的自我定位是：联合会是属于全体穆斯林和伊斯兰的（非某个教派的）、民间的、独立的、国际性的、学术性的、奉行中正原则的学者团体。联合会致力于宣传伊斯兰教和平中正、宽容和谐的理念，推动文明对话，多次召开相关的国际学术会议，并于 2009 年初正式创刊发行了会刊《中正的民族》(الأمة الوسط)，联合会主席尤苏夫·盖尔达维亲自为创刊号撰写了发刊词和长篇文章，他在发刊词中称，倡导和宣传伊斯兰"中间主义"，追求中正和谐之道，不仅是他自己毕生为之奋斗的事业，也是世界穆斯林学者联合会的使命。《中正的民族》创刊号的中心议题是"中间主义与时代挑战"，除了尤苏夫·盖尔达维博士撰写的题为《中间主义的特征之一——理性与经典间的平衡》的长文外，还刊载有 11 篇由当代著名伊斯兰学者撰写的有关伊斯兰"中间主义"思想的重要理论文章。联合会还建有自己的网站（http://www.iumsonline.org/ar/default.asp? MenuID =1）。

3. "中间主义国际中心" (المركز العالمي للوسطية)（科威特）

科威特成立有"弘扬中间主义高级委员会"，下设一个研究伊斯兰"中间主义"的专门机构——"中间主义国际中心"(الوسطية بدولة الكويت)，(المركز العالمي للوسطية تابعٌ للجنة العليا لتعزيز) 并建有网站（http://wasatiaonline.net/index.php）。该中心以"秉承传统，紧跟时代"(ارتباط بالاصل واتصال بالعصر)为宗旨，致力于弘扬伊斯兰文明中正和平、宽容仁爱的精神。

4. 盖尔达维伊斯兰中间主义及文化更新研究中心 (مية والتجدي)(مركز القرضاوي للوسطية الإسلا)（卡塔尔）

盖尔达维伊斯兰中间主义及文化更新研究中心 2009 年成立于卡塔尔首都多哈，该中心的成立得到卡塔尔王室的大力支持，特别是得到了埃米尔哈姆德·本·哈里发夫人谢赫·穆赛·宾特·纳赛尔·穆斯乃德的鼎力支持。中心虽以倡导伊斯兰"中间主义"的著名学者盖尔达维博士之名命名，但盖尔达维博士本人在成立仪式上声明这不是他个人的研究中心，也不是研究他个人思想的中心，而是研究整个伊斯兰"中间主义"思潮的学术中心。中心旨在从正面宣传伊斯兰和平、中正、宽容、仁爱的核心价值理念，通过多种方式致力于开展与时俱进的教法创制与文化创新，以实现伊斯兰文化的更新与重建。

5. 世界伊斯兰教派亲和促进会（المجمع العالمي للتقريب بين المذاهب الاسلامية）(伊朗)

世界伊斯兰教派亲和促进会 1990 年成立于伊朗，以促进伊斯兰世界各教派团体之间的相互理解、宽容与团结为宗旨。该促进会自成立以来，在化解伊斯兰世界各教派团体之间，特别是什叶派与逊尼派之间的矛盾与对立，促进各教派团体之间的相互对话与相互理解方面做了卓有成效的工作。特别是近年来在中东地区形势日益严峻复杂的背景下，该促进会一直通过举办学术会议、出版书刊、在伊斯兰国家间组织各派学者互访对谈等多种方式，致力于化解教派矛盾，弥合分歧，维护伊斯兰民族的团结。促进会办有《教派亲和》（مجلة التقريب）、《亲和文化》（مجلة ثقافة التقريب）等刊物并建有自己的网站（http：//taghrib.org/index.php），营造和宣传宽容和谐、团结亲和的伊斯兰"中间主义"文化。

6. 爱资哈尔大学（埃及）

爱资哈尔大学始建于公元 972 年，是阿拉伯伊斯兰世界最负盛名的千年学府，历史上在阿拉伯伊斯兰世界宗教教育、思想文化界一直享有崇高的地位。但自 20 世纪 50 年代以来，由于埃及奉行阿拉伯民族主义和世俗主义路线，限制和削弱爱资哈尔在国际国内的宗教影响，致使这个千年学府日渐衰落，开始失去昔日的辉煌，在阿拉伯伊斯兰世界的地位和影响日减。也正是在此背景下，阿拉伯伊斯兰世界相继建立了多所伊斯兰大学，如沙特阿拉伯的麦地那伊斯兰大学（1960）、巴基斯坦的国际伊斯兰大学（1976）、马来西亚的国际伊斯兰大学（1983）等。不过在近年来，特别是新任长老艾哈迈德·泰伊伯自 2010 年上任伊始，爱资哈尔大学便以更为鲜明的立场致力于宣扬伊斯兰"中间主义"思想，力图重振爱资哈尔在伊斯兰世界宗教思想领域的权威地位，发挥应有的引领作用。泰伊伯长老就当代伊斯兰"中间主义"思潮及阿拉伯

第三章 当代伊斯兰"中间主义"思潮的代表人物及重要学术活动　175

伊斯兰世界诸多热点问题所发表的一系列谈话，引起阿拉伯伊斯兰世界的广泛关注和普遍赞誉。①

可以预期的是，作为阿拉伯伊斯兰世界千年学府的爱资哈尔大学将会继往开来，在阿拉伯伊斯兰世界核心价值观的重建方面做出重大建树，特别是在宣扬伊斯兰教中正和谐思想方面将发挥重要作用。2010年底，曾毕业于爱资哈尔大学的世界穆斯林学者联合会主席尤苏夫·盖尔达维访问母校，并拜会了爱资哈尔长老艾哈迈德·泰伊伯，双方就弘扬伊斯兰"中间主义"思想达成重要共识，这是具有官方性质的爱资哈尔与民间性质的世界穆斯林学者联合会两大机构走向合作的开端。也说明爱资哈尔在试图摆脱紧跟官方的老路，努力贴近民间，正在成为弘扬伊斯兰"中间主义"思想的又一个重要的学术中心。

## 二　有关伊斯兰"中间主义"的重要学术会议

自20世纪90年代以来的20年间，当代伊斯兰"中间主义"思潮发展势头高涨，在阿拉伯伊斯兰国家不断举办有关伊斯兰"中间主义"的各类学术会议。1990年5月，在阿尔及利亚召开了"伊斯兰的未来问题"大型学术研讨会，包括民族主义、自由主义、社会主义、伊斯兰"中间主义"等各种思潮和学派的学者参加，各自申述自己的观点，开展对话，求同存异，旨在寻求伊斯兰民族的团结与合作。会议较好地体现了伊斯兰"中间主义"所倡导的对话与合作精神。1996年2月，伊斯兰会议组织在卡萨布兰卡举行首脑会议，这是伊斯兰国家的一次高层官方会议，涉及诸多议题，而其中一项重要议题就是对伊斯兰"中间主义"路线的讨论，会议强调要在伊斯兰世界弘扬伊斯兰教的中正和平思想，反对各种极端主义，并通过了反对极端主义行径的基本准则。"9·11"事件后，有关伊斯兰"中间主义"的会议更是连续不断。这些会议既有民间层面的，也有官方层面的；既有区域性的，也有国际性的；既有宏观层面的综合性会议，也有微观层面的专题会议。有一定规模和影响的重要会议有：

---

① 参见附录四埃及《金字塔报》访谈：爱资哈尔大学新任长老艾哈迈德·泰伊伯谈当代伊斯兰"中间主义"及热点问题。

1. 世界伊斯兰联盟伊斯兰教法委员会特别会议（沙特阿拉伯麦加）

2002年1月5日至10日在沙特阿拉伯麦加举行，会议由世界伊斯兰联盟下属的伊斯兰教法委员会（مجلس المجمع الفقهي الاسلامي التابع لرابطة العالم الاسلامي）主办。本次会议严厉谴责"9·11"事件，重申伊斯兰教反对各种形式的恐怖主义，指出中正宽容的仁爱精神是伊斯兰教的基本原则，慈爱全人类是伊斯兰教和先知穆罕默德的重大使命。会议倡导和平中正的伊斯兰"中间主义"路线，强调"中间主义"所倡导的和平中正之道是当代穆斯林唯一正确的出路。会议吁请伊斯兰民族加强团结，共同防止和反对各种极端思想和恐怖主义行径。

2. "新世纪伊斯兰的未来"学术会议（约旦安曼）

"新世纪伊斯兰的未来"学术会议于2002年8月4日至6日在约旦首都安曼举行，本次会议是约旦皇家伊斯兰文明研究院（مؤسسة أل البيت للفكر الاسلام, الأردن）的第12届年会，"新世纪伊斯兰的未来"是会议的主题，来自阿拉伯伊斯兰国家和世界其他国家的许多著名学者、思想家、研究者参加了会议，中国学者朱威烈教授应邀参加了会议。与会的各国学者围绕大会主题，就阿拉伯伊斯兰文明所面临的严重的内外危机和挑战，从各个方面探讨了走出困境、谋求发展的途径。倡导和弘扬伊斯兰"中间主义"的中正和平精神、反对各种极端主义和恐怖暴力行为成为与会者的广泛共识。

3. "伊斯兰对话国际会议"（沙特阿拉伯麦加）

"伊斯兰对话国际会议"于2008年6月4日至6日在沙特阿拉伯麦加举行，会议由世界伊斯兰联盟主办，来自50多个伊斯兰国家的500多名学者和代表参加了会议。会议就如何有效应对伊斯兰国家面对的共同挑战展开了深入讨论。沙特阿拉伯国王阿卜杜拉主持了会议开幕式并发表讲话。他说，当前伊斯兰国家正面临诸多严峻挑战，教派矛盾和冲突、极端主义和恐怖主义等违背伊斯兰和平中正教义的现象令人关注，这一现实要求伊斯兰国家举办这样一个国际性的对话会议，共同研究和探讨解决这些问题的方法和途径，并向世界人民传达伊斯兰教和平友善的信号。阿卜杜拉国王还呼吁伊斯兰世界团结一致，求同存异，通过和平对话的方式解决相互之间的矛盾和分歧。本次会议是响应阿卜杜拉国

### 第三章 当代伊斯兰"中间主义"思潮的代表人物及重要学术活动

王关于召开"世界不同宗教和文明对话会议"倡议的第一步,以期在国际对话前首先协调伊斯兰国家内部的立场。

4. 国际伊斯兰法学研讨会:"新世纪的伊斯兰法学:挑战与前景"(马来西亚吉隆坡)

国际伊斯兰法学研讨会"新世纪的伊斯兰法学:挑战与前景"于2008年7月9日至11日在马来西亚首都吉隆坡举行。会议集中研讨了伊斯兰教法创制与法学裁判问题。强调伊斯兰教法必须开展与时俱进的创制与更新,因为当今时代不断发展,日新月异,各种教法问题层出不穷,教法思想日趋混乱,迫切需要认真研究并加以解决。因此,建设继承传统、面向未来的伊斯兰法学体系,是全球化时代伊斯兰世界的一项重大使命。马来西亚总理巴达维出席了会议并发表了讲话,他呼吁伊斯兰世界摒弃纷争,加强团结,共同应对面临的严峻挑战,为穆斯林社会的尊严、进步、稳定与繁荣而努力。他同时吁请世界各地的穆斯林学者努力弘扬伊斯兰教的创制精神,认真研究和解决伊斯兰民族所面临的重大现实问题,从而使伊斯兰教不断适应时代的发展。

5. "中间主义"国际会议:"中间主义"是一项人文主义文明工程(黎巴嫩的黎波里)

"中间主义"国际会义'中间主义'是一项人文主义文明工程"于2008年4月11日至13日在黎巴嫩的黎波里举行,是由约旦"中间主义国际论坛"与黎巴嫩有关机构联合主办的首届"中间主义"国际会议,会议主题为"中间主义"是一项人文主义的文明工程。黎巴嫩总理纳吉布·米卡提出席会议并发表讲话。会议强调,伊斯兰"中间主义"的和平精神与宽容理念不仅需要全面研究和大力宣传,更需要在实际生活中去贯彻和实践;伊斯兰"中间主义"文化需要长期建设,因为它是一项宏大的"人文主义文明工程",是穆斯林的生活之道、成功之道和文明之道,而建设"中间主义"文化,就必须与时俱进,在阿拉伯伊斯兰国家大力推进各方面的改革,唯其如此,这一文明工程才能顺利建成。

6. "中阿学者论坛"(中国西安)

在欧洲、亚洲等伊斯兰世界之外的一些国家中也举办了一些关于伊斯兰"中间主义"思潮的学术研讨会,在这里特别值得一提的是在中国西安举办的两届"中阿学者论坛"。2008年11月和2009年11月由西北大学中东研究所主办的两届"中阿学者论坛",都对当代伊斯兰"中间主义"思潮做了专题讨论,特别是2009年11月11日至12日的论坛,包括当代伊斯兰"中间主义"思潮重要代表人物之一的卡塔尔大学教授尤苏夫·盖尔达维博士在内的多位阿拉伯学者应邀与会,尤苏夫·盖尔达维博士在会上就伊斯兰"中间主义"做了专题发言。[①] 盖尔达维还在北京接受了中央电视台阿拉伯语频道专访,就当代伊斯兰"中间主义"等相关问题回答了记者提问。中国方面则有前外交部副部长杨福昌、中国首任中东特使王世杰等资深外交官及阿拉伯伊斯兰文化和中东研究领域的数十名专家学者与会。中阿学者就伊斯兰"中间主义"的理论与实践等诸多问题进行了较为深入的探讨与交流,达成许多共识,双方学者一致认为,进一步加强中阿学者间的沟通与交流,推进对伊斯兰"中间主义"的研究,对于促进中阿文明对话、增进双方互信互惠的友好关系,均具有重要意义,尤其是伊斯兰"中间主义"关于在国际社会开展文明对话、促进世界和平、和谐的一些主张,格外引人注目。

### 三 有关伊斯兰"中间主义"的重要著述

世纪之交以来,特别是进入21世纪以来,在阿拉伯伊斯兰国家有关伊斯兰"中间主义"的著述不断问世,这里简要介绍几部具有代表性的著述。

1. 《伊斯兰教的中正思想》(1993)

穆罕默德·阿卜杜·拉提夫著,贝鲁特纳费斯出版社1993年出版。书中对于伊斯兰教的中正理念做了学术层面的探讨和阐释,认为中正理念体现于伊斯兰教的信仰、教法、功修等各个层面,进而指出,远离极端、恪守中正之道是穆斯林民族应当具备的一个基本属性。全书共173页。

2. 《传统与现代之间的阿拉伯伊斯兰文化》(1998)

尤苏夫·盖尔达维著,贝鲁特使命书局1998年出版。该书在论述阿拉伯伊斯兰文化基本属性和特征的基础上,着重阐述了传统与现代、

---

[①] 参见附录二。

继承与创新等的相互关系，认为阿拉伯伊斯兰文化不能固步自封，死守传统，也不能数典忘祖，全盘西化，而只有在继承传统的基础上不断创新，并借鉴和吸纳包括西方文化在内的人类文明优秀成果，才能繁荣发展，历久弥新。全书共 201 页。

3. 《伊斯兰觉醒：从稚嫩走向成熟》（2002）

尤苏夫·盖尔达维著，开罗曙光出版社 2002 年出版。全书从十个方面探索了当代伊斯兰文明实现自我更新的路径，强调中正和谐之道才是伊斯兰文明的成功之道。这十条路径分别是：从重外表形式走向重本质真谛；从无谓的空谈走向具体的实践；从感情冲动走向理性与科学；从重细枝末节走向重原则根本；从严厉苛刻走向简易宽松；从保守僵化走向创制维新；从狭隘封闭走向宽容开放；从暴力仇恨走向温和仁慈；从纷争内讧走向包容团结；从极端颓废走向中正和谐。全书共 367 页。

4. 《〈古兰经〉的中正之道》（2005）

阿里·穆罕默德·萨拉比著，贝鲁特知识书局 2005 年出版。本书从信仰、教法、宗教功修等诸多方面较为全面地介绍了伊斯兰教基本经典《古兰经》中的中正之道及其丰富的内涵，认为中正和谐、宽容仁爱是贯穿《古兰经》的一个基本精神，因此也是伊斯兰教和伊斯兰文明的核心理念。全书共 535 页。

5. 《中间主义：通向明天的道路》（2008）

阿卜杜拉·本·阿卜杜勒·阿齐兹著，利雅得塞维利亚宝藏书局 2008 年出版。全书共分为三大部分，从不同层面分别阐述了当代伊斯兰"中间主义"思潮的背景、理论及实践等，涉及伊斯兰"中间主义"兴起的地区与国际背景、理论内涵、实践意义和文化价值等重要问题，认为当代伊斯兰"中间主义"思潮代表了伊斯兰文明发展的正确方向，前景光明。书中还对西方特别是美国一些研究机构和智库如兰德公司等对于当代伊斯兰文明的肤浅认识和武断评判予以批评。全书共 224 页。

6. 《伊斯兰的中正观》（2008）

萨阿德·穆勒索菲著，科威特世界伊斯兰慈善协会 2008 年出版。本书从伊斯兰教"认主独一"的宗教哲学观出发，着重阐释了伊斯兰教的"中正"精神，认为伊斯兰教关于"宗教信仰绝无强迫"、"宗教信仰简便易行"、"宗教信仰宽容中和"的理念均体现了伊斯兰教的中正精神。全书共 128 页。

7.《伊斯兰纲要》(Islamic Charter)(2008)

这是以世界穆斯林学者联合会名义发布的一个纲领性著作，以阿拉伯文、英文等多种语言发行，科威特"国际中间主义研究中心"(International Moderation Center, Kuwait) 2008 年再版。该书从 26 个方面简明扼要地阐述了当代伊斯兰"中间主义"的核心理念，内容包括伊斯兰教的核心信仰与中正精神，伊斯兰教对于妇女、家庭、社会、政治、经济、文化、社会变革、文明对话、全球化、恐怖主义等的基本立场和观点，以及穆斯林与非穆斯林、伊斯兰世界与西方世界的关系等诸多问题，颇能反映作为伊斯兰"中间主义"积极倡导者的世界穆斯林学者联合会所持的新型文明观。全书共 152 页。

8.《论吉哈德》(2009)

尤苏夫·盖尔达维著，开罗馈赠书局 2009 年出版。全书在伊斯兰"中间主义"思想统领下，对伊斯兰教"吉哈德"理念做了全面深入的专题研究。全书分上、下两卷，篇幅宏大，除绪论外，共分 10 章，从伊斯兰法学的专业层面对"吉哈德"及其相关问题做了周详细致的探究，条分缕析，引经据典，资料丰富翔实。作者认为，"吉哈德"是伊斯兰教非常重要的一个价值理念，涉及诸多层面，其内涵十分丰富，绝不可以"圣战"一词来做简单的替换和释读，同时还对西方学界及阿拉伯伊斯兰世界某些极端主义者对"吉哈德"的误读、曲解乃至滥用予以深刻的评析和批判。书中还对恐怖主义做了深入研究。因此，本书是一部学理性与现实性兼备的重要著述。该书出版后，在阿拉伯伊斯兰世界引起强烈反响，获得广泛赞誉。全书共 1439 页。

9.《论伊斯兰中间主义及文化创新》(2009)

尤苏夫·盖尔达维著，多哈盖尔达维伊斯兰中间主义与文化更新研究中心 2009 年印行。全书论述了当代伊斯兰"中间主义"思潮的文化传统、时代背景、现实意义及核心精神等，并提纲挈领地概括和总结了伊斯兰"中间主义"的思想风貌和基本特征。[①] 全书共 223 页。

---

① 参见附录一。

## 四 有关伊斯兰"中间主义"的重要刊物及网站

1. 重要刊物

(1)《宽容》(التسامح)。

该刊是阿曼素丹国宗教事务部主办的大型学术季刊,2003 年创刊,主编阿卜杜勒·拉赫曼·萨里米 (عبد الرحمن السالمي),主要发表阿拉伯伊斯兰国家及世界各国学者阐述伊斯兰教中正中和思想以及有关多元文化和文明对话的学术论文,旨在弘扬伊斯兰教和平、中正、宽容、和谐的对话精神,并建有期刊网站 (http://www.altasamoh.net/index.asp)。

这里不妨列举出 2003—2005 年三年 12 期中所刊载的一些重要文章的题名,或可见其"中间主义"学术风貌之一斑。2003 年第 1 期(总第 1 期)有:《论伊斯兰教的宽容精神》(穆罕默德·阿马尔),《安达鲁斯伊斯兰文明的宽容实例》(萨拉哈·加拉尔)等;第 2 期(总第 2 期)有:《论伊斯兰教与异己文明的对话观》(艾哈迈迪·萨达基·达贾尼),《伊斯兰与西方》(哈桑·哈纳菲),《论东方学的话语》(穆罕默德·沙希努)等;第 3 期(总第 3 期)有:《论阿拉伯国家的当代哲学自觉》(艾哈迈德·巴尔噶维),《论文明的冲突》(沙梯发·费兰德)等;第 4 期(总第 4 期)有:《统一性与多样性之间的伊斯兰教》(泰伊布·塔宰尼),《伊斯兰法的社会原则及其在社会安全与稳定中的作用》(雅斯里·阿卜杜拉)等。

2004 年第 1 期(总第 5 期)有:《西方与伊斯兰:对手还是伙伴?》(伊斯马利·努里·拉比伊),《9·11 事件后关于伊斯兰的西方话语》(阿卜杜拉·赛义德·瓦利德·阿巴)等;第 2 期(总第 6 期)有:《伊斯兰思想中的经典与现实关系之辩》(艾哈迈德·伊斯马伊利),《关于文明对话与当代挑战的问题》(艾哈迈德·穆萨里利),《伊斯兰视野中的对话及其积极成果》(阿卜杜拉·本·阿里·阿利亚),《文明对话文化庇荫下的穆斯林与基督教徒》(里杜瓦·赛义德)等;第 3 期(总第 7 期)有:《理性、正义与伦理》(费萨尔·哈夫亚)等;第 4 期(总第 8 期)有:《伊斯兰思想中的市民社会》(艾哈迈德·穆萨里利)等。

2005年第1期(总第9期)有:《伊斯兰世界及其未来》(赛义德·本·赛义德·阿利维),《国际性的变数与伊斯兰的恒数》(穆罕默德·萨马克);第2期(总第10期)有:《当代伊斯兰思想中的公正均衡理念》(乌德隆·卡里米尔),《当代社会中的暴力现象》(穆罕默德·噶最)等;第3期(总第11期)有:《变革的文化与文化的变革》(萨阿德·哈基姆),《论宽容价值观的培育》(阿里·阿斯尔德·瓦提法)等;第4期(总第12期)有:《伊斯兰文明语境中的市民社会与多元包容》(穆罕默德·奥斯曼·哈阿拉伯),《伊斯兰教的宗教自由观》(阿卜杜·费俩里·安萨利),《9·11后阿拉伯文化的话语更新问题:宗教与政治之辩》(穆尔塔兹·哈推布),《信仰与历史之间的教法创制问题:以习俗与妇女问题为例》(穆罕默德·舍梯尤维)等。

(2)《中间主义》(الوسطية)。

该刊由约旦"中间主义国际论坛"(阿文)主办,2008年创刊,主编穆罕迪斯·马尔旺·法欧里(المهندس مروان الفاعوري)。以弘扬伊斯兰"中间主义"为主旨,发表阿拉伯伊斯兰世界知名学者的理论文章,并对论坛的有关会议和活动予以报道。2008年第1期(总第3期)刊登的重要文章有:《伊斯兰教关于正确对待分歧的礼节》(宰纳布·阿里瓦尼);《逊尼派与什叶派之间的对话问题》(盖斯·阿勒谢赫·穆巴拉克);《穆圣关于睦邻的教导》(穆罕默德·尔德);《论宗教话语中的中间主义思想》(瓦哈伯·穆斯塔法·宰希里);《中间主义与和平理念》(迈丽耶姆·艾特·艾哈迈德);《爱国主义是中间主义政治思想的议题》(穆罕默德·塔拉比)等。

(3)《中正的民族》(الأمة الوسط)。

该刊由世界穆斯林学者联合会主办,2009年创刊。联合会主席尤苏夫·盖尔达维为创刊号撰写了发刊词和长篇文章,他在发刊词中称,倡导和宣传伊斯兰"中间主义",追求中正和谐之道,既是他自己毕生为之奋斗的事业,也是世界穆斯林学者联合会的使命。创刊号以"中间主义与时代挑战"为主题,除了盖尔达维的长文《中间主义的坐标之一——理性与经典的平衡》外,还刊载了11篇有关伊斯兰"中间主义"的理论文章，这些文章是：《中间主义的基本要素：公正对待意见分歧》（艾哈迈德·赖苏尼）；《中正的民族》（伊得利斯·哈马迪）；《论中正理念》（阿巴斯·阿尔希莱）；《伊斯兰中间主义：要眷顾与完善，不要放逐与破坏》（阿卜杜勒·马吉德·塔哈）；《中正的民族：人类文明的见证者》（阿卜杜勒·马吉德·奈加尔）；《现实危机与教法宗旨之间的中正民族》（奥姆阿恩·赛米哈·奈扎里）；《伊斯兰教与暴力》（费萨尔·毛拉维）；《宗教信仰中的中和性》（穆罕默德·宰希里）；《论伊斯兰中间主义》（穆罕默德·阿里·泰斯希里）；《中和的话语与暴力的挑战》（瓦赫拜·穆斯塔法·宰希里）；《为中间主义固本清源需要付诸服务于伊斯兰民族的实践——谢赫·阿卜杜拉·本·拜赫对话录》等。

《中正的民族》第 2 期于 2010 年发行，主题是"伊斯兰民族的统一性与多样性"，共刊载 10 篇文章：《伊斯兰民族的统一性》（尤苏夫·盖尔达维）；《断然的统一与创制的分歧之间的伊斯兰话语》（阿卜杜拉·本·拜赫）；《论教派多元、教派亲善与伊斯兰教的统一性》（穆罕默德·阿里·泰斯希里）；《论伊斯兰民族的统一性》（穆罕默德·阿马尔）；《论思想教育在穆斯林文化统一性方面的作用》（阿卜杜勒·马吉德）；《为穆斯林的团结而真实互助》（萨利姆·谢海）；《文化的统一性及其在伊斯兰团结中的影响》（迈丽耶姆·艾特·艾哈迈德）；《化解政治纠纷是伊斯兰团结的有效机制》（萨哈拉维·马格拉特）；《教法学家对待分歧的方针与中正之道的坐标》（艾布·乌玛迈）；《谢赫·盖尔达维的〈论吉哈德〉》（拉希德·盖努希）。

（4）《教派亲和》（مجلة التقريب）。

该刊由伊朗"世界伊斯兰教派亲和促进会"主办，集中发表伊斯兰世界各国学者关于教派团结、教派亲和方面的文章，在各派穆斯林间宣传共同的伊斯兰教价值观，营造教派亲和文化。该刊已发行 70 余期。这里列出第 71 期及第 72 期的一些重要文章标题，或可从中窥见其办刊宗旨与风格：《伊斯兰视域中的人类关系与当代社会》《教派亲和的历史与目标》《文明自觉的时代》《论教法裁判对中正的穆斯林民族的影响及对极端主义的挑战》《中间主义：伊斯兰民族团结的纽带与先导》《论集体创制》《化解宗派主义与门户之见、实现教派亲和的路径》《挑战伊斯兰民族团结的战略应对》等。

## 2. 重要网站

除了书刊等传统媒介外,互联网作为当今信息时代的重要传媒,在许多阿拉伯伊斯兰国家也逐渐得到普及。在当代伊斯兰"中间主义"思潮的宣传与传播中,网络也日益成为一个重要平台,相关网站不断涌现,这里简要介绍其中具有一定代表性的几家网站。

(1) "中间主义"国际论坛网(www.wasatyea.org)(约旦)。

"中间主义"国际论坛网是约旦"中间主义思想文化论坛"于2006年设立的网站,旨在消解各种极端主义思想,宣传伊斯兰"中间主义"倡导的中正宽容理念及相关信息。

(2) "中间主义"在线网(http：//wasatiaonline.net/index.php)(科威特)。

"中间主义在线"是科威特"强化中间主义思想最高委员会"(للوسطية) (لجنة العليا لتعزيز الوسطية بدولة الكويت) 所属"国际中间主义中心"(المركز العالمي) 的网站,其宗旨是力求集思想性、学术性、实践性于一体,融合传统与现代,致力于传播和强化伊斯兰"中间主义"的思想理念和伦理道德,医治和消除各种极端思想和行为,号召穆斯林尊行伊斯兰教的中正之道,并积极开展与其他文明的对话和交流。

(3) 盖尔达维网(http：//qaradawi.net/?cu_no=2)(卡塔尔)。

盖尔达维网是当代伊斯兰"中间主义"思潮的重要代表人物、世界穆斯林学者联合会主席、卡塔尔大学教授尤苏夫·盖尔达维的个人网站。该网站以"我这样以你们为中正的民族,以便你们作证世人,而使者作证你们"(2：143)这段《古兰经》经文为基本宗旨,致力于弘扬伊斯兰教的中正和平、仁爱宽容精神。网站汇集了盖尔达维博士的相关著述、相关学术活动信息、重要文章和演讲、教法问题解答等。网站内容充实,信息丰富,是了解盖尔达维的伊斯兰"中间主义"思想、关注伊斯兰"中间主义"思潮发展动态的一个重要窗口。

(4) 其他相关网站。

1. http：//www.islamweb.net/mainpage/index.php。
2. http：//muntada.islamtoday.net/index.php。
3. http：//www.al-islam.com/arb/。

4. http：//www. dialogueo。
5. http：//www. iumsonline. org/ar/default. asp？MenuID = 1。
6. http：//www. quranway. net/。
7. http：//www. islamway. com/。
8. http：//www. al－eman. com/。
9. http：//www. alwihdah. com/。
10. http：//taghrib. org/index. php。
11. http：//www. tajdeed. org/default. aspx。
12. http：//www. altasamoh. nct/index. asp。
13. http：//www. islammemo. cc/。
14. http：//www. islamcvoice. com/。
15. http：//www. islampedia. com/MIE2/Manilnter/default. htm。
16. http：//www. islamonline. net/english/index. shtml（英文网）。
17. http：//www. islamicity. com/（英文网）。

# 第四章　中国文化视野中的当代伊斯兰"中间主义"思潮

本章从跨文化研究的视野出发，就伊斯兰文化的中正和谐之道与中华文化的中庸之道以及当代伊斯兰"中间主义"思潮与当代中国倡导的和谐社会、和谐世界理念作了相应的比照分析，认为中正、中和等东方文化的中正和谐之道，对应对和化解当今人类社会所面临的一系列重大危机和挑战，促进国际政治多极化、尊重世界文化多样性、维护地区稳定和世界和平具有重要的现实意义和普世价值，应是人类大家庭建设多元共存、和平和谐的国际政治经济新秩序及人类命运共同体的重要思想资源。

## 第一节　伊斯兰文化的中正之道与中华文化的中庸之道

伊斯兰文化和中华文化，是世界上为数不多的博大精深的文化体系，内涵丰富，特色鲜明，历史悠久，影响广远，对人类文明的进步与发展有过重大贡献。两大文化相互毗邻，有着许多共同或相似的内在精神和历史命运。例如，两大文化丰富深邃的和平和谐理念就颇多相合。伊斯兰文化倡导敬主爱人，强调守正不偏，追求人与造物主、人与人、人与社会以及人与自然的中正和谐；中华传统文化倡导不狂不狷的"中庸之道"，强调"敬天法祖"，追求"天人合一"、"和而不同"的和谐之境。早在明清时期，中国穆斯林先贤就已注意到两大文化的共通之处，着力构建"回儒一体"的思想体系，将伊斯兰文化的中正和谐之道与中华文化的中庸之道融会贯通，提出了"真忠正道"这一颇具中国特色的伊斯兰思想理论，为沟通中、伊两大文化，促进伊斯兰教在中国的本土化进程作出了重要贡献。

## 一 伊斯兰文化的中正和谐之道

以伊斯兰教为核心的伊斯兰文化倡导中正和谐，追求和平和谐之境，具有丰富而深邃的和谐理念，认为整个宇宙就是一个和谐的整体，大到天体运行、昼夜交替，小到个人身心健康，无不蕴含着中正平衡、井然有序的和谐之道。自然界一旦失去和谐，就会发生天灾；人类社会失去和谐，就会人祸不断；人体自身失去和谐，就会百病缠身。要言之，伊斯兰文化的和谐之道，就是不偏不倚的中正之道，所追求的是人的身心之间、人际之间、人与自然之间以及人与造物主之间的全面和谐，使真主、人类乃至宇宙万物各自所拥有的权利各得其所，不相错位，不相侵害。

1. 身心和谐

伊斯兰文化强调，没有道德建设，就没有身心和谐。身心和谐之道，在于栽培道德。因为人非天使，人性中善恶并存，因此人应始终坚持修身养性。伊斯兰文化主张人类在追求物质享受的同时，更当敬畏真主，弃恶扬善，崇德向善，注重修身养性，从而保持积极健康的心态，保持宁静的心灵，实现身心和谐。

《古兰经》中说："洗涤身心者，只为自己而洗涤。"（35：18）"有教养的人确已成功。"（87：14）"圣训"也十分强调对高尚道德的栽培，将道德建设提升于信仰的高度。有大量"圣训"都是劝谕穆斯林敬主爱人、趋善远恶、慎独自律、止于至善的道德训导。穆圣说："真主派遣我的使命，就是为了完善人的道德。"（布哈里）"信仰最完美者，就是道德最优美者。"（提尔密济）"在后世的天平上，没有什么比美德更有分量。"（提尔密济）"善行就是美德。"（穆斯林）当穆圣被问及什么是"至善"时，他回答说："至善就是你敬畏真主，如同你面见真主一样；你若不见真主，真主却能见你。"（布哈里）即无论人前人后，明处暗处，都当慎独自律，敬畏真主，因为真主洞察秋毫，无所不知。只有做到了这一点，才能真正实现身心和谐。正如《古兰经》所说："他们信道，他们的心境因记忆真主而安静，真的，一切心境因记忆真主而安静。"（13：28）只有心境安静、安宁，才会实现真正的身心和谐。

2. 人际和谐

人不能独善其身,在实现个人身心和谐的基础上,伊斯兰文化更进一步强调构建人际和谐。人际和谐又包括家庭和谐、社会和谐等层面。

家庭作为社会的基本单位,其和谐是整个社会和谐的重要基础。要实现家庭和谐,就要行孝双亲,夫妻相爱,还要接续骨肉,和亲睦邻。在此基础上,扶贫济困,帮助孤寡,从而构建整个社会的和谐。《古兰经》中说:"你们应当只崇拜真主,并当孝敬父母,和睦亲戚,怜恤孤儿,赈济贫民,对人说善言,谨守拜功,完纳天课。"(2:83)"你们当崇拜真主,不要以任何物配他,当孝敬父母,当优待亲戚,当怜恤孤儿,当救济贫民,当亲爱近邻、远邻和伴侣,当款待旅客,当宽待奴仆。真主的确不喜爱傲慢的、矜夸的人。"(4:36)"他〔真主〕的一种迹象是:他从你们的同类中为你们创造配偶,以便你们依恋她们,并且使你们互相爱悦,互相怜恤。对于能思维的民众,此中确有许多迹象。"(30:21)

伊斯兰文化认为公正与正义是社会和谐的基石。因此,要实现社会和谐,就要维护正义,劝善戒恶。《古兰经》中说:"真主的确命人公平、行善、施济亲戚,并禁人淫乱、作恶事、霸道;他劝诫你们,以便你们记取教诲。"(16:90)

伊斯兰文化强调,人不是毫无缘由、徒然地来到大地上,而是肩负着敬拜真主、代理真主治理世界的神圣使命。因此,人都承担着相应的社会责任,要顺主顺圣,服从权威与主事者,协商处理公共事务。《古兰经》中说:"信道的人们啊!你们当服从真主,应当服从使者和你们中的主事人……"(4:59)"他们的事务,是由协商而决定的。"(42:38)"圣训"中说:"你们每个人都是放牧者,都要为自己所牧放的负责。"(布哈里)

伊斯兰文化的人际和谐之道,还包含对他者的包容和对异己的尊重,强调人类大家庭的多样性是真主的"常道",是人间的常态。在伊斯兰文化的视域中,全人类都是一个祖先的后代,同为阿丹(亚当)的后裔,相互之间种族、肤色、文化、信仰的差异和不同,不应成为相互敌视甚至相互侵害的理由,而应彼此尊重,和睦相处,相互交流,相互学习。《古兰经》中说:"众人啊!我确已从一男一女创造你们,我使你们成为许多民族和宗族,以便你们互相认识。在真主看来,你们中最尊贵者,是你们中最敬畏者。真主确是全知的,确是彻知的。"(49:13)又说:"他〔真主〕的一种迹象是:天地的创造,以及你们的语言和肤色的差异,对于有学问的人,此中确有许多迹象。"(30:22)因此,伊斯兰文化尊重文化的多样性,倡导文明对话,反对文明冲突。对话要平等友好,以理服人,要尊重异己,求同存异,不可将自己的信仰或观念强加于人,因为信仰自由,不可强迫,只可劝导。《古兰经》中说:"对于宗教,绝无强迫;因为正邪确已分明了。"(2:256)

3. 人与自然和谐

伊斯兰文化对人类有崇高的定位,认为人类是真主在大地上的"代治者",肩负着治理世界的神圣使命,人被赋予了灵性和理性,既具有感情,又具有智慧,能够认知真理,趋善远恶。因此,人类优越于宇宙万物,万物存在的重要价值在于为人所用、济人履行职责及完成使命。《古兰经》中说:"我确已优待阿丹的后裔,而使他们在陆上或海上都有所骑乘,我以佳美的食物供给他们,我使他们优越于我所创造的一切。"(17:70)

尽管人优越于万物,万物当为人所用,而不可人为物役,但是也不可因人戕物,破坏自然,而要善待万物,与自然和谐相处。山川草木,鱼虫鸟兽,都当倍加珍惜,取用有度。有一则"圣训"用一个小故事生动地说明了善待自然的伟大意义——善待自然就是敬畏真主的表现,能够取悦真主:据艾布·宰尔传述,真主的使者说:有个人走在路上口渴难耐,于是他找到一眼井并下去饮水。当他饱饮井水后从井里出来时,忽见一条狗气喘吁吁,正因极度口渴而舔食着湿土。那人自语:"这条狗恰如我刚才一样口渴啊!"于是他又下井,在靴子中盛满井水,用嘴叼着靴子爬了上来,然后饮水给狗。真主因此而酬报了他,宽恕了他。圣门弟子们问道:"真主的使者啊!难道善待动物也有回报吗?"真主的使者回答说:"善待一切生灵,都有回报!"(布哈里)

对动物如此,对山川草木,亦当如此。穆罕默德告诫穆斯林,即使在对敌战争中,也不可肆意毁坏花草树木。他曾面对麦地那著名的吴侯德山深情地说:"这座山,她爱我们,我们也爱她。"(布哈里)

总之，在伊斯兰文化视野中，天体的运行，草木的枯荣，昼夜的轮回，四季的交替……整个宇宙万物，无不演奏着经久不衰的和谐之音。人类作为宇宙间最高贵的被造物，不仅不能危害和破坏这种和谐，不做自然的主宰，不去征服自然，侵害自然，而且要精心维护这种和谐，在合理有度地享用自然的同时，要与自然为邻、为友，善待自然界的一切。

4. 人主和谐

伊斯兰教强调，真主是宇宙万物的创造者、养育者，是无所不能、为所欲为的，是大仁大慈、洞察一切的。伊斯兰文化的和谐观更包含人与造物主之间的和谐，即人类要明确自己的使命，"认主独一"，"拜主独一"，否则就会导致人与真主之间的不和谐，正如《古兰经》中所说："我创造精灵和人类，只为要他们崇拜我。"（51：56）"以物配主，确是大逆不道的。"（31：13）将"以物配主"视为"大逆不道"，即认主不明，拜主不清，是对真主权利的侵害，亦是最大的不义和错位，是人主关系的不和谐。显然，"认主独一，拜主独一"，是伊斯兰和谐观的最高境界。

认主拜主，追求人主和谐，不是空洞的说教，而是要从生活的点点滴滴做起，从认识自己、修炼心性开始，趋善远恶，诚如"圣训"所说："认己明者认主明。"真主是明察表里、洞悉一切的，也是喜悦和临近行善者的。《古兰经》中说："善恶的行为，虽小如芥子，隐藏在磐石里，或在天空中，或在地底下，真主都要显示它。真主确是明察的，确是彻知的。"（31：16）"真主的慈恩确是临近行善者的。"（7：56）"我确已创造人，我知道他心中的妄想；我比他的命脉还近于他。"（50：16）

上述四层和谐之境之间的关系十分密切，彼此相互关联而非相互分离，某个层面或局部的不和谐，都会殃及整体和谐。敬主者，必爱人，爱人者，必惜物。敬主、爱人、惜物，浑然一体，中正不偏，从而构成了伊斯兰文化的整体和谐观。

## 二　中华文化的中正和谐之道

以儒家文化为核心价值观的中华文化同样包含丰富的和谐理念，其中亦涉及身心和谐、人际和谐、天人和谐等诸多层面。要言之，中华文化的和谐之道就是"中庸之道"。

1. 身心和谐

中华文化历来注重人的身心和谐，强调"修身养性"，"明心见性"，主张通过"修齐治平"之道，培育"内圣外王"之人格精神，从而实现身心和谐，达到至善之境："大学之道，在明明德，在亲民，在止于至善。知止而后有定，定而后能静，静而后能安，安而后能虑，虑而后能得。物有本末，事有终始，知所先后，则近道矣。古之欲明明德于天下者，先治其国；欲治其国者，先齐其家；欲齐其家者，先修其身；欲修其身者，先正其心；欲正其心者，先诚其意；欲诚其意者，先致其知；致知在格物。物格而后知至，知至而后意诚，意诚而后心正，心正而后身修，身修而后家齐，家齐而后国治，国治而后天下平。自天子以至于庶人，壹是皆以修身为本。其本乱而末治者，否矣。其所厚者薄而其所薄者厚，未之有也。"[1]

这段话，可谓中华文化强调人格锤炼、追求身心和谐的至理名言。历代贤哲大儒，无不循此而行，在人生中不断实践着这一理念。即便是中华传统医学的实践，亦复如此。中医重医术更重医德，求治病更求治人，讲究辨证施治，其基本原理亦是通过调节人体阴阳、表里、寒热、虚实的平衡，达到维护人的身心和谐的目的。

2. 人际和谐

中华文化十分注重人际关系的和谐，强调要以仁义礼智信、温良恭俭让、忠孝恕悌诚等一系列为人处世的道德准则和礼仪纲常来规范和营造包括家庭和社会各个层面的人际和谐，诸如父子、夫妻、兄弟以及亲邻、朋友、君臣等之间的和谐关系。在处理人际关系时，恪守"中庸之道"是实现人际和谐的保证，"中庸的观念旨在强调即事即物之度的把握，以避免和消解人与人、人与社会的对立与冲突，造成一个有序的道德社会"[2]。因为"中庸不仅是一种美德，同时还是一种情感表达的

---

[1] 《大学》，引自王岳川《大学中庸讲演录》，广西师范大学出版社2008年版，第74页。

[2] 邵汉明主编：《中国文化精神》，商务印书馆2000年版，第3页。

方式和处理事物的原则"①。孔子说:"中庸之为德也,其至矣乎!"②宋儒二程解释说:"中庸,天下之正理,德合中庸,可谓至矣。"③ 而要做到"中庸",就要追求中和、适中,不狂不狷,狂是过激,狷是不及。《论语》中说:"不得中行而与之,必也狂狷乎!狂者进取,狷者有所不为也。"④《中庸》中也说:"喜怒哀乐之未发,谓之中;发而皆中节,谓之和。中也者,天下之大本也;和也者,天下之达道也。致中和,天地位焉,万物育焉。"⑤ 也就是说,凡事要做到恰如其分,恰到好处。

中华文化所推崇和追求的人际和谐的理想境界,就是"和而不同",和合共生。孔子说:"君子和而不同,小人同而不和。"⑥ "和"就是和谐,"同"就是一律,亦即要尊重异己,包容多样性。用今天的话说,实际上就是要尊重和维护文化的多样性,倡导文明对话,反对趋同单一文化,反对将自己的意志或价值观强加于人,从而达至"各美其美、美美与共"的和谐之境。

3. 天人和谐

以儒家思想为核心的中华传统文化历来强调以人为本,认为"人贵物轻","民贵君轻","民为邦本"。因此,在中华文化视野中,人的生命是无上宝贵的,凡是涉及人的生命的事,就是头等大事,因为"人命关天"。有一次,孔子在回家的路上见到一处马厩着火了,他看到后立即问道:"伤人乎?"⑦ 孔子不问马的死活,却问是否伤到了人,足见这位中华文化的先哲对人的价值的高度重视。

在中华传统文化视域中,"人"不仅被定位于"天"、"地"间的核心地位,而且"人"还肩负着"参天地、赞化育"的神圣使命,亦

---

① 邵汉明主编:《中国文化精神》,商务印书馆 2000 年版,第 61 页。
② 《论语·雍也》,引自杨伯峻译注《论语译注》,中华书局 2006 年版,第 72 页。
③ 《程氏经说·论语解》,引自邵汉明主编《中国文化精神》,商务印书馆 2000 年版,第 61 页。
④ 《论语·子路》,引自杨伯峻译注《论语译注》,中华书局 2006 年版,第 158 页。
⑤ 《中庸》,引自王岳川《大学中庸讲演录》,广西师范大学出版社 2008 年版,第 74 页。
⑥ 《论语·子路》,引自杨伯峻译注《论语译注》,中华书局 2006 年版,第 159 页。
⑦ 《论语·乡党》,引自杨伯峻译注《论语译注》,中华书局 2006 年版,第 120 页。

即担负着重要的社会责任,要"替天行道","敬天法祖"。"人在自然界中具有崇高的地位,人的存在、生命的存在具有他物不可比拟和取代的普遍意义和价值。孔孟认为,天道即人道,因而天道不必外求,对人道的认识也即对天道的认识。以此为前提,他们强调知天,更强调知人,知人就是认识到人贵物贱,人是宇宙的中心。"①

中华文化还特别注重人的伦理建设和道德培育,倡导忠孝人伦,强调人要修身养性,慎独自律,力求做"君子"而不做"小人"。"是故君子戒慎乎其所不睹,恐惧乎其所不闻。莫见乎隐,莫显乎微,故君子慎其独也。"② 就是说,真正有道德修养的人,即便在没有人看到的地方,也会更加小心谨慎;在没有人听到的地方,也会更加敬畏恐慌;因此,正人君子在一个人独处的时候特别注重自律,唯恐有失,进而获罪于天。如孔子所说:"获罪于天,无所祷也。"③

可见,在中华文化视域中,真正意义上的"人",不仅是高贵的,而且是高尚的,是负有社会责任并追求道德修养的谦谦君子。没有使命感和社会责任意识、不守伦理、丧失道德之人,就会沦落为"伤天害理"、禽兽不如的"小人"。

中华文化不仅对人有崇高定位,而且对人赖以生存的自然同样有很高的定位,认为自然同样具有神圣性,因为宇宙万象,大千世界,日月经天,江河行地,无不显示着不可违抗的"天意",无论山川草木,鸟虫鱼兽,都是具有灵性的存在,能够与人感应互动,"天亦有喜怒之气,哀乐之心,与人相副。以类合之,天人一也"④。显然,中华文化强调人与自然的神圣性,其要旨就在于要建立人与自然相互默契的和谐关系,亦即要追求"天人和谐"的崇高境界。

中华传统文化中"天"的观念,包含丰富的内涵。"天"既指超然的精神存在,是无形无象的义理之天,主宰之天;也指可感可见、与

---

① 邵汉明主编:《中国文化精神》,商务印书馆2000年版,第2—3页。
② 《中庸·一章》,引自王岳川《大学中庸讲演录》,广西师范大学出版社2008年版,第160页。
③ 《论语·八佾》,引自杨伯峻译注《论语译注》,中华书局2006年版,第29页。
④ 曾振宇、范学辉:《天人衡中——〈春秋繁露〉与中国文化》,河南大学出版社1998年版,第333页。

"地"相对的行色之天,乾象之天,是包纳宇宙万象和大千世界的。超然的"天",具有生杀予夺之大权,四季更迭,王朝兴衰,人寿夭折,祸福吉凶,无不由"天"掌控。故人当敬"天"畏"天",事奉"上天"。《诗经》云:"维天之命,於穆不已。"① "上天之载,无声无臭。"② 孔子说:"大哉尧之为君也!巍巍乎!唯天为大,唯尧则之。"③而作为宇宙万象的"天",就是我们今天所说的大自然,它是人类赖以生存的物质基础。孔子又说:"天何言哉!四时行焉,百物兴焉,天何言哉!"④ 只有四时行,百物兴,人类才可以生生不息。因此,对这个"天",人类亦当格外敬惜,敬之顺之,而不可逆天而行,因人戕天,唯其如此,方可实现天人和谐。

在中华文化视域中,天人和谐的最高境界就是"天人合一"。孟子说:"尽其心者,知其性也;知其性,则知天矣。"⑤ 即只有做到明心见性,方可知天,进而实现天人合一。宋代大儒张载更指出:"儒者则因明致诚,因诚致明,故天人合一,致学而可以成圣,得天而未始遗人。"⑥ 当代儒家学者杜维明先生说:"整个人类群体和自然,应该有一个持久与和谐的关系。人类应该重新了解自然,重新肯定自然。另外,人心和天道应该能够合一合德。在这个层面,天道不完全是自然,天道有神圣的一面,可以是人的终极关怀,所以《中庸》才有'能尽其性,则能尽人之性。能尽人之性,则能尽物之性。能尽物之性,则可以赞天地之化育。可以赞天地之化育,则可以与天地参矣'。这样就可以和远古的中国传统里所谓的'天生人成'配合起来。人有责任感。这个责任感不仅是完成他自己的利益,完成家庭的利益,完成社会的利益,乃至完成人类的利

---

① 《中庸·二十六章》,引自王岳川《大学中庸讲演录》,广西师范大学出版社2008年版,第164页。
② 《中庸·三十三章》,引自王岳川《大学中庸讲演录》,广西师范大学出版社2008年版,第166页。
③ 《论语·泰伯》,引自杨伯峻译注《论语译注》,中华书局2006年版,第96页。
④ 《论语·阳货》,引自杨伯峻译注《论语译注》,中华书局2006年版,第211页。
⑤ 《孟子·尽心上》,引自邵汉明主编《中国文化精神》,商务印书馆2000年版,第59页。
⑥ (宋)张载:《正蒙·乾称》,载《张载集》,中华书局1985年版,第65页。

益。他的责任感也应该是替天行道。做宇宙大化的孝子贤孙。"①

"天人合一"实际就是天道人道的合一，这一点，显然是古今儒家学者普遍认同的。"虽然从历史的角度看，不同时代乃至同一时代的儒者关于天人合一的论述、见解不尽相同，但在承认天和人、自然界和人类精神具有统一性，并视这种统一、和谐为人生的最高理想这一点上却是基本一致的……虽然这是一般人难以企及的高远境界，但儒家将其作为人生的终极目标来追求，无疑显示和体现出儒家的伟大智慧。"② 实际上也是中华文化的伟大智慧。

### 三 "真忠正道"与"中庸之道"

同为东方文化的伊斯兰文化与中华文化，有着许多极其相似的人文精神，倡导"中正"、"中和"的和谐理念便是其中之一。以伊斯兰教为核心的伊斯兰文化，倡导敬主爱人，顺主顺圣，强调守正不偏，追求人与造物主、人与人、人与社会以及人与自然的中正和谐；而与伊斯兰文化同为东方文化的中华文化，历来遵奉"以德配天"、"敬天法祖"的信念，强调恪守"不偏不倚"的"中庸之道"和"温良恭俭让"的道德准则，"喜怒哀乐之未发，谓之中；发而皆中节，谓之和。中也者，天下之大本也，和也者，天下之达道也。致中和，天地位焉，万物育焉"③。通过中庸之道、中和之道追求"天人合一"、"和而不同"的和谐之境。

显然，两大文化的和谐理念颇多相合之处。特别值得我们称道的是，早在中国明清之际，王岱舆等一些"博通四教"的回族穆斯林先贤④早就注意到了这一点，并在他们的著述中作了精到的阐释，指出

---

① 杜维明：《东亚价值与多元现代性》，中国社会科学出版社2001年版，第100—101页。
② 邵汉明主编：《中国文化精神》，商务印书馆2000年版，第60—61页。
③ 《中庸》，引自王岳川《大学中庸讲演录》，广西师范大学出版社2008年版，第74页。
④ 明清回族先贤中最具代表性的人物有王岱舆（约1584—1670）、马注（1640—1711）、刘智（约1655—1745）、马德新（1794—1874）等。各自具有代表性的著述：王岱舆有《正教真诠》《清真大学》《希真正答》等；马注有《经权集》《樗樵录》《清真指南》等；刘智有《天方性理》《天方典礼》《天方至圣实录》等；马德新有《四典要会》《大化总归》《道行究竟》《理学折衷》《性命宗旨》《寰宇述要》《天方历源》等。

"回儒两教,道本同源,初无二理"①。他们进而将伊斯兰文化的"中正之道"与中华文化的"中庸之道"融会贯通,提出了"真忠正道"这一颇具中国特色的伊斯兰教理念,堪称伊斯兰教在中国本土化进程中的重大理论创新。

"真忠正道"最先由王岱舆(约1584—1670)提出。王岱舆《正教真诠》中说:"真者,化灭诸邪;忠者,斩除万有。此为人之大本也,是故君子务本,本立而道生,本若不立,何道之有?吾教自生民以来,不拜像,灭诸邪,方谓之清净;尊独一无二主,方谓之真忠。一国只有一君,二之则非;天地惟有一主,而二之,岂非宇宙间莫大之罪乎?故正教贵一也……夫忠于真主,更忠于君父,方为正道,因其源清,而无不清矣……须知大本真忠,始自天子,盖君不能自君其君,惟主能与其为君。所谓天子不能以天下与人,天与之也,故君父之忠为宝,臣子之忠为金,交友之忠为银,忠名虽一,其实不同。人必认主而后心正,心正而后忠真,万善之根,皆自此忠而发。须能中节,其礼方备。或曰:'何为真忠之至礼?'经云:'无一受拜之物,惟拜独一之真主是也。'因人生住世,有三大正事:乃顺主也,顺君也,顺亲也。凡违兹三者,则为不忠、不义、不孝矣。"②

王岱舆所提出的"真忠正道"说,内涵丰富,意义重大,其中至少涉及三个层面的和谐:一在宗教信仰层面,要追求天人之际的和谐,即要忠主顺主,敬主拜主;二在政治立场层面,要追求君臣之间的和谐,即要忠君顺君;三在伦理层面,要追求人际和谐,即要孝亲顺亲。在这里,王岱舆从理论上成功解决了伊斯兰教传入中国后面临的一个十分棘手的问题,即忠于主还是忠于君的问题。王岱舆将"忠主"与"忠君"相协调,形成并行不悖的"二元忠诚"理念,这一重要理念对伊斯兰教在中国的本土化进程具有深远的影响。杜维明先生评价说:在构建一种中国伊斯兰教的世界观之中,王岱舆的创造性对于理学思维来说是一种原创性的贡献。在一种严格的意义上,他并没有用儒家的术语

---

① (清)蓝煦:《天方正学》自序。
② (明)王岱舆:《正教真诠 清真大学 希真正答》,余振贵点校,宁夏人民出版社1996年版,第88—89页。

## 第四章　中国文化视野中的当代伊斯兰"中间主义"思潮　　197

去表达他的终极关怀。毋宁说，通过在一种地方知识之中体证一种超越的视野，对于伊斯兰教的真理如何能够在儒家中国得以具体的实现，王岱舆提出了一种深微精妙的描述。他所提出的不是另一种替代性的道路，而是一种互惠的共建（mutually beneficial joint venture）。①

继王岱舆后，马注（1640—1711）、刘智（约 1655—1745）、马德新（1794—1874）等人继续沿着"真忠正道"的思路，对伊斯兰文化和中华文化做了进一步深入全面的比较，求同存异，融会贯通。这些回族先贤无不盛赞儒学，强调回儒一理。马注本人熟读儒书，在《清真指南》中融入了大量儒家伦理思想。他说："吾教道理是至中至庸、至和至平之正道。"②"西域圣人之道同于中国圣人之道。其立教本于正，知天地化生之理，通幽明死生之说，纲常伦理，食息起居，罔不有道，罔不畏天。""客"问："儒者之道何如？"马注回答说："宇宙间纲常伦彝，正心诚意，修齐治平之道，理尽义极，无复遗漏，至中至正，不偏不倚。"③

刘智更是以数十年之工潜心钻研天方之经和孔孟之学，"恍然有感于天方之经，大同孔孟之旨也"④。他说："虽事属寻常，而理寓高远……虽载在天方之书，而不异乎儒者之典。遵习天方之礼，即犹遵习先圣先王之教也。……圣人之教，东西同，古今一，第后世不之讲求，而逐渐失之矣。惟幸天方之礼为独存。"⑤ 为《天方典礼》写跋的穆斯林学者定成隆指出，刘智的著作中，"并无勾深索隐之词，惊世骇俗之论，无非正心诚意之学，修齐治平之道。於至平至常之中，至精至凝之理即寓焉，以是知心同理同，而圣人之教原不以方域异也。倘非稽考精确，乌能融贯若此"⑥。刘智在《天方典礼》和《天方性理》中充分吸纳了儒家文化的"中庸之道"，特别是宋明理学的和谐理念，做到了视域的融合。对此杜维明先生也有评论：在刘智所阐明的思想主题中，天

---

① 参见杜维明《中国传统中的回儒对话略说》，见《儒家传统与文明对话》（为村田幸子《苏菲之光的中文闪耀》一书写的序言），鹏国翔编译，河北人民出版社 2006 年版。
② （清）马注：《清真指南·教条》，青海人民出版社 1989 年版，第 363 页。
③ 同上书，第 40 页。
④ （清）刘智：《天方性理》自序。
⑤ （清）刘智：《天方典礼》自序。
⑥ （清）定成隆：《天方典礼》跋。

人合一的观念尤其引人入胜。而在他对于真主的理解的本体论和知识论说明中,《中庸》的宗旨也是一个突出的特色所在。《中庸》所体现的人类参与宇宙创造性的那种天人一体观（anthropocosmic）,成为刘智融会伊斯兰教和儒学的支撑。①

马德新对伊斯兰文化和中华文化都有高深造诣,他对儒家"天"的概念及其"敬天"思想甚感兴趣,强调儒家的"天"近乎伊斯兰教的"真主",他说:"一大者天,独一而至大之谓也,天字二义,乾象名曰天,造物亦曰天。"②而造物之天,正是穆斯林所崇拜的真宰:"清真所尊奉者,造化天地、养育万物、纲维数理、掌握人神之真宰也。儒门称之为天,是天下万世所公共者也,其所持守者,顺天、事天、敬天、畏天,亦千古万国所当行之公礼也。"③他说:"天所通于人者,道也;人所合乎天者,德也。物之所以然,理;事之所当然,礼。道也,德也;理也,礼也。表里一体也。道出于天,德有于人。理乃天事之自然,礼乃人事之当然。礼合于理而发于人,为天命所当行之事,所谓天之节文也。人能体之而达乎天,是所谓德也。体之而至于不自知其与天合,则无我也。无我则纯乎天理,是则所谓道也。"④基于此,马德新主张中国穆斯林应当"重天道亦重人道,尊天方圣人亦尊东方圣人"。马德新作为明清伊斯兰教先贤的一位集大成者,他对伊斯兰文化和儒家文化的成功调和与贯通,"为回族穆斯林的发展打开了精神通道"⑤。

值得注意的是,不只是穆斯林学者有"回儒相通"的认识,一些儒家学者亦有同样的见解,认为"清真一教,其说本于天,而理宗于一,与吾儒大相表里"⑥。清代兵部侍郎鹿佑读过《天方典礼》后说:"见其微言妙义。切实渊深;天机人事,节目井然。其伦理纲常,犹然君臣、父子、夫妇、昆弟、朋友也;其修齐诚正,犹然孝弟忠信礼义廉

---

① 参见杜维明《中国传统中的回儒对话略说》,见《儒家传统与文明对话》(为村田幸子《苏菲之光的中文闪耀》一书写的序言),鹏国翔编译,河北人民出版社2006年版。
② (清)马德新:《性命宗旨》。
③ (清)马德新:《礼功精义》自序。
④ (清)马德新:《性命宗旨》。
⑤ 杨桂萍:《马德新思想研究》,宗教文化出版社2004年版,第84页。
⑥ (清)河汉敬:《正教真诠》叙。

第四章　中国文化视野中的当代伊斯兰"中间主义"思潮　　199

节也；其昭事上帝，有所谓念礼斋课朝五者，亦犹然顾諟明命，存心养性，以事天也。夫然后知清真一教，不偏不倚，直与中国圣人之教理同道合，而非异端曲说所可同语者矣。吾于是益喜刘子之博学奇才，会心于无尽也。既通天方之典，复通中国之经，融会贯通……"①

　　礼部侍郎徐倬也说："此刘子用儒文传西学，以教于同人者也。虽然地有东西，理无疆界。是理也虽自天方，而理通于天下……况其言天道，人道尤悉，学者能于是而用力焉，则亦尽人合天之一经语也，岂可以方域拘诸？"②

　　遗憾的是，这样的认识实际上并未成为儒家学者的主流认识。主流学界的国学大师们，对伊斯兰文化基本上还是所知无多，甚至为"华夷之辨"所困，以致对伊斯兰教怀有很深的误解和偏见。例如，明代的"茅瑞征著《皇明象胥录》，公然撮拾市井谰言，对回教辱骂。一代大师顾炎武著《日知录》，痛心疾首地说：'天子无故不杀牛。而今之回子终日杀牛为膳。宜先禁此，则夷风可以渐革'……他竟把回教人之屠牛，都认为大逆不道了"③。顾炎武甚至把穆斯林看成最顽愚不化的野蛮人，称与诸"蛮貊之裔"相比，"惟回回自守其国俗，终不肯变，结成党伙，为暴间阎，以累朝之德化，而不能训其顽犷之习"④。再如，《天方典礼》虽被收入《四库全书存目》中，然而其中的评价却称："国朝刘智撰……每事详为解释，以自尊其教。回回教本僻谬，而智颇习儒书，乃杂援经义以文其说，其文亦颇雅赡。然根底先非，巧为文饰无益也。"⑤ 其华夷尊鄙的文化偏见昭然纸上，但对回族人运用汉文的娴熟及其文辞之美，却也不得不予承认。

　　总体而言，自伊斯兰教于唐宋时传入中国以来，百千年间，中国穆斯林始终以极大的热情了解和学习中华文化，尤其对儒家学说情有独钟，他们对中华传统文化的熟谙程度，远远超过儒家学者对伊斯兰文化的了解。以前述王、刘、二马为代表的诸先贤，更在沟通回儒、融会中

---

① （清）鹿佑：《天方典礼》序。
② （清）徐倬：《天方典礼》序。
③ 白寿彝：《中国回教小史》，宁夏人民出版社2000年版，第24—25页。
④ （明）顾炎武：《日知录》卷29。
⑤ 《四库全书总目》卷125《子部·杂家类存目二》。

西（阿拉伯）方面极有建树，功绩卓著。"真忠正道"和谐理念的提出即为显著的一例。

"真忠正道"贯通伊斯兰文化与中华文化的和谐理念，实际就是协调宗教信仰与政治立场的统一，谋求伊斯兰文化与中华文化的和合共生与和谐相处。如前所述，其中强调的"忠君"，其实质是爱国。因此，用今天的话说，"真忠正道"就是"爱国爱教"的和谐之道。长期以来，中国穆斯林正是由于秉承和恪守"真忠正道"这一"爱国爱教"的和谐之道，才得以在中华大地牢牢扎根且绵延发展，经久难衰，并为构建中华民族多元一体、和而不同的和谐文化作出了可贵的贡献。

## 第二节 当代伊斯兰"中间主义"思潮与和谐社会、和谐世界理念

如前所述，伊斯兰"中间主义"思潮具有广泛的共识，日渐成为当代阿拉伯伊斯兰世界的主流思潮，是阿拉伯伊斯兰世界着眼未来，致力于改革和发展的重大理论创新，代表了主流民意。特别是"9·11"事件后，伊斯兰"中间主义"思潮更是方兴未艾，发展势头高涨。无独有偶，进入新世纪，中国提出了构建和谐社会、和谐世界的重大理论，强调在建设社会主义和谐社会的同时，还要致力于建设一个持久和平、共同繁荣的和谐世界。当代伊斯兰"中间主义"思潮与中国倡导的"和谐世界"、"和谐社会"的理念，在诸多方面可谓不谋而合，相向而行，可谓异曲同工。例如，二者都强调尊重文明的多样性，倡导文明对话，谋求建立公正合理的国际新秩序，反对霸权主义、强权政治和一切形式的恐怖主义，维护社会正义和世界和平，走和合共荣、和谐有序的可持续发展之路。显然，这种源于东方文化的中正和谐之道，对应对和化解人类社会面临的一系列重大危机，无疑具有重要的现实意义。

### 一 伊斯兰"中间主义"思潮将是当代伊斯兰世界的主流价值取向

当代阿拉伯伊斯兰世界思潮众多，纷繁复杂。20世纪后半叶，特别是冷战结束后，西方世界极力鼓噪"伊斯兰威胁论"和"文明冲突论"，单极霸权来势凶猛，中东地区战争和冲突持续不断，各种

形式的极端主义和恐怖主义不断滋生蔓延。在这样的大背景下，伊斯兰"中间主义"思潮作为阿拉伯伊斯兰世界应对内外挑战的积极反应，脱颖而出，发展势头高涨，日渐成为阿拉伯伊斯兰世界的主流价值取向。

当代阿拉伯伊斯兰世界思潮众多，其中一些非主流思潮，特别是某些极端主义思潮，如所谓"原教旨主义"以及各种形式的极端主义，似乎都很活跃，加上西方媒体的肆意渲染，因而影响较大，备受世人关注。但事实上，在众多思潮中，倡导"中正和谐之道"的伊斯兰"中间主义"思潮应是当代阿拉伯伊斯兰教世界的主流思潮，代表了阿拉伯伊斯兰世界的主流民意，具有广泛的共识。特别是"9·11"事件后，阿拉伯伊斯兰世界强烈地感受到向世人正确传达伊斯兰文明带给人类的和平信息和中和思想的重要性和迫切性，更加凸显出"中间主义"思潮的现实意义和时代精神。阿拉伯伊斯兰国家的许多著名宗教学者、哲学家、思想家以及不少政治领导人，都在不同层面上倡导"中间主义"，许多学术机构也不断召开各种有关"中间主义"思想的学术会议，推动"中间主义"思潮的深入发展，他们强调："中间主义是文化，也是行为；是发展，也是巩固；是穆斯林民族更生的机制和攀越巅峰的步伐；是冲破禁锢、走向世界的出路；是应对和化解时代挑战的良药；是责任，也是荣耀。"[①] 显然，"中间主义"思潮的发展方兴未艾，势头高涨，日渐成为阿拉伯伊斯兰世界应对内外挑战的重大理论创新和主流价值取向。

前已述及，伊斯兰"中间主义"思潮的诸多主张均不乏创新意识和时代精神，在诸多方面与当代中国所倡导的和谐社会、和谐世界理念颇多相合，并行不悖。对其具有重要现实意义和时代精神的一系列主张，这里不妨再概要提及：

1. 对内主张求同存异，谋求阿拉伯伊斯兰民族的团结统一

伊斯兰"中间主义"强调，长期以来，持续不断的内部矛盾和纷争，严重削弱了阿拉伯伊斯兰世界的力量，葬送了许多发展机遇。进入

---

[①] [沙特阿拉伯]阿卜杜拉·本·阿卜杜勒·阿齐兹：《中间主义：通向明天的道路》（阿拉伯文版），塞维利亚宝藏书局2008年版，第21—22页。

新世纪，为成功应对各种严峻挑战，必须搁置争议，协调立场，最大限度地做到求同存异，谋求阿拉伯伊斯兰民族的团结统一。

2. 对外倡导文明对话，尊重异己，维护世界文化的多样性

伊斯兰"中间主义"强调，人类文化的多样性和差异性是真主的"常道"和人间的常态，因此应当积极营造和维护这种多样性之间的和谐关系，鼓励不同文明、不同人类群体之间开展平等对话，借以增进相互之间的理解和友谊。正如《古兰经》中所说："众人啊！我确已从一男一女创造你们，我使你们成为许多民族和宗族，以便你们互相认识。"（49：13）文明的多样性为相互对话和交流提供了广阔的空间，只有通过对话，人类才能在相互学习中达到相互理解，进而相互体恤，同舟共济，实现人类社会的和平、和谐与发展。

3. 强调重启"教法创制"，坚持与时俱进，开展文化创新

伊斯兰"中间主义"强调要重启"教法创制"这一伊斯兰文明的自我更新机制，认为这是阿拉伯伊斯兰世界思想界的当务之急。因为阿拉伯伊斯兰世界长期以来陷于严重的理性缺失之中，思想僵化，因循守旧，缺乏创新精神。因此，应当在正确理解并恪守伊斯兰文明核心价值观的同时，坚持与时俱进，开展文化创新，实现伊斯兰思想的重建，使穆斯林社会适应时代的发展。

4. 反对各种极端主义和一切形式的恐怖主义

伊斯兰"中间主义"强调要坚持伊斯兰教的中正原则，反对各种极端主义和一切形式的恐怖主义，指出阿拉伯伊斯兰世界深受极端思想和恐怖主义之害，这些极端思想和恐怖主义行为完全背离了伊斯兰教宽容仁慈的基本价值观，损害了伊斯兰教和穆斯林的形象。"中间主义"同时强调，必须将滥杀无辜的恐怖主义行径与被占领土人民反对侵略、抵御外侮的合法抵抗区分开来。

5. 反对霸权主义和强权政治，强调建立公正合理的国际政治经济新秩序

伊斯兰"中间主义"认为当前国际社会奉行双重标准，盛行以强凌弱、以大欺小的"丛林原则"，因此必须旗帜鲜明地反对霸权主义和强权政治，各国人民必须团结协作，共同致力于建立公正合理的国际政

第四章 中国文化视野中的当代伊斯兰"中间主义"思潮 203

治经济新秩序。唯其如此，才能实现持久的世界和平。①

伊斯兰"中间主义"思潮具有深邃的哲学基础和久远的历史传统。不偏不倚、公正宽容的中正和谐之道是《古兰经》和"圣训"的基本精神，也是伊斯兰"中间主义"思潮的哲学基础。《古兰经》中特别强调中正原则，甚至将穆斯林民族称为"中正的民族"："我［真主］这样以你们为中正的民族，以便你们作证世人，而使者作证你们。"（2：143）"圣训"中更强调最美好的事就是中正中和之事，并反复告诫穆斯林，一定要谨防宗教极端，因为极端会导致灭亡。伊斯兰教历来强调诸如今世与后世、天启与理性、前定与自由、继承与创新、人文与科学、精神与物质、个人与集体、家庭与社会、权利与义务等之间的中正平衡，不偏不倚。主张公平正义，反对极端暴虐，追求人主和谐、人际和谐以及人与自然的和谐。伊斯兰教先知穆圣不仅教诲穆斯林要敬主爱人，还要善待生灵，他说："善待一切生灵，都有回报！"（布哈里）

历史上，坚守伊斯兰教中正之道的正统派，曾与诸如哈瓦利吉派、穆尔太齐赖派等各种极端主义思潮作了针锋相对的斗争。极端主义虽可盛行一时，却难以长久存在。历史证明，作为《古兰经》和"圣训"基本精神的中正和谐之道，正是伊兰文明的成功之道，伊斯兰文明广泛传播、绵延不绝的历史，实际上就是与各种极端思想作斗争并最终取得胜利的历史。

当代伊斯兰"中间主义"思潮秉承伊斯兰文明公正包容、中正和谐的文化传统，积极进取，开拓创新，针对阿拉伯伊斯兰世界面临的内外危机和挑战，提出了一系列应对内外挑战的具体举措。"中间主义""强调要为伊斯兰教正本清源，正面阐述伊斯兰教主张的宽容、和平、仁慈、中庸和公正等信条，开展文明对话，从各种文化中吸取符合本民族发展所需要的各种营养。……这些见解，都是立足本身，力求自强的声音，反映了在世纪交替之际，穆斯林学者中不乏有远见卓识之士，他们不故步自封，不满足于引经据典，正在着手设计和提出一份以正统的

---

① The Muslim World League: *Islamic Ummah and Globalization*. A Special Issue on The Fourth General Islamic Conference Held by The Muslim World League in the Holy City of Makkah, 6 – 10 April 2002, pp. 11 – 36.

伊斯兰复兴思想为基础的当代的文明文化工程。这种努力显然是很可贵的，也符合中东伊斯兰民族的发展实际"①。

尽管伊斯兰"中间主义"并非一种全新的理论和价值观，但却具有鲜明的时代精神，因为"中间主义"立足现实，着眼未来，主张重开教法创制之门，努力挖掘伊斯兰教固有的但却被忽视的中正思想和内在适应能力，坚持原则，灵活务实，反对僵化极端，反对恐怖暴力，化解矛盾，弥合分歧，积极应对各种危机和挑战，协调传统与现代等各方面的关系，为解决现实问题、选择适合自身的稳健的发展道路提供一种方法论和实践论，以期达到阿拉伯伊斯兰文化传统的自我解困、自我调适和自我更新的目的。显然，"中间主义"思潮是阿拉伯伊斯兰世界着眼未来，致力于改革和发展的重大理论创新和正确取向，也应当是阿拉伯伊斯兰世界实现文化自觉、成功走向未来的正确途径。

## 二 和谐社会、和谐世界理念是中国和平发展的战略抉择

进入新世纪，为适应国内社会及国际形势转型的重大趋势，中国共产党和中央人民政府高瞻远瞩，提出了构建和谐社会、和谐世界的重大战略构想。对内致力于构建民主法治、公平正义、诚信友爱、充满活力、安定有序、人与自然和谐相处的社会主义和谐社会；对外倡导构建和睦相处、和平发展的和谐世界，强调建设一个持久和平、共同繁荣的和谐世界，是中国走和平发展道路的崇高目标，也是世界各国人民的共同心愿。和谐社会、和谐世界理念的提出，是当代中国着眼未来，为谋求中国乃至世界的长期持续发展而采取的内安百姓、外和万邦的战略抉择。

2005年发表的《中国的和平发展道路白皮书》指出："和平、开放、合作、和谐、共赢是我们的主张、我们的理念、我们的原则、我们的追求。走和平发展道路，就是要把中国国内发展与对外开放统一起来，把中国的发展与世界的发展联系起来，把中国人民的根本利益与世界人民的共同利益结合起来。中国对内坚持和谐发展，对外坚持和平发展，这两个方面是密切联系、有机统一的整体，都有利于建设一个持久

---

① 朱威烈：《站在远东看中东》，上海外语教育出版社2000年版，第294页。

和平、共同繁荣的和谐世界。"[1]

中国倡导建设的和谐世界,应是民主的世界,和睦的世界,公正的世界,包容的世界。中国强调在处理国际事务、构建和谐世界的过程中,应坚持如下原则:

1. 坚持民主平等,实现协调合作

各国应在《联合国宪章》及和平共处五项原则基础上,通过对话与合作,促进国际关系的民主化。国际事务应由各国平等协商解决;发展中国家在国际事务中应享有平等参与和决策的权利;各国内部事务和发展模式应由各国人民自己决定;国际社会应反对单边主义,提倡和推进多边主义;应更好地发挥联合国及其安理会在国际事务中的积极作用;各国应互相尊重,平等相待,不将自己的意志强加于人。

2. 坚持和睦互信,实现共同安全

各国应携手合作,摒弃冷战思维,建立互信互利、平等协作、公平有效的集体安全机制,共同应对全球安全威胁,防止冲突和战争,打击恐怖主义,坚持标本兼治,消除或降低金融风险、自然灾害等非传统安全问题的威胁,维护世界和平、安全与稳定。应坚持以和平方式,通过平等协商和谈判解决国际争端或冲突,共同反对侵略别国主权的行径,反对干涉别国内政,反对任意使用武力或以武力相威胁。

3. 坚持公正互利,实现共同发展

经济全球化应坚持以公正为基础,实现平衡有序发展,使各国特别是发展中国家普遍受益。应推动经济全球化朝着有利于共同繁荣的方向发展,发达国家应为实现全球普遍、协调、均衡发展承担更多责任,发展中国家要充分利用自身优势推动发展。应积极推进贸易和投资自由化、便利化,消除各种贸易壁垒,进一步开放市场,放开技术出口限制,建立一个公开、公正、合理、透明、开放、非歧视的国际多边贸易体制,为世界经济有序发展构建良好的贸易环境。应进一步完善国际金融体系,为世界经济增长创造稳定高效的金融环境。应加强全球能源对话和合作,共同维护能源安全和能源市场稳定。应积极促进和保障人

---

[1] 中华人民共和国国务院新闻办公室:《中国的和平发展道路白皮书》,新华社2005年12月22日发。

权，使人人享有平等追求全面发展的机会和权利。应创新发展模式，促进人与自然和谐发展，走可持续发展之路。

4. 坚持包容开放，实现文明对话

文明多样性是人类社会的基本特征，也是人类文明进步的重要动力。各国应尊重彼此自主选择社会制度和发展道路的权利，相互借鉴，取长补短，使各国根据本国国情实现振兴和发展。应加强不同文明的对话和交流，努力消除相互的疑虑和隔阂，在求同存异中共同发展，使人类更加和睦，让世界文化更加丰富多彩。应维护文明的多样性和发展模式的多样化，协力构建各种文明兼容并蓄的和谐世界。①

构建和谐社会、和谐世界的理念，同样具有悠久的文化传统和深厚的哲学底蕴，它不仅是中国政府基于对当今国际国内形势急剧变化的深刻理解而做出的内安百姓、外和万邦的战略抉择，同时也是数千年中华文化优秀传统的历史积淀使然，是"以和为贵"、"中庸之道"哲学的必然延伸。"和谐"理念是中华文化的基本精神之一，旨在追求"天人和一"、"中庸"、"中和"、"和而不同"的和谐境界。"天人合一"强调人与天（自然）的和谐，做到"以德配天"、"天人无间"；"中庸"、"中和"则强调人与人（社会）的和谐，"中庸之为德也，其至矣乎！""中也者，天下之大本也；和也者，天下之达道也。致中和，天地位也，万物育焉。""当今的时代是和平与发展的时代。和平与发展既离不开人与自然的和谐，也离不开人际关系的和谐。因此，不能否认儒家的天人合一和中庸、中和观念所体现的和谐意识在今天仍有它的意义和价值。"②

中国提出的构建和谐社会、和谐世界的理念，正是这种中华传统文化基本精神在当代的升华，它充分体现了中国政府维护社会正义、关注人类福祉的强烈使命感，也反映了中国人民参与全球治理、以天下兴亡为己任的时代精神。

---

① 中华人民共和国国务院新闻办公室：《中国的和平发展道路白皮书》，新华社2005年12月22日发。

② 邵汉明主编：《中国文化精神》，商务印书馆2000年版，第64页。

## 三 伊斯兰"中间主义"思潮与和谐世界理念并行不悖

当代阿拉伯伊斯兰世界的"中间主义"思潮,与中国现阶段倡导的"和谐社会"、"和谐世界"理念,可谓不谋而合,具有异曲同工之妙。

首先,"中间主义"思潮与"和谐社会"、"和谐世界"的理念都强调走"中正和谐"之道,这种中正和谐思想,其实并非是一种全新的思想,而是深深根植于本民族传统文化当中的基本精神,具有丰富的哲学底蕴和悠久的历史传统。实际上,同为东方文化的阿拉伯伊斯兰文化与中华文化,有着许多极其相似的人文精神,都倡导"中正"、"中和"的价值理念,对此,早在明清之际的一些回族穆斯林先贤,如王岱舆、马注、刘智等,就在他们的著述中有过精到的阐释,指出回儒两教,道本同源,初无二理。一些儒家学者亦有同样见解,认为"清真一教,其说本于天,而理宗于一,与吾儒大相表里"[①]。"中间主义"思潮与"和谐社会"、"和谐世界"的理念,正是对东方文化优秀传统的继承和发扬。

其次,虽然阿拉伯伊斯兰世界与中国所面对的挑战各有不同,各自的发展模式、社会状况亦有较大差异,但"中间主义"思潮与"和谐社会"、"和谐世界"的理念都是立足现实,着眼未来,顺应时代潮流,既有本土关怀又有全球责任,体现了阿拉伯伊斯兰世界的广大人民和全体中国人民谋求发展、追求和平,致力于实现文化自觉和民族复兴的共同愿望。因此,"中间主义"思潮与"和谐社会"的理念具有鲜明的时代精神。

最后,伊斯兰"中间主义"思潮与中国"和谐社会"、"和谐世界"的理念在诸多方面具有共识。二者都强调尊重文明的多样性,倡导文明对话,谋求建立公正合理的国际新秩序,反对霸权主义、强权政治和一切形式的恐怖主义,维护社会正义和世界和平,走和合共荣、和谐有序的可持续发展之路。

---

[①] (清)河汉敬:《正教真诠叙》,参见(明)王岱舆《正教真诠 清真大学 希真正答》,余振贵点校,宁夏人民出版社1996年版,第5页。

概言之，这种源于东方文化的"中正和谐"之道，对应对和化解当今人类社会所面临的一系列重大危机和挑战，促进国际政治多极化与世界文化多元化，维护地区稳定和世界和平，无疑具有重要的现实意义和普世价值，应是21世纪人类构建全球伦理、谋求持续发展的重要思想资源。正如伊朗前总统哈塔米所言："'和而不同'与'和谐世界'是处理当今世界危局的两把钥匙。"① "西方文明主宰国际社会长达数百年，在充分展现了其先进性和进取心的同时，也愈来愈暴露出其偏执、缺陷与不足。随着东方文明和世界其他文明的勃兴，世界进入多种文明交相辉映、竞相发挥各自优势、相互取长补短、共同和谐进步的新时代。"② 显然，当代中国对于构建和谐社会、和谐世界理念的广泛宣传以及当代伊斯兰"中间主义"思潮的勃兴，都是世界文明进入这个新时代的重要标志。

## 第三节　当代伊斯兰"中间主义"思潮与中国伊斯兰教

伊斯兰"中间主义"是当代阿拉伯伊斯兰世界日益具有广泛影响的重要思潮，它秉承伊斯兰文明和平中正、宽容和谐的文化传统，立足现实、着眼未来，致力于弘扬伊斯兰教的和平理念，反对各种形式的极端主义和恐怖主义，强调尊重文化多样性，主张不同文明的对话与交流，谋求人类社会的和合共生与世界的持久和平，并试图以更加温和的态度和更为理性的方式应对内外挑战，弥合分歧，谋求发展。阿拉伯学者指出："'中间主义'是文化，也是行为；是发展，也是巩固；是穆斯林民族更生的机制和攀越巅峰的步伐；是冲破禁锢、走向世界的出路；是应对和化解时代挑战的良药；是责任，也是荣耀。"③ "'中间主义'的道路，是今天的阿拉伯伊斯兰民族从威胁其现实与未来的迷途

---

① 王蒙：《伊朗印象》，山东友谊出版社2007年版，第185页。
② 胡树祥主编：《中国外交与国际发展战略研究》，中国人民大学出版社2009年版，第336页。
③ [沙特阿拉伯] 阿卜杜拉·本·阿卜杜勒·阿齐兹：《中间主义：通向明天的道路》（阿拉伯文版），塞维利亚宝藏书局2008年版，第21—22页。

和彷徨,甚至死亡和毁灭中获救的绳索和方舟。"① 显然,"中间主义"反映了伊斯兰世界探索适合自身发展道路,重建富有民族特色与时代精神的核心价值体系的积极努力。

伊斯兰"中间主义"的诸多主张与中国倡导的和谐社会、和谐世界的价值取向异曲同工,并行不悖。目前,我国学术界对该思潮尚无全面深入的研究,而准确了解和把握这一重要思潮,不仅有助于我国与阿拉伯伊斯兰世界的全面友好交往,而且对我国伊斯兰教界抵御和防范各种极端思想,以及在穆斯林少数民族地区构建民族团结、宗教和顺的社会主义和谐社会颇有裨益。

伊斯兰教在中国的传播发展已有1000多年的历史,全国有回、维吾尔等10个信仰伊斯兰教的少数民族,总人口超过2000万。中国穆斯林的生活区域几乎遍及全国各地,而在西北边疆省区相对集中。随着我国改革开放的不断发展,我国各族人民与世界各国人民之间的友好交往日益频繁和广泛。而且,由于全球化浪潮的蔓延以及科学技术特别是信息技术的迅猛发展,使当今世界已然成为一个小小的地球村,在这样的大背景下,包括宗教极端主义在内的各种国际思潮都难免会渗透进来。

就伊斯兰教而言,在国际上流传的一些极端思想也会在中国穆斯林中渗透和传播;同时,由于我国经济社会正处于快速发展和重大转型阶段,包括历史上遗留下来的民族矛盾、教派矛盾等在内的各种社会问题如果处理不当,也会形成刺激因素,从而导致各种极端思想的滋生。所有这些,都需要予以高度警惕和认真防范。

## 一 当代伊斯兰"中间主义"有助于防范和抵御宗教极端主义的滋生和流布

当代伊斯兰"中间主义"旗帜鲜明地反对各种形式的极端主义和恐怖主义,强调伊斯兰教带给人类的首要信息是中正和平与宽容仁慈,认为各种宗教极端主义和狭隘的宗派主义都偏离和违背了伊斯兰教的基本精神。正如《古兰经》中所讲:"我这样以你们为中正的民族……"

---

① [卡塔尔]尤苏夫·盖尔达维:《论伊斯兰中间主义及其特征》(阿拉伯文版),曙光出版社2008年版,第35页。

(2∶143)""我派遣你,只为怜悯全世界的人。"(21∶107)基于此,伊斯兰"中间主义"主张文化多元,尊重文化多样性,倡导开展文明对话和宗教对话,积极营造和构建和平和谐的民族关系与国际关系,谋求世界的持久和平和人类社会不同国度、不同种族、不同信仰的人们和合共生,繁荣发展。

伊斯兰"中间主义"强调,只有全面理解伊斯兰,准确把握其根本宗旨与基本精神,在精神与物质、天道与人道、理性与经典、理想与现实、个人与集体、今世与后世等诸多方面恪守中正,不偏不倚,才能远离各种极端倾向和狭隘认识。当代穆斯林社会中流布的各种极端思想和狭隘意识大多都是因为对伊斯兰教经典一知半解的片面理解所致。因此,伊斯兰"中间主义"强调穆斯林要与时俱进,坚持原则,灵活务实,致力于重建富有民族特色和时代精神的核心价值体系,"要从内部实现宗教维新,这种维新应通过更新对宗教的理解、信仰、实践和宣传并重启教法创制原理——没有教法创制,伊斯兰法便没有活力,教法创制应由具备相应资格的专家恰如其分地开展——来实现"[1]。开展教法创制与文化创新,就要"创建科学与信仰兼备的文明,这种文明,是天道人道并举的文明,是崇尚道德的普世文明。这种文明,科学与信仰相结合,精神与物质相融合,身心和谐,天地相连,个人与社会均衡不偏,真理即力量强于力量即真理"[2]。从而使伊斯兰教历久弥新,永葆活力。"中间主义"吁请穆斯林"构建互助、清廉的社会,即建立于社会各成员之间情同手足、互助友爱基础上的社会,富人照顾穷人,强者帮助弱者,同舟共济,并肩团结"[3]。

伊斯兰"中间主义"的这些主张,对于当代中国穆斯林经学思想的建设,无疑具有重要的启发意义和借鉴价值。当代中国伊斯兰教处于历史上最好的发展时期,对于中国穆斯林的文化自觉、文化创新和思想建设来说,应是恰逢其时,机遇难得。总体而言,中国伊斯兰教目前的发展形势良好,广大穆斯林秉承传统,与时俱进,恪守中正和平之道,

---

[1] [卡塔尔]尤苏夫·盖尔达维:《论伊斯兰中间主义及文化更新》(阿拉伯文版),盖尔达维伊斯兰中间主义与文化更新研究中心2009年版,第219页。
[2] 同上书,第221页。
[3] 同上书,第220页。

第四章　中国文化视野中的当代伊斯兰"中间主义"思潮　211

维护祖国统一和民族团结，积极参与社会主义和谐社会的建设，这是中国伊斯兰教的主流。

然而，我们也应当看到，在国际交往日趋频繁的全球化信息时代，国际上包括宗教极端主义在内的各种思潮也会渗透和传播进来；同时，历史上封建王朝所奉行的"以夷制夷"的民族压迫和宗教歧视政策所造成的民族隔阂与民族矛盾的贻害也未必消失殆尽，在今天我国经济社会处于快速发展和重大转型的历史阶段，历史上遗留下来的民族矛盾、教派矛盾等如果处理不当，都有可能死灰复燃，甚至形成刺激因素，导致各种极端倾向和极端思想的滋生，从而影响中国伊斯兰教的和谐发展以及民族团结和社会稳定。

因此，正面宣传伊斯兰教的中正和谐理念，全面介绍当代伊斯兰"中间主义"的中和思想，应是引导我国伊斯兰教与社会主义和谐社会相适应这一重大历史议题中的应有之义。正如原国家宗教局局长叶小文在谈到伊斯兰教的"解经"工作时所指出的："要巩固成果，开阔思路，丰富内容，创新形式，加强伊斯兰教经学基础性研究，加强中国伊斯兰教经学思想建设，进一步挖掘和弘扬伊斯兰教教义中的积极内容，研究和借鉴世界伊斯兰教经学思想建设中的积极成果。要宣传伊斯兰教的爱国爱教、尊重知识、两世吉庆、和平、中道、宽容、团结、合作、仁慈、善行的精神；宣传正确认识'吉哈德'，反对宗教极端主义，反对利用宗教搞民族分裂活动。"[1]

众所周知，伊斯兰教在中国的传播历史悠久，地域广泛，民族众多。因此，中国伊斯兰教的文化形态也呈现出明显的多样性，不同区域、不同民族之间存在显著的差异。前已述及，致力于维护祖国统一、民族团结、社会和谐，恪守中正宽容的和平之道、和谐之道，是中国伊斯兰教的主流。但在一些地区也不同程度地存在着某些极端思想、极端倾向和极端行为，这也是不容忽视的事实，需要引起足够关注，并积极防范，及早化解。就这些极端思想和极端倾向的流布范围和表现形式来

---

[1] 叶小文：《在构建和谐社会中谱写中国伊斯兰教事业发展进步的新篇章》（2006年5月8日在中国伊斯兰教第八次全国代表会议上的讲话），http://www.mzb.com.cn/html/report/117323—1.htm。

看，大体有以下三种情形。

一是极端主义和极端思想体现于民族分裂主义中。这种情况在新疆地区较为突出，具体表现为对伊斯兰教"吉哈德"理念的曲解与滥用，将"吉哈德"解读为对异教异族的武力攻击。正是通过这样的曲解，"新疆的少数分裂分子把伊斯兰教极端化和工具化，利用新疆各少数民族信仰伊斯兰教的心理，妄图把新疆分裂出去。尤其是20世纪90年代以来，宗教极端主义、恐怖主义和分裂势力甚嚣尘上，一些不明真相的穆斯林群众被卷了进去，成为帮'三股势力'呐喊助威的工具和牺牲品"①。

需要指出的是，这种曲解"吉哈德"理念的极端思想在当代伊斯兰世界也流布较广，危害很大，因而也成为当代伊斯兰"中间主义"批判和谴责的主要对象，同时伊斯兰"中间主义"还致力于吁请穆斯林全面准确地理解和把握伊斯兰教的"吉哈德"理念。伊斯兰"中间主义"著名倡导者尤苏夫·盖尔达维博士就此议题专门撰写了名为《论吉哈德》（上、下两卷）的学术专著，全面阐述和系统梳理了"吉哈德"理念的核心价值，深入分析了对"吉哈德"理念的各种误读与曲解，正本清源，有的放矢，是一部具有重要理论价值和现实意义的学术巨著，该著作于2009年在开罗出版后，引起伊斯兰世界的热烈反响和广泛赞誉。盖尔达维于2009年11月访问中国时在接受中国中央电视台阿拉伯语频道采访时还专门谈及该书的重要现实意义。

中国伊斯兰教思想界对于这样具有重要影响和重大现实意义的伊斯兰思想论著应予以足够关注和介绍，这样，既可以防范和消解各种极端主义思想的渗透和流布，又能开阔中国穆斯林的视野，使他们把握伊斯兰世界的主流价值取向，有助于他们坚定地树立爱国爱教的和平思想，明确认识到，"伊斯兰教是崇尚和平、崇尚团结的宗教，旗帜鲜明地反对宗教极端主义和民族分裂主义，维护民族团结和祖国统一，是中国穆斯林与时俱进中必须坚持的原则和基本立场"②。

---

① 韩秉芳、李维建、唐晓峰：《宗教之和　和之宗教：中国宗教之和谐刍议》，社会科学文献出版社2009年版，第199页。
② 高占福：《怀晴全真集——伊斯兰教与中国回族穆斯林社会》，宗教文化出版社2009年版，第13页。

第四章　中国文化视野中的当代伊斯兰"中间主义"思潮　　213

　　二是极端思想和极端倾向体现于教派纷争之中。这种情况在甘、宁、青等西北地区较为突出，具体表现主要是对异己文化和异己教派的否定甚至攻击。在中国西北地区伊斯兰教发展史上，教派之争曾经引发和酿成过不少重大事端甚至流血事件，其历史教训十分沉痛。在新的历史时期，教派之争若处置不当，也会成为社会不稳定的因素，甚至引发多种矛盾，酿成新的事端，严重影响中国伊斯兰教的和谐发展。

　　需要注意的是，平抑教派之争，化解教派矛盾，消除极端思想，除了坚决落实国家的宗教信仰自由政策，贯彻《宗教事务条例》，以法律法规形式从外部予以规范和约束外，还要从伊斯兰教内部消解引发教派之争的因素。各种极端主义思想的滋生无不是偏离和违背伊斯兰教中正原则而导致的。因此，消除极端思想、矫正极端倾向的根本途径和有效方式还在于全面正确地阐释伊斯兰教的基本信仰和价值理念，准确领会《古兰经》和"圣训"的精神，深入分析极端主义和极端思想的严重危害性，正如"圣训"中所告诫的："你们当警惕宗教极端，因为你们先前的人就是因为宗教极端而导致灭亡！"① 而这种方法也正是当代伊斯兰"中间主义"所倡导的。

　　伊斯兰"中间主义"不仅提倡不同文明间的对话，"信奉多元主义以及各国人民之间相互了解和宽容的必要性，信奉全人类同属一个大家庭，确信各种文明和合共生、不同文化之间相互兼容、相互影响、相互借鉴的必然性，既不妄自菲薄，也不妄自尊大"②。而且鼓励伊斯兰教不同教派之间的对话、沟通与理解，强调穆斯林应"确信伊斯兰民族团结统一的必要性及全体教胞之间的兄弟之情，尽管学派不同，教派各异，只要同朝一个天房，同信一部《古兰经》，同遵穆圣的圣行，各种不同的教派就同属于一个伊斯兰民族"③。

　　三是极端思想和极端倾向体现于唯理主义，否认伊斯兰教作为宗教而具有的超验性的一面。对伊斯兰教的诸多教义、教律问题妄加评判，

---

　　① 《伊本·马哲圣训集》，参见［卡塔尔］尤苏夫·盖尔达维《伊斯兰觉醒：从稚嫩走向成熟》（阿拉伯文版），曙光出版社2002年版，第242页。
　　② ［卡塔尔］尤苏夫·盖尔达维：《论伊斯兰中间主义及文化更新》（阿拉伯文版），盖尔达维伊斯兰中间主义与文化更新研究中心2009年版，第220—221页。
　　③ 同上书，第220页。

公然轻视甚至否定具有悠久历史的伊斯兰文化传统，轻视乃至否定诸如教义学、教法学、经注学、圣训学等伊斯兰教传统学科及其价值，甚至否定"圣训"在伊斯兰教中的权威地位，试图以纯粹的个人理性直接诠释《古兰经》，进而创建中国伊斯兰教的"汉语神学体系"。一些人还推崇精神意义上的泛伊斯兰主义，忽视伊斯兰教的多样性，进而否认伊斯兰教在中国的民族性特征以及回族作为中国的一个穆斯林少数民族的存在，宣扬民族虚无主义，认为回族是中国共产党民族理论指导下被制造出来的一个民族。

这些具有极端倾向的唯理主义思想，同样会给中国伊斯兰教经学思想的建设制造混乱，对中国伊斯兰教的和谐发展产生负面影响。当代伊斯兰"中间主义"反对这种浅薄而轻率的"变革"与"创制"，强调"要把握沙利亚的恒数与时代的变数之间的平衡。必须注意目标、终点、原则和整体的稳固不变，以及途径、机制、细节和局部的变通与发展。变更恒数或固守变数都是十分危险的"①。

正是由于注意到上述各种极端思想和极端倾向的流布，近年来，各级统战部门、民族宗教管理部门积极行动，开展多种形式的伊玛目培训工作，组织阿訇参观学习；中国伊斯兰教协会及各地伊斯兰教协会也积极推进"解经"工作，加强与伊斯兰世界主流学界的交流，开展新"卧尔兹"演讲比赛等活动。所有这些，对于抑制各种极端思想的流布发挥了卓有成效的作用。然而这方面的工作依然十分繁重，任务艰巨而复杂，需要各级有关部门及伊斯兰教界和广大穆斯林做出更多努力，借鉴和吸收当代伊斯兰"中间主义"的思想建树和理论方法，全面把握并广泛宣传伊斯兰教的中正和平精神，只有这样，才能更为有效地防范和消解各种极端思想的滋生、传播和影响。

## 二 当代伊斯兰"中间主义"有助于中国穆斯林弘扬爱国爱教的优良传统

伊斯兰教倡导和平，追求和谐，要求穆斯林顺主从圣，敬主爱人，

---

① ［卡塔尔］尤苏夫·盖尔达维：《论伊斯兰中间主义及文化更新》（阿拉伯文版），盖尔达维伊斯兰中间主义与文化更新研究中心2009年版，第222页。

维护和平，忠于祖国。《古兰经》中说："真主要借这部经典指引追求其喜悦的人走上平安的道路。"（5：16）还说："信道的人们啊！你们当服从真主，应当服从使者和你们中的主事人……"（4：59）穆斯林经注学家们认为，"服从你们中的主事人"，就是服从执政者，而服从执政者的实质在于忠于自己的国家。伊斯兰教甚至将爱国提升到信仰的高度，强调爱国是信仰的一部分。显然，"爱国爱教"是伊斯兰教的基本精神之一。

当代伊斯兰"中间主义"十分注重"爱国爱教"的精神，强调穆斯林要热爱自己的家园，服务民族，报效国家，认为热爱祖国、服务当地社会是任何国度的穆斯林都义不容辞的职责。倡导伊斯兰"中间主义"的著名学者尤苏夫·盖尔达维博士等甚至正在着力构建关于穆斯林少数群体的教法体系，强调那些生活在非伊斯兰国家的穆斯林少数群体，在政治、经济、社会、法律等诸多方面所具有的特殊性，主张相关教法必须考虑到当地的具体情形，应有一定的灵活性。盖尔达维博士说："在伊斯兰国家之外，远离穆斯林社会的穆斯林少数群体需要有特殊的教法，这一教法要立基于正确创制，关注他们所处环境的特殊情况，他们不能将伊斯兰教的法律强加于当地社会，相反，他们还要服从当地的法律和制度，而其中的一些法制是与伊斯兰法相左的。"[1] 穆斯林"不能背叛自己所生活的社会和自己所归宿的国度，因为背叛在各种情况下都是不允许的"[2]。也就是说，任何国家的穆斯林，必须首先成为当地社会的一个合格公民，中国穆斯林也不能例外。

中国穆斯林长期以来所开展的"爱国爱教"的理论探索与实践活动，可以说为这种穆斯林少数群体教法体系的构建提供了历史与现实的范例。因为，"中国穆斯林的爱国主义传统，是从伊斯兰教传入中国，形成中国穆斯林民族前后，在中国大地上逐步发展起来的。中国穆斯林的先民，不仅忠于自己的信仰，实践伊斯兰教教义、教律中要求的各种功修，遵主顺圣，做一个合格的穆斯林。而且对中国传统文化中的仁爱

---

[1] ［卡塔尔］尤苏夫·盖尔达维：《论穆斯林少数族群的教法》（阿拉伯文版），曙光出版社2002年版，第30—31页。

[2] ［黎巴嫩］谢赫·费萨尔·毛拉维：《作为欧洲公民的穆斯林》（阿拉伯文版），世界穆斯林学者联合会2008年版，第66页。

思想、尊老爱幼、服从执政者、和为贵的思想，讲求孝悌等道德观念，与伊斯兰教经典中提倡的'和平'、'顺从'以及道德修养结合起来，从而形成了中国穆斯林源远流长的爱国主义传统"①。

伊斯兰"中间主义"同时强调，对于民族传统，既不能视若草芥，全盘抛弃，也不能不加取舍，全盘沿袭，而要创造性地继承并发扬光大。"中国伊斯兰教有一种自身特有的优良传统：爱国与爱教的统一，爱国是信仰的一部分理念，即宗教忠诚与国家忠诚的统一。这种传统烙印深刻地体现在中国普通穆斯林身上……正因为它是传统，它才不是强加给人的，是历史形成的结论，它已内化为中国穆斯林的观念与共识，才能支配中国穆斯林的行为，维护国家统一，建设和谐社会。惟其如此，才显现出其价值。探讨这种传统的形成，对于培养与加强这种传统，熔铸新的和谐理念，都大有裨益。"② 中国穆斯林对包括"爱国爱教"在内的文化传统历来是既有继承也有创新，使其不断丰富，不断发展，历久弥新，充满活力。这种继承与创新工作在中国穆斯林的历史上从未间断过。

唐宋以来，阿拉伯、波斯等地的穆斯林纷纷来华，或贸易，或通使，许多人在长安及广州、扬州、泉州、杭州等东南沿海城市定居下来，乐不思归，被中国人称为"蕃客"。作为中国穆斯林的先民，蕃客们一踏上中国的土地，就已开始了"爱国爱教"的实践活动。他们虽客居中国，却以中国为家，与中国人友好相处，他们在居住的社区建立清真寺和墓园，设立"蕃学"，在保持伊斯兰教信仰的同时，开始学习中国文化，努力适应和融入中国社会。至元代，更有大批西域人来华，"自岭北到云南，由于阗至江浙，回回人在华之踪迹几乎无处、无地不在，即所谓'元时回回遍天下'"③。有元一代，中国穆斯林积极参与国家建设，在政治、经济、文化、外交、军事等诸多领域多有建树和贡献。

---

① 高占福：《怀晴全真集——伊斯兰教与中国回族穆斯林社会》（阿拉伯文版），宗教文化出版社2009年版，第3页。

② 韩秉芳、李维建、唐晓峰：《宗教之和 和之宗教：中国宗教之和谐刍议》，社会科学文献出版社2009年版，第158—159页。

③ 回族简史修订本编写组：《回族简史》（修订本），民族出版社2009年版，第51页。

明清以来，王岱舆、马注、刘智、马德新等著名回族学者更在中国穆斯林"爱国爱教"实践活动的基础上，致力于理论阐释和思想建设，深入研究伊斯兰文化与中华文化，努力沟通两大文化，将伊斯兰教的"中正之道"与儒家的"中庸之道"融会贯通，提出了"真忠正道"这一颇具中国特色的伊斯兰教理念，堪称伊斯兰教在中国本土化进程中的重大理论创新。"真忠正道"应是中国穆斯林对"爱国爱教"理念最早的理论表述。

"真忠正道"将"忠主"与"忠君"相协调，形成并行不悖的"二元忠诚"理念，这种合二为一的宗教观与政治观，"是回族穆斯林在历史上始终和祖国保持一致的思想认识基础，是自元以来数百年间回汉两族人民紧密团结、互相依存的民族关系反映在理论上的积淀和升华"[①]。"真忠正道"贯通了伊斯兰文化与中华文化的和谐理念，成功地协调了宗教信仰与政治立场的统一，旨在谋求伊斯兰教对中国社会的适应及伊斯兰文化与中华文化的和合共生与和谐相处。其中强调的"忠君"，其实质是爱国。用今天的话说，"真忠正道"就是"爱国爱教"的和谐之道、和平之道。"真忠正道"说是中国穆斯林在"爱国爱教"方面的重大理论建树，也是对中华民族爱国主义思想的丰富和发展。

进入20世纪，中国历史翻开了新的一页。中国穆斯林与中华各族人民一道，同呼吸，共命运，在救亡图存的爱国运动和争取民族解放的战斗中，并肩团结，浴血奋战，不断谱写出爱国主义的新篇章，使"爱国爱教"的历史传统在血与火的洗礼中不断得到丰富和升华。数千年的封建帝制寿终正寝，"忠君"不再是爱国的表现。在五四新文化运动的感召下，中国伊斯兰教界也对过去的历史和"真忠正道"的理念进行深刻的反思，开始主动将自己的命运与国家的命运紧密联系在一起，通过改进经堂教育、创立新式学校、成立民间组织、创办报纸杂志等各种途径和方式，努力唤醒广大穆斯林的觉悟，全力培育他们的国家意识和社会责任感。

整个20世纪前半叶，中国穆斯林创办新式学校、发行报纸杂志、

---

[①] 杨怀中、余振贵主编：《伊斯兰与中国文化》，宁夏人民出版社1995年版，第398页。

成立各种组织,蔚然成风,遍及全国,甚至引起主流学界的关注,如顾颉刚先生就曾在《大公报》(1937年3月7日)发表论文《回教的文化运动》,对穆斯林的这些文化活动予以积极评价和鼓励。这些学校、刊物和组织,虽然规模、层次、影响以及延续的时间各不相同,但主旨几乎都是宣传和实践"尊主从圣,国家至上"的新理念。早在1906年,回族穆斯林爱国知识分子丁宝臣就在北京创办了《正宗爱国报》,唤醒民众,宣扬爱国思想。1907年,回族知识分子丁竹园在天津创办了《竹园白话报》,他明确提出:"保国即是保教,爱国即是爱身。""无论哪一教,既是中国民,就当同心努力的维持我国家大事,没了国,还能保得住教吗?"① 这种将民族和宗教的命运与国家的命运紧密相连的爱国思想,贯穿于20世纪前半叶"回教新文化运动"的始终,为在伊斯兰教界宣传爱国精神,弘扬民族传统,唤醒穆斯林文化自觉,发挥了重大作用。

中国穆斯林"爱国爱教"的优良传统在八年抗战中得到了前所未有的锤炼和洗礼,广大穆斯林同胞与全国人民一道,同仇敌忾,义无反顾地投入到抗日救亡的洪流中,或持枪上阵,驰骋疆场,或服务后方,支援前线。1938年,"中国回民救国协会"谱写了《中国穆斯林抗敌曲》,歌词写道:"起来吧!中国的穆斯林,举起我们的宝剑,发出我们的吼声,贯彻爱国的品德,负起保族的使命,认清我们的敌人日本。它施放无情的炮火,它残杀我们的国民,要把中华一口吞并,我们决不受它的侵凌。穆斯林!前进!前进!"② 这是对中国穆斯林抗战精神的高度概括。

中国穆斯林在20世纪前半叶,特别是抗日战争期间所表现出的高昂的爱国激情和救亡活动,是"爱国爱教"光荣传统在实践中的丰富和理论上的升华,它生动地反映了广大穆斯林与全国各族人民共赴国难,救亡图存,反对封建专制与帝国主义,努力探索民族解放道路的共同愿望。

---

① 李兴华等:《中国伊斯兰教史》,中国社会科学出版社1998年版,第719页。
② 原载《中国回教救国协会会刊》1938年第2期,引自邱书森主编《中国回族史》,宁夏人民出版社1996年版,第931页。

1949年，中华人民共和国成立，中国伊斯兰教迎来了一个全新的时代，中国穆斯林也获得了真正的新生，成为国家的主人，他们"不仅首先获得了民族平等的权利，得到了政治上、经济上、文化上的平等权利，并且获得了宗教信仰自由的权利"[①]。广大穆斯林同胞发扬"爱国爱教"的光荣传统，与全国各族人民一起，以空前的热情投身于保卫新中国、建设社会主义的伟大事业中，"爱国爱教"的理论也在他们的爱国实践中不断得以丰富和进一步升华。

改革开放后，党的民族宗教政策重新得到贯彻落实，中国穆斯林迎来了历史上最好的时期。1979年，中断了多年的朝觐活动得以恢复。广大穆斯林的宗教生活和风俗习惯和在改革开放30多年来得到充分尊重，"爱国爱教"的优良传统在新的实践中不断丰富和发展。

在今天构建社会主义和谐社会的伟大事业中，伊斯兰教界和广大穆斯林更是越来越清楚地认识到宗教与社会主义相适应的重要性，认识到大力弘扬"爱国爱教"优良传统的重要性。"我们所讲的爱国爱教是有特定内容的，爱国就是热爱中华人民共和国，拥护中国共产党的领导，坚持走中国特色社会主义道路，爱教就是热爱与社会主义社会相适应的伊斯兰教。"[②] 这是对新中国伊斯兰教"爱国爱教"理论深刻内涵的高度概括。在这样的理论指导下，广大中国穆斯林正在与全国人民一道，为构建各民族、各宗教和合共生的社会主义和谐社会而努力奋斗。

中正和平、宽容和谐，敬主顺圣、爱国爱教既是伊斯兰教的基本精神，也是当代伊斯兰"中间主义"大力倡导的价值理念。千百年来，中国穆斯林在践行伊斯兰教中正和平、宽容和谐理念的历史进程中，始终秉承和恪守"爱国爱教"的和谐之道与和平之道，在中华大地上与各族人民合和共生，绵延发展，为构建中华民族多元一体、和而不同的和谐文化作出了可贵的贡献。在今天，进一步弘扬中国穆斯林"爱国爱教"的优良传统，使其在新的历史时期不断发扬光大，应是广大穆斯林同胞的历史使命和时代责任。

---

[①] 李兴华等：《中国伊斯兰教史》，中国社会科学出版社1998年版，第811页。
[②] 刘延东：《在中国伊斯兰教经学院成立50周年庆祝大会上的讲话》（2005年12月5日），http://www.chinaislam.net.cn/article/2006—10/20061025002306453.html。

在当前复杂严峻的国际国内形势下，正面介绍伊斯兰教中正和平、宽容和谐的思想，应是我国伊斯兰教界坚持民族传统、恪守中正和谐之道，防范、抵御乃至消解各种极端思想的良方。当代伊斯兰"中间主义"思潮所倡导的中正和平、宽容和谐的价值取向及其关于文明对话、教法创制、尊重异己、接纳他者等一系列主张，对于中国穆斯林秉承传统，与时俱进，积极参与构建宗教和顺、民族团结的社会主义和谐社会，无疑具有重要的启发意义和借鉴价值。

# 第五章 当代伊斯兰"中间主义"思潮的现实意义与发展前景

本章从当代阿拉伯伊斯兰世界的改革与发展及世界政治格局的多极化进程等不同视角考察和分析了当代伊斯兰"中间主义"思潮的现实意义，认为伊斯兰"中间主义"思潮顺应当今世界和平与发展的时代潮流，在促进阿拉伯伊斯兰世界的改革发展和团结进取、促进各国人民之间的相互理解和世界和平事业以及在构建全球伦理、维护世界文化多样性等诸多方面，均具有重要的现实意义。伊斯兰"中间主义"的地区影响与国际影响日益广泛，它不仅体现了伊斯兰世界广大人民渴望变革与发展的迫切愿望，而且也指出了当代伊斯兰文明发展的正确方向，因而伊斯兰"中间主义"思潮具有良好的发展前景和广阔的发展空间。开展对伊斯兰"中间主义"思潮的研究，不仅是服务于我国内政外交战略的一项重要工作，而且有助于拓展相关学科的研究领域，进而构建富有中国特色的伊斯兰文化研究体系，因此具有重要的现实意义和较高的学术价值。

## 第一节 当代伊斯兰"中间主义"思潮的现实意义

当代伊斯兰"中间主义"并非是一般意义上的一种哲学流派或宗教教派，而是基于文化传统与客观现实的文化更新活动，其现实意义在于其强烈的时代性以及对于现实问题的理性思考与积极回应，其兴起与发展有着广阔而复杂的历史与现实背景。"近代以来伊斯兰社会思潮和运动，呈现出错综复杂的局面和经久不衰的特征。其中既有宗教的和文化的因素，也有社会的和政治的背景；既有世界和历史发展的普遍性影响，也存在国家和地区的特殊条件。因此，认识和分析这些思潮和运动，不应把视野囿于具体的历史人物和事件，而应将其置于伊斯兰世界和世界历史的广阔背景下加以考察。在审视伊斯兰教体制、价值观念、政治思想及社会结构等深厚历史影响时，同样要看到传统伊斯兰教在近代以来从形态、趋向到功能所发生的变化与转换。"① 对于伊斯兰"中间主义"及其现实意义的考察和评析同样如此，因为它不是个别学者的突发奇想，更不是象牙塔里的玄学，而是与阿拉伯伊斯兰世界历史与现实紧密相连的文明和文化重建工程。

## 一 当代伊斯兰"中间主义"思潮有助于阿拉伯伊斯兰世界的变革与发展

要深入了解并准确把握当代伊斯兰"中间主义"思潮的现实意义，就必须了解当代阿拉伯伊斯兰世界所面临的内外危机和挑战及其种种应对之策。长期以来，阿拉伯伊斯兰世界陷于严重的内忧外患当中，总体来看，其内忧主要有：政治上专制独裁，官场腐败无能，经济发展滞后，贫困、失业问题日趋严重，教育落后，思想领域封闭保守、理性缺失等，所有这些问题日积月累，危若垒卵，所导致的一个直接后果，就是日益加剧的贫富分化与社会不公，一面是占社会绝大多数的老百姓缺衣少食，度日艰难，一面却是极少数人的挥霍无度，养尊处优。而外患则主要表现为西方大国的政治代理、经济掠夺、军事控制与文化渗透，阿拉伯伊斯兰国家虽独立却难自主，执政当局对外听命于西方大国，对内则压制民意，独断专行。

对于阿拉伯国家严重不公的社会现实，具有社会良知的穆斯林知识分子尖锐地指出："伊斯兰教规定了公正地分配财富的基本原则……然而在我们阿拉伯伊斯兰国家中，财富的分配却与伊斯兰教的公正原则相距甚远。工作者无财产，有产者不工作；工作越多的人，被剥夺得越多；有的人贪得无厌，鼓腹终日，有的人饥寒交迫，食不果腹；有的人在国内国外拥有多处豪宅，其庭院辽阔得可以赛马，其中的一些豪宅，

---

① 吴云贵、周燮藩：《近现代伊斯兰教思潮与运动》，社会科学文献出版社2007年版，第27页。

第五章　当代伊斯兰"中间主义"思潮的现实意义与发展前景　223

主人在数年中才会光顾一次；而有的人却与妻子儿女蜷缩在厨房、客厅与卧室合一的蜗居中；有的国家人口稀少，却资源丰富，有的国家人口众多，却资源稀缺；执政者和官僚子弟挥霍着国家财富却无人稽查；有的人平步青云，一夜暴富，却无人过问；有的人毕生勤奋劳作，却除了血汗与泪水，一无所获。"① 这种严重的社会不公正在成为社会变革的助推器。哪里有不公，有剥削，有压迫，哪里就会有抗争，有反抗，这是千古不变的人间真理。面对如此严酷的现实，伊斯兰世界广大人民的不满情绪在不断增长和蔓延，在某些阿拉伯国家，广大人民实际上已经是极度不满，忍无可忍了，社会矛盾日益激化，几乎濒临于"不在沉默中灭亡，就在沉默中爆发"的境地，正如阿拉伯谚语所说："山洪已升到了高岗。"专制独裁的执政者实难长期禁锢思想、封闭视野，压制民意、独断专行。当代国际关系体系与国际政治经济格局正在发生着深刻变化，处于国际体系转型时期的阿拉伯伊斯兰世界，其现实的关键词就是一个"变"字，求变革、谋发展是阿拉伯伊斯兰世界广大人民的迫切愿望，人心思变，已是民心所向的大势，特别是青年一代的文化自觉意识不断增强，实现民族复兴的使命感和紧迫感日益强烈，不满现状，谋求变革已经成为阿拉伯伊斯兰国家社会各界的广泛共识，只是在如何"变"的方式和途径上会有所不同，因为由于人们求变心切，很自然地会采取各种方式作为应对之策，甚至不惜采取暴力流血的方式，进而引发内部冲突，为外部势力可能的介入甚至武力干预提供借口和机会。因此，伊斯兰"中间主义"明确指出了求变的正确路径，即要通过对当代伊斯兰文明体系及其核心价值观的重建，来推动和开展和平有序、循序渐进和全面深刻的社会变革。

尽管伊斯兰"中间主义"思想并非一种全新的理论和价值观，但它坚守文化根源，致力于文化创新，主张重开教法创制之门，努力挖掘伊斯兰教固有的但却被忽视的中正思想和自我更新能力，坚持原则，灵活务实，反对僵化极端，反对恐怖暴力，化解矛盾，弥合分歧，积极应对各种危机和挑战，协调传统与现代等各方面的关系，为解决现实问

---

① [卡塔尔]尤苏夫·盖尔达维：《世纪之交的伊斯兰民族》（阿拉伯文版），曙光出版社 2002 年版，第 153—154 页。

题、选择适合自身的稳健的发展道路提供一种方法论和实践论,以期达到阿拉伯伊斯兰文化传统的自我解困、自我调适和自我更新的目的。"'中间主义'思潮不会忽视未来,也不会忘记历史。"① "'中间主义'是文化,也是行为;是发展,也是巩固;是穆斯林民族更生的机制和攀越巅峰的步伐;是冲破禁锢、走向世界的出路;是应对和化解时代挑战的良药;是责任,也是荣耀。"② 显然,伊斯兰"中间主义"思潮是阿拉伯伊斯兰世界着眼未来,致力于改革和发展的重大理论创新和正确价值取向,也是他们实现文化自觉、成功走向未来的战略选择。因此,伊斯兰"中间主义"在很大程度上反映了伊斯兰世界谋求变革与发展的主流价值取向,因为它强调通过文化价值观的重建实行有序的、渐进式的、全面的社会变革,而不是无序的甚至暴力革命式的变革,从而实现阿拉伯伊斯兰世界的持久稳定与可持续发展。"在世纪之交的中东,伊斯兰复兴运动处于转折期。作为中东传统文化载体、价值观念和生活方式,伊斯兰教仍然焕发着勃勃生机,担当着批判世俗政府的错误政策和西方新殖民主义、维护传统文化的重任。不过,这并未证明亨廷顿文明冲突的理论。相反,哈塔米的文明对话论似乎更能反映当前世界发展的趋向。"③ 亦即倡导文明对话的伊斯兰"中间主义"才是伊斯兰世界的主流价值取向。

在阿拉伯伊斯兰国家的发展或者说在其现代化进程中,一个关键性的问题就是如何对待传统文化的问题,就是说要正确处理和解决传统与现代的问题,既要有继承又要有创新。许多阿拉伯伊斯兰国家的现代化受挫,其中一个主要原因,就在于没有很好地处理好这个问题,要么奉行世俗主义,追随西方的文化价值,要么一味守旧,强调复古。有中国学者指出:"中东政治现代化是中东历史的延续和发展,因此面临着一个如何对待伊斯兰教的问题。从一定意义上说,对待伊斯兰问题,即是对待民族文化传统问题。中东政治现代化进程中所蕴含的最深刻的矛盾

---

① [卡塔尔]尤苏夫·盖尔达维:《传统与现代之间的阿拉伯伊斯兰文化》(阿拉伯文版),使命出版社1994年版,第141页。

② [沙特阿拉伯]阿卜杜拉·本·阿卜杜勒·阿齐兹:《中间主义:通向明天的道路》(阿拉伯文版),塞维利亚宝藏书局2008年版,第21—22页。

③ 彭树智主编:《二十世纪中东史》,高等教育出版社2001年版,第417页。

第五章 当代伊斯兰"中间主义"思潮的现实意义与发展前景　225

就是传统与现代性的矛盾。"① 而这正是伊斯兰"中间主义"所关注的一个重大问题，它强调要正确解决这个问题，既不能走世俗主义的西化道路，也不能走保守的复古主义道路，而要在秉承伊斯兰文明公正包容、中正和谐的文化传统的同时，立足现实，着眼未来，积极进取，开拓创新，既有继承又有创新，在继承与创新中探索适合自身实际的发展道路和发展模式，重建既富有民族特色和历史传统又富有时代精神的文化价值体系。这一点是十分重要的，因为"在今天的世界，一个成熟的、宏伟而又朝气蓬勃的传统，是多么重要。如果没有这样一种传统，变化的压力就会使人们不辨方向，无所作为，而只能不断怨天尤人"②。这种情形实际上是许多第三世界国家在发展中所遇到的普遍性问题。

当代伊斯兰"中间主义"思想家指出："如今的伊斯兰民族，已在人类的商队中远远落伍，而曾几何时，她却是遥遥领先的。所有的伊斯兰国家都属于第三世界，要是还有第四世界，那么，许多伊斯兰国家也属其中。所有的伊斯兰国家都是发展中国家，都迫切需要摆脱诸多的困境，克服经济、政治、社会、文化等诸多方面的痼疾。只有通过构建伊斯兰中间主义的价值观，才能走出这些困境，进而修正自身，改善人类。"③ 显然，伊斯兰"中间主义"思潮是阿拉伯伊斯兰世界立足现实、着眼未来，力图通过文化价值观的重建来应对各种挑战、消除内忧外患的积极努力，是谋求改革与发展的战略举措，因而无疑有助于当代阿拉伯伊斯兰世界的改革、发展与进步。

**二　当代伊斯兰"中间主义"思潮有利于促进地区稳定与世界和平**

当代伊斯兰"中间主义"在国际政治格局多极化进程中所具有的重要现实意义在很大程度上是由伊斯兰世界本身所具有的不可忽视的战略地位所决定的。"伊斯兰世界目前所表现出来的动荡和混乱，实

---

① 陈德成主编：《中东政治现代化——理论与历史经验的探索》，社会科学文献出版社2000年版，第235页。
② ［澳］李瑞智、黎华伦：《儒学的复兴》，范道丰译，商务印书馆1999年版，第153页。
③ ［卡塔尔］尤苏夫·盖尔达维：《论伊斯兰中间主义及文化创新》，盖尔达维伊斯兰中间主义与文化更新研究中心2009年版，第145页。

际上是正在经历着一次内部的变革和调整，正在重新获得力量，以适应未来的世界的发展。当然就伊斯兰世界目前的社会发展水平和经济、科学技术实力来看，它还不能与美、欧、日以及中国等世界多极化中的'极'相提并论，但从其地域面积、人口资源和它巨大的发展潜力来看，它足以构成多极世界格局中的一个'极'，是一支谁也不能忽视的力量。"①

　　实际上，对于阿拉伯伊斯兰世界应对各种内外挑战的种种努力，尚未引起我们足够的关注和研究，尤其缺少从中国视角出发所做的独立观察和分析，往往自觉不自觉地以西方视角和西方话语来观察和解读变化中的阿拉伯伊斯兰世界。高祖贵先生在《美国与伊斯兰世界》一书中，对美国的全球霸权以及对当代伊斯兰世界的一系列问题都做了颇有见地的分析论述，并将伊斯兰世界定位为当代国际格局中正在"转型中的战略力量"，而且是"无法忽视的战略力量"②。但如何看待这一力量及其在地区稳定与世界和平中的作用？如何评价伊斯兰世界面对西方尤其是美国以其强大的政治、经济、文化乃至军事实力对伊斯兰世界形成的巨大挑战而作的种种应对？书中就此专设一节——"探求与回应"，其中所列诸项分别是"政治伊斯兰"、"原教旨主义"、"反美主义"和"恐怖主义"，就是说这些"主义"是伊斯兰世界对于自身所面临的各种挑战所做的"探求与回应"，而且这些回应对于地区稳定和世界和平与安全而言，具有负面的作用与影响。高祖贵先生分析说："伊斯兰世界在20世纪八九十年代以来相继涌现了许多政治思想和主张。这些思想主张及其实践者被冠之以'伊斯兰主义'（Islamism）、'政治伊斯兰'（Political Islam）、'伊斯兰原教旨主义'（Islamic Fundamentalism）、'激进伊斯兰'（Radical Islam）、'传统主义者'（Traditionalist）、'现代主义者'（Modernist）、'伊斯兰好战分子'（Islamic Militants）等多种不同的概念，各有特征和侧重。其中，政治伊斯兰、原教旨主义、反美主义、恐怖主义等四种主张或运动，从既联系又变异的角度给出了既共通又有别的解答，比较有代表性。它们着眼于改变难以接受的现状，既

---

① 肖宪：《当代国际伊斯兰潮》，世界知识出版社1997年版，第209—210页。
② 高祖贵：《美国与伊斯兰世界》，时事出版社2005年版，第63—120页。

第五章 当代伊斯兰"中间主义"思潮的现实意义与发展前景

挑战许多伊斯兰国家的现有政权，也对国际和平、地区稳定与安全造成强烈冲击。"① 那么，作为不可忽视的战略力量的伊斯兰世界，难道在它所做的各种"探索与回应"中，就没有有助于对地区稳定与世界和平发挥积极的、正面的作用与影响吗？

在当代阿拉伯伊斯兰世界，的确存在"政治伊斯兰"、"原教旨主义"、"反美主义"乃至"恐怖主义"，这些"主义"也是西方政治学家所热衷关注的，更是国际媒体上最抢眼的。然而问题在于，这些"主义"事实上并不是阿拉伯伊斯兰世界在全球化时代的主流价值取向，也不是他们面对各种内外挑战的全部应对之策。在上述各种"主义"之外，实际上还有伊斯兰"中间主义"，而"中间主义"就是伊斯兰世界应对内外挑战的一种积极努力，是有助于促进地区稳定和世界和平的积极力量。

众所周知，由于阿拉伯伊斯兰世界，特别是作为阿拉伯伊斯兰世界腹地的中东地区长期成为大国角逐的一个战略要地，深受霸权主义和强权政治之害，接连不断的动荡和战争不仅使本地区人民苦不堪言，而且也危害着世界和平大业。正因如此，阿拉伯伊斯兰世界人民对于霸权主义和强权政治所主导的不合理、不公正的国际政治经济旧秩序深恶痛绝。"国际旧秩序的实质就是霸权主义和强权政治。表现在政治上，是少数大国垄断国际事务，肆意干涉别国内政，国际关系上存在着以大欺小、以强凌弱、以富压贫的不合理现象；表现在经济上，是国际经济关系严重失衡，南北差距不断扩大，贫富两极分化；表现在军事上，是军备竞赛不断升级，加剧了世界的紧张局势，局部战争和地区冲突不断，严重地威胁到世界的和平和安宁；表现在文化上，是西方国家大力推行它们的价值观念和生活方式，对社会主义国家和广大发展中国家进行扩张和渗透。"② 因此，"霸权主义、强权政治是阻挠和平稳定、公正合理的国际政治经济新秩序建立的最大障碍"③。

20世纪末，特别是冷战结束以来，国际形势发生了深刻的变化。

---

① 高祖贵：《美国与伊斯兰世界》，时事出版社2005年版，第89—90页。
② 胡树祥主编：《中国外交与国际发展战略研究》，中国人民大学出版社2009年版，第26页。
③ 同上书，第34页。

在国际政治方面，世界政治格局多极化趋势日趋凸显，第三世界国家特别是中国在国际事务中的作用不断增强；在经济方面，全球一体化浪潮风起云涌，世界各国都在积极尝试改革开放，谋求合作共赢；在文化方面，倡导尊重和包容文明多样性、开展文明对话的呼声也不断高涨。特别是进入 21 世纪后，国际政治格局多极化、经济全球化和文化多元化的发展趋势更是日益明显，第三世界作为改变国际旧秩序、建立国际新秩序的一支重要推动力量，所发挥的作用也日益凸显，这种深刻的变化，使得和平与发展成为当今时代的主题。"多极化趋势的发展有利于世界的和平、稳定与繁荣。各国人民要求平等相待、友好相处的呼声日益高涨。要和平、求合作、促发展已经成为时代的主流。维护世界和平的因素正在不断增长。"[1]

当代伊斯兰"中间主义"正是作为这种积极因素应运而生的，它顺应和平与发展的时代潮流，立足于阿拉伯伊斯兰世界的现实，同时又着眼于人类社会和谐共处的美好未来，谋求致力于建立公正合理的国际政治、经济、文化新秩序。政治上，伊斯兰"中间主义"反对霸权主义和强权政治，主张世界各国应相互尊重，和平共处；经济上，反对西方大国对第三世界国家的资源掠夺和不平等政策，强调南北互补、南南合作，实现经济上的互惠互利与双赢；文化上，反对文明冲突，倡导文明对话，促进不同文明、不同文化和宗教间的相互交流与和合共生。阿拉伯学者指出，当代伊斯兰"中间主义"在国际政治层面具有重要的全球意义："政治意义上的中间主义，是第三世界和广大被压迫人民战胜超级大国的霸权主义及其威胁、剥削和极端主义的希望所在，也是对全球化、强权以及资本主义组成的贪婪联盟的有效消解，是对先发制人、核武垄断，以及通过军事手段进行的不平等贸易和对弱者资源的掠夺的坚强回应。中间主义已为医治国际间存在的压迫与侵略提供了诸多良药，提出了在冲突各方间保持'中立'的理念以及'不结盟'的政治、反对'南贫''北富'的分化等。"[2]

---

[1] 《十五大以来重要文献选编》（中），人民出版社 2001 年版，第 1353—1354 页。

[2] ［沙特阿拉伯］阿卜杜拉·本·阿卜杜勒·阿齐兹：《中间主义：通向明天的道路》（阿拉伯文版），塞维利亚宝藏书局 2008 年版，第 130 页。

显然，当代伊斯兰"中间主义"作为阿拉伯伊斯兰世界应对内外挑战、谋求变革与发展的战略性举措，应是维护地区稳定和世界和平、促进国际政治多极化的积极力量，对于推进世界和平事业的发展和新型国际关系的建立，促进人类社会的和谐共处与繁荣发展无疑具有重要的现实意义。

## 三 当代伊斯兰"中间主义"思潮是构建全球伦理的精神资源

德国神学家孔汉思（Hans Kung）于1989年在联合国教科文组织会议上提出，"没有各宗教间的和平，便没有各民族间的和平"。1990年，孔汉思还出版了《全球责任》一书，次年又在英国和美国出版，并加有副标题"探求新的世界伦理"。1991年，美国天普大学宗教系主任、普世研究所所长斯威德勒（Leonard Swidler）也发出呼吁书，号召起草全球伦理宣言。伊斯兰世界的许多学者以及宗教界领袖人物也大都对构建全球伦理的倡议表示欢迎和支持，并予以积极响应。1993年8月24日至9月4日，为纪念第一届"世界宗教议会"100周年而举行的"世界宗教议会大会"在美国芝加哥举行，包括伊斯兰教在内的世界各宗教界的领袖和专家学者6000多人参加了会议。大会通过了《走向全球伦理宣言》（*Declaration Toward a Global Ethic*），呼吁国际社会应当致力于建立"全球伦理"（Global Ethic），因为没有一种全球伦理，就没有更好的全球秩序。

不过，对于伊斯兰文明而言，"全球伦理"的理念并不是什么特别新鲜的思想，因为伊斯兰文明实际上自其兴起之时起便始终关注世界性伦理的构建，伊斯兰文明实际上也是第一个真正具有全球意义的文明，正如美国学者皮特·N. 斯特恩斯（Peter N. Stearns）等在《全球文明史》（*World Civilizations: The Global Experience*）一书中所指出的："在伊斯兰文明之前，从未有过哪个文明能够包括如此众多不同的文化，能够将如此众多的语言集团、宗教集团和伦理类型组成一个整体……""古典世界的各个中心地区之间虽然存在着一定的重要联系，但是无论是在西半球还是在东半球，都不曾有一个文明把古典世界的大部分地区统一为一个整体。然而在7世纪，一个新兴的宗教，即伊斯兰教的信徒们从阿拉伯半岛向外扩散，开启了一个以征服和皈依为主要内容的历史过程,这一过程将要塑造一个真正具有全球性质的文明……在 7 世纪以后 1000 年的大部分时间里,伊斯兰文明是古典时代东半球各个主要文明相互联系的重要纽带,并为它们之间的交流提供了管道……伊斯兰文化不仅将现存的各个文明中心联系为一体,而且为即将形成的真正的全球性文明提供了坚实的基础。"①

这一点,与作为伊斯兰文明核心价值观的伊斯兰教对人类地位及其使命的基本定位密不可分。伊斯兰教认为,人类同为一个祖先,都是阿丹(亚当)的子孙,人人生而平等。同时,人类不是偶然来到世上,而是肩负着为真主代治大地的神圣责任,因而在宇宙间享有崇高的地位和神圣的尊严。伊斯兰教一开始就将其视野投向全世界和全人类,而不只是局限于某个地区和某个民族,所关注的是全体人类的福祉,而不是某一民族、某一集团或某一阶层的利益。《古兰经》中说:"我派遣你,只为怜悯全世界的人。"(21:107)"我[真主]确已优待阿丹的后裔,而使他们在陆上或海上都有所骑乘,我以佳美的食物供给他们,我使他们大大地超过我所创造的。"(17:70)

穆罕默德圣人说:"我的使命就是为了完善人类的道德。"(穆宛塔)用今天的话说,穆圣的使命或许就是要建立和完善全球伦理。当然这只是一个崇高的目标,并不意味着一定能够完全实现,因为完善人类的道德,只是为人类指出了一条永远向善的路径,而这条路径实际上是不设终点的,也就是说,人类伦理道德的建设是没有止境的,人类永难达到至真、至善、至美的中正和谐之境,但却应当不断地追求真、善、美。伊斯兰伦理要求"在个人完善、家庭完善的基础上,应当形成一个具有信仰和美德的社会。这一社会充满兄弟友爱精神,坚持协商公正的原则,没有分歧与怨恨,没有自私自利,没有以强凌弱,没有罪恶,人人都乐意奉献,共同行善,相互合作,相互劝诫,相互嘱托,相互保障。实现物质文明与精神文明的全面发展和进步"②。显然,建设普世的全球伦理,是伊斯兰文明始终追求的一个崇高目标,尽管其具体

---

① [美]皮特·N.斯特恩斯等:《全球文明史》(上、下),赵轶峰等译,中华书局 2006 年版,第 253 页。

② 秦惠彬主编:《伊斯兰文明》,中国社会科学出版社 1999 年版,第 253 页。

第五章　当代伊斯兰"中间主义"思潮的现实意义与发展前景　　231

内涵与今天所谓的"全球伦理"有所不同，但伊斯兰伦理思想丰富的内涵对于构建今日的"全球伦理"无疑具有重要的借鉴意义。

当代伊斯兰"中间主义"正是从关注人类福祉的全球视野出发，致力于弘扬伊斯兰文明和平、公正、平等、仁爱、宽容等一系列颇具普世价值的重要理念，强调穆斯林应当"坚持人类社会的普世价值，如公正、协商、自由、尊严和人权"①。因此，当代伊斯兰"中间主义"应是构建全球伦理的重要精神资源之一。

第一，当代伊斯兰"中间主义"致力于和平文化的建设与传播，强调和平是伊斯兰教带给人类的最重要的精神财富，和平也是伊斯兰文明的核心价值观之一，"对于伊斯兰教及其原则来说，号召各民族走向和平既不离奇，也不新鲜，这是伊斯兰教14个世纪以来一直在倡导的，是毫无疑义的明显事实。所有确凿的证据都表明，伊斯兰教从来就不是暴力或进攻性的宗教，其教法也从来不主张暴虐和侵略"②。因此，弘扬伊斯兰文明的和平文化，消除战争与暴力，让世界各国人民和平共处，是当代伊斯兰"中间主义"孜孜以求的崇高目标。"中间主义"同时呼吁，建设和传播和平文化应当成为全球责任和国际社会的共同使命，"传播和平文化是联合国教科文组织（UNESCO）的主要目标之一，是全世界应该为此进行相互合作的重大任务之一，将和平概念列入各个阶段的教学大纲，是国际社会应该尽快努力予以完善和支持的一个目标。战争与和平的概念最先始于人的头脑，我们在塑造下一代理念的时候，应将容许理性思维的和平作为基础，只有理性思维才能实现世界各地的繁荣和发展，保障全人类的尊严生活"③。

第二，当代伊斯兰"中间主义"强调公平正义的普世价值，认为公平正义是建立和平、和谐的人类社会的基石，要是失去了公正原则，和平就无从真正实现，和谐也就无从谈起。伊斯兰教向来强调公正原则。《古兰经》中说："真主的确命人公平、行善、施济亲戚，并禁人

---

① ［卡塔尔］尤苏夫·盖尔达维：《论伊斯兰中间主义及文化更新》（阿拉伯文版），盖尔达维伊斯兰中间主义与文化更新研究中心2009年版，第219页。
② ［埃及］侯赛因·卡米勒·巴哈丁：《十字路口》，朱威烈、丁俊译，上海外语教育出版社2005年版，第62—63页。
③ 同上书，第67页。

淫乱、作恶、霸道。"（16：90）"你们当为正义和敬畏而互助，不要为罪恶和霸道而互助。"（5：2）因此，公正也是伊斯兰文明所崇尚的核心价值观之一，在当代国际社会，维护公平正义是世界人民的共同职责，也是建设全球伦理的首要工作。

第三，当代伊斯兰"中间主义"强调人类平等原则，认为人类尽管有民族、种族、肤色、语言、文化等的不同，但都同祖同宗，相互平等，享有同等的人类尊严，在伊斯兰文明中，没有种族主义的立足地，更没有贵族与贱民之分。伊斯兰教各民族人民"汇合在一起，和睦相处。就摧毁种族、肤色、民族之间的重重障碍来说，在世界各大宗教之中，伊斯兰教似乎已获得最大的成功"[①]。基于这种平等理念，伊斯兰"中间主义"吁请全体人类在相互尊重的兄弟情谊中同舟共济，共生共荣。

第四，当代伊斯兰"中间主义"强调，仁慈博爱是伊斯兰教的基本精神，《古兰经》中说："我派遣你，只为怜悯全世界的人。"（21：107）"圣训"说："仁慈的真主慈爱仁慈的人，你们慈爱大地上的一切吧，真主就会慈爱你们的。"（艾布·达吾德）因此，穆斯林应当胸怀仁博慈爱之心，不仅要善待人类中的异族异教，而且还应当善待一切生灵，热爱自然，怜山惜水，与自然和谐相处。

第五，当代伊斯兰"中间主义"强调要尊重和维护人类文化的多样性，要接纳他者，尊重异己，宽容地对待各种宗教、不同意见和文化差异，因为文化的多样性与差异性与自然界中的多样性一样，都体现了真主的"常道"，任何人都不可以强力更改，强求一律，而应当在这种多样性中开展相互间的交流，营造宽容和谐的普世文化，追求和睦相处、和合共生的世界秩序。

总之，和平，公正，平等，仁爱，宽容，和谐，当代伊斯兰"中间主义"所倡导的这一系列重要理念，不仅是伊斯兰文明的核心价值观，而且也是《走向全球伦理宣言》中所宣扬的基本精神，是建设新型国际关系与和谐世界所必需的要素，具有显著的普世意义和价值，正因如此，伊斯兰"中间主义"也理当成为当代国际社会构建全球伦理

---

① [美]希提：《阿拉伯通史》（上册），马坚译，商务印书馆1990年版，第159页。

与人类命运共同体过程中值得借鉴的一个重要精神资源。

## 第二节 当代伊斯兰"中间主义"思潮的发展前景

**一 当代伊斯兰"中间主义"思潮存在的问题**

由于当代伊斯兰"中间主义"思潮尚在方兴未艾的发展阶段，处于不断变化、不断完善的动态当中，因而难免存在一些问题，这些问题主要有：

1. 人们对当代伊斯兰"中间主义"的理解尚有差异

由于当代伊斯兰"中间主义"并不是一个新兴的宗教教派或学术流派，也不是一个政治组织或政党团体，而是一种文化价值取向，宣传和倡导伊斯兰"中间主义"的人，并非来自同一个国家或同一个教派，他们各自的政治观点、学术见解和社会背景往往互有不同，这就决定了他们对伊斯兰"中间主义"的理解和阐释存有差异，尽管他们都认同伊斯兰"中间主义"所强调的和平中正、宽容和谐理念，但各自对某些具体问题的阐释及对中正平衡度的把握不尽相同，有些地方甚至还有较大分歧。究竟如何能够恰如其分地阐明诸如今世与后世、经典与理性、传统与现代、继承与创新、现实与理想、个人与集体、权利与义务以及本土的爱国主义和全球的普世情怀之间的平衡和谐关系，人们都会有各自不同的理解和把握，见仁见智，各有其理。例如，关于如何对待伊斯兰教的古典教法学派问题，同是伊斯兰"中间主义"的倡导者，叙利亚学者拉马丹·布推博士强调，这些教法学派是伊斯兰历史早期就已形成的，各派都自成体系，今人理当遵循而不应逾越，那种主张应当打破教法学派的观点不并符合伊斯兰"中间主义"的精神；[1] 而卡塔尔学者盖尔达维博士则认为，今天的穆斯林，既要尊重业已形成的古典教法学派体系，特别是四大教法学派[2]，但同时又不应受其羁绊，而应融会贯通，结合时代，开展新的教法创制工作，进而构建新型教法学体

---

[1] 参见［叙利亚］拉马丹·布推《无学派主义是威胁伊斯兰法的危险异端》（阿拉伯文版），法拉比书局1985年版。

[2] 即哈乃斐学派、马立克学派、沙斐仪学派和罕百里学派。

系,唯其如此,方能真正体现"中间主义"与时俱进的精神;① 如此等等。

不过这种多样性的理解倒是符合伊斯兰"中间主义"包容不同意见的精神,事实上,伊斯兰"中间主义"并不强求一律,力图统一各种意见,尤其是学术见解。阿拉伯伊斯兰世界国家众多,教派复杂,致力于倡导伊斯兰"中间主义"的人,既有逊尼派学者也有什叶派学者,既有现代主义者也有传统的苏菲主义者,既有思想家、哲学家和宗教学者还有政治家和社会活动家,他们各自都会从自己的特定环境和背景出发来诠释伊斯兰"中间主义",因此各有自己的特色,也会各有局限,重要的是他们对伊斯兰"中间主义"基本价值观的认同。在伊斯兰"中间主义"今后的发展中,需要更加强调相互尊重、求同存异的精神,以避免由于意见的多样性而可能导致的分裂与内部争斗,更当警防一些人假借伊斯兰"中间主义"之名,而行极端主义之实的做法。

2. 当代伊斯兰"中间主义"的思想理论建设还比较薄弱

当代伊斯兰"中间主义"作为一种宗教文化思潮,尽管其致力于伊斯兰文明核心价值观的重建,但总体而言,其思想理论建设还比较薄弱,深度与广度以及系统性等还不够,有待进一步开掘和完善,特别是对一些重大理论与现实问题的研究尚需更加全面深入。众所周知,阿拉伯伊斯兰世界国家众多,虽说在宗教信仰、文化传统等方面具有共同性和相似性,但相互之间在民族习性、政治体制、社会制度、经济发展水平等诸多方面的差异性也是显而易见的,因此如何使伊斯兰"中间主义"在如此广袤的伊斯兰世界具有指导性,的确是值得深入探究的重大理论问题。近年来,尽管在约旦、科威特、卡塔尔、埃及、沙特阿拉伯、摩洛哥等阿拉伯各国相继成立了有关伊斯兰"中间主义"的研究机构,多次召开了关于"中间主义"的学术研讨会,而且也出版了不少著作,只是在这些著述中,泛泛而论者较多,系统而精深的理论阐释并不多见。不过这也并不奇怪,因为众所周知,思想理论建设是一项十分艰巨而复杂的工作,全面系统、精辟深入的理论阐释实属不易,难以

---

① 参见[卡塔尔]盖尔达维《论伊斯兰中间主义及文化更新》(阿拉伯文版),盖尔达维伊斯兰中间主义与文化更新研究中心 2009 年版。

在短时期内完成这样的文化工程。

事实上,当代伊斯兰"中间主义"的思想理论建设,乃是阿拉伯伊斯兰世界思想文化界在整个 21 世纪都需要全力构筑的宏大的文化、文明工程,需要做长期的努力,不断完善,因为伊斯兰"中间主义"力图秉承伊斯兰文明公正包容、中正和谐的文化传统,立足现实,着眼未来,积极进取,开拓创新,"强调要为伊斯兰教正本清源,正面阐述伊斯兰教主张的宽容、和平、仁慈、中庸和公正等信条,开展文明对话,从各种文化中吸取符合本民族发展所需要的各种营养……这些见解,都是立足本身,力求自强的声音,反映了在世纪交替之际,穆斯林学者中不乏有远见卓识之士,他们不故步自封,不满足于引经据典,正在着手设计和提出一份以正统的伊斯兰复兴思想为基础的当代的文明文化工程。这种努力显然是很可贵的,也符合中东伊斯兰民族的发展实际"①。就此而言,伊斯兰世界的文化界和思想界可谓任重道远,因为文化价值观和文明体系的重建,是一项不可能在短时期内实现的浩大而系统的工程。

3. 对当代伊斯兰"中间主义"的基本主张及其核心价值观的宣传力度不够

多年来,当代伊斯兰"中间主义"的宣传力度一直不够,尤其是对于伊斯兰"中间主义"所倡导的中正和平、宽容和谐等核心价值观的宣传不够广泛,发出的声音不够嘹亮,以致"中间主义"不像其他诸如"民族主义"、"世俗主义"、"复古主义"、"现代主义"乃至所谓"原教旨主义"等那样常常出现于国际媒体,吸引世人的眼球,以致并不引人注目,甚至不为人所知,而造成伊斯兰"中间主义"宣传不力的原因则是多方面的。

第一,当代伊斯兰"中间主义""作为一种社会思潮或文化思潮……是夹杂在其他各种思潮当中,宛如润物细雨,平静缓慢地发展着"②。而且迄今依然处于发展阶段,理论尚不够完善,影响还不够广远,倡导和推进伊斯兰"中间主义"的各方也尚未完全形成步调一致的强大合力,而基本上还是各自为阵甚至是群龙无首的涣散局面,因此

---

① 朱威烈:《站在远东看中东》,上海外语教育出版社 2000 年版,第 294 页。
② 丁俊:《当代伊斯兰"中间主义"思潮述评》,载《阿拉伯世界》2003 年第 2 期。

自然不会有强大的宣传阵势。

第二，众所周知，就阿拉伯伊斯兰世界的整体舆论环境而言，事实上并不宽松，许多国家都长期处于政治专制体制下的舆论管制当中，在这样的环境中，主张政治改革和文化重建的伊斯兰"中间主义"就很难有宽松自由的宣传空间。

第三，极端主义者和恐怖主义者往往会通过制造骇人听闻的事端而引人关注，扩大影响，加之媒体的渲染炒作，从而使其声名远扬，仿佛显得势力很大，其实他们只是社会的极少数而已，势单力薄，绝非主流。而伊斯兰"中间主义"并非一个政治组织或团体，而是一种中正中和的价值取向，强调谨守中道，低调处事，主张从小事做起，从自身做起，持之以恒地开展和风细雨般的教化工作，从而使人们的思想认识潜移默化，不断增强文化自觉意识，这项工作不是一朝一夕就能完成的，也不是高喊口号就能实现的，而是一项持久的文化工程。因此，当代伊斯兰"中间主义"并不热衷于搞轰轰烈烈的运动，更不求什么惊天动地的轰动效应，因而也不为媒体所关注。

然而无论如何，宣传环节的薄弱毕竟是当代伊斯兰"中间主义"发展中一个不容忽视的问题，要使伊斯兰"中间主义"的一系列价值理念和主张得到广泛传播和认同，就必须注重宣传工作，不仅要加大宣传的力度，而且要改进宣传的方式和方法，只有这样，才能使"中间主义"所倡导的和平、和谐文化与中正、宽容精神广为传播，当代阿拉伯伊斯兰世界的核心价值观的重建与伊斯兰文明的复兴也才有可能实现。值得注意的是，近年来，随着阿拉伯伊斯兰国家社会的不断发展和改革呼声的日益高涨，伊斯兰"中间主义"的宣传工作已开始受到重视，有关的期刊、著述等出版物不断问世，相关会议、论坛也连续不断地在各国举行，在报纸、互联网、卫星电视节目等传媒中的宣传也在加强。显然，关于伊斯兰"中间主义"的研究正在不断深化，宣传工作也日趋多样，其影响也会随之而日趋广泛。

## 二 践行当代伊斯兰"中间主义"倡导的中正理念颇具难度

作为一种理论或价值观，要全面践行当代伊斯兰"中间主义"所倡导的中正和谐理念，事实上还受到理论与现实层面各种因素的制约，

具有多方面的难度,这些难度主要有:

1. 理论的践行比理论的阐释更具难度,因为理论与实践并不在同一个层面

当代伊斯兰"中间主义"的理论是一个层面,而实践又是一个层面。即便在理论上讲清讲透的问题,要付诸实践依然有难度,况且"中间主义"的理论建设尚需深化和拓展。因此,在实践中如何具体操作和贯彻,衡度的分寸如何把握,都是需要不断探索的问题,因为"中间主义"本身的哲学原理就决定了其实践的难度。

从伊斯兰哲学的角度看,"中间主义"所倡导和追求的中正和谐是一种理想境界,因为它是真、善、美,是公正、和平与均衡,而绝对意义上的真善美和公正、和平与均衡是几乎难以完全实现的,只有真主才能够实现这种完美无缺的中正和谐。"事实上,人类的思维和知识有限,无法实现公平的均衡,况且人类自觉不自觉地受私欲、思想、家庭、党派、区域及宗派观念的影响。历史与现实都证明,凡人类——无论个体与团体——制定的体系或制度不免带有或左或右的偏极倾向。世上能够公平地处理万事者唯有真主,他创造万物,并加以精密的注定;他周知万物,而且统计万物的数目;他的恩惠和知觉包罗万象。所以,我们在真主的创造和安排中看到如此精密的均衡也不足为奇,因为真主创造万物,并精密安排。'均衡'体现在真主所规定并命令人们奉行的正道与正教中,即体现在伊斯兰的使命与其生活的方针中,同时也体现于真主亲自精制了万物的宇宙之中。"① 然而,人类并不能因此而放弃对中正和谐的追求,而应努力不懈,奋斗不止,尽其所能地追求这种崇高境界,因为人类需要真、善、美,需要和平与公正。穆斯林要实践伊斯兰教的中正之道,就必须树立崇高的道德和远大的理想,必须实现文化的自觉,提升实践这种文化价值观的自主性和自觉性,所有这些,均不是轻而易举的事。

这一点我们其实并不难理解,因为它与中华文化中对"中庸之道"的践行颇有相通之处。一方面,要达到"中庸之道"很有难度,甚至

---

① [卡塔尔] 尤苏夫·盖尔达维:《论伊斯兰中间主义及文化创新》(阿拉伯文版),盖尔达维伊斯兰中间主义与文化更新研究中心 2009 年版,第 25 页。

是不可能的；另一方面，要做君子，就应当知其不可为而为之，唯其如此，方显其难能可贵。《论语》中说："子曰：中庸之为德也，其至矣乎！民鲜久矣！"①《孟子》中说："孟子曰：孔子不得中道而与之，必也狂狷乎！狂者进取，狷者有所不为也。孔子岂不欲中道哉？不可必得，故思其次也。"②《中庸》中也说："子曰：天下国家可均也，爵禄可辞也，白刃可蹈也，中庸不可能也。"③"中庸的确很难……但正因为难，才值得去做，值得去发扬。在孔子看来，人应该去从小事做起，从自我做起，才可以做大事，这样才可以行远。因为'登高必自卑，行远必自迩'，要想登高，只有从低处开始走；要想行远，必须从第一步迈起。只有这样，中庸之道才可能实行。如果迈不出这一步，中庸之道永远是难以企及之道，中庸之道永远是理论上的难题，同时更是一个实践上的难题。孔子盛赞中庸之道是一种极高尚的美德，但中庸之道的实行难度很大，而不能实行的原因在于知者和贤者过之，而愚者和不肖者不及，指出提高对大道的自觉性是能否推动中庸之道的重要一环。"④

事实上，伊斯兰"中间主义"也好，"中庸之道"也好，要是其所指向的目标和境界能够轻而易举地达到和实现，那它就不会是一种美好而又崇高的理想境界，因此也就没有什么重大的社会意义和重要的伦理价值了。

2. 当代伊斯兰"中间主义"的践行受到伊斯兰世界内部诸多因素的制约。

众所周知，当代阿拉伯伊斯兰世界内部矛盾错综复杂，各种"思潮"和"主义"纵横交织，特别是各种极端主义思想四处流布，伊斯兰"中间主义"的践行因此受到诸多内部因素的制约，可谓阻力重重，异常艰难。

第一，当代伊斯兰"中间主义"的践行受到各种极端主义思想的

---

① 杨伯峻译注：《论语译注》，中华书局2006年版，第72页。
② 《孟子·尽心下》，参见杨伯峻译注《论语译注》，中华书局2006年版，第158页。
③ 《中庸》第九章，参见王岳川《大学中庸讲演录》（《中庸章句》），广西师范大学出版社2008年版，第161页。
④ 王岳川：《大学中庸讲演录》，广西师范大学出版社2008年版，第106页。

## 第五章 当代伊斯兰"中间主义"思潮的现实意义与发展前景

干扰甚至阻挠。阿拉伯伊斯兰世界长期为形形色色的极端主义思想所困，其中既有宗教极端主义，也有世俗极端主义，伊斯兰"中间主义"旗帜鲜明地反对各种极端主义思想，因此它也必然会受到各种极端主义的干扰、阻挠甚至攻击。"有些苛刻的宗教人士拒绝'中间主义'思想，他们指控我们这些倡导'中间主义'思想的人是在简化宗教，践踏教法律例。而与此同时，世俗主义者、现代主义者以及无神论者等又指控我们是宗教偏执与极端，持'中和论'的人常常如此，总是两头不讨好。"[①] 的确，宗教极端主义视"中间主义"为大逆不道，因为在他们看来，"中间主义"强调伊斯兰的和平精神，实际上是奉行政治上的妥协退让和投降主义路线，以致敌友不分，甚至是认敌为友，偏离乃至放弃了"圣战"道路；伊斯兰"中间主义"在宗教上强调简便易行，倡导与时俱进的宗教维新精神，这种倾向实际上是走向了背弃传统、简化教规的异端道路。而极端的世俗主义与民族主义则攻击伊斯兰"中间主义"是宗教狂热，因为伊斯兰"中间主义"主张要通过文化重建来实现伊斯兰文明的复兴，其实就是要以宗教复兴来取代民族复兴。

第二，当代伊斯兰"中间主义"的践行受到阿拉伯伊斯兰世界政治体制的限制。政治氛围和舆论环境普遍都不宽松，有的国家更是高度专制，对外屈从西方，对内压制民意。况且，伊斯兰"中间主义"倡导民主协商政治，反对独裁和腐败，追求社会正义与文化自觉，这种价值取向显然与专制统治者的既得利益相违背，甚至对其统治构成了潜在的挑战。因此，伊斯兰"中间主义"的行为势必受到这种专制体制与集权主义的限制乃至压制，这是不难理解的。

第三，当代伊斯兰"中间主义"的践行还受到内部分歧、教派纷争等因素的制约。阿拉伯伊斯兰国家的内部矛盾错综复杂，分歧严重，尤其是以逊尼派与什叶派之间的矛盾为主的教派纷争，更是积怨难解，再加上外部势力的挑拨离间，更有愈演愈烈之势，相互仇视与敌对的情绪在不断蔓延和加深。长期以来，内部分裂与教派纷争不仅严重削弱了阿拉伯伊斯兰世界的力量，而且损害了广大人民的根本利益。巴勒斯坦

---

① ［卡塔尔］尤苏夫·盖尔达维：《论伊斯兰中间主义及文化创新》（阿拉伯文版），盖尔达维伊斯兰中间主义与文化更新研究中心2009年版，第18页。

各派的长期内斗以及战后伊拉克的持续动荡都是这种内部分裂与教派纷争的现实例证。当代伊斯兰"中间主义"要在派系林立、对峙严重的复杂情势下倡导对话与团结,致力于求同存异,化解矛盾,无疑具有很大的难度,要成功弥合分歧,促进团结,显然绝非易事。

3. 当代伊斯兰"中间主义"的践行受到伊斯兰世界外部因素的制约

第一,从国际政治的视角看,当代伊斯兰"中间主义"的践行受到霸权主义和强权政治的阻挠。在国际上,特别是在中东地区,霸权主义和强权政治依然横行无阻,"霸权主义、强权政治虽然在世界范围内受到广泛的抵制和反对,但它们依然客观存在。一些西方国家一直没有放弃推销西方的价值观念和社会制度,用政治施压、经济利诱、文化渗透等各种方式把自己的意志强加于人;以'人权高于主权'这一荒谬理论作先导,以高科技军事力量为后盾和主要手段,肆意践踏国际法,露骨干涉别国内政的问题依然存在。霸权主义、强权政治是阻挠和平稳定、公正合理的国际政治经济新秩序建立的最大障碍,要彻底清除它们,还必须经过长期的斗争"[1]。

阿拉伯伊斯兰世界长期以来深受霸权主义、强权政治之害,特别是中东地区的阿拉伯伊斯兰国家,更是霸权主义和强权政治肆虐的重灾区,以强凌弱的战争与冲突不断,双重标准与"丛林原则"盛行,在这样的客观环境中,要倡导、宣传和践行旨在营造和平与和谐的伊斯兰"中间主义",无疑具有巨大的难度。因为在这些地区,"总是笼罩着一种令人悲哀的气氛,一种自矜自夸、暴戾恣睢的气氛,屈辱或至少是屈辱感不胫而走,到处充斥着无助之感。霸道的强权使真理、正义、法律准则处处碰壁,它颠倒是非,在很多情况下,已不再需要知耻的美德;它的所作所为,事先已得到开脱;它的主张无论怎样反对都会执行……阿拉伯人民遭受着枪炮的打击,坦克的履带碾轧着阿拉伯的儿童和妇女,飞机子弹在摧毁阿拉伯房主们的家舍。在国际法准则耻辱地失落、双重标准被放肆地推行的形势下,世界却在大多数时候转过脸去,视若

---

[1] 胡树祥主编:《中国外交与国际发展战略研究》,中国人民大学出版社2009年版,第34页。

无睹,假装不曾留意"①。而"以色列每天的日常行动,包括可耻地违反各种各样的人权,蔑视国际法和国际惯例,侵犯一切宗教圣地和禁区,都构成了一种毫无人性的犯罪行径,其目的就是恐吓无辜者,折磨手无寸铁的阿拉伯兄弟,故意伤害阿拉伯人的尊严。这些行径的影响,是将培育起一种暴力和仇恨文化,造成持续不断的流血和以暴易暴。那些尊严受到伤害、人格遭人藐视、父老儿童惨遭杀戮的人,必定要奋起复仇,其结果,从最好处想,也将是给后代留下一份仇恨的遗产"②。

显然,在这样的情势下,要倡导和宣传伊斯兰"中间主义"的和平中正、宽容和谐理念,的确难度不小,这是不难理解的。但越是具有难度,就越应该努力,因为伊斯兰"中间主义"着眼于战略思考,从长远来看,只有传播和平文化,才是伊斯兰教的根本宗旨所在,也是标本兼治、化解战争与冲突的良策,以暴易暴永远难以实现真正的和平。当代伊斯兰"中间主义"的倡导者清楚地认识到这一点,因为只有营造和传播和平文化,才能彻底消除战争,实现持久的和平。

第二,从经济与文化的角度看,当代伊斯兰"中间主义"的践行受到全球化以及西方强势文化的压制和挑战。尽管伊斯兰"中间主义"强调要积极应对全球化,但作为西方资本主义的"全球化",其根本目的和运行规则都体现着西方发达国家的意志,而对包括阿拉伯伊斯兰国家在内的发展中国家及其人民的意志和利益,是不会有少许眷顾的。因此,要成功应对全球化的挑战,绝非易事。因为西方所倡导的"全球化","是建立在'一元普遍文化论'基础上,而不是建立在文化间的理解与和合基础上。他们不遗余力地在全世界各地推广和鼓吹西方生活方式和文化价值观念,并以此作为外交上划分亲疏的标准,在发展中国家里制造'现代化困境'",而且,他们也"很难具有所谓的'全球视野'和'全球胸怀',有时甚至相反,表现出极端的民族利己主义"。"美国的对外政策,大而言之,西方的对外政策,还从来没有过文化共生共存、共同发展的视野。直到今天,一些西方领导人还在把推行自己

---

① [埃及] 侯赛因·卡米勒·巴哈丁:《十字路口》,朱威烈、丁俊译,上海外语教育出版社2005年版,第7页。

② 同上书,第44页。

文化价值观和生活方式当作一项基础政策挂在嘴边，而没有意识到其中所蕴含的危险意义。"① 阿拉伯学者也指出："今日为我们所展现的'全球化'，是美国强加于世界的政治、经济、文化霸权，尤其是强加于东方世界，第三世界，特别是伊斯兰世界的霸权。"②

正是基于推行霸权主义和强权政治的意图，才有"文明冲突论"、"伊斯兰威胁论"等各种论调的甚嚣尘上，文化上的西方中心论与优越感依然盛行，而其他民族的文化则被视为是落后愚昧的历史遗物。某些西方大国一直不遗余力地推销自己的价值观和文明体系，认为那是适合全球的普世价值，放之四海而皆准，甚至不惜以各种手段强加于人。这对倡导尊重和维护世界文化多样性、致力于开展文明对话的伊斯兰"中间主义"而言，无疑构成了严峻的挑战，形成了巨大的压力。然而也正因如此，方显出当代伊斯兰"中间主义"重要的现实意义和独特的文化价值。

## 三 当代伊斯兰"中间主义"思潮的发展前景良好

尽管伊斯兰"中间主义"的践行存有较大难度，其本身也还存在着这样或那样的问题，但这些问题基本上都是发展中必然要遇到的问题，应能逐步加以解决。总体而言，伊斯兰"中间主义"的发展前景良好，空间广阔，因为当代伊斯兰"中间主义"谋求社会变革，追求社会正义，在哲学层面强调要遵循"中正和谐"的宇宙常道；在政治层面主张人类大家庭和平共处、共同发展；在经济层面强调各国互惠互利、合作共赢；在文化层面倡导包容与对话，尊重和维护文化多样性。所有这些价值取向，都是极富时代精神和持久生命力的价值追求。

1. 当代伊斯兰"中间主义"的昌兴是伊斯兰世界对自身发展道路的积极探索

当代伊斯兰"中间主义"是国际体系变革进程中阿拉伯伊斯兰世界对于自身面临的严峻现实挑战所作的文化回应。"在历史上伊斯兰教

---

① 张铭：《现代化视野中的伊斯兰复兴运动》，中国社会科学出版社 1999 年版，第 300、306—307 页。

② [卡塔尔] 尤苏夫·盖尔达维：《世纪之交的伊斯兰民族》（阿拉伯文版），曙光出版社 2002 年版，第 232 页。

曾对变化的社会条件和世界性发展作出过成功的反应。近代以来,伊斯兰教面临的冲击和挑战空前酷烈,有着许多被动和不利的因素。现代化进程的发展趋势是不可改变的,伊斯兰教只能作出反应,这就决定了各种社会思潮和运动发展的历史轨迹。而各种思潮和运动的兴起,正是从不同角度探索一条成功的道路。我们应该从这样一种宽广的视野去分析,但不应用西方社会的发展模式和概念去套用。比如,经常有人提出,穆斯林社会需要一次基督教式的宗教改革,以便实现社会的世俗化和现代化。但是,伊斯兰教的宗教体制和社会结构与西方截然不同,不存在相似的历史前提。尽管从近代的变革和复兴到当代的'伊斯兰主义',伊斯兰教对于现代化所作出的反应尚不能说是完全成功的,但适合自身的现代化道路仍需穆斯林自己去寻找。"[①] 而当代伊斯兰"中间主义"正是伊斯兰世界立足现实、着眼未来,寻找自身发展道路的积极尝试。

当代伊斯兰"中间主义"思潮不仅根植于伊斯兰文明的沃土,具有深厚的文化底蕴和悠久的历史传统,而且更为重要的是,它立足于现实,着眼于未来,力图通过伊斯兰文化价值观的重建,谋求阿拉伯伊斯兰国家的团结进取与自立自强,找回久违的自尊与自信,实现伊斯兰文明的复兴,这种诉求,不仅是阿拉伯伊斯兰世界求变革谋发展的现实需要,而且体现了阿拉伯伊斯兰世界广大人民的意愿。这是因为,要实现阿拉伯伊斯兰世界的文化自觉与民族复兴,是几个世纪以来这些国家的人民为之前赴后继、勇敢奋斗的民族夙愿,是任何力量都不可阻挡的历史潮流。

尤其是在历史的车轮驶入 21 世纪时,阿拉伯伊斯兰国家求变革、谋发展的现实需求更为迫切,广大人民求公正、求自立的愿望也更加强烈,因此,"在今天这个时代,伊斯兰民族比以往任何时代都更加迫切需要中间主义,因为此时此刻,她被恐怖主义、极端主义和原教旨主义所玷污,被试图消除其身份的全球化所围困,还因为超级大国的爪牙已

---

[①] 吴云贵、周燮藩:《近现代伊斯兰教思潮与运动》,社会科学文献出版社 2007 年版,第 28 页。

伸向她的资源和财富……"① 伊斯兰"中间主义"正是基于对如此现实的深刻认识而采取的长久之策，力图寻求和探索适合自身历史传统和现实境遇的发展道路和发展模式，因此它绝非是一时一地的权宜之计，而是阿拉伯伊斯兰世界积极应对各种内外挑战的战略举措。

2. 当代伊斯兰"中间主义"力图探寻当代伊斯兰文明发展的正确方向

当代伊斯兰文明的发展确实遇到了挫折，陷入发展的困境之中，但并未走入死胡同，陷入日趋没落甚至即将夭折的绝境。伊斯兰"中间主义"的勃兴就是显著的例证，它不仅指出了伊斯兰文明继往开来、更新发展的正确路径和方向，而且再次显示出伊斯兰文明化险为夷、自我复苏的顽强生命力。伊斯兰"中间主义"倡导通过重启教法创制等文化更新机制开展文化创新，历史证明，这是使伊斯兰教和伊斯兰文明与时俱进、历久弥新的有效机制。"在历史上，伊斯兰教曾遇到无数的艰难险阻，但伊斯兰教总能够摆脱困境、绝处逢生。"② 之所以能够如此，正是仰赖于"教法创制"这种自我修复与自我更新机制。

伊斯兰文明要成功走向未来，就必须弘扬中正和谐的和平精神，反对各种极端主义。无论是反现代的复古主义、传统主义的抱残守缺、固步自封，还是反传统的现代主义、世俗主义的追随西方、全盘西化，都不能引领当代伊斯兰文明走向复兴，伊斯兰世界近现代的发展历史也已证明了这一点。只有走传统与现代、继承与创新相结合的兼容并包的"中间主义"道路，才是当代伊斯兰文明发展的正确方向。

正如中国中东历史研究资深专家彭树智先生分析指出的："21世纪是人类文明交往过程中的历史新阶段。中东和整个世界一样，文明交往已经达到一个新的历史水平，虽面临种种挑战，但它发展的总趋势是现实主义与理想主义的互换与提高，总的特点是多样性的统一，是文明程度的提高和社会的进步。""面对机遇与风险，中东国家将审时度势，一方面充分利用新的机遇，推进经济社会的有序改革，促进经济发展区

---

① ［沙特阿拉伯］阿卜杜拉·本·阿卜杜勒·阿齐兹：《中间主义：通向明天的道路》（阿拉伯文版），塞维利亚宝藏书局2008年版，第207页。

② 陈德成主编：《中东政治现代化——理论与历史经验的探索》，社会科学文献出版社2000年版，第212页。

域化、市场化、信息化和政治民主化，融入世界发展的大潮。另一方面，则必须坚定地捍卫国家主权和经济独立，发扬传统文化的精华，维持自身的民族特色。21世纪是文明交往向更开放发展的世纪，也是中东地区的丰富多彩的世纪，是中东地区的统一性与多样性并存的文明交往新世纪。"①

3. 当代伊斯兰"中间主义"的价值取向逐渐得到伊斯兰世界的广泛认同

伊斯兰"中间主义"在当代阿拉伯伊斯兰世界正呈现出方兴未艾的发展态势，尽管在其未来发展中存在着诸多尚需进一步观察的不确定因素，但其中正和平、宽容和谐的价值取向日益得到广泛的认同却是毋庸置疑的事实，甚至就连许多过去曾经批评"中间主义"的人，"在今天也开始倡导'中间主义'思想，其中甚至包括不少政界的领导人，因为'中间主义'思想符合时代发展的逻辑和国际形势与地区形势发展的逻辑，也是伊斯兰民族走出困境的途径。所有这些都说明，我们所倡导的方针的正确性以及坚持这个方针的必要性。感谢真主，现在，已经在好几个国家建立了'中间主义'研究中心，在未来，人们会竞相支持'中间主义'的方针"②。

这种发展态势证明，伊斯兰"中间主义"日渐成为能够反映当代伊斯兰文明发展趋势的主流价值取向。阿拉伯学者也认为："当代伊斯兰中间主义'是伊斯兰民族的主流思潮，我们可以称之为是沉默的大多数的信念'③，有很多因素能够证明它是充满希望的未来……""伊斯兰中间主义的前程光明，因为它在信仰、功修与交际方面都接纳变数，恪守恒数，确信全面的伊斯兰而不固步自封，视穆斯林为人类大家庭的一员，基于公正、权利以及崇高的价值观而与所有的人交往，以各种途径相互交流，和合共生。真正的中间主义遵循均衡、优选的法则，洞察现实，不会将自己仅仅局限于信仰或交际当中，也不会将吉哈德限定为战场的厮杀。中间主义对穆斯林提出了全面的要求，要通过各种路径解

---

① 彭树智主编：《二十世纪中东史》，高等教育出版社2001年版，第13、453页。
② ［卡塔尔］尤苏夫·盖尔达维：《论伊斯兰中间主义及文化创新》（阿拉伯文版），盖尔达维伊斯兰中间主义与文化更新研究中心2009年版，第18页。
③ 阿卜杜勒·卡比尔：《遗产与当代层面的中间主义》，第44页。——原注

决所有问题,而最好的开端就是善待自己,因为出路就在于从自虐走向自修,从而实现中和。"①

显然,伊斯兰"中间主义"试图通过内部的自我矫正,使当代伊斯兰文明再次走向不偏不倚的中正之道,这种出发点和目标,无疑符合广大穆斯林的利益,因此自然会得到他们的广泛认同。

4. 当代伊斯兰"中间主义"顺应时代发展的潮流

尽管在不少地区和国家依然存在着战争与冲突,但和平与发展仍是时代的潮流。"人类进入 21 世纪,竞争方式发生了深刻变化。只有合作,才能双赢,促和平、求发展、促合作已经成为不可阻挡的时代潮流。"② 当代伊斯兰"中间主义"在弘扬伊斯兰文明固有的独特价值观的同时,更加注重人类普世价值,顺应当今世界和平、发展、合作共赢的时代潮流,倡导尊重和维护人类文化的多样性,致力于文化创新与文明对话,强调"要坚持人类社会的普世价值,如公正、协商、自由、尊严和人权","信奉多元主义以及各国人民之间相互了解和宽容的必要性,信奉全人类同属一个大家庭。确信各种文明和合共生、不同文化之间相互兼容、相互影响、相互借鉴的必然性"。③ 这种追求人类大家庭和合共生、共同发展的价值取向,顺应当今世界时代发展的潮流,不仅符合伊斯兰世界人民的根本利益,而且符合世界各国人民的根本利益。

当代伊斯兰"中间主义"致力于"和平文化"的营造与传播,这种努力,虽在一时一地可能会遇到阻力和障碍,但从总体和长远来看,无疑具有良好的发展前景和广阔的发展空间。因为只有和平中正、宽容和谐的和平文化,才能够真正捍卫广大穆斯林的利益和福祉,而且能够捍卫全人类的共同利益和福祉。

---

① [沙特阿拉伯]阿卜杜拉·本·阿卜杜勒·阿齐兹:《中间主义:通向明天的道路》(阿拉伯文版),塞维利亚宝藏书局 2008 年版,第 131、209 页。

② 胡树祥主编:《中国外交与国际发展战略研究》,中国人民大学出版社 2009 年版,第 301 页。

③ [卡塔尔]尤苏夫·盖尔达维:《论伊斯兰中间主义及文化创新》(阿拉伯文版),盖尔达维伊斯兰中间主义与文化更新研究中心 2009 年版,第 219、220—221 页。

## 第三节 研究当代伊斯兰"中间主义"思潮具有重要现实意义和学术价值

从我国构建和谐社会、和谐世界的战略视野出发,对当代伊斯兰"中间主义"思潮做深入的前瞻性研究,为新形势下我国内政外交政策的制定提供可资参考的决策依据和必要的智力支持,不仅是一项服务于国家内政外交的重要工作,而且是一项理论性与现实性、应用性兼备的跨学科的学术工程,对于相关学科建设与发展具有开拓性的促进作用,因此在学术层面和实践层面均有重要意义和价值。

### 一 研究当代伊斯兰"中间主义"思潮具有重要的现实意义

研究当代伊斯兰"中间主义"思潮应是学术界着眼于我国外和万邦、内安百姓的伟大战略而做的一项重要工作,其重要现实意义体现内政外交的诸多层面。

第一,从外交层面看,研究当代伊斯兰"中间主义"有利于我国与阿拉伯伊斯兰国家的友好交往。因为研究当代伊斯兰"中间主义"思潮,有助于我们正确认知国际体系转型时期的阿拉伯伊斯兰世界的新变化,准确把握其价值取向与发展动态,进而更好地开展与阿拉伯伊斯兰国家的全面交往与友好合作。

中国与阿拉伯伊斯兰国家的交往历史悠久,新中国成立以来,双方在各个领域的交流合作不断加深,进入21世纪,双方关系得到全面发展和提升。2004年1月,中国国家主席胡锦涛访问阿拉伯国家联盟总部,宣布与22个阿拉伯国家建立"中国—阿拉伯国家合作论坛"。胡锦涛主席还提出了发展中阿新型伙伴关系的四项原则:(1)以相互尊重为基础,增进政治关系;(2)以共同发展为目标,密切经贸往来;(3)以相互借鉴为内容,扩大文化交流;(4)以维护世界和平、促进共同发展为宗旨,加强在国际事务中的合作。[①]

---

① 《胡锦涛访问阿盟会晤穆萨,中阿合作论坛成立》,http://www.cctv.com/news/china/20040130/101521.shtml。

显然，随着我国与广大阿拉伯伊斯兰国家全面交往的日益密切，深入了解和研究对方文明体系及其核心价值观也成为学术界日益迫切的重大课题。众所周知，中华文明与伊斯兰文明同为东方文明，历史悠久，博大精深，有着许多相通和相似的价值理念，特别是两大文明都十分强调和平中正、宽容和谐的思想。正如胡锦涛主席2006年4月23日在沙特阿拉伯王国协商会议发表的演讲中所指出的："中华民族和阿拉伯民族在历史上都创造了辉煌的文明。我们两个民族的先哲们，在探索人类社会发展规律的过程中不约而同地提出了和谐的思想。他们都主张，在承认差异性和多样性的前提下，实现社会和谐。这一主张至今仍闪烁着灿烂的思想光芒，为我们审视和处理国际关系提供着重要启迪。"[1]

中华文明与伊斯兰文明，不但不会像亨廷顿预言的那样，"联手"与西方发生"文明的冲突"，相反，两大文明的沟通、交流与对话，将会对构建和合共生、和平繁荣的和谐世界作出重要贡献。胡锦涛主席、温家宝总理分别于2004年1月30日和2009年11月7日在开罗阿拉伯国家联盟总部所发表的讲话，都从战略的高度强调开展中华文明与阿拉伯伊斯兰文明相互交流的重要性，认为两大文明都是人类文明的瑰宝，曾经并将继续对人类社会的进步和发展作出重要贡献。温家宝总理讲道："在中华文明中，早就有'和为贵'、'和而不同'、'己所不欲，勿施于人'等伟大思想。伊斯兰文明也蕴含着崇尚和平、倡导宽容的理念。《古兰经》就有一百多处讲到和平。在多样中求统一，在差异中求和谐，在交流中求发展，是人类社会应有的文明观。"[2] 党和国家领导人高瞻远瞩，已从战略的层面对阿拉伯伊斯兰文明及其历史贡献与当代价值以及与中华文明的相互交流予以高度关注，而学术界的研究水平与我国的文化战略及现实要求尚有较大差距。

中华文明与伊斯兰文明均强调尊重多元，倡导对话，追求和谐和平的人文精神，这些宝贵的人文财富，对推进世界和平事业的发展和新型国际关系的建立，对促进人类社会的和谐共处和可持续发展提供了颇具

---

[1] 胡锦涛主席在沙特阿拉伯王国协商会议的演讲：《促进中东和平 建设和谐世界》，2006年4月23日，http://www.mfa.gov.cn/chn/gxh/zlb/ldzyjh/t248268.htm。

[2] 温家宝总理在开罗阿拉伯国家联盟总部的演讲：《尊重文明的多样性》，2009年11月7日，http://news.xinhuanet.com/world/2009—11/08/content_12407835.htm。

第五章 当代伊斯兰"中间主义"思潮的现实意义与发展前景 249

借鉴价值的精神资源。中华文明与伊斯兰文明在未来全球文明的相互交往和对话中，都将扮演不可或缺的重要角色，发挥重要的建设性作用。毋庸置疑，全面了解和准确解读伊斯兰教及伊斯兰文明，密切关注和研究其当代发展态势与趋势，深入了解其核心价值体系，以避免各种可能的误判，对于促进中国与广大阿拉伯伊斯兰国家的相互交流与合作，促进世界人民的相互交往与世界不同文明间的对话，建设21世纪人类社会的新型文明观，均具重要的现实意义。

第二，从我国内政方看，研究当代伊斯兰"中间主义"有利于构建民族团结、宗教和顺的社会主义和谐社会。伊斯兰教在中国已有1000多年的历史，全国有10个穆斯林少数民族，总人口超过2000万。中国伊斯兰教的和谐发展，事关国家统一、边疆稳定、民族团结、社会和谐以及以西部大开发为中心的西北地区经济社会发展等诸多方面。而各种极端主义思想在我国民族地区特别是西北边疆地区的渗透和传播，无疑会成为影响中国伊斯兰教和谐发展的负面因素。

我国当前正处于重大的社会转型时期，党和政府正在全力构建社会主义和谐社会。在此现实中，如何妥善处理民族、宗教问题显得格外重要。"少数民族宗教问题是我国民族和宗教问题的重要组成部分，正确认识妥善处理好这个问题，对于加强民族团结，维护国家统一，最大限度地调动少数民族信教群众和宗教界人士参与全面建设小康社会，构建社会主义和谐社会的积极性具有重要意义。"[①] "高度重视民族工作、切实加强民族工作是实现中国特色社会主义现代化事业的重要保障，也是构建社会主义和谐社会最艰巨的任务之一。加快少数民族和民族地区经济社会的发展，不是简单用 GDP 等指标可以全面衡量的。少数民族地区的人文特点和生态条件的特殊性，对实践以人为本、全面协调可持续的科学发展观也有特殊要求。因为不仅我国经济社会的现代化'发展问题直接遇到了文化、文明问题和生态问题'[②]。而且在加快少数民族

---

[①] 龚学增：《新中国处理少数民族宗教问题的基本经验》，载中国统一战线理论研究会民族宗教理论甘肃研究基地编《当代中国民族宗教问题研究》（第5辑），中国社会科学出版社2010年版，第131页。

[②] [法]埃德加·莫林、安娜·布里吉特·凯恩：《地球祖国》，马胜利译，生活·读书·新知三联书店1997年版，第60页。

和民族地区发展的进程中这一问题更加突出。少数民族地区是我国文化多样性资源的宝库。多语言、多文化、多宗教、多种生产方式蕴含了很多传统知识和智慧。"①

因此，从国家长治久安的战略角度审视和研究中国伊斯兰教的和谐发展，积极寻求和探索抵御和防范以及平抑和消解各种极端主义思想影响的良策，正面宣介伊斯兰教的中正和谐理念，引导伊斯兰教与社会主义和谐社会相适应，是具有重大战略意义和现实意义的时代课题。研究当代伊斯兰"中间主义"思潮，进而向中国穆斯林和伊斯兰教界介绍当代伊斯兰世界倡导和平中正的主流价值取向，激励广大穆斯林同胞恪守中正和平之道，继承和弘扬爱国爱教的优良传统，对我国民族地区特别是西北边疆地区的民族团结、宗教和顺及社会和谐大有裨益，无疑具有重要的现实意义。

## 二 研究当代伊斯兰"中间主义"思潮具有重要的学术价值

对于当代伊斯兰"中间主义"思潮的研究，不仅具有重要现实意义，而且具有重要的理论价值与学术价值，因为对于当代伊斯兰"中间主义"思潮的深入研究，不仅有助于深化我们对伊斯兰教及伊斯兰文明的了解和研究，从而较为准确地把握伊斯兰教及伊斯兰文明在当代的发展动态和发展趋势，而且有助于宗教问题与民族问题以及国际政治和国际关系等学科的交叉研究与综合研究，并在相关领域培育新的学术增长点，推进学科建设的进一步完善与发展，构建起具有中国特色的伊斯兰研究、阿拉伯研究乃至中东学、东方学等学科体系。

事实上，我国关于伊斯兰教及伊斯兰文化的考察和研究有很长的历史，最早可以追溯到唐朝。唐人杜环所撰《经行记》就比较准确地介绍了当时西亚地区的社会、经济、文化和宗教特别是伊斯兰教的情况。至宋元时期，伊斯兰教及伊斯兰文化对中国来说已不是一种陌生的域外文化。由于这一时期政治格局的剧变、军事活动的频繁以及商业交往的

---

① 郝时远：《构建社会主义和谐社会与民族关系》，载中国统一战线理论研究会民族宗教理论甘肃研究基地编《当代中国民族宗教问题研究》（第5辑），中国社会科学出版社2010年版，第24页。

第五章　当代伊斯兰"中间主义"思潮的现实意义与发展前景　251

活跃等，造成中外人员的大量流动，大批阿拉伯、波斯及中亚地区的商人、士兵、工匠等或贸易，或随军，纷纷来华。元代，穆斯林的足迹几乎遍及全国，故《明史》有"元时回回遍天下"之说。中华文化与阿拉伯伊斯兰文化在这一时期也有了更为广泛的接触和多方面的交流，汉唐以来开辟的海陆"丝绸之路"持续繁荣，中国的印刷、造纸、制瓷、纺织等先进技术借阿拉伯而西传，远至欧洲；阿拉伯—伊斯兰文明大范围东渐，伊斯兰教及阿拉伯穆斯林相对先进的科技文化和独特的人文科学传入中国，涉及宗教、哲学、文学、历史、地理、天文、历法、医学、数学、建筑、军事等许多领域，仅元代秘书监收藏的"回回书籍"就有数百部之多。元代著名航海家汪大渊还曾两度远涉重洋（1328—1332；1334—1339），穿行阿拉伯海和红海，远至今日索马里、摩洛哥等地，并撰有《岛夷志略》一书，记述了当时阿拉伯地区的情形以及中阿交流的状况。

　　明清时期，我国对伊斯兰文化的介绍和研究有了新的进展和起色，特别值得称道的有两个方面。一是陕西胡登洲（1522—1597）先贤开创出"经堂教育"模式，从此改变了伊斯兰文化研习领域"经文匮乏，学人寥落，既传译之不明，复阐明之无自"[①] 的局面。"经堂教育"的开展，使被称为"天方之学"的伊斯兰文化的研习活动在我国得以长期延续，内容涉及宗教、哲学、语言（阿拉伯语、波斯语）、文学、历史、地理、天文、历法等诸多领域，"经堂教育"还培养和造就出一代代精通阿拉伯语、波斯语并对伊斯兰文化造诣颇深的著名经师，为伊斯兰教在中国的传播和中伊文化交流作出了重要贡献。[②]

　　另一值得称道的进展是"以儒诠经"活动的开展。以王岱舆、马注、刘智等为代表的一批"回儒"，学贯中外，博通四教（伊、儒、释、道），致力于"用儒文传西学"，著书立说，"本韩柳欧苏之笔，发清真奥妙之典"，[③] 以典雅的汉语阐发伊斯兰教义，介绍和研究伊斯

---

[①]《修建胡太师祖佳城记》，参见李兴华等著《中国伊斯兰教史》，中国社会科学出版社1998年版，第505—506页。

[②] 丁俊：《中国阿拉伯语教育史纲》，中国社会科学出版社2006年版，第32—40页。

[③] 杨怀中、余振贵主编：《伊斯兰与中国文化》，宁夏人民出版社1995年版，第386页。

文化。"以儒诠经"活动充分吸纳中国传统文化特别是宋明理学，着力构建"回儒一体"的思想体系，认为"回儒两教，道本同源，初无二理"，用今天的话说，就是进行比较研究，开展文明对话，以期达到"各美其美，美人之美，美美与共"，和而不同的境界。"以儒诠经"活动是中国伊斯兰文化研究史上的壮举，建树不凡，意义深远。按照伊斯兰文化的术语说，王岱舆、刘智等人实际上是在从事艰苦的"创制"工作，旨在使伊斯兰教适应一个新的环境。

民国时期，回汉各族学者在伊斯兰教及伊斯兰文化的研究领域也有不少开拓性的奉献，特别是王静斋、马坚等的伊斯兰经典文献译著，陈垣、白寿彝等对于中国伊斯兰教历史的研究等，都很有建树。中华人民共和国成立后，特别是改革开放后的30多年间，我国学界对伊斯兰教及伊斯兰文化的研究有了长足发展，在多方面取得了显著的成就，除了学界前辈继续开拓创新，并有出色成绩之外，更有不少学术新人不断涌现，研究领域进一步拓宽，涉及宗教、哲学、语言、文学、历史、地理、政治、经济、国际关系等各个领域，一些方面甚至有突破性的成绩。

但就我国的伊斯兰教和伊斯兰文化研究的整体而言，水平依然相对滞后，基础薄弱，无论深度还是广度，都不及我们对世界其他文明如欧美文明、俄罗斯文明、日本文明等的研究，一些方面还存在空白、盲点甚至误读和偏见。在具体研究中还存在着自觉不自觉地步西方后尘的现象，大量引述西方人加工过的资料，而较少获取第一手资料，甚至以西方学者的视角看待阿拉伯伊斯兰世界，采用"中东"、"原教旨主义"、"圣战"等大量西方语境中的西方话语方式解读伊斯兰世界的历史、文化与现实。"我们究竟如何看待第三世界国家（包括阿拉伯国家）及其文化？是西方人怎么看，我们也跟着他们的视角看，还是我们自己认真地去看个明白？其实，绝大多数的中国学者愿意通过自己的研究提出自己的看法，但苦于不懂第三世界国家语言，只好顺着西方的视角去看，因为他们只能借助翻译过来的材料，即便他们懂英文或其他西文，也只能靠英文和西文材料，而这些材料是经过西方记者和学者精心选择过的，是为他们的西方利益和西方立场服务的，久而久之，我们的这类学者在不知不觉中就接受了西方的立场和观点。然而，西方看待东方、看待第三世界国家往往用的是'他者'的眼光，把非西方看成是愚昧落后、专制腐败的民族。这样的立场我们岂能苟同？我们自己就是这样被西方看待的，难道我们也这样看待那些和我们同是难兄难弟的第三世界国家？可是那些被西方立场同化了的学者意识不到这一点，反而觉得自己站在了国际研究的前沿，因为他们已经了解了西方的观点而且他们认为西方人的观点是正确的。"[1]

这种状况，既与伊斯兰教及伊斯兰文明本身在世界上所占有的重要位置不相符合，也与一个正在励精图治、涵容万象、内安百姓、外和万邦的泱泱大国的国际地位颇不相称。事实上，在对伊斯兰文化的准确把握和忠实译介方面，在对中华传统文化的透彻理解方面，在对两大文化进行颇具原创性的比照研究和融会贯通方面，至今还很少有人能够与王岱舆、刘智等明清学者的气度和建树相匹敌，他们所开拓的"以儒诠经"的学术道路，在今天依然具有重要的历史启迪意义和学术借鉴价值。如何更好地继承这一学术传统，进一步沟通和融合中华文明与伊斯兰文明，特别是如何深入挖掘两大文明中所蕴含的和平中正、和谐包容的思想，并以时代的语言加以系统的阐释，应是摆在新时期中国伊斯兰教界和学术界面前的一个重大课题。

我国构建和谐社会、和谐世界的现实更要求我们，必须从文化战略的高度着眼，从中华文化的独特视野出发，进一步加强对伊斯兰教及伊斯兰文明的研究，跳出言必称西方的误区，摆脱传统"东方学"的窠臼，努力建设富有中国特色和中国气魄的伊斯兰学、阿拉伯学乃至中东学研究体系，这是当代中国学术界应当承担的历史使命。因为随着我国综合国力的不断增强以及国际地位与国际影响的不断提升，在学术领域构建中国学派和中国体系的时代已经到来。所谓中国特色和中国气魄的研究体系，就是在中国文化战略和内政外交政策指导下的、具有中国话语方式和中国学术风格的、体现出中国人文理念和文化精神、服务于和谐世界与和谐社会建设的学术研究体系，这个体系既不同于美国和西方的研究，也不同于阿拉伯的研究，而是在兼取各方所长、吸收多家成果的基础上构筑起属于自己的学科体系。一句话，就是要在相关领域的研

---

[1] 林丰民：《神秘面纱背后的真实》，载《回族研究》2004年第1期。

究者发出中国学者自己的声音，提出自己的创见，走出自己的路子，而不人云亦云，尤其不是步西方人的后尘。

从中华文明"和而不同"的文化视角出发，深入研究当代伊斯兰"中间主义"以及伊斯兰文明的"中正和谐"之道，进而努力挖掘和揭示包括伊斯兰文明与中华文明在内的东方文明对于人类社会未来的和平发展与和合共生所具有的重要价值，是构建相关领域中国学术体系、开拓中国学术之路的有益尝试，其重要的理论价值与学术意义也是不言而喻的。

# 第六章 结语

## 一 本书的主要结论和基本观点

通过对当代伊斯兰"中间主义"思潮的初步考察和分析，我们可以得出如下几点结论：

1. 当代伊斯兰"中间主义"思潮具有深厚的哲学基础和悠久的历史传统

从对伊斯兰教基本经典和教义的解读以及从阿拉伯伊斯兰文明传播发展的历史进程来看，当代伊斯兰"中间主义"思潮并非无源之水，无本之木，而是深深根植于伊斯兰文明思想史、文化史的沃土之中，因而不仅具有深厚的哲学基础，而且具有悠久的历史传统。伊斯兰教的经典《古兰经》和"圣训"中所蕴含的丰富的和平中正、宽容和谐理念，是当代伊斯兰"中间主义"的理论依据和思想基础，伊斯兰"中间主义"所倡导的和平精神、宽容精神、对话精神等诸多核心价值理念，无一不是源于伊斯兰教的经典之中。作为当代阿拉伯伊斯兰世界重要的宗教文化思潮之一，伊斯兰"中间主义"思潮秉承和弘扬伊斯兰文明和平中正、宽容和谐等一系列文化传统，继往开来，推陈出新，因而该思潮乃是伊斯兰文明的思想史、文化史在当代合乎其自身内在发展逻辑的自然延续，是当代伊斯兰文明与时俱进、不断发展更新的具体表现。

2. 当代伊斯兰"中间主义"思潮反映了阿拉伯伊斯兰国家主流民意，即求变革、谋发展的迫切愿望

从当代阿拉伯伊斯兰国家的现实来看，伊斯兰"中间主义"思潮体现了阿拉伯伊斯兰世界的文化反思与文化自觉，反映了阿拉伯伊斯兰国家广大人民求变革、谋发展的迫切愿望，是他们为应对各种复杂严峻的内外挑战而做出的战略性思考与抉择，摒弃各种极端思想，恪守和平

中正之道，应是阿拉伯伊斯兰世界未来发展的正确出路。当代阿拉伯伊斯兰世界普遍渴望实现以文化重建与政治改革为重点的社会变革。阿拉伯伊斯兰世界各国长期处于政治专制、经济落后、文化衰微的境地。西方扶持的政府，几乎在各方面均追随、依附甚至听命于西方大国，使国家虽独立而难自主，政治腐败、贫富悬殊、压制民意等社会不公现象十分普遍，如果要用一个关键词来说明当代阿拉伯伊斯兰世界的现状，那就是"求变"，求变革、谋发展是阿拉伯伊斯兰世界广大人民的迫切愿望。当代伊斯兰"中间主义"思潮正好反映了这种求变的价值取向，它力图通过文化价值观的重建，探索符合自身实际的发展道路与发展模式，积极应对各种内外挑战，通过当代阿拉伯伊斯兰文明的重建来实现改革与发展、自立与自强的目标。因此，对于当代阿拉伯伊斯兰世界的现实变革与未来发展而言，伊斯兰"中间主义"无疑具有重大的现实意义。

3. 当代伊斯兰"中间主义"思潮是促进文明对话、维护世界和平的积极力量

从当代国际政治与国际关系的全球视角来看，当代伊斯兰"中间主义"思潮是促进国际社会开展文明对话、维护世界和平的一支积极力量。当代国际政治与经济体系正处于重大转型时期，和平与发展是时代的主流，也是世界各国人民的共同愿望。当代伊斯兰"中间主义"思潮顺应时代发展的潮流，积极倡导和宣传中正宽容的和平文化，坚决反对各种极端主义和一切形式的恐怖主义，反对霸权主义和强权政治，强调穆斯林要积极进取，与时俱进，尊重人类文化的多样性，致力于开展不同文明间的对话与交流，促进各国人民之间的相互理解和信任。这些都是颇具全球意义和普世情怀的价值取向。由于伊斯兰世界及伊斯兰文明在世界上所具有的不可忽视的重要地位和影响，因此体现当代伊斯兰文明发展趋向的伊斯兰"中间主义"思潮，应是维护世界和平、推动国际社会政治格局多极化发展的一支积极力量。

4. 研究当代伊斯兰"中间主义"思潮，把握其发展趋势，有助于我国内政外交战略的顺利实施

从中国内政外交的视角来看，深入研究和准确把握当代伊斯兰"中间主义"思潮及其发展趋势，有助于促进我国社会主义和谐社会及

和谐世界的建设。当代中国正处于和平发展与社会转型的重大历史性阶段，综合国力与国际影响不断提升。党中央高瞻远瞩，从国家长治久安的宏大视野出发，提出了构建和谐社会、和谐世界的宏伟目标，这是快速崛起的中国所实施的内安百姓、外和万邦的伟大战略。在此背景下，了解和研究当代伊斯兰世界及伊斯兰文明，密切关注并准确把握其发展趋势和价值取向，解读和剖析包括伊斯兰"中间主义"在内的各种社会思潮及其地区影响与国际影响，不仅有助于中国与广大阿拉伯伊斯兰国家的友好交往，而且有助于构建民族团结、宗教和顺的社会主义和谐社会，特别是对于防范各种极端主义的渗透，维护边疆、民族地区的社会稳定，顺利实施西部大开发战略等均具有重要的现实意义。

5. 研究当代伊斯兰"中间主义"思潮有助于构建中国特色的伊斯兰学、阿拉伯学和中东学研究体系

从中国学术研究与学科建设的视角来看，开展对当代伊斯兰"中间主义"思潮的研究，有助于深化和拓展宗教学特别是伊斯兰教及伊斯兰文化的研究，同时对于国际政治和国际关系等相关学科的研究也颇有裨益。而且，如能在此基础上进一步开展与中华文明的比较研究，深入挖掘同为东方文明的中、伊两大文明体系中所蕴含的丰富的中正和谐、和平宽容思想，无疑会对国际社会应对21世纪面临的各种挑战以及建设和合共生、和平繁荣的人类社会命运共同体提供宝贵的精神资源。显而易见，这种以自身文化为比照的跨文化研究，有助于我们打破"西方中心论"的桎梏，跳出"言必称希腊"的窠臼，以中国人自己的独特视角去审视和研究伊斯兰文化，进而构建起当代中国内政外交政策和文化战略指导下的具有中国人文理念和话语方式的中国特色的伊斯兰研究、阿拉伯研究乃至中东研究新体系。

基于上述研究结论，本书的主要观点为：在当前严峻复杂的国际形势下，无论是阿拉伯伊斯兰国家或中东地区，抑或是全球范围内，各种激进主义、极端主义和恐怖主义不但毫无出路，而且严重损害包括阿拉伯伊斯兰国家在内的世界各国人民的根本利益，而伊斯兰"中间主义"则是在世界政治格局多极化、经济全球化和文化多元化进程中，阿拉伯伊斯兰世界应对内外挑战、弥合分歧、化解危机的正确出路，是他们着眼未来，探索适合自身发展道路、重构基于本民族文化传统而又富有时

代精神的核心价值观的积极努力。因此,当代伊斯兰"中间主义"不是一个新的宗教派别或政治派别,而是一种价值取向,它反映了古老的伊斯兰文明在当代社会的发展动态和发展趋势。

当代伊斯兰"中间主义"正在并且将会继续对阿拉伯伊斯兰世界的文化建设、经济发展以及政治变革等诸多方面产生重要而深远的影响,也会对国际社会不同国家和不同民族间的交往,特别是国际间的文明对话与文明交流产生积极影响。因此,当代伊斯兰"中间主义"不仅是阿拉伯伊斯兰国家弥合分歧、团结进取和改革发展的重要动力,而且也是促进各国人民之间的相互理解和信任、推动世界政治格局多极化发展和世界和平事业的积极力量,具有重要的现实意义。

需要指出的是,这些结论性见解只是基于我们的初步研究而在理论层面的分析所得,由于当代伊斯兰"中间主义"思潮尚处于发展变化之中,关于该思潮的现实影响及未来发展趋势和变化等诸多问题,还都有待进一步跟踪观察。

## 二 相关对策建议

基于上述研究结论和主要观点,我们还提出了如下几点相关对策建议。

1. 面向新世纪,进一步强化我国与阿拉伯伊斯兰国家的学术文化交流

随着我国与广大阿拉伯伊斯兰国家全面交往的日益密切,强化双方学术文化交流也显得日趋重要,然而目前的交流状况尚不尽如人意,学术研究领域的交流与沟通更显欠缺与滞后,这种现状亟须改变。众所周知,中华文化与阿拉伯伊斯兰文化同为东方文化,历史悠久、博大精深,有着许多相通和相似的价值理念,特别是两大文化都十分强调和平中正、宽容和谐的思想。中华文化与伊斯兰文化的"联手",不但不会像提出"文明冲突论"的美国学者亨廷顿所预言的那样,对西方文化和世界和平构成挑战和威胁,相反,两大文化的沟通、交流与对话,对构建和合共生、和平繁荣的和谐世界作出重要贡献,倒是完全现实而可能的,而学术界在这方面尚有许多基础性、开拓性的工作要做,而其中首要的任务,就是要深入了解和研究对方文明体系及其核心价值观。

2. 向中国伊斯兰教界和穆斯林群众介绍和宣传伊斯兰"中间主义"所倡导的和平中正、宽容和谐思想

中国各族穆斯林同胞历来有着追求和平、"爱国爱教"的优良传统。在当前国际国内形势下,在我国伊斯兰教界和广大穆斯林群众中,特别是在穆斯林相对集中的西北少数民族省区的伊斯兰教界广泛宣传伊斯兰"中间主义"所倡导的伊斯兰教的中正和平、宽容和谐思想,引导他们了解伊斯兰世界团结进取、追求和平的主流思想,正确理解伊斯兰教热爱和平、倡导宽容的基本精神,牢固树立"爱国爱教"的观念,应是积极防范、抵御和消解各种极端主义思想的渗透和滋生的一剂良方。在西北边疆少数民族地区消除各种极端主义思想的影响,对于维护祖国统一和边疆稳定,构建宗教和顺、民族团结的社会主义和谐社会具有重要的现实意义。

3. 构建中国人文理念和文化战略指导下的具有中国特色的伊斯兰学、阿拉伯学和中东学研究体系

我国的伊斯兰研究、阿拉伯研究和中东研究起步较晚,基础薄弱,队伍较小,尽管在这些领域已经取得了显著成绩,但总体而言相对滞后,问题不少,学科建设尚未形成体系。在今后的研究中,应当努力摆脱言必称西方的陈旧套路,避免从西方的视野、用西方的话语方式去观察和解读伊斯兰世界及其历史与现实、宗教与文化,正确对待传统东方学的研究方式和研究成果,取其精华,去其糟粕,进而从中国文化的视野出发,致力于当代中国文化战略和政策导向指导下的具有中国人文理念和中国话语方式的伊斯兰研究、阿拉伯研究以及中东研究,在这些领域的研究中努力发出中国学者自己的声音,彰显中国风格,展示中国气魄,形成中国学派,进而构建起具有中国特色的伊斯兰学、阿拉伯学和中东学研究体系。

# 附　录

## 一　伊斯兰"中间主义"的思想特征[①]

### 尤苏夫·盖尔达维

　　译者按：伊斯兰"中间主义"是当代阿拉伯伊斯兰世界重要的宗教文化思潮之一。"中间主义"立足现实，着眼未来，倡导中正和平、宽容和谐的价值理念，坚持与时俱进，谋求变革与发展，致力于伊斯兰文化的创新和不同文明的对话交流，日渐成为当代阿拉伯伊斯兰世界的主流价值取向，体现出他们继承传统、开拓创新，力图重建伊斯兰世界适合时代发展需要的核心价值观的开拓精神。本文是当代伊斯兰"中间主义"思潮的重要代表人物、世界穆斯林学者联合会主席、卡塔尔大学教授尤苏夫·盖尔达维的最新著述《论伊斯兰中间主义及文化创新》中的片段，该文对伊斯兰"中间主义"的思想特征作了总体描述，这有助于我们更直观地了解和把握"中间主义"思潮的核心理念和基本价值取向。

　　1. 精深而均衡全面地把握和理解伊斯兰，明晰伊斯兰的全面性和完整性两大特征。全面性就是：伊斯兰既是信仰也是法律，既是知识也是工作，既是宗教功修也是待人接物，既是文化也是道德，既是真理也是力量，既是宣导也是国度，既出世也入世，既是文明也是民族。完整性就是：将各种对立面均衡融合，不偏不倚，如精神与物质、天道与人道、思维与存在、理想与现实、个人与集体，等等。[②]

---

[①] 本书作者译自尤苏夫·盖尔达维新著《论伊斯兰中间主义及文化创新》（阿拉伯文版），盖尔达维伊斯兰中间主义与文化更新研究中心2009年版。注释为译者所加。

[②] 即要全面深入理解伊斯兰教义，准确把握其根本宗旨与基本精神，在精神与物质、天道与人道、思维与存在、理想与现实、个人与集体等各方面恪守中正，不偏不倚。

2. 在立法及指导穆斯林生活方面，尊奉《古兰经》与"圣训"的权威性，同时还必须在伊斯兰根本宗旨的框架内理解具体经文。①

3. 要将信仰建立于确信真主、确信后世的基础上，恪守认主独一、拜主独一的原则，确信穆罕默德是真主派遣的封印万圣的使者，肩负永恒的普世使命。②

4. 按照伊斯兰教法所规定的功修方式崇拜独一的真主，崇拜真主是真主创造人类的终极目的。崇拜真主体现于礼拜、斋戒、天课、朝觐等重要仪式以及赞主、祈祷、求恕等多种方式，同时这些仪式还必须伴以内心的功修，即对真主的真诚、虔信和敬畏等，这些内心的功修也是真正的苏菲的基础，真正的苏菲建立于"虔诚侍主，善待众生"之上。③

5. 纯洁心灵，克己修身，以体现伊斯兰所注重的各种美德，无论是个人道德还是社会公德。同时，既要反对那种主张崇拜仪式就是一切的观点，也要反对那种认为伦理道德就是一切的观点。④

6. 强调宣导的职责，命人行善，止人作恶，互进忠言，并以真理相劝，以坚忍相勉。⑤

---

① 即在强调以《古兰经》和"圣训"为穆斯林生活的基本准则和最高权威的同时还要注意不能以本本主义或教条主义的做法机械地理解具体经文，断章取义，生搬硬套，只见树木，不见森林，而应在把握伊斯兰基本精神的基础上灵活理解。例如，"圣训"中讲，有信仰的女性不可孤身出门远行，除非有至亲陪同。按照字面意义，一个丧偶而无至亲的穆斯林妇女，是不能前去朝觐的。对此，盖尔达维则认为，这段"圣训"是在特定历史背景下讲的，当时，妇女孤身出行十分危险，人身安全毫无保障，而这段"圣训"的基本宗旨在于保证穆斯林妇女的人身安全，维护其人格尊严，这也是伊斯兰教的基本精神。因此，他认为，在今天安全有保障的前提下，穆斯林妇女可以结伴而行，前往朝觐，这样，表面上似乎有悖于经文，实际上却并未违背伊斯兰教的基本原则。

② 即强调以"认主独一"为核心的伊斯兰教基本信仰，包括信真主、信后世、信使者、信天使、信前定等，这些基本信仰和原则都是伊斯兰教的恒数，穆斯林不可更改或违背这些基本信仰。

③ 即穆斯林应在正确信仰的基础上，不仅要恪守"五功"等宗教功修，还要不断提升自身修养，敬主爱人，不可使宗教功修徒具形式。苏菲或苏菲主义是伊斯兰教中的思想学派，强调修行感悟，注重个人内省。历史上，一些苏菲有过分言行，痴迷于个人修行，表现出浓厚的神秘主义色彩，因而受人诟病。"中间主义"并未全盘否定"苏菲主义"，而是肯定其积极意义，特别是其修身养性、敬主爱人的主张，认为这也正是伊斯兰教的基本精神之一。

④ 即既反对只注重礼拜、斋戒等宗教功修而忽视道德修养的做法，同时也反对只强调道德修养而忽视宗教功修的做法，既要遵守教法规定，又要遵守道德规范，法、德并举，内外兼修。

⑤ 即穆斯林应承担社会责任，劝善戒恶，见义勇为，团结互助，同舟共济，而不可离群索居，独善其身。

7. 坚持人类社会的普世价值，如公正、协商、自由、尊严和人权。①

8. 在尊奉天启经典的同时，更推崇理性，倡导理性、科学的观察与思考，反对死板僵化以及对前辈、领袖和大众的盲从。主张明确的经训与正确的理性不会相互抵触。②

9. 要从内部实现宗教维新，这种维新应通过更新对宗教的理解、信仰、实践和宣传并重启教法创制原理——没有教法创制，伊斯兰教法便没有活力，教法创制应由具备相应资格的专家恰如其分地开展——来实现。③

10. 倡导新型教法，包括"宇宙常道法"、"沙利亚宗旨法"、"归宿法"、"均衡法"、"优选法"、"分歧法"、"文明法"、"改革法"、"现实法"等。④

11. 尊重妇女，公正地对待妇女，保护妇女天性，强调伊斯兰赋予

---

① 即强调穆斯林应尊崇公正自由、民主协商等全人类所共有的普世价值，而不应视其为西方独有的价值观，事实上，这些重要的普世价值恰恰也是伊斯兰教所倡导的价值观。

② 即要把握经典与理性、宗教与科学之间的平衡，尤其要重视理性的价值与作用，强调健全的理性是正确理解经典的基础。

③ 即强调宗教维新的重要性和必要性，尤其重启教法创制这一伊斯兰教的自我更新机制，从而使伊斯兰文明与时俱进，历久弥新。同时强调教法创制须由知识渊博的专业人士慎重开展，而不可由一般人随意进行。

④ 即强调伊斯兰教法应关注时代与环境的发展与变迁，不可固步自封，僵化不变，应在古典教法的基础上创建具有现实针对性的新型教法体系。"宇宙常道法"、"沙利亚宗旨法"、"归宿法"、"均衡法"、"优选法"、"分歧法"、"文明法"、"改革法"、"现实法"等都是"中间主义"倡导需要在古典教法基础上着力构建的新型教法体系。"宇宙常道法"强调穆斯林应当正确认识和把握宇宙间的客观规律，并遵循规律行事，不可怀有侥幸心理；"沙利亚宗旨法"强调要明确伊斯兰法的总体原则和基本精神，如对于妇女，"沙利亚宗旨法"的基本精神是尊重其人格，维护其权利，对于战争与和平，"沙利亚宗旨法"的基本精神是追求和平，捍卫和平，因此有关妇女或战争的具体法条，均应符合"沙利亚宗旨法"的基本原则；"归宿法"强调要清楚地认识事物乃至人生的最终归宿和结局，不可盲目行事，只顾过程而忽视结局；"均衡法"强调穆斯林要恪守中正，不偏不倚，均衡行事，追求和谐；"优选法"强调穆斯林要对各项工作加以区分，应有轻重缓急之别，不可一概而论，甚至本末倒置；"分歧法"强调应当正确对待意见分歧，对具体问题有不同意见是正常的，要尊重异己，包容歧见，但应防范和反对因分歧而导致的分裂和内讧；"文明法"强调人类文明的多样性是真主的常道和人间的常态，应当尊重文明的多样性，倡导平等友好的文明对话，反对文明冲突；"改革法"强调事物是发展变化的，宗教亦是如此，只是要明确什么是不可更改的恒数，什么是需要改革的变数，同时还要认识到改革有一定过程，要循序渐进，既不可固步自封，抱残守缺，也不可揠苗助长，操之过急；"现实法"强调穆斯林要认识不断变化的世界，要与时俱进，不断开展教法创制，分析新情况，解决新问题，有关教法要有现实针对性和可操作性，而不能对现实问题置若罔闻，视而不见。

妇女的权利、地位和尊严,要解放妇女,既使她们摆脱伊斯兰落后时代的陈规陋习,又使她们免遭西方文明侵害的灾殃,西方文明不顾妇女的女性特征,驱使她们远离自己的天性。①

12. 关心作为社会核心的家庭,强调家庭是构建清廉社会的第一支柱。保护夫妻双方的权利,夫妻矛盾除非不可调和,否则不可诉诸离婚。允许有多项条件限制的多妻,不纵不禁,以扩大家庭的范围,使其包罗直系和嫡系亲属。②

13. 构建互助、清廉的社会,即建立于社会各成员之间情同手足、互助友爱基础上的社会,富人照顾穷人,强者帮助弱者,同舟共济,并肩团结。③

14. 确信伊斯兰民族的存在及其使命的连续性和持久性,确信伊斯兰民族团结统一的必要性及全体教胞之间的兄弟之情,尽管学派不同,教派各异,但只要同朝一个天房,同信一部《古兰经》,同遵穆圣的圣行,各种不同的教派就同属于一个伊斯兰民族。④

15. 建设公正的、承担宣导职责的国家,它会领导民族走向真理与幸福,在人间实现真主的公道,依据真主颁降的经典与法则裁决,尊重人民选择自己执政者的权利,而不伪造民意,或将一个独断专行的统治者强加于人民。人民有权对执政者实行问责和考核,并以和平方式罢免行为不轨的渎职者。⑤

16. 尽量避免妄断作恶或背信,特别是对源于经文不同解释的言行,要善意地猜想每一位诵念了作证词、朝向天房礼拜而没有明确违背教义的穆斯林,从根本上说,应当尽量将穆斯林的情状往好处想。⑥

---

① 即重申伊斯兰教尊重妇女、维护妇女权益的基本精神,强调既要清除流行于伊斯兰世界的各种歧视妇女的陈规陋习,又要防范西方腐朽文化对穆斯林妇女的侵蚀与毒害。

② 即强调作为社会基本单位的家庭建设的重要意义,尤其强调稳定的婚姻关系及和睦的夫妻关系对家庭建设的重要性。

③ 即强调在家庭建设的基础上,构建和谐友爱、团结互助的穆斯林社会,尤其强调妇女在穆斯林家庭和社会中所担当的重要角色。

④ 强调伊斯兰民族应求同存异、谋求团结,反对宗派主义与教派之争。

⑤ 即强调在阿拉伯伊斯兰国家进行政治改革、推进民主进程的重要性。

⑥ 即倡导宽容精神,反对唯我独尊,尤其反对对穆斯林同胞妄加评判,轻率地将其言行断定为罪恶或背信。应善意地猜度他人,而不恶意猜度。

17. 通过知识和经验、信仰和道德来增强民族经济，并致力于在各方面予以完善，依照伊斯兰教法及其基本宗旨致力于建设既有别于资本主义经济也不同于共产主义经济的伊斯兰经济。①

18. 信奉多元主义以及各国人民之间相互了解和宽容的必要性，信奉全人类同属一个大家庭，确信各种文明和合共生、不同文化之间相互兼容、相互影响、相互借鉴的必然性，既不妄自菲薄，也不妄自尊大。②

19. 创建科学与信仰兼备的文明，这种文明，是天道、人道并举的文明，是崇尚道德的普世文明。这种文明，科学与信仰相结合，精神与物质相融合，身心和谐，天地相连，个人与社会均衡不偏，真理即力量强于力量即真理。③

20. 提高各门艺术的水准，利用艺术服务于民族复兴的使命。艺术的灵魂是美感以及用美的方法来表达美感。伊斯兰要在穆斯林的心灵中栽培这种美感，并教授其观察宇宙之美和人之美，这种美，是精创万物的真主所造之美。伊斯兰欢迎高尚的听觉艺术、视觉艺术和手工艺术，并利用艺术服务于真与善，而避免艺术沦为刺激肉欲的工具。④

21. 建设大地，实现发展，保护环境。要在改善人类生活、美化生活环境的各个方面相互合作，并将此视为对真主的崇拜和为主道的奋斗。⑤

22. 与爱好和平者和平相处，与侵略者进行战斗。要教育全民族认识到，为了解放外敌侵占的领土，抵抗外侮的战斗是全民的集体义务。要汇聚各种积极的力量以及各种进步的组织和运动，援助伊斯兰事业，

---

① 即强调建设伊斯兰民族经济的重要性。阿拉伯伊斯兰国家不应盲目追随西方或东方，而应探索适合自身实际的经济模式和发展道路，尤其强调科学知识与伦理道德在经济建设中的重要作用。

② 即强调人类大家庭文化的多样性及尊重文化多样性的重要意义，倡导文明对话，反对文明冲突。伊斯兰"中间主义"的这种文明观，与费孝通先生所倡导的"各美其美，美人之美，美美与共，天下大同"的文明观颇有共通之处。

③ 即要建设崇尚真理而不是崇尚实力的中正和谐的文明。

④ 即强调艺术的美育作用与社会教化功能，伊斯兰教崇尚高雅健康的艺术，反对低级庸俗的艺术。"圣训"说：真主是美的，真主喜悦美。

⑤ 即强调人类作为真主代治者而治理大地、建设大地的神圣职责，在代治大地的过程中，不可戕伐自然，征服自然，破坏自然，而要合理利用自然，保护自然，与自然和谐相处。

唤醒伊斯兰民族，使他们紧密团结，朝着同一个方向前进。①

23．关心世界上的穆斯林少数族群，视他们为穆斯林民族的组成部分。穆斯林全民族有责任帮助他们在各自的社会里积极而富有活力地以自己的伊斯兰方式生活，还要帮助他们构建特殊的教法。他们的口号应该是：恪守自己的宗教而不封闭，融入当地的社会而不被同化。②

24．关心我们伊斯兰社会中信仰其他宗教的少数族群，尊重伊斯兰赋予他们的权利，保证他们的宗教信仰自由，强调他们是伊斯兰国家的成员，用今天的话说，即他们是伊斯兰国家的公民。因此，除了宗教信仰的区别外，他们与穆斯林一样，享有同等的权利，承担同等的义务。③

25．在教法裁决中采取"从易从宽"的方式，即便非得从严，也应限于原则方面而非细节方面。这里所要求的"从易"，并不意味着袒护现状，亦非效法西方，或取悦统治者。在宣传方面同样要采取"从易"方式，应以智慧和优美的劝诫宣导穆斯林大众，以最优美的对话方式宣导异己，同时还必须关注时代精神和时代方式。④

26．注意循序渐进的规则及真主创造万物的常道。在宣传、教育、教法裁决以及变革中，都应遵从循序渐进的明智方式，凡事不可操之过急，揠苗助长。因此，必须遵循真主在宇宙与社会中的常道，遵循规律者成功，违背规律者失败。⑤

27．要把握沙利亚的恒数与时代的变数之间的平衡。必须注意目标、终点、原则和整体的稳固不变，以及途径、机制、细节和局部的变通与发展。变更恒数或固守变数都是十分危险的。⑥

---

① 即强调"人不犯我，我不犯人；人若犯我，我必犯人"的原则。
② 即要关注非穆斯林社会穆斯林少数族群的特殊性，强调他们在保持自身文化传统和信仰的同时，应当融入当地社会，与当地其他民族和睦相处，共同致力于社会建设。
③ 即强调维护穆斯林社会中非穆斯林少数族群权益的重要性，尤其要尊重其保持自己宗教信仰的权利。
④ 即强调教法裁决宜从轻从宽，从易从简，而不宜从重从严，从难从繁，这应是伊斯兰法的一项基本原则。
⑤ 即强调凡事要遵循客观规律，循序渐进，把握机遇，若违背规律，操之过急，就会欲速不达，适得其反。在改革与发展过程中尤其如此。
⑥ 即必须明确伊斯兰法的恒数与变数即原则性与灵活性之间的区别，原则应固守，细节宜灵活。

28. 均衡理解各项宗教义务，按其教律次序各得其所，使其符合经典明文的规定和伊斯兰法的根本宗旨，不可该置后的优先，也不可该优先的置后。这就是我们所说的"优选法"。①

29. 必须实行全面改革。这种改革是根本上的变革，而不是停留于表面却不触及深处的改革。真正的改革，只有按照我们自己的意愿并由我们自己去进行，才能实现，而不能强加于我们。所有改革的切入口，是改革专制的政治体制，所有变革的基础，是改变人的观念。②

30. 从我们的科学、艺术、文学等丰富的文化遗产中汲取营养，同时要认识到，所有这些遗产并非都是无可挑剔的，而是可以接受批评、考证、讨论和质疑的，但伊斯兰民族不会全体陷入迷误。要复兴我们的文化遗产，并以时代的方式和机制加以利用，选取其中的精华，在群众中推广与传播开来，其他部分则留给专家们去研究。③

## 二 盖尔达维将"中间主义"带到中国④

译者按：2009年11月，由西北大学中东研究所主办的"中阿学者论坛"对当代伊斯兰"中间主义"思潮做了专题讨论，这是中国学术界首次举行的关于伊斯兰"中间主义"思潮的国际学术研讨会，包括当代伊斯兰"中间主义"思潮重要代表人物之一、卡塔尔大学教授尤苏夫·盖尔达维在内的多位阿拉伯学者应邀与会，尤苏夫·盖尔达维博士就伊斯兰"中间主义"做了专题发言。中国方面则有前外交部副部长杨福昌、中国首任中东问题特使王世杰等资深外交官及阿拉伯伊斯兰文化和中东研究领域的数十名学者与会，中阿学者就伊斯兰"中间主

---

① 即依照"优选法"开展各项工作，充分考虑各项事务的轻重缓急，不可本末倒置，顾此失彼。

② 即实行改革是阿拉伯伊斯兰世界的当务之急，同时改革必须深入全面，而不能浅尝辄止，仅仅停留于表面或局部；改革还必须由内部自主进行，而不能由外部力量强加于人。

③ 即要客观理性地对待民族传统与文化遗产，既不能盲目沿袭，也不能全盘否定，而应取其精华，去其糟粕。

④ 本书作者译自盖尔达维网站《盖尔达维博士将伊斯兰"中间主义"带到中国》，http：//www.qaradawi.net/site/topics/article.asp? cu_no = 2&item_no = 7353&version = 1&template_id = 187&parent_id = 18。注释为译者所加。

义"的理论与实践等诸多问题进行了较为深入的探讨与交流，达成许多共识，双方学者一致认为，进一步加强中阿学者间的沟通与交流，推进对伊斯兰"中间主义"的研究，对于促进中阿文明对话、增进双方互信互惠的友好关系，具有重要意义。本文是盖尔达维网站对本次论坛的报道及对盖尔达维发言的整理。

【中国西安】世界穆斯林学者联合会主席尤苏夫·盖尔达维博士在中国西安举行的"中阿学者论坛"开幕式上强调：他自己半个世纪以来所倡导的"中间主义"在中国颇受关注，已然成为东西方广受重视的世界潮流。

盖尔达维博士讲道："那些相互对应的事物被认为是相互矛盾的，绝不可能相互结合，如物质与精神、个人与集体、理性与天启、今世与后世、理想与现实，一些人认为，这些事物不能相互结合，而'中间主义'的使命就是要将其均衡有序地结合在一起，使之各得其所而不错位。"

本次论坛于星期四开始，由西北大学主办，西安外国语大学和甘肃少数民族文化教育促进会协办。盖尔达维在论坛上讲："感谢伟大的真主，'中间主义'已然成为国际潮流，为东西方人们所重视。'中间主义'的中正立场是我在半个世纪前就在《伊斯兰教中的合法与非法》[①]一书中所采取的，该书已被译成多种语言，其中彰显了'中间主义'的价值取向。曾几何时，当我倡导'中间主义'时，人们却说：根本就没有什么所谓'中间主义'的东西。"

盖尔达维进一步讲："我们发现，伊斯兰法所主张的具有确凿证据支持的事都是中正的，感赞真主，'中正'一词已被所有学术界和思想界所使用。在科威特、约旦、卡塔尔等国都已成立了'中间主义'研究中心，在卡塔尔研究中心被命名为'盖尔达维伊斯兰中间主义与文化更新研究中心'。我发现'中间主义'的价值取向在中国也很受重视，感赞真主，他们把发现真理之功归于其发现者，正如中国学者、西

---

① 该著作是盖尔达维的成名作，问世于20世纪60年代，在阿拉伯伊斯兰世界产生了广泛影响。

北民族大学丁俊博士在他的发言'理论与实践之间的伊斯兰中间主义'中所做的那样,他大量引证了我的著述;还有一位名叫索菲耶的学者提交了她的硕士论文《盖尔达维的中间主义研究》。"

盖尔达维指出:"界定概念的含义十分重要。因此,应当明确'中间主义'所倡导的'中正'的含义究竟是什么,以免各种不同的人凭自己的臆想对其妄加解释。我认为,'中正'的含义就是均衡有序地结合相互对应的事物。"

**善是根本**

盖尔达维解释说,有些哲学家认为世界全然是恶的,如主张世界寂灭论的摩尼哲学。伊斯兰教则认为,世界有善也有恶,而善是根本,恶附于善。正如昨天普降中国的大雪一样,它或许会阻碍我们到达会议地,但正如你们中国人所说,瑞雪兆丰年,下雪对田地、庄稼、空气、储水都有好处。因此一件事,表面上看或许是有害的,但其中却包含着益处。多数恶来自于人类,因此恶潜藏于人性之中。

关于人性,有些哲学家主张人性本恶,著名哲学家霍布斯[①]就说:"人是戴着面具的狼,即人性本恶。"其实,人性有善也有恶,既有天使的崇高,也有魔鬼的邪恶。伊斯兰教的观点认为,人的善性强于恶性,天使的崇高会胜过魔鬼的邪恶。这并不意味着人会成为不谬的天使,但重要的是,善性应强于恶性。而当善性减弱时,恶性就会胜过善性,这时,人就应该自审自省了。

记得在艾资哈尔大学教授我们现代哲学的老师阿卜杜·哈里木·马哈茂德博士(他在法国索邦大学获得博士学位)曾经说:哲学无定见,因为它讲事物的两面性。一个哲学家肯定一事,另一个哲学家便会否定之;一个据理而言,另一个则会凭感而发,第三个说物质性,第四个则讲精神性,他们都相互反驳。因此,人们需要中正之道,而只有真主能够带来中正之道,因为真主知道怎样才能使事物恰到好处,各得其所。而人的知识无论多么渊博,对事物的认识总有缺陷,正如一位阿拉伯诗人所言:告诉自称博学者,你有知亦有不知。尽管科学取得了巨大的进步,但对于世界,我

---

① 即托马斯·霍布斯(Thomas Hobbes,1588—1679),英国著名政治哲学家。霍布斯认为,人性是恶的,人的行为都是出于自私(self-centred)的。

们仅仅了解了它的3%，而对它的97%则依旧茫然无知。

因此，人不能创设出中正的体系，而必须求助于真主的知识、定夺和力量。因此，伊斯兰教为中正的民族制定了中正的路线，"我这样以你们为中正的民族"①，伊斯兰民族是中正的民族，运用理性而不忽视情感，为今世工作却不忘记后世，"我们的主啊，求你在今世赏赐我们美好的（生活），在后世也赏赐我们美好的（生活）"②。在《古兰经》中，戈伦的民众对戈伦说："你应当借真主赏赐你的财富而营谋后世的住宅，你不要忘却你在今世的定分。"③

正如阿卜杜拉·本·阿慕尔·本·阿隋④所说："你当为今世工作，犹如你将永生；你当为后世工作，犹如你明天就要死亡。"人们应为未来而工作，为创造文明、建设大地而工作，同时也要为后世而工作，就像明天就要死亡一样，正如"圣训"所说："在今世，当如异乡人或过路人一样。"伊斯兰教就是这样，把握今世与后世之间的平衡。

人当崇拜真主，又不忘自己今世的幸福，不忘家人和社会的权利。人由泥土和精神而造化，是物质与精神的组合，物质性和精神性都在争夺人性，我们的任务就是将二者结合起来并使其平衡协调。

曾有圣门弟子在敬拜真主的功修方面过分而为，白日斋戒，彻夜礼拜。穆圣（真主赐福他）告诉他说："你的身体也有（休息的）权利啊！"人们第一次听到在宗教方面还有这样的说法。因为有的宗教鼓励折磨肉体，认为你愈是折磨肉体，就愈能提升灵魂。在波斯摩尼教、基督教苦修主义、希腊斯多噶禁欲主义以及其他宗教中都存在这种倾向，为了精神而侵害身体的权利。

身体享有的权利是，饥则食之，渴则饮之，疲劳则休息，羸弱时要使其强壮，患病时就要治疗，有污垢就要清除，这就是身体的权利。伊斯兰教不要求人彻夜礼拜，日日封斋。正如"圣训"所讲："身体享有自己的权利，家人享有自己的权利，客人享有自己的权利，你当把各自的权利交给他们。"这就是中正之道，给予身心各自的权利。

---

① 《古兰经》：第2章，第143节。
② 《古兰经》：第2章，第201节。
③ 《古兰经》：第28章，第77节。
④ 一位著名圣门弟子。

伊斯兰教同样强调理想与现实之间的平衡。有些人企望生活在理想之中，如同在有的圣门弟子身上所发生的那样，在穆圣跟前，他处于崇高的精神境界，而回到家中，便与妻儿一起戏耍，于是他认为，这是伪信，便走出家门说道："罕达拉①伪信了！"于是，穆圣对他说："罕达拉啊，假使你们一直处于（在我跟前的）那种状态的话，天使就会在路上与你们握手，可是此一时非彼一时啊！"

**要维新不要废弃**

伊斯兰教在所有领域都持这种中正的立场。在今天，如果我们期望践行中正原则，那么就要更新宗教，非此不能提升我们的社会。有人反对宗教更新，可是穆圣说："真主要为这个民族派遣维新者。"那么，维新的含义是什么呢？对此，我们也要秉持中正，不能过亦不能不及，我们要维新而不要解体，我们不会凡事都追随西方，正如"圣训"所说："甚至要使他们进入蜥蜴洞，你们也会尾随而入。"

维新就是在心灵中复苏信仰，重塑新的精神，创造出新思想，培育出有道德的观念以及坚定的意志和优美的操行。维新并非更改宗教的实质，就像伊克巴尔②曾驳斥过的一些人那样，伊克巴尔说："天房克尔白不能更新，克尔白的特点就是它是最古老的房子，是为崇拜真主而建造的最古老的建筑。"穆斯塔法·萨迪格·拉斐仪③也讽刺他们说："他们要更新一切，甚至宗教和语言，太阳和月亮。"

教法创制既是主命又是必需，之所以是主命，是因为它是宗教规定的义务；之所以是必需，是因为它是现实的必然要求。如果我们满足于古人的话语，就不能振兴我们的民族。古代的法学家为他们的时代而创制，我们则必须为我们的时代而创制，我们的问题是古人不曾遇到，也不曾想到的，我们必须依据伊斯兰法来解决我们的问题。因此，法学家们认定教法裁判随环境、习俗、时代和地域的不同而变化。我写过一本书叫《当代教法裁判需要改变的理由》，我提出了改变当代教法裁判的七个理由。

---

① 即这位圣门弟子自己的名字。
② 伊克巴尔（Muhammad Iqbal, 1877—1938）是巴基斯坦著名诗人、哲学家。
③ 穆斯塔法·萨迪格·拉斐仪（1880—1937）是埃及著名作家。

有人试图忽视古代法学，可我们不能抛弃古代法学而从零开始，因为这是日积月累的经验，后人的建设只能在前人遗留的基础上进行。因此，必须从我们的遗产中汲取营养，推陈出新。这是我在自己的著述中遵循的方针，如在我的旧作《论天课》和新著《论吉哈德》中所做的那样。因此，既要取益于遗产，又要取益于时代以及具体经典明文与整体教法宗旨的结合①。

我们对待西方文明的态度也是如此，即要有所选择，而不是像有的人所主张的那样，由于它立基于物质主义、功利主义、种族主义、霸权主义和世俗主义而全盘抛弃，而当取其精华，去其糟粕，既不可全盘否定，也不可良莠不分、不加鉴别地全盘接受，就像埃及的塔哈·侯赛因、黎巴嫩的杰米里·马尔鲁夫等人所主张的那样。

我们应吸收西方科技和管理方面的长处，这些知识都曾是他们从我们穆斯林这里学到的，如同弗朗西斯·培根②和罗吉尔·培根③那样，他们学到了科学实验的方法，采纳并发展了它，进而实现了今日的科学革命。他们曾向我们学习，我们也向他们学习。

人类需要中正之道，需要融合宗教与世俗、理性与心性、精神与物质、权利与义务、个人与集体。

例如，中国实行个人激励机制，鼓励人们各尽所能地工作，因为要是人只有工作而无法拥有财产，就会心灰意懒，但个人对财产的绝对拥有也是危险的。

中正之道的做法就是给人拥有财富的机会，正如现在的中国所做的那样，我想这种机会将来还会增加，从而激励人们去创新，并创造富裕的生活。因此，无论我们穆斯林，还是你们中国人，乃至全世界，都需要中正之道。

**中国前外交部副部长的点评：**

在盖尔达维讲演后，中国前外交部副部长杨福昌先生做了点评，他

---

① 词句原文为整体经文与整体教法宗旨的结合，似应为具体经文与整体宗旨的结合。
② 弗朗西斯·培根（Francis Bacon, 1561—1626），英国散文作家、哲学家、政治家，古典经验论的始祖。
③ 罗吉尔·培根（Roger Bacon, 1214—1292），英国科学家、哲学家，强调实验科学，在物理学、数学等领域颇受穆斯林科学家影响。

说：我从各位的发言中受益匪浅，从大家的发言中，我理解到"中间主义"倡导的中正就是适中、均衡以及和平。在我们讲"中间主义"的这些意义时，是基于强势的立场而非弱势。我们中国人认为，事物都有两面性，我们当趋利避害。正如盖尔达维所讲的，我们取西方之长而抛弃其糟粕。我们也从伊斯兰社会中吸收许多有益的东西，以便巩固中国社会，使其富裕。我们反对攻击别人，反对以武力侵略别人。所有的社会都会善恶并存。我十分高兴第一次听到关于伊斯兰"中间主义"的理论，尤其是听到了尤苏夫·盖尔达维阁下的高论。

## 三 伊斯兰"中间主义"与人类安全[①]

### 阿里·泰斯希里[①]

**摘 要**：伊斯兰"中间主义"的含义是：公正、和谐。偏离中和之道是伊斯兰所反对的价值观。在个人生活和社会生活的各个领域，暴虐专横、超越法度、过激和极端等都是威胁人类安全的因素。伊斯兰反对所有不安因素，其中包括恐怖现象。然而，不铲除以愚昧、贫困、饥饿、剥削、压迫和专制暴政为典型的恐怖的根源，就不可能消灭恐怖。

**关键词**：伊斯兰"中间主义"；公正和谐；人类安全

所有研究伊斯兰的人都清楚，伊斯兰所确定的造化万物的目的就是实现其完美，亦即其内在的自身能量有力地转化为实际的现象，而且这是在对真主对这个宇宙的规划、安排及其造化的目的性予以观察时，自然天性所能认知的。

对于人类而言，《古兰经》最为明确地确定了真主造化人类的目的："我创造精灵和人类，只为要他们崇拜我。"[②] 这节经文昭示，作为

---

① 本书作者译自伊朗《我们的文化》季刊 2004 年第 2 期，译文略有删节。注释除标明者外，均为原注。

① 本文作者穆罕默德·阿里·泰斯希里教授曾任世界穆斯林学者联合会副主席，伊朗"世界伊斯兰教派亲和促进会"秘书长。——译者注

② 《古兰经》：第 51 章，第 56 节。

个人，每当对伟大真主的崇拜这一品质根植于心间，人的完善便可以实现。个人完善的顶峰体现在先知身上，被赐予先知的高尚品质是，"那仆人真优美"，真主说："我将素莱曼赐予达五德，那个仆人真是优美！他确是归依真主的。"①

当信士向真主的使者和人类的领袖作证其使命时，首先表明的就是对真主的崇拜："我作证：穆罕默德是真主的仆人和使者。"当真主的忠仆们（他们的先锋是众先知）致力于建立崇拜真主的社会时，这一点就反映在作为社会成员的人身上："我在每个民族中，确已派遣一个使者，说：'你们当崇拜真主，当远离恶魔。'"② 这样，人类正确、和谐、完美的道路就包括两个方面：崇拜真主和远离恶魔，这二者是对伟大真主绝对崇拜的两个基本结果。

这里，我们有必要对于体现在"崇拜"和"反对恶魔"方面的"崇拜"予以更加详细明确的说明，那么"崇拜"和"反对恶魔"二者的含义又是什么呢？

按照伊斯兰的理念，"崇拜"的含义，简而言之，就是使人生成为对伟大真主的崇拜，遵行真主所命，远离真主所禁，"信道的人们啊！当使者号召你们去遵循那使你们获得生命的［教训］的时候，你们当响应真主和使者"③。这一含义包括诸如礼拜、斋戒等崇拜的特殊意义，其中并没有浓缩生活，而是使整个生活都成为清真寺和礼拜。

至于恶魔（暴虐），在伊斯兰的视域中，简而言之，就是超越中正的法度，正如拉吉布④所说，暴虐就是过度，因此真主说："当大水泛滥的时候，我让你们乘船。"⑤

伊斯兰"中间主义"的含义是：公正、和谐和智慧，使借以实现其目的的各种事务适得其所，而不是以数量来衡量。如果说伊斯兰民族是中正的民族，"我这样以你们为中正的民族"⑥，那只是因为它在效法

---

① 《古兰经》：第38章，第30节。
② 《古兰经》：第16章，第36节。
③ 《古兰经》：第8章，第24节。
④ 即拉吉布·伊斯法汗尼，著有《〈古兰经〉词汇》。——译者注
⑤ 《古兰经》：第69章，第11节。
⑥ 《古兰经》：第2章，第143节。

人类典范的使者之后,才成为各民族文明的表率和模范。

如果我们考察那些为伊斯兰所憎恶的各种观念,我们就会发现这些观念在这个意义上背离了中正的法度,这些观念如背叛正教、匹配真主、淫乱作恶、轻率鲁莽、挥霍浪费,诸如此类,甚而至于那些消极的观念,诸如遁世修行、吝啬小气、沮丧气馁、不负责任等,都属于过度的行为之列,或者说就是不守法度。

标准就是真主所喜悦的人道法度,也许我们凭自己的直觉就可以辨明诸如美丑之别,但真主的明镜给了我们中正法度的完整的形象,或者可以说就是自然法度,逾越这种自然法度,就意味着逾越和忘却了自身,对此,真主有美妙的表述:"忘却真主故真主使他们忘却自身的人们,这等人,确是悖逆的。"① 就像果核一旦逾越其天然位置时,就会腐烂一样,阿拉伯人称之为烂核。

人类的安全在整个历史上都受到来自暴君恶霸和作奸犯科者的威胁,这一点,只要我们纵览以往所有那些血泪之河和伤害牲畜、蹂躏田禾、践踏理性、侵害人道的行为,我们就能很容易地将上述问题归结为两种暴虐现象,如同舍希德·萨德尔所说的:一是丧失信仰,没有归宿感;一是过分的归宿感,将相对真理变为绝对的。伊斯兰对两者的表述是"不信真主"和"匹配真主",二者在一个基本点上是相同的,即"阻碍人类的创新、健全、持续发展的活动"②,医治的良方就是信仰独一的真主并为真主负责。

没有信仰或者信仰偶像是暴虐的两种情形,或者至少是导致暴虐的两大因素,要么在无归属的情况下丧失责任,要么就是对个人、对石像、对统治者、对无政府主义、对官职、对势力、对金钱、对私欲的偶像崇拜形式不断膨胀。愚昧无知会使所有这些相对的事变为绝对的,这样就会流血,就会对人类安全带来各种各样的巨大威胁。

我们可以想象人类安全的各种形式,有思想安全、社会安全、人伦道德安全、家庭安全、卫生安全、环境安全、政治安全、经济安全,等等。暴虐、逾越法度、过激和极端威胁所有这些安全。

---

① 《古兰经》:第59章,第19节。
② 《教法明典》:第595页。

我们知道，法老在《古兰经》中代表了暴虐："你俩到法老那里去，他确是暴虐无道的。"① "法老在地方上确是高傲的，确是过分的。"② 甚至连信仰也需要得到他的许可："法老说：'没有获得我的许可，你们怎么就信仰了他呢？'"③ 法老曾是威胁人民生存、威胁后代、威胁生灵万物的象征，真主说："法老确已在国中傲慢，他把国民分成许多宗派，而欺负其中的一派人；屠杀他们的男孩，保全他们的女孩。他确是伤风败俗的。"④ 法老也是贱视人民者的象征："他曾鼓动他的百姓，他们就服从他；他们确是悖逆者。"⑤

也许在我们了解了伊斯兰反对所有的法老式暴虐之后，还可以谈谈它在实现人类的各种安全方面所起的作用。

伊斯兰通过其伦理、教育体系，致力于强化道德安全——"他在文盲中派遣一个同族的使者，去对他们宣读他的迹象，并培养他们"⑥——通过禁止泯灭人性的道德败坏行为，来否定一切玷污人伦道德氛围的东西。

伊斯兰还致力于强化社会安全，通过家庭建设，反对诱导欲望走向堕落和淫乱放荡的所有因素；通过提供一种崇高的社会关系体系，否定分裂民族的各种物质尺度，诸如肤色、语言、种族、部落、地域等；同样，还通过对人类在生存、尊严、自由、社会保障、经济保障方面的各种人权的保障，反对各种破坏因素，如吝啬小气、强取豪夺、侵吞不义之财、聚敛财富、挥霍浪费、打家劫舍、胡作非为、杀人等。所有这些都为实现目标而相互配合。同时，伊斯兰还通过协商原则和相互拥戴信任的原则以及普及责任感，致力于保障人民参政，这一点是显而易见的，我们不再加以论述。

伊斯兰还基于其人道原则，在文明层面上致力于为人类实现安全和公正的和平，即便是迫于战争，也是进行纯洁的战争，只对侵略者予以

---

① 《古兰经》：第20章，第43节。
② 《古兰经》：第10章，第83节。
③ 《古兰经》：第7章，第123节。
④ 《古兰经》：第28章，第4节。
⑤ 《古兰经》：第43章，第54节。
⑥ 《古兰经》：第62章，第2节。

反击,决不牵连无辜者,甚至保护自然界,使其安然无恙。

穆圣曾嘱咐他的弟子们:"你们当奉真主尊名,以真主的名义,为了主道,遵循真主使者的道路而出征,你们不要过激,不要凌辱,不要背信弃义,不要杀害老弱妇幼,也不要砍伐树木,除非万不得已。"①

自然环境的安全、动物的安全,都是伊斯兰所保障的,伊斯兰"不伤害也不被伤害"的原则是一个总原则,因此决不容许伤及环境,因为伤及环境就是伤害所有人。伊斯兰认为环境是服务于人的,人应当感谢恩惠,而不应辜负恩惠,"你们对主的要求,他对你们都有所赏赐。如果你们计算真主的恩惠,你们不能加以统计。人确是很不义的,确是忘恩负义的"②。

在穆斯林与大自然之间,甚至也建立了爱悦和感情关系,当穆圣走过吴侯德山时,他说道:"这是吴侯德山,它爱我们,我们也爱它。"③

真主的许约在穆斯林心中始终是他们为之奔波的目标,真主说:"真主应许你们中信道而且行善者〔说〕:他必使他们代他治理大地,正如他使在他们之前逝去者代他治理大地一样;他必为他们而巩固他所为他们嘉纳的宗教;他必以平安代替他们的恐怖。他们崇拜我而不以任何物配我。此后,凡不信道的,都是罪人。"④

我们的社会是一个代理真主治理大地的社会,是安全的、崇拜真主的、不受内外敌人侵扰的安宁的社会。事实上,只要我们以普遍的人道逻辑来解释"恐怖"——"在手段或目的方面,所有违背人类天性、威胁人类安全的各种行为"——那么,我们就会发现,伊斯兰不但坚决反对恐怖,而且致力于从根本上根除恐怖的根源。

这里,我们很自然地认为,在让病因存在的情况下,我们不可能消除染病者。我们所目睹的绝大多数恐怖现象都可以归因于如下诸多因素:

1. 愚昧无知、盲目的门户之见以及视全世界为一片漆黑的观念的蔓延;

---

① 《劳作者的宝典》:第3卷,第223页。
② 《古兰经》:第14章,第34节。
③ 《圣训实录》。
④ 《古兰经》:第24章,第55节。

2. 贫困、饥饿和剥削的普遍存在，贫困几乎导致背叛；

3. 欺压、专制、迫害、暴力、侵害人权、剥夺人类合法自由的蔓延；

4. 精神约束丧失、价值水准堕落、残暴的兽性欲望的蔓延。

只要没有制定消灭这些疾病或减轻其危害的切实有效的世界性计划，这些病灶将会继续滋生恐怖。

更有甚者，我们发现，其历史与战争、流血和恐怖联系在一起的超级大国领导着反恐，甚至在其实施的反恐战争中，也从事着最为丑恶的恐怖活动，支持恐怖主义的法西斯政权，如具有恐怖一词全部内容的犹太复国主义的恐怖主义政权。

因此，我们已经在其他会议上倡导，在国际和伊斯兰两个层面上开展工作。

**国际领域内应有的立场：**

作为从形式、内容和根源各方面遏止恐怖主义的战略步骤，我们认为必须由联合国来对这一计划做出回应，并且采纳它，条件是启动新的机制，阻止超级大国以合法口气谋取自己的特殊利益，向联合国施压，使之屈从于自己的霸权目标。这样，联合国才可能成为全面反恐战争的国际归宿，以便在世界上实现公正的和平。我们认为这一战争的前奏体现于：

1. 联合国各成员国在权利和义务方面一律平等，禁止部分国家控制其决议，尤其是有关安理会通过它做出决议的不公正的机制，例如这一机制导致世界许多地方的恐怖持续不断，尤其是在巴勒斯坦，因为美国利用其否决权数十次阻挠安理会通过遏制犹太复国主义肆无忌惮的恐怖主义的决议。

2. 消除对巴勒斯坦人民以及遭受犹太复国主义蹂躏和恐怖的邻国人民的压迫。

3. 建立阻止超级大国持续扶助独裁专制和种族主义政府以及恐怖组织和团伙的国际机制。

4. 向贫困、无知、宗派主义、疾病以及各种落后现象宣战，还有现代文明的各种病症以及在世界范围内鼓动暴力、种族主义，削弱精神道义和道德价值的各种媒体和艺术，因为它就像生长恐怖主义思想的自然土壤一样。

通过以下方案才能完成这项工作：

（1）推广各种文明和宗教之间的对话；

（2）鼓励与价值观相协调的民主；

（3）在全世界帮助实施发展计划；

（4）强化国际组织，消除其中的霸权因素；

（5）提高精神道义和道德价值的水平，深化宗教的作用，尊重社会建设进程中的家庭作用；

（6）指导信息为人类服务；

（7）利用艺术为崇高的目的服务。

5. 通过各种途径阻止西方大国利用这些事件，将其转化为文明的冲突和宗教之间的战争，清算部分组织，却让广大人民遭殃。

6. 减轻阿富汗和伊拉克人民的悲惨遭遇，给他们提供衣食、住所、药物等生活方面的帮助，致力于实现美国等国家的军队完全撤走，使政权回归主人。

7. 继续在人类各种宗教、文明和派别的民众中的有识之士之间开展对话，并强化和深化这种对话，以创造在世界人民之间传播公正、和平和友爱方面发挥作用的国际舆论为目标。

毫无疑问，我们所追求的，全人类所追求的和平，是公正的和平，在这种和平下，有均等的机会，人人得以享有自己应享的权利，受压迫者得以享受公道，侵权者受到惩罚，因为只有公正的和平才是根除暴力和恐怖的保证，而强加于人的不公正的和平，则只能解决表面问题，使得灰烬下面火种犹存，因为在这种情况下，罪犯与无辜的牺牲者是一样的，不公正的和平会招致权利的丧失，从而使暴力活动依然如故，甚至更为严重，这就是不公正的和平造成的麻烦，使紧张的渊薮持续不断，这也是我们在世界上许多地方所看到的。

**民族层面上的解决途径：**

在民族层面上的解决途径几乎是显而易见的，集中于如下几点：

1. 提高我们全民族大众在不同领域中的觉悟水平（理解伊斯兰及其目标，理解现实，理解自己的处境）。

2. 致力于在所有生活事务中普及实践伊斯兰法律。

3. 对全民族的不同群体开展符合伊斯兰教导的全面教育工作。

4. 竭尽全力从实际上统一民族的立场，而不要使之成为一种空想，也不要使之成为投降，而应该按照预期的目标，遵循合乎实际的中正之道。

5. 致力于巩固各种伊斯兰机构，给予其必要的帮助，通过新的、有效的和正在兴起的各种机制，赋予其活动方面的最大自由。

6. 制订全面的计划，更好地利用政治、经济、宣传、地理以及物质力量、群众、科学、文化的资源，将其充分利用于应对挑战的进程中。

7. 为了服务于更重要的目标，应对迫切的当务之急，致力于解决或忽略或延缓一些次要的纠纷。

8. 支持穆斯林少数民族——他们的人数大约是世界穆斯林总人数的三分之一——首先承认其存在，其次加强其团结，第三强调其身份，巩固他们与伊斯兰民族母体之间在各个领域的融合。

9. 重视扶助我们的慈善机构、援助机构和宣传机构，而不要使这些机构处在风口浪尖而置之不顾，也不要使其跌倒在无关宏旨的、宗派和政治纷争的入口处。

10. 维护教育的纯正和教育机构的自主性，不要服从于外部压力，全面发挥其应有的作用。

11. 更好地利用其他非政府的国际机构和组织，以解决我们正义的问题。

12. 在命运攸关的问题——其中最为重要的是巴勒斯坦问题——上，坚持立场，有的放矢。

## 四 爱资哈尔大学新任长老艾哈迈德·泰伊伯谈当代伊斯兰"中间主义"及热点问题[①]

*译者按：埃及《金字塔》报资深记者穆克拉姆·穆罕默德·艾哈迈*

---

① 转引自伊光网（http://www.norislam.com/），译者署名为侯赛因，标题为本书作者所加，并对译文中的一些词句及人名对照原文做了修改。原文载 2010 年 7 月 10 日埃及《金字塔报》第 45141 期。

德最近采访了爱资哈尔大学（以下简称"爱大"）新任长老，在历时两个小时的采访中，爱大长老艾哈迈德·泰伊伯就伊斯兰"中间主义"以及爱资哈尔改革等诸多热点问题给予明确的解答。整个采访过程完全在推心置腹、娓娓道来的氛围中完成，舆论认为，这是近年来埃及《金字塔报》刊登的最为优秀的一篇访谈。以下是访谈内容。

问：长老先生，在任命您为爱大长老后，您曾经说：爱资哈尔有些基本的原则主导着爱资哈尔，规范着担任爱大长老职位者的行为，其中最主要的是爱大所奉行的中和公正的"中间主义"思想，以及其作为可靠的伊斯兰最高权威的全球观。那么，确切说来，爱大的"中间主义"是什么含义？是否它是几何意义上的中间点？是反对不及和过分吗？

答：首先，我非常欢迎你们，爱大长老院欢迎你们今天来和我们座谈。关于"中正"的定义，我个人认为，伊斯兰与中正是互为对等的两个概念，中正就是伊斯兰。这不是伊斯兰学者从脑海中推演出来的，也不是一部分经注家归纳出来的，而是《古兰经》明文规定的："我这样以你们为中正的民族，以便你们作证世人，而使者作证你们。"（黄牛章：143）中正即是公正，穆圣说："你们中最为中正之人，就是你们中最公正者。"由此可见，你可以内心平静地说：穆斯林要么是中正的，要么就不是穆斯林。因为穆斯林就是伊斯兰的外在表现，他不能游离于中正之外，既不能偏右，也不能偏左。

伊斯兰中正之道既不是亚里士多德的那种把美德视为介于两种恶德之间的中庸之道，也不是几何或算术定义上的中间值或平均值，而是面对道德、社会和世界的"中间主义"。当你看待宇宙万物时，以一个公正的标准来衡量互为矛盾、互为对立的两件事物，而不要像《旧约》中所讲的以色列的后裔那样，只重物质，但凡不信他们宗教的人都可以对其施以杀戮、欺骗和偷窃；或者如基督教主张的那样，只重精神，在有人打你右脸时，把左脸也伸过去，当有人向你索要你穿的衣服时，即便你自己需求，也要把这衣服给人。

伊斯兰制定了一个变通的原则："如果你们要报复，就应当依照你们所受的伤害而报复。"（蜜蜂章：126）事实上，伊斯兰"中间主义"

就是承认人的健全天性，拒绝奴役和束缚；拒绝原来犹太教和基督教社会制度中的奴役和束缚的成分；拒绝由于命运的不同而在人类中存有贱民的思想，如同印度教所持的信条。因此，伊斯兰对穆斯林规定的立场是，在物质和精神之间保持中正，营谋今世时犹如他永生不死，期待后世时犹如他明天就要死亡。假若穆斯林为后世的利益而疏忽今世，或者为了今世的利益而忽略后世，都是不可接受的。正是这种伊斯兰的中正之道缔造了伊斯兰文明，传播了伊斯兰教，使得许许多多的民族接纳了伊斯兰教，视它为顺应人类天性的宗教，拯救人类脱离于蒙昧主义的束缚。

问：在西方，有人偏执地认为伊斯兰教是靠武力传播的。穆斯林中也有人认为刀剑是伊斯兰的正确标识？

答：说伊斯兰文明靠武力强加于世界的说法是完全错误的。伊斯兰教在世界上的传播，是因为它是一个顺应人类天性的宗教，是理性的宗教，是与人的理性和灵性相通的宗教，是视全人类一律平等且追求公正的宗教。刀剑不是伊斯兰的标识，因为伊斯兰讲仁慈，求公正。穆斯林从不为侵犯他人而付诸武力，而只以武力来捍卫国土，保家卫国，维护信仰。伊斯兰教鼓励穆斯林成为有能力捍卫自己国家、宗教和生命的强者，但是绝不鼓励他去侵犯他人。

问：在各种极端主张和思想面前，为什么爱资哈尔作为伊斯兰世界的公正权威的地位滞后了？是否爱资哈尔的权威因其变为对执政者的驯服招致戕害和减损？还是因为爱资哈尔缺失自我更新的能力？抑或是因为爱大长老不是通过民选产生？

答：我们应当找到真正的原因。这个原因造成了50年前爱资哈尔被挤压至边缘角落的同时，各种极端主张和思潮风起云涌，抢班夺权。有许多历史文献让我深信：50年前，埃及执政当局在选择了社会主义为治国方针之后，曾经意图削弱爱资哈尔的作用，让爱资哈尔成为一个纯粹的清真寺，其功能局限于宗教课程。因为社会主义阵营对宗教持反对立场：宣称宗教是人们的鸦片，所以应当削弱宗教的作用。因为宗教与信仰无神论的社会主义思想刚好是对立的。

问：尊敬的爱大长老，但是埃及所信仰的社会主义并未使它达到反对宗教、倡导无神论的地步啊？！

答：没错，但是，在这个阶段，有些马克思主义和社会主义的势力控制了埃及的文化，在限制爱资哈尔扮演的角色及其地位方面起到了推波助澜的作用。这导致了爱资哈尔的角色在埃及境外倒退的同时，其他人却积极活动借以填补爱资哈尔退出后遗留的真空。西方基督教会在非洲积极展开传教活动；马克思主义也积极削弱宗教的重要性，宣扬物竞天择的理论；瓦哈比思想拓展并填补了爱资哈尔退出后的部分真空。关于这方面，有一份重要历史文献对所有这些原因作了解释，这就是原爱大长老沙里图特所写的致纳赛尔总统的一封信。在信中，沙里图特长老申述了这个真空的产生以及爱资哈尔角色的弱化。最后，沙里图特长老以明确的语言对纳赛尔总统说：假若埃及在这个关键时期不能赋予爱资哈尔拓展新领域的权利，那至少也要保住爱资哈尔已经获取的埃及之外，尤其在非洲的领域。

问：尊敬的长老，我要说的是：问题的根本源于1960年颁布的《爱资哈尔改进法案》。直到现在，这个法案在爱资哈尔人中也有各种看法。因为，有的人认为改进爱资哈尔是为了把世俗教育和宗教教育加以整合，以达到爱大毕业生既是医生也是宗教学者，既是工程师同时也是爱大学者，即集职业教育与宗教宣教教育为一体。这被视为爱资哈尔前进的一步。因为它培养了具有时代特色的宣教员，他能够在非洲和其他地方宣教的同时，也能够为当地人民生活的进步贡献一己之力。同样，也有人认为，这个法案的目的是削弱爱资哈尔所扮演的宗教角色。

答：你提的问题很好，很重要。对这个问题的正确回答，正好浓缩于我们现在所处的状况之中。是的，这项法案的想法很好，很诱人，但遗憾的是，实践的结果一团糟，这种结果本身就否定了原来的想法，使其成为空洞的口号。因为，这项法案是仓促制定的，有人说是在一夜之间起草的。当1961年执政当局颁布并实施这项法案时，我也是被首先要求执行这项法案的成员之一。当时，要求我按照两部教学大纲授课，一部是教育部的全程教学大纲，一部是要求在五年内全部完成的爱资哈尔教学大纲。尽管整合两部教学大纲有难度，我们还是继续教学，因为教学工作无论是以前还是现在都要求一丝不苟，精益求精。遗憾的是，情况发生变化，学生们消化不了这两部教学大纲所要求的课程，他们不再能够全面掌握所学课程，加之学校要求每个高中毕业生都必须升入大学，使得这些高中生中有的以勉强及格的分数升学。现在，我们正力图通过修改这个标准，在爱资哈尔文理科之外，再建一个爱资哈尔专科，专门招收有意专攻宗教学科的学生，让他们从高中一年级就开始选定专业，这一专业学科的报名条件是通背《古兰经》，并修完阿拉伯语文选和语法课程的学生。

问：尊敬的长老，我担心大多数学生会选世俗教育？

答：假若在每个省都开设一个爱资哈尔专科班的话，那爱资哈尔将会是赢方，因为我们将会支持并培养优秀的宗教学生，而这些优秀学生都将有机会获得对自然科学知识的学习，以弥补他们每个人知识体系的不足。计划是制定一些鼓励学生进入这个专业的措施，主要措施就是爱资哈尔将承担学生的所有学费和生活费。

问：伊斯兰文明史告诉我们：有的宗教学者精通天文学、数学、代数学、几何学和化学，而且写作了许多关于这些专业的重要经典文献，这些书籍甚至曾经是欧洲复兴的基础。

答：不错！他们当时既是精通宗教学的学者，同时也是精通医学、数学和天文学的学者，直到现在，我们还有一些这样的学者，最近就有一位学者除了学习宗教外，还在迎考音乐学。

问：在爱资哈尔人中，是否有人反对音乐？

答：我们不禁止音乐，因为音乐能够引领人的情感的升华。

问：为吸引年轻人，基督教堂引进音乐并融入到宗教仪式中。

答：音乐进入基督教堂中是因为基督教的信仰教义接纳画像。这是基督教仪式中的重要组成部分。但是伊斯兰教建立在纯正的认主独一的信仰上，无一物似像真主，因此清真寺不需要音乐，不需要绘画艺术，因为将真主物化便不再是纯正的认主独一。

问：尊敬的长老，我是否可以从您的回答中理解为：爱资哈尔重返以前的地位和角色，取决于爱大能否培养出优秀的学者和宣教员，而与执政当局对爱资哈尔的掌控无关？或者说与爱大长老的任命制而非选举制没有丝毫关系？

答：在回答这个问题时，让我们都坦诚而言，因为全世界没有任何一个宗教机构能够脱离所在的国家，或者说能够反对所在国家的体制。就连作为国中之国的梵蒂冈，也是西方体制的组成部分，不会脱离西方的主流政治。当有人在卡塔尔问我说，爱资哈尔在多大程度上隶属于政府时，我的回答很简短，我对他们说：试问盖尔达维长老能够就卡塔尔的埃米尔体制说出一个"不"字吗？[1]作为爱大长老，我可以肯定地对你说，爱资哈尔机构并非按照政府意愿从事的教学机构，但是爱资哈尔不应当是反政府的组织，因为它本身就是国家的一分子；也不应当要求它祝福政府所做的一切。当我担任爱大长老后，穆巴拉克总统同意我辞去了民主国民党政治局委员的职务，以便让爱资哈尔不受任何约束。我不认为有哪一个伊斯兰国家的宗教机构能够像爱资哈尔一样，在国家中享有像爱资哈尔一样的地位、尊严和自由。在此，我借机说明一下，我本人并不反对爱大长老通过选举的方式从爱大学者中产生，但是我担心这样的选举会流于形式，显出相互恭维的弊端。这种弊端就曾颠覆过爱大举办的院长选举活动。

问：尊敬的长老，很遗憾，在一些人看来，伊斯兰教已经演变为一些表面的宗教仪式，剪短裤腿，蓄留长胡，斤斤计较于一些鸡毛蒜皮的小事，以及宗教政治化、炫耀极端的表现。

答：我再次说明，爱资哈尔角色的隐退，给赛莱菲人士[2]四面出击的机会，让外来思想和学说得以风起云涌。瓦哈比派[3]试图填补爱资哈尔留下的真空，为传播他们贫瘠而简陋的理念不惜牺牲对伊斯兰中正原则的理解。我们发现爱资哈尔为传播中正思想而印刷的十多部书籍，特别是艾什阿里的著作、哲俩莱里经注等，在埃及境外竟暗中印刷，并在这些经典明文中附加了许多爱资哈尔版本所没有的边注，其目的是为了传播爱资哈尔历来反对并拒绝的极端思想。遗憾的是，在以卫星电视为主导宣传模式的背景下，一些卫视令人遗憾地散布极端思想，另外一些卫视则传播迷信，而爱资哈尔却因其有限的条件而束缚了它消解这些极端思想的能力。

问：难道爱资哈尔卫视不代表爱资哈尔吗？

答：这家卫视是在爱资哈尔失察之下以爱资哈尔之名命名的。我们都曾经反对使用爱资哈尔之名，但是已故长老赛义德·坦塔威说：就让他们用这个名称吧，只不过这个卫视台并不代表爱资哈尔。

问：你对爱资哈尔卫视台有什么说法吗？

答：该台的负责人并非爱资哈尔的学者，卫视台所仰赖的资金也是国外提供的。有报告指出，国外的机构参与了该卫视的运作，这些机构的介入令人不安。因此，爱大伊斯兰研究院拒绝让这家卫视代表爱资哈尔。[4]

问：但是在这个卫视台的工作人员非常注重举止，穿着得体，追随时尚，所以在年轻人和妇女中有很多追随者。

答：这更说明此事既不关乎知识也不关乎宗教，更不是为了真主的喜悦，而是商业的操作。我们现在正在酝酿制作针对年轻人和妇女的新节目，以传播真正的伊斯兰，呼吁正确运用理性。我们将每周推出有丰富而可靠学识的宣教员，民众熟知这些宣教员，他们善于与大众沟通与交流，掌握着益人的学识，能够启蒙大众，驳斥荒谬的极端主义者所散布的各种问题、教法令和主张。

问：请问，我们作为穆斯林，直到真主令伊斯兰教超越所有宗教之前，难道我们注定要与他人处于战争和冲突中吗？

答：真主并未责成我们这样做，我也不认为所有的人将会在某一天全都信仰一个宗教，信仰伊斯兰教，伊斯兰教经典的任何明文都没有这种说法。而世人信仰的不同、语言的不同、肤色的不同、思想的不同，倒是《古兰经》所阐明的一个事实。这个事实将一直存在，直至世界末日。我曾在罗马举办的基督教大会上所作的关于全球化的讲话中说过：全球一体化注定将会失败，因为人类的天性中存有分歧和不同，我作为穆斯林，真主并未责成我拿起刀枪，让伊斯兰教凌驾于这个时代的所有宗教之上，但是真主却责成我与其他民族互相认识、互相沟通、互相取益。假若你细查《古兰经》的每一段经文，你绝不会找到无条件地提到"刀剑"的经文。这是很多人都没有注意到的事实。而在《旧约·约书亚记》中"刀"这个词被提到 31 次。"将城中所有的，不拘男女老少、牛羊和驴，都用刀杀尽。"尽管如此，这些人却把伊斯兰教作为一种暴力的宗教来谈论。

问：但是有些宣教员则拿着《古兰经》中号召与不信道者战斗直到迫害消除，一切宗教全为真主的"宝剑经文"四处讲论。

答："宝剑经文"是针对那些敌视伊斯兰教者而降示的，他们杀害穆斯林并把穆斯林从家园中逐出，残酷地迫害穆斯林。经文本身的含义，以及上下文都强调这层含义。《古兰经》明文规定：对于宗教，绝无强迫。当真主对穆圣说："如果你的主意欲，大地上所有的人，必定都信道了，难道你要强迫众人都做信士吗？"（优努斯章：99）经文中反问的目的是，否定穆圣要强迫众人都做信士。

问：尊敬的长老，您以前曾说，宗教对话不会有任何结果，信仰和教义上的对话更是无意义的争论，因为谁也不能改变谁的思想。

答：但是我们能够就一些良好的道德价值达成一致。这些价值是所有宗教都认可的。假若我们能够做到这一步，那对我们所有人来说都是一个重要的成果。遗憾的是，我参加的在意大利、法国、德国、美国所举办的多场对话都是残缺的对话，没有给穆斯林带来多少利益，也没有让西方的立场在决策层面上产生实质性的改变，不管是西方对以色列的全方位支持，让以色列一次次推迟交付巴勒斯坦人应享的权利，还是在务必尊重伊斯兰标志的层面上，西方也是完全支持以色列的。我们穆斯林，尊重所有宗教的标志。对此，最能够说明问题的就是亵渎穆圣的漫画事件。这个事件在西方人看来，仅仅是一个表达自由的问题。诚然，宗教对话会促进一定程度上的友善和互助，但是对现状不会有任何的影响和改变。

问：为什么呢？

答：我认为，西方仍然遵循着一些从根本上来说还是殖民主义的原则。西方人试图把这些原则推演并转化为与21世纪相适应的形式。因此，为了推销他们的军工产品，他们依然在阿拉伯伊斯兰世界无中生有地制造动荡和冲突，挑起事端，却不愿为公正地解决和处理巴勒斯坦问题而做出真正的努力。

问：那我们怎么办呢？

答：只要阿拉伯人的立场没有统一，那就没有任何的希望。《古兰经》说："你们不要纷争，否则，你们必定胆怯，你们的实力必定消失。"（8：46）

问：每当我们谈论宗教对话时，我们的对话几乎只是局限于同基督教的对话，而没有同犹太人展开对话，这是为什么？

答：伊斯兰教与基督教的关系可以追溯到伊斯兰初期。《古兰经》中说，基督教徒是更亲近于穆斯林的，因为他们中有修士。《古兰经》也明文讲述了麦尔彦（玛利亚）是世界上最尊贵的女性。而以色列的后裔则只是想通过宗教对话来逐步实现同阿拉伯人的关系正常化，却不为巴勒斯坦人交还任何他们应享的权利。尽管，穆圣当年曾经善待并尊重犹太人，其友好程度甚至达到了要求穆斯林在迎娶犹太女子后，不可强求她改变自身信仰的程度，而是依然把她带到犹太会堂，让她做履行祷告。犹太人中有极少的一部分人是倾向于公平的。阿拉伯人和巴勒斯坦人应当知道的是：以色列绝不会出自善心或良心发现而归还他们的权利。认识不到这个事实的人，那他无疑还在做自己的春秋大梦。为了维护自身的合法权利，巴勒斯坦人应当团结起来，利用他们合法的权利投入到对以色列占领的抵抗中，包括武装抵抗。

问：武装抵抗是否就允许杀害无辜的平民？

答：抵抗应当针对占领军，打击和削弱被占领土以及保护以色列定居者的军事力量。

问：前任爱大长老赛义德·坦塔维曾多次与你会谈，你怎么看待他的一些令许多人分歧重重的立场？

答：我们现在所在的这栋建筑就是前任爱大长老的遗泽之一。教法判令研究院在赛义德·坦塔维就任爱大长老之前不过是一间两室的套房，或许在有的人看来，这些不过是形式的成就，但事实却不然，我认为，他为爱资哈尔做了很多工作，在拓展爱大的教育方面作出了贡献。但是，也有很多问题阻碍了爱大长老角色的发挥。

问：请问，您会像他一样在您的办公室接待犹太拉比吗？假若您在某一场合中与西蒙·佩雷斯偶然相遇，您会同他握手吗？

答：我不会接见犹太拉比，我也不会同佩雷斯握手，也不会与他同处一个屋檐下。我不认为当时坦塔维长老知道同他握手的人是佩雷斯。

问：为什么在这方面如此严厉呢？

答：这不是因为佩雷斯是犹太人，而是因为他是以色列肆意侵略巴勒斯坦人民的罪魁祸首之一，是占领古都斯（耶路撒冷）的策划者之一。古都斯（耶路撒冷）是伊斯兰教最主要的三个圣地之一，它在我心中有着无与伦比的价值。假若我同佩雷斯握手，将会令他获益。因为这意味着爱资哈尔同以色列握手言和了，而这将损害我的声誉，损害爱资哈尔的声誉。因为同他握手意味接受同以色列的关系正常化，而这是不可接受的，除非以色列交还巴勒斯坦人民的所有合法权利。

问：尊敬的长老，为什么穆斯林间分歧重重？为什么在伊斯兰教将思考和理性的运用看作强制性命令的情况下，迷信与神话依然在他们中流布呢？

答：因为穆斯林忽视了正教。伊斯兰教的源泉《古兰经》和"圣训"都鼓励人们思考、求知，并在幽玄的知识与迷信之间划出了清晰的界限。只有在正确理解伊斯兰教的前提下，伊斯兰文明才得以建立，并在自然科学、医学、天文学和几何领域取得了辉煌的成就。因为伊斯兰教从不限制理性的运用，并警示导致衰弱的分裂，而这些正好与没有实现进步之前的西方相反，西方的进步是在排除基督教的控制，张扬理性之后才取得的。因为西方教会当时是专制的权威，并且无知地排斥理性和知识。

问：您在刚担任爱大长老时曾说过，促进国家的团结和统一是爱资哈尔首要任务，请问，怎样才能实现这个目标呢？是否要像以前那样，与基督教领袖共同携手打造吗？

答：伊斯兰教与基督教之间有着太多的密切联系，因此爱资哈尔捍卫国家的团结和统一属于爱大宗教义务的范畴。因为基督教和伊斯兰教之间有着深远的历史渊源。当穆斯林与他的科普特[5]邻居和睦相处时，那他便履行了他在后世将获得善报的职责。爱资哈尔所扮演的角色之一，就是要从伊斯兰的历史、传统经典，以及伊斯兰文化中丰富的教法判律中阐明伊斯兰文化鼓励这种与科普特人的良好关系。因为伊斯兰教命令我们这样做，目的是为了维护国家的团结和统一。这也是科普特的教会针对其同伊斯兰的文化传统所应做的工作。我认为这将是我们之间合作的共同领域。

问：请问，在伊斯兰教中，被保护民的权利可以上升为公民的全部权利吗？

答：是的，甚至获得更多的权利。人头税是当时一种免于服兵役的税收，因为基督教徒们不参加国家的军队。而这项税收很早就被废除了，因为科普特人也到军队中服役，现在他们还参与了国家的保卫工作，他们有他们应享的权利，也有他们当尽的义务。虽然埃及总统一职由占人口多数的穆斯林担任，但这种情况在全世界的很多国家都是一样的。

问：他们是否也属于信仰者呢？

答：是的，因为他们信仰真主，信仰后世。当时穆圣就曾在"麦地那宪章"中视犹太人为信仰者。因为信仰优先的关系，他们是我们的科普特兄弟。我们的祖先易卜拉欣就曾迎娶了科普特女子为妻，我们的穆圣也曾与科普特女子结婚。伊斯兰教法规定：穆斯林不得娶不信道的女子为妻，也不得食用不信道者所宰杀的肉食，但允许穆斯林娶科普特女子，并且允许她继续保持自己的宗教信仰直至生命结束，也允许穆斯林食用科普特人所宰杀的肉食。

问：您是否同意苏奴德神父[6]说伊斯兰教法让科普特人自己按照他们的教义和习惯处理婚姻关系？

答：是的，我同意，我百分之百地支持他。苏奴德神父的理由完全正当。

问：请问爱资哈尔是否同意制定一个针对穆斯林和科普特人建造宗教场所的基本法？

答：对基督教徒和犹太人建造教堂和会堂的权利，伊斯兰教是给予保障的。伊斯兰教还保障他们敲钟和举办宗教仪式的权利。

问：对此伊斯兰教规定了什么条件吗？

答：伊斯兰教没有规定任何条件。建造教堂完全是根据科普特人的需求而定。这正是穆圣时代对待阿比西尼亚纳迦南的基督教徒的做法。伊斯兰教中不存在凌驾于他人之上的做法。但是，依据事实和实情的判律可能会有所改变，当具体情况变化后，教法判律也当随之改变。

问：是否一个穆斯林社会的条件是：只要世俗法律不与伊斯兰教法相抵触就行？

答：我们生活在一个穆斯林的社会中，否认这点便是犯罪。在埃及推行伊斯兰教法是这个社会尚未实施的事，其性质属于违背真主诫命的范畴，但并未上升到信仰与否的问题。一个喝酒的穆斯林，如果死了，那他是一个违逆主命的穆斯林，而非不信道者。我不能够提前判定他将入火狱，因为真主对他的仆民是至知的。这是爱资哈尔的思想，也是爱资哈尔的中间主义思想。那些指责世人，挑剔他人过错之人本身就违背了真主的教诲。假若我们探讨伊斯兰教的刑罚，必定会发现实施伊斯兰教的刑罚要求具备许多条件，只有条件齐备才会执行。假若条件齐备而不执行的话，其性质是违逆真主的教诲，而非关乎信仰与否的问题。

问：尊敬的长老，我的最后一个问题是关于现在燃烧得正旺的逊尼派与什叶派之间的内讧，二者之间究竟有什么分歧？

答：二者之间不存在任何实质性的分歧。什叶派信仰独一无偶的真主，我们也信仰；他们跟随穆罕默德圣人，我们也跟随；他们遵奉《古兰经》，我们也遵奉；我们可以跟随他们的伊玛目礼拜，他们也可以跟随我们的伊玛目礼拜。二者之间的分歧局限于他们对哈里发人选的顺序上，因为他们认为阿里大贤应当为第一任伊玛目，认为伊玛目当世袭，直至被等待的伊玛目马赫迪出世。

问：有人说，什叶派诵读一本不同于逊尼派的《古兰经》，称之为法图麦版《古兰经》？

答：这不是真的，他们自己也否认有此一说。

问：可以向什叶派人开战吗？

答：什叶派和逊尼派之间的战争不啻是穆斯林的巨大灾祸，是非法的，是被禁的。我祈求真主护佑穆斯林免遭这样的灾殃。我不认为二者之间还会发生战争，因为双方都知道战争的结果是什么。


**译者注：**

［1］对于这个比方，后来爱大长老作了进一步的澄清，高度评价尤苏夫·盖尔达维博士是最有学问和前瞻性的爱资哈尔学者之一，也是伊斯兰民族最著名、最敢在关键时刻讲真话的学者之一。

［2］赛莱菲人士指的是那些声称追随穆圣、圣门弟子和再传弟子道统之人。

［3］瓦哈比派指的是那些追随穆罕默德·阿卜杜勒·瓦哈比的人。

［4］爱大长老登报澄清说，他的话目的是为了说明哈立德·靖迪是一个独立宣教员，很久之前就与爱资哈尔和埃及宗教基金部没有正式联系。爱资哈尔卫视是一个独立卫视，这是当时创办人哈立德·靖迪本人在爱大伊斯兰研究院亲口证实的。

［5］科普特人是埃及信仰基督教的少数民族，也是目前中东最大的基督教社团，占埃及总人口的7%—10%。

［6］他是埃及基督教领袖，是埃及第一个获得高等学位的神父。

# 参考文献

## 一　中文文献（含汉译外文文献）

1. ［阿拉伯］安萨里：《圣学复苏精义》（上、下），张维真、马玉龙译，商务印书馆 2001 年版。
2. ［阿拉伯］布哈里：《布哈里圣训实录全集》（1－4 册），祁学义译，宗教文化出版社 2008 年版。
3. ［阿拉伯］伊本·凯西尔：《古兰经注》，孔德军译，中国社会科学出版社 2010 年版。
4. ［阿拉伯联合酋长国］穆罕默德·本·拉希德·阿勒马克图姆：《我的构想——迎接挑战　追求卓越》，张宏、薛庆国、齐明敏等译，外语教学与研究出版社 2008 年版。
5. ［埃及］艾哈迈德·爱敏：《阿拉伯-伊斯兰文化史》（第一册），纳忠译，商务印书馆 1982 年版。
6. ［埃及］艾哈迈德·爱敏：《阿拉伯-伊斯兰文化史》（第三册），向培科、史希同、朱凯译，商务印书馆 1997 年版。
7. ［埃及］侯赛因·卡米勒·巴哈丁：《十字路口》，朱威烈、丁俊译，上海外语教育出版社 2005 年版。
8. 安伦：《理性信仰之道——人类宗教共同体》，学林出版社 2009 年版。
9. ［澳］李瑞智、黎华伦：《儒学的复兴》，范道丰译，商务印书馆 2001 年版。
10. 北京大陆桥文化传媒编译：《当世界提起阿拉伯》，世界知识出版社 2005 年版。

11. 陈德成主编:《中东政治现代化——理论与历史经验的探索》,社会科学文献出版社 2000 年版。
12. 陈敏华:《冷战后中东极端组织行动研究——社会学视角》,时事出版社 2008 年版。
13. 陈嘉厚等:《现代伊斯兰主义》,经济日报出版社 1998 年版。
14. 陈中耀:《阿拉伯哲学》,上海外语教育出版社 1995 年版。
15. 蔡德贵主编:《当代伊斯兰阿拉伯哲学研究》,人民出版社 2001 年版。
16. 蔡佳禾:《当代伊斯兰原教旨主义运动》,宁夏人民出版社 2003 年版。
17. 蔡伟良编著:《灿烂的阿拔斯文化》,上海外语教育出版社 1997 年版。
18. 丁俊:《伊斯兰文化散论》,甘肃人民出版社 2007 年版。
19. 东方晓主编:《伊斯兰与冷战后的世界》,社会科学文献出版社 1999 年版。
20. 范若兰等:《伊斯兰教与东南亚现代化进程》,中国社会科学出版社 2009 年版。
21. 冯友兰:《中国哲学简史》,北京大学出版社 2010 年版。
22. 高惠珠:《阿拉伯的智慧:信仰与务实的交融》,浙江人民出版社 1994 年版。
23. 高占福:《怀晴全真集——伊斯兰教与中国回族穆斯林社会》,宗教文化出版社 2009 年版。
24. 高祖贵:《美国与伊斯兰世界》,时事出版社 2005 年版。
25. 国家宗教事务局宗教研究中心编写:《当代世界宗教问题》,宗教文化出版社 2007 年版。
26. 韩秉芳等:《宗教之和 和之宗教:中国宗教之和谐刍议》,社会科学文献出版社 2009 年版。
27. 胡树祥主编:《中国外交与国际发展战略研究》,中国人民大学出版社 2009 年版。
28. 黄鸿剑:《中东简史》,香港开明书店 2002 年版。
29. 江淳、郭应德:《中阿关系史》,经济日报出版社 2000 年版。

30. 金宜久：《当代伊斯兰教》，东方出版社 2004 年版。
31. 金宜久：《当代伊斯兰问题》，民族出版社 2008 年版。
32. 金宜久：《伊斯兰教与世界政治》，社会科学文献出版社 1996 年版。
33. 金宜久：《伊斯兰教史》，江苏人民出版社、凤凰传媒集团 2006 年版。
34. 金宜久：《中国伊斯兰探秘：刘智研究》，中国人民大学出版社 2010 年版。
35. 金宜久、吴云贵：《伊斯兰与国际热点》，东方出版社 2001 年版。
36. 金宜久主编：《当代宗教与极端主义》，中国社会科学出版社 2008 年版。
37. 李群英：《全球化背景下的伊斯兰极端主义》，中国政法大学出版社 2007 年版。
38. 李伟建：《伊斯兰文化与阿拉伯国家对外关系》，时事出版社 2007 年版。
39. 李兴华、秦惠彬、冯今源、沙秋真：《中国伊斯兰教史》，中国社会科学出版社 1998 年版。
40. 刘靖华、东方晓：《现代政治与伊斯兰教》，社会科学文献出版社 2000 年版。
41. 刘一虹：《回儒对话——天方之经与孔孟之道》，宗教文化出版社 2006 年版。
42. 刘中民：《当代中东伊斯兰复兴运动研究》，香港社会科学出版社有限公司 2004 年版。
43. 陆培勇：《闪族历史与现实——文化视觉的探索》，甘肃人民出版社 1998 年版。
44. 马福德：《近代伊斯兰复兴运动的先驱——瓦哈卜及其思想研究》，中国社会科学出版社 2006 年版。
45. 马坚译：《古兰经》，中国社会科学出版社 1996 年版。
46. 马丽蓉：《西方霸权语境中的阿拉伯—伊斯兰问题研究》，时事出版社 2007 年版。
47. [马来西亚] 马哈蒂尔：《马来西亚总理马哈蒂尔演讲集》，世界知识出版社 1999 年版。
48. 马明良、丁俊主编：《伊斯兰文化前沿研究论集》，中国社会科学出版社 2008 年版。

49. [美] 爱德华·W. 萨义德：《东方学》，王宇根译，生活·读书·新知三联书店 1999 年版。

50. [美] J. L. 埃斯波西托：《伊斯兰威胁——神话还是现实?》，东方晓、曲红、王建军、杜红译，社会科学文献出版社 1999 年版。

51. [美] 杜维明：《东亚价值与多元现代性》，中国社会科学出版社 2001 年版。

52. [美] 马吉德·法赫里：《伊斯兰哲学史》，陈中耀译，上海外语教育出版社 1997 年版。

53. [美] 皮特·N. 斯特恩斯等：《全球文明史》（上、下），赵轶峰等译，中华书局 2006 年版。

54. [美] 塞缪尔·亨廷顿：《文明的冲突与世界秩序的重建》，周琪等译，新华出版社 1999 年版。

55. [美] 希提：《阿拉伯通史》（上、下），马坚译，商务印书馆 1990 年版。

56. [美] 约翰·L. 埃斯波西托、[美] 达丽亚·莫格海德：《谁为伊斯兰讲话：十几亿穆斯林的真实想法》，晏琼英、王宇洁、李维建译，中国社会科学出版社 2010 年版。

57. [美] 詹姆斯·温布兰特：《沙特阿拉伯史》，韩志斌等译，中国出版集团东方出版中心 2009 年版。

58. （明）王岱舆：《正教真诠 清真大学 希真正答》，余振贵点校，宁夏人民出版社 1996 年版。

59. 牟钟鉴、张践：《中国宗教通史》，中国社会科学出版社 2007 年版。

60. 纳忠、朱凯、史希同：《传承与交融：阿拉伯文化》，浙江人民出版社 1993 年版。

61. 彭树智主编：《二十世纪中东史》，高等教育出版社 2001 年版。

62. 彭树智主编：《伊斯兰教与中东现代化进程》，西北大学出版社 1997 年版。

63. 祁学义：《圣训研究》，宗教文化出版社 2010 年版。

64. 秦惠彬主编：《伊斯兰文明》，中国社会科学出版社 2000 年版。

65. （清）马注：《清真指南》，青海人民出版社 1989 年版。

66. 任继愈主编:《宗教词典》,上海辞书出版社 1981 年版。
67. 邵汉明:《中国文化精神》,商务印书馆 2000 年版。
68. 《十六大以来重要文献选编》(上),中央文献出版社 2005 年版。
69. 《十五大以来重要文献选编》(中),人民出版社 2001 年版。
70. 沈旭辉:《美国新保守骷髅》,香港圆桌会议出版社 2006 年版。
71. 孙承熙:《阿拉伯伊斯兰文化史纲》,昆仑出版社 2001 年版。
72. 孙振玉:《传统与现实——土耳其的伊斯兰教与穆斯林》,民族出版社 2001 年版。
73. 孙振玉:《明清回回理学与儒家思想关系研究》,中国文史出版社 2005 年版。
74. [土耳其] 法图拉·葛兰:《先知穆罕默德的生命面貌》,彭广恺、马显光、黄思恩译,宗教文化出版社 2006 年版。
75. 涂龙德、周华:《伊斯兰激进组织研究》,时事出版社 2010 年版。
76. 王家瑛:《伊斯兰宗教哲学史》,民族出版社 2003 年版。
77. 王京烈:《当代中东政治思潮》,当代世界出版社 2003 年版。
78. 王京烈主编:《面向二十一世纪的中东》,社会科学文献出版社 1999 年版。
79. 王联:《中东政治与社会》,北京大学出版社 2009 年版。
80. 王蒙:《伊朗印象》,山东友谊出版社 2007 年版。
81. 王岳川:《大学中庸讲演录》,广西师范大学出版社 2008 年版。
82. 吴云贵:《当代伊斯兰教法》,中国社会科学出版社 2003 年版。
83. 吴云贵:《穆斯林民族的觉醒——近代伊斯兰运动》,中国社会科学出版社 2009 年版。
84. 吴云贵:《伊斯兰教法概略》:,中国社会科学出版社 1993 年版。
85. 吴云贵、周燮藩:《近现代伊斯兰教思潮与运动》,社会科学文献出版社 2007 年版。
86. 肖宪:《传统的回归——当代伊斯兰复兴运动》,中国社会科学出版社 2009 年版。
87. 肖宪:《当代国际伊斯兰潮》,世界知识出版社 1997 年版。
88. [意] F. 佩蒂多、[英] P. 哈兹波罗编:《国际关系中的宗教》,张新樟、奚颖瑞、吴斌译,浙江大学出版社 2009 年版。

89. [伊拉克] 穆萨·穆萨威：《阿拉伯哲学——从铿迭到伊本·鲁西德》，张文建、王培文译，商务印书馆1997年版。
90. [伊朗] 穆罕默德·哈塔米：《从城邦世界到世界城市》，马生贵译，中国文联出版社2002年版。
91. 严庭国主编：《阿拉伯学研究》，华东师范大学出版社2009年版。
92. 杨伯峻译注：《论语译注》，中华书局2009年版。
93. 杨桂萍：《马德新思想研究》，宗教文化出版社2004年版。
94. 杨怀中、余振贵：《伊斯兰与中国文化》，宁夏人民出版社1995年版。
95. [英] 弗郎西斯·鲁宾逊主编：《剑桥插图伊斯兰世界史》，安维华、钱雪梅译，世界知识出版社2005年版。
96. 张岱年、方克立主编：《中国文化概论》，北京师范大学出版社1994年版。
97. 张铭：《现代化视野中的伊斯兰复兴运动》，中国社会科学出版社1999年版。
98. 中国统一战线理论研究会民族宗教理论甘肃研究基地编：《当代中国民族宗教问题研究》（第5辑），中国社会科学出版社2010年版。
99. 中国伊斯兰百科全书编辑委员会编：《中国伊斯兰百科全书》，四川辞书出版社1994年版。
100. 朱威烈：《站在远东看中东》，上海外语教育出版社2000年版。
101. 朱威烈等：《中东反恐怖主义研究》，时事出版社2010年版。
102. 朱威烈主编：《国际文化战略研究》，上海外语教育出版社2002年版。
103. 曾振宇、范学辉：《天人衡中——〈春秋繁露〉与中国文化》，河南大学出版社1998年版。

## 二　外文文献

### （一）英文文献

1. Andrew Wheatcroft: *Infidels: A History of the Conflict between Christen-*

*dom and Islam*, Random House, 2004.
2. Bernard Lewis: *The Crisis of Islam: Holy War and Unholy Terror*, The Modern Library, 2003.
3. Edited by Nelly Lahoud and Anthony H. Johns: *Islam in World Politics*, Routledge (New York), 2005.
4. Graham E. Fuller: *The Future of Political Islam*, Palgrave Macmillan, 2003.
5. Harun Yahya: *A Call to an Islamic Union*, Global Publishing, Istanbul, Turkey, 2004.
6. Harun Yahya: *Islam Denounces Terrorism*, Amal Press (England), 2002.
7. H. E. Pr Ahmed Abderra of Wnaies: *National Resistance and Terrorism*, Beit al-Hikma, Tunis, 2009.
8. International Union of Muslim Scholars: *Islamic Charter*, International Moderation Center, Kuwait, 2008.
9. *Islamic Ummah and Globalization*: A Special Issue on The Fourth General Islamic Conference Held by the Muslim World League in the Holy City of Makkah, 6-10 April 2002.
10. Joel Beinin: *Political Islam*, University of California Press, 1997.
11. John L. Esposito: *Islam: The Straight Path*: Oxford University Press, 1998.
12. Muhammd Iqbal: *The Reconstruction of Religious Thought in Islam*, Cambridge University Press, 1962.
13. Peter Adamson, Richad C. Taylor: *The Cambridge Companion to Arabic Philosophy*, Cambridge University Press, 2005.
14. Seyyed Hossein Nasr: *Ideals and Realities of Islam*, Suhail Academy, Lahore, Pakistan, 1994.

### （二）阿拉伯文文献

1. 阿卜杜拉：《两圣地侍奉者阿卜杜拉国王讲话集》，阿卜杜勒·阿齐兹国王图文献馆 2004 年版。
2. 阿卜杜拉·本·阿卜杜勒·阿齐兹：《中间主义：通向明天的道

路》，利雅得塞维利亚宝藏书局 2008 年版。
3. 阿卜杜勒·阿宰姆·代布：《尤苏夫·盖尔达维思想研究论集》，卡塔尔书局 2003 年版。
4. 阿卜杜勒·卡里姆·巴卡尔：《伊斯兰视域中的全面发展》，利雅得穆斯林书局 1997 年版。
5. 阿卜杜勒·拉赫曼·萨利米主编：《宽容》（AL‐TASAMOH）第 1–12 期，伊斯兰思想季刊，阿曼素丹国宗教事务部 2003–2005 年。
6. 阿卜杜勒·马吉德·纳加尔：《论欧洲的穆斯林公民》，贝鲁特萨米尔书社 2009 年版。
7. 阿卜杜勒·马吉德·奈贾尔：《欧洲穆斯林公民法》，世界穆斯林学者联合会 2009 年版。
8. 阿拉伯思想论坛：《阿拉伯思想首届会议论文集》，开罗 2002 年。
9. 阿拉伯思想论坛：《阿拉伯思想第二届会议论文集》，贝鲁特 2003 年。
10. 阿里·穆罕默德·萨拉比：《〈古兰经〉的中正之道》，贝鲁特知识书局 2005 年版。
11. 阿里·穆哈伊丁·盖尔达吉：《穆斯林与非穆斯林关系研究》，世界穆斯林学者联合会 2005 年版。
12. 阿克拉姆·兑亚乌·阿姆利：《伊斯兰与文化自觉》，吉达灯塔书局 1987 年版。
13. 阿克拉姆·卡萨布：《尤苏夫·盖尔达维的育人之道》，开罗馈赠书局 2008 年版。
14. 费萨尔·毛拉维：《作为欧洲公民的穆斯林》，世界穆斯林学者联合会 2008 年版。
15. 哈立德·阿拉比编：《伊斯兰与西方之间的文明冲突——34 位国际知名伊斯兰学者纵横谈》，开罗艾里法书局 2003 年版。
16. 哲玛里·马尔祖格：《当代伊斯兰思想研究》，开罗阿拉伯前景书局 2001 年版。
17. 马哈茂德·哈姆迪·宰格祖格：《伊斯兰与文明对话》，开罗国际曙光书局 2004 年版。
18. 马哈茂德·沙里图特：《法塔瓦：当代穆斯林日常生活中的问题教

法研究》，开罗曙光出版社 2004 年版。

19. 穆罕默德·阿卜杜·拉提夫：《伊斯兰教的中正思想》，贝鲁特纳菲斯出版社 1993 年版。
20. 穆罕默德·阿玛尔：《西方与伊斯兰》，开罗国际曙光书局 2004 年版。
21. 穆罕默德·阿玛尔：《论伊斯兰文明》，开罗国际曙光书局 2009 年版。
22. 穆罕默德·阿里·泰斯希里：《论伊斯兰教－基督教亲善》，贝鲁特真理书局 1999 年版。
23. 穆罕默德·阿里·泰斯希里：《伊斯兰国家的政治经济功能研究》，德黑兰陶希德（AL－TAWHID）杂志社 1994 年版。
24. 穆罕默德·阿马拉：《伊斯兰与社会安全》，开罗曙光出版社 1998 年版。
25. 穆罕默德·安萨里：《法律与理性天平上的思想遗产》，开罗曙光出版社 1996 年版。
26. 穆罕默德·本·易卜拉欣·本阿卜杜拉·图维基里：《简明伊斯兰法学》，利雅得国际思想书局 2005 年版。
27. 穆罕默德·固图布：《当代伊斯兰思想论集》，开罗曙光出版社 2003 年版。
28. 穆罕默德·固图布：《当代思想流派》，开罗曙光出版社 1988 年版。
29. 穆罕默德·拉马丹·布推等：《对话是多元共生之道》，大马士革思想书局 2002 年版。
30. 穆罕默德·拉马丹·布推：《无学派主义是威胁伊斯兰法的危险异端》，大马士革法拉比书局 1985 年版。
31. 穆罕默德·拉马丹·布推：《伊斯兰教的吉哈德：如何理解和实践》，黎巴嫩当代思想出版社 1998 年版。
32. 穆罕默德·里达·巴希尔·盖哈瓦吉：《哲学思潮及其当代流派》，大马士革嘉言书社 2002 年版。
33. 穆罕默德·马德尼：《伊斯兰中正之道》，埃及宗教基金部 1991 年版。
34. 穆罕默德·马尔旺·法欧里主编，《中间主义》，学术季刊，约旦"中间主义国际论坛"主办，总第 3 期，安曼 2008 年。

35. 穆斯塔法·舍凯艾：《没有宗派的伊斯兰》，开罗馈赠书局 2003 年版。
36. 奴瓦尔·本·沙利：《论中正》，卡塔尔宗教基金及伊斯兰事务部 2009 年版。
37. 世界穆斯林学者联合会编：《伊斯兰纲要》，科威特国际伊斯兰中间主义中心 2008 年版。
38. 世界穆斯林学者联合会主办：《中正的民族——中间主义与时代挑战》，2009 年第 1 期（创刊号），贝鲁特 2009 年。
39. 世界穆斯林学者联合会主办：《中正的民族——伊斯兰民族的统一性与多样性》，2010 年第 1 期，贝鲁特 2010 年版。
40. 萨阿德·穆勒索菲：《伊斯兰的中正观》，科威特世界伊斯兰慈善协会 2008 年版。
41. 萨阿德·穆勒索菲：《伊斯兰教是世界和平的宗教》，科威特世界伊斯兰慈善协会（科威特）2008 年版。
42. 萨阿德·穆勒索菲：《中正民族的地位》，科威特世界伊斯兰慈善协会 2008 年版。
43. 萨阿德·穆勒索菲：《中正民族的文化风貌》，科威特世界伊斯兰慈善协会 2008 年版。
44. 萨阿德·穆勒索菲：《中正民族的文化入门》，科威特世界伊斯兰慈善协会 2008 年版。
45. 萨阿德·穆勒索菲：《中正民族的文化特征》，科威特世界伊斯兰慈善协会 2008 年版。
46. 萨阿德·穆勒索菲：《中正：伊斯兰法的真谛》，科威特世界伊斯兰慈善协会 2008 年版。
47. 萨里曼·法赫德·欧达：《论分歧》，世界穆斯林学者联合会 2009 年版。
48. 伊朗学术季刊：《我们的文化》，2004 年第 2 期第 1 册。
49. 伊玛目·艾布·达吾德：《艾布·达吾德圣训集》，贝鲁特知识书局 1990 年版。
50. 伊玛目·马里克：《穆宛塔圣训集》：贝鲁特知识书局 1990 年版。
51. 伊玛目·脑威：《穆斯林圣训实录——脑威注》：开罗拉雅尼遗产

书局 1987 年版。

52. 伊玛目·奈萨仪：《奈萨仪圣训集》：贝鲁特知识书局 1992 年版。

53. 伊玛目·提尔密济：《提尔密济圣训集》：贝鲁特知识书局 1990 年版。

54. 伊玛目·伊本·哈吉尔：《法梯赫巴里——布哈里圣训实录注》，开罗拉雅尼遗产书局 1986 年版。

55. 伊玛目·伊本·马哲：《伊本·马哲圣训集》，贝鲁特知识书局 1990 年版。

56. 尤苏夫·盖尔达维：《当代教法判例》（卷4），科威特笔社 2009 年版。

57. 尤苏夫·盖尔达维：《当代教法判例变更之缘由》，世界穆斯林学者联合会 2007 年版。

58. 尤苏夫·盖尔达维：《传统与维新之间的伊斯兰法学》，贝鲁特使命书局 2001 年版。

59. 尤苏夫·盖尔达维：《传统与现代之间的阿拉伯伊斯兰文化》，贝鲁特使命书局 1998 年版。

60. 尤苏夫·盖尔达维：《否定与极端之间的伊斯兰觉醒》，贝鲁特使命书局 1998 年版。

61. 尤苏夫·盖尔达维：《〈古兰经〉关于理智与知识的论述》，贝鲁特使命书局 2001 年版。

62. 尤苏夫·盖尔达维：《关于伊斯兰教及当代问题的对谈》；，贝鲁特使命书局 2001 年版。

63. 尤苏夫·盖尔达维：《合法分歧与非法分裂之间的伊斯兰觉醒》，贝鲁特黎明书局，2006 年版。

64. 尤苏夫·盖尔达维：《哈桑·班纳的政治教育》，开罗馈赠书局 2007 年版。

65. 尤苏夫·盖尔达维：《开放与封闭之间的阿拉伯伊斯兰文化》，贝鲁特黎明书局，2005 年版。

66. 尤苏夫·盖尔达维：《科学时代的宗教》，贝鲁特使命书局 2001 年版。

67. 尤苏夫·盖尔达维：《论吉哈德》（上下卷），开罗馈赠书局 2009

年版。

68. 尤苏夫·盖尔达维：《论穆斯林少数族群的教法》，开罗曙光出版社 2005 年版。
69. 尤苏夫·盖尔达维：《论伊斯兰教法中的优选原则》，开罗馈赠书局 2008 年版。
70. 尤苏夫·盖尔达维：《论伊斯兰中间主义及其特征》，开罗曙光出版社 2008 年版。
71. 尤苏夫·盖尔达维：《论伊斯兰中间主义及文化创新》，多哈盖尔达维伊斯兰中间主义与文化更新研究中心 2009 年版。
72. 尤苏夫·盖尔达维：《穆斯林社会的风貌》，贝鲁特使命书局 2001 年版。
73. 尤苏夫·盖尔达维：《全球化时代的伊斯兰话语》，开罗曙光出版社 2004 年版。
74. 尤苏夫·盖尔达维：《我们所追求的穆斯林社会的风貌》，开罗使命书局 2001 年版。
75. 尤苏夫·盖尔达维：《世纪之交的伊斯兰民族》，开罗曙光出版社 2002 年版。
76. 尤苏夫·盖尔达维：《使者与知识》，开罗馈赠书局 2009 年版。
77. 尤苏夫·盖尔达维：《未来阶段伊斯兰运动的首要任务》，开罗馈赠书局 2010 年版。
78. 尤苏夫·盖尔达维：《乡村和私塾的孩子》（盖尔达维回忆录，1－2 卷），开罗曙光出版社 2002 年版。
79. 尤苏夫·盖尔达维：《信仰与人生》，贝鲁特使命书局 1998 年版。
80. 尤苏夫·盖尔达维：《伊斯兰慈善业原理》，卡塔尔红新月会 2007 年版。
81. 尤苏夫·盖尔达维：《伊斯兰法中的教法创制》，贝鲁特伊斯兰书局 1994 年版。
82. 尤苏夫·盖尔达维：《伊斯兰教的基本特征》，开罗馈赠书局 1995 年版。
83. 尤苏夫·盖尔达维：《伊斯兰教与暴力》，开罗曙光出版社 2005 年版。

84. 尤苏夫·盖尔达维：《伊斯兰教与世俗主义面对面》，贝鲁特使命书局 2001 年版。
85. 尤苏夫·盖尔达维：《伊斯兰觉醒：从稚嫩走向成熟》，开罗曙光出版社 2002 年版。
86. 尤苏夫·盖尔达维：《伊斯兰：明天的文明》，贝鲁特使命书局 2000 年版。
87. 尤苏夫·盖尔达维：《伊斯兰民族：真实的而非虚构的》，开罗馈赠书局 1995 年版。
88. 尤苏夫·盖尔达维：《伊斯兰学入门》，贝鲁特使命书局 2001 年版。
89. 尤苏夫·盖尔达维：《宗教与政治》，贝鲁特黎明书局 2007 年版。
90. 约旦皇家伊斯兰文明研究院第 12 届年会论文集：《新世纪伊斯兰的未来》，安曼 2002 年 8 月。
91. 哲马鲁丁·穆罕默德·马哈茂德：《伊斯兰社会原则》，埃及书局 1992 年版。
92. 哲马鲁丁·穆罕默德·马哈茂德：《伊斯兰与当代政治问题》，埃及书局 1992 年版。

# 后 记

　　本书是在笔者主持完成的国家社会科学基金项目成果的基础上完善而成的。回顾这些年来从事本书相关议题研究的经历，已恍然十余年过去了。本书虽非十年一剑之作，却也是颇费心力之作，望着即将付梓的书稿，不禁伏案而叹，感慨系之！2002年，笔者投奔上海外国语大学朱威烈先生门下攻读博士学位，并在朱先生指导下开始关注和研究当代伊斯兰"中间主义"思潮；2003年《阿拉伯世界》第2期发表了拙文《当代伊斯兰"中间主义"思潮述评》，这是国内关于伊斯兰"中间主义"思潮研究的首篇论文，中国人民大学"复印报刊资料"《宗教》2003年第3期全文转载；此后，笔者继续跟进相关研究，2006年申报的国家社会科学基金项目"当代伊斯兰'中间主义'思潮研究"获准立项（06BZJ008），经6年多潜心探究，于2013年以"良好"等级结项；之后研究成果又进入出版社长达3年多的送审、修改和校对阶段，时至今日。

　　虽经多年的努力探究，但在本书出版之际，仍然深感其粗疏与浅陋，相对于研究对象的浩繁复杂而言，本书实难尽其全貌，只能算作是凿石问路、抛砖引玉之作。同时，也深感进一步深化和拓展相关研究的重要性和迫切性。众所周知，伊斯兰文明是世界主要文明体系之一，影响广泛而深远，历史上曾有过辉煌的成就和非凡的建树。如今，伊斯兰世界正经历着前所未有历史性巨变，伊斯兰文明正面临着严峻的时代挑战与严重的思想危机，遭受着形形色色的极端主义和恐怖主义的侵害，伊斯兰"中间主义"思潮的发展也处于艰难的历史关头，经受着重大的挫折与考验，特别是受到2010年底爆发的所谓"阿拉伯之春"及其所引发的一系列地区动荡与战乱的严重冲击和阻滞。因此，重建并弘扬以和平、中正、仁爱、宽容为核心价值观的当代文明体系,是伊斯兰世界思想界的重大使命,也是"中间主义"思想家们的历史重任。

伊斯兰世界是国际社会具有重要影响的一支战略性力量,也是正在和平崛起的中国高度重视的交往对象与合作伙伴,是与中国共建"一带一路"命运共同体的天然盟友。中国与伊斯兰国家的总人口几乎占世界总人口的三分之一,中华文明与伊斯兰文明的交流互鉴,对于人类未来命运共同体的营造和建设有着重大影响。2016年1月19日至23日,中国国家主席习近平成功出访沙特阿拉伯王国、阿拉伯埃及共和国和伊朗伊斯兰共和国,这三国都是伊斯兰世界颇具影响的大国。访问期间,习近平主席在沙特阿拉伯首都利雅得会见伊斯兰合作组织秘书长时强调指出:"中国和伊斯兰国家有着天然、传统的友好关系,中国永远是伊斯兰国家的好朋友、好伙伴、好兄弟……中方愿在'一带一路'框架内,同伊斯兰国家深化利益融合,拉紧利益纽带,相互借力,共同发展。要扩大中华文明和伊斯兰文明两大文明对话,扬正抑邪,正本清源。"习主席的中东之行,是中国"十三五"开局之年对外交往的开篇大作,战略意蕴深厚,现实意义重大,不仅进一步提升和强化了中国与伊斯兰国家间的政治互信,而且为中华文明与伊斯兰文明的对话交流发挥了战略引领作用,开启了两大文明对话交流的新旅程。显然,进一步深化对当代伊斯兰文明发展态势的研究,不断促进中华文明与伊斯兰文明的对话交流,是当代中国学人肩负的重要责任。在此形势下,本书探究的相关议题所具有的重要学术价值和现实意义便不言而喻了。

2015年10月在北京召开的"伊斯兰教与中国社会学术研讨会"上,原全国人大常委会副委员长、"尼山世界文明论坛"主席许嘉璐先生发表了题为"是重视和伊斯兰文明对话的时候了"的长篇报告,强调开展两大文明对话具有重大现实意义,但他同时坦言,我们在学术研究、政策机制、平台建设等诸多方面都还没有做好与伊斯兰文明对话的充分准备,他倡议"尼山论坛"将致力于为两大文明对话搭建平台。也就在这次会议上,笔者与与会的中国社会科学院吴云贵先生和中国伊斯兰教协会郭承真副会长就伊斯兰"中间主义"研究等相关话题进行了交流,并向两位先生呈送了本书初稿,希望得到他们的指点。吴先生是我国伊斯兰教研究领域的资深专家,著述丰富,造诣深厚;郭会长是学者型领导，对于中国伊斯兰教事务非常熟悉。两位先生在审读后一致给予肯定，并慨然赐序，推誉拙作，扶掖后学，令笔者既感惭愧难当，又倍受鼓舞和激励。郭会长在来信中还表示，愿向全国各地伊斯兰教协会推荐本书，因为本书对中国伊斯兰教界经学思想的建设与解经工作也具有一定参考价值，而目前这方面可资借鉴和参考的资料非常少。

在此，谨向吴云贵先生、郭承真先生表示衷心的感谢；也向多年来对我的学术研究一直给予热情鼓励和指导的朱威烈先生表示衷心的感谢；同时，感谢国家新闻出版广电总局出版管理司、国家宗教事务局宗教研究中心、中国社会科学院科研局等部门对本书的审核；感谢西北民族大学外国语学院、上海外国语大学中东研究所以及中国社会科学出版社等单位对本书出版给予的大力支持；还要特别感谢编辑刘艳女士为编辑、校对本书而付出的辛勤劳动，她严谨认真的敬业精神，给人留下深刻而美好的印象。

丁俊<br>2016 年 5 月于上海